TRANSPARENCIA CONTRACTUAL E INFORMACIÓN EN EL CONTRATO DE SEGURO

PAOLA RODAS PAREDES
Profesora Ayudante Doctora
Universidad de Valencia

TRANSPARENCIA CONTRACTUAL E INFORMACIÓN EN EL CONTRATO DE SEGURO

Prólogo

Juan Bataller Grau

Monografía núm. 4 de la Revista de Derecho del Sistema Financiero

Editorial Aranzadi, S.A.U.
C/ Collado Mediano, 9
28231 Las Rozas (Madrid)
Tel: 91 602 01 82
e-mail: clienteslaley@aranzadilaley.es
https://tienda.aranzadilaley.es/

Primera edición: 2024
Depósito Legal: M-13102-2024
ISBN versión impresa: 978-84-10296-51-0

Diseño, Preimpresión e Impresión: Editorial Aranzadi, S.A.U.
Printed in Spain

Para todos los caminantes que hacen camino al andar.
Especialmente, para A. y J.

ÍNDICE

Página

Página

Página

Página

CAPÍTULO V

PRÓLOGO

Me concede la autora el honor de elaborar el prólogo del presente libro, responsabilidad que asumo con agrado. Como es sabido, la labor del prologuista se centra en situar al lector en la obra que le sucede. En esta ocasión, la tarea se me antoja grata, aunque también he de reconocer que mi visión pudiera verse teñida, dado que ni la autora ni su tema me son indiferentes.

La Dra. Rodas Paredes empezó su carrera universitaria en el Departamento de Derecho Mercantil «Manuel Broseta Pont» hace ya algún tiempo —permítaseme aquí el circunloquio—, momento en que quien suscribe también formaba parte de su claustro. Posteriormente, el destino hizo que los dos desarrolláramos parte de nuestra carrera en otras universidades; y el mismo sino nos ha hecho de nuevo regresar a nuestra *alma mater*.

Su tesis doctoral versó sobre la «libertad de establecimiento y movilidad de las sociedades mercantiles: su significado y aplicación práctica en la Unión Europea, algunos países y en el ordenamiento jurídico español». Sin embargo, su dedicación al Derecho del seguro fue temprana y se ha mantenido constante. No puedo olvidar nuestra colaboración en la traducción al castellano de los Principios de Derecho Europeo del Contrato de Seguro. Ahora bien, menciono esta traducción, movido más por lo agradable de los recuerdos que me evocan que por el bagaje científico que supone para la autora. Sin duda, su currículum cuenta con aportaciones científicas mucho más relevantes en diferentes temas propios del Derecho de los seguros privados entre las que me atrevo a destacar sus trabajos relativos al riesgo. Por tanto, puedo afirmar sin temor a equivocarme que la Dra. Rodas es una autora consolidada dentro del cuerpo de investigadores que nos dedicamos en la academia española a estudiar el Derecho de los seguros privados.

El tema escogido para la obra, a mi juicio, no pude ser más pertinente. La transparencia es una materia que me atrevo a calificar de clásica a la par que transversal dentro del Derecho del seguro privado. Clásica, porque ya ha sido objeto de estudio desde hace tiempo —y lo seguirá siendo en el futuro—. Transversal, pues plantea diferentes problemas que superan un análisis centrado en único régimen jurídico.

El libro que ahora presento trata de ofrecer una visión holística de la transparencia. La labor no es, desde luego, sencilla. La Dra. Rodas nos propone una obra que comienza en el mismo fundamento constitucional de la transparencia para, desde ahí, analizar su regulación tanto en la Ley de contrato de seguro como en la normativa propia de la distribución en seguros privados o en la de supervisión, solvencia y ordenación de entidades aseguradoras.

La autora ensaya en sus inicios una construcción sobre el fundamento constitucional de la transparencia en la esfera jurídico-privada. Un debate surgido en sede de teoría general, pero que ahora la autora sitúa en el contexto del seguro. Quien suscribe ha criticado en algunas ocasiones la pobre incardinación del seguro dentro de la teoría general de las obligaciones y del contrato en el ordenamiento jurídico español. Por tanto, es fácil colegir la significación de la cuestión.

Seguidamente, el libro va desgranando el régimen de la transparencia durante las diferentes etapas de la vigencia del seguro. Se suceden así una serie de capítulos desde la fase precontractual hasta la liquidación del siniestro, pasando por la fase de vigencia del mismo. Para ello la autora se adentra en materiales normativos que trascienden a la regulación contenida en la Ley de contrato de seguro. Solo así es dable proporcionar una visión integral de la transparencia. Asimismo, merece destacarse que a la diversidad normativa se añade una visión evolutiva de la transparencia que finaliza con los más novedosos debates sobre recientísimas incorporaciones tecnológicas.

Asimismo, la obra contiene dos capítulos finales donde se ocupa de la normativa reguladora de la transparencia relativa a los aseguradores y a los distribuidores. La autora no elude tampoco esta compleja cuestión. Aquí debo destacar como en sus páginas se plantea la problemática relativa a la relación entre normas de derecho público y normas de derecho privado. Debate aún abierto en sede de incumplimiento de estos deberes en el sector asegurador, pero que ya cuenta con antecedentes relevantes en otras áreas del Derecho del sistema financiero, del que los seguros son solo una parte.

La materia seleccionada para este libro, así como posteriormente su desarrollo en sus diferentes capítulos, conduce a que estemos ante un libro que engarza con los principios que fundan la Revista de Derecho del Sistema Financiero: aportar al debate jurídico obras transversales que permitan al lector trascender de un análisis parcial o limitado.

Antes de finalizar, no puedo tampoco obviar uno de los rasgos que ensalzan la obra presentada: la abundante bibliografía que ha sido utilizada para su desarrollo. Una lectura del elenco seleccionado denota la madurez de la autora. Ahora bien, lo realmente significativo, a mi juicio, es que la misma es utilizada profusamente a lo largo de sus páginas lo que, por desgracia, comienza a ser menos habitual de lo que requiere la excelencia en la investigación jurídica.

En fin, el breve tiempo del que dispongo para formular estas líneas pudiera deslucir el libro que me ocupa. Sirvan estas líneas finales de descargo.

Juan Bataller Grau
Catedrático de Derecho Mercantil
Universidad de Valencia
En Alboraya, a 29 de abril de 2024

ABREVIATURAS

AAMN	Anales de la Academia Matritense del Notariado
AA.VV.	Autores Varios
ADC	Anuario de Derecho Civil
AFDUAM	Anuario de la Facultad de Derecho de la Universidad Autónoma de Madrid
AJA	Actualidad Jurídica Aranzadi
ALAIDCSF	Anteproyecto de Ley por la que se crea la Autoridad Administrativa Independiente de Defensa del Cliente Financieros
ALCM	Anteproyecto de Ley de Código Mercantil
ALDSRP	Anteproyecto de Ley de Distribución de Seguros y Reaseguros Privados
BOCG	Boletín Oficial de las Cortes Generales
BOE	Boletín Oficial del Estado
BORME	Boletín Oficial del Registro Mercantil
CC	Código Civil
CCJC	Cuadernos Civitas de Jurisprudencia Civil
CCom	Código de Comercio
CCS	Consorcio de Compensación de Seguros
CE	Constitución Española de 27 de diciembre de 1978
CEE	Comunidad Económica Europea
CESL	Common European Sales Law
CGPJ	Consejo General del Poder Judicial
CML Rev.	Common Market Law Review
CNMV	Comisión Nacional del Mercado de Valores
Conn. Ins. L. J.	Connecticut Insurance Law Journal
DCFR	Marco Común de referencia de Derecho Contractual Europeo
DDS	Directiva (UE) 2016/97 del Parlamento Europeo y del Consejo, de 20 de enero de 2016, sobre la distribución de seguros

DF	Disposición Final
DGRN	Dirección General de los Registros y del Notariado
DGSFP	Dirección General de Seguros y Fondos de Pensiones
DISO	Digital Society
DMA	*Digital Markets Act*, Reglamento (UE) 2022/1925 sobre mercados disputables y equitativos en el sector digital (Ley de Mercados Digitales)
DN	Derecho de los Negocios
DSA	*Digital Services Act*, «Ley de Servicios Digitales» Reglamento (UE) 2022/2065 del Parlamento Europeo y del Consejo de 19 de octubre de 2022 relativo a un mercado único de servicios digitales y por el que se modifica la Directiva 2000/31/CE
DOC	Diario Oficial de las Comunidades Europeas, «Comunicaciones e informaciones»
DOCE	Diario Oficial de las Comunidades Europeas
DOUE	Diario Oficial de la Unión Europea
EBA	Autoridad Bancaria Europea
EEE	Espacio económico europeo
EIOPA	Autoridad Europea de Seguros y Fondos de Pensiones
ELCCS	Real Decreto Legislativo 7/2004, de 29 de octubre, por el que se aprueba el Texto refundido del Estatuto Legal del Consorcio de Compensación de Seguros
ERPL	European Review of Private Law
ESFS	European System of Financial Supervision
ESRB	European Systemic Risk Board
ESI	Empresa de Servicios de Inversión
ESMA	Autoridad Europea de Valores y Mercados
FD	Fundamento de Derecho
FIVA	Fichero informativo de vehículos asegurados
Harv. L. Rev.	Harvard Law Review
JCP	Journal of Cancer Policy
IMD I / DMS	Directiva 2002/92/CE del Parlamento Europeo y del Consejo, de 9 de diciembre, de 2002, sobre mediación en los seguros
INFES	Instituto Nacional de Fomento de la Economía Social

Int. Rev. L. Ec.	International Review of Law and Economics
IPC	Índice de Precios al Consumo
IPID	Documento información previa (Insurance Product Information Document)
KID	Documento de información clave (*Key Information Document*)
KIID	Documento de datos fundamentales para el inversor (Key Investor Information Document)
LCS	Ley 50/1980, de 8 octubre, de Contrato de Seguro
LGDCU	Ley General para la Defensa de los Consumidores y Usuarios y otras leyes complementarias, cuyo Texto Refundido fue aprobado por el Real Decreto Legislativo 1/2007, de 16 de noviembre
LMSRP	Ley 26/2006, de 17 de julio, de Mediación de Seguros y Reaseguros Privados
LMVSI	Ley 6/2023, de 17 de marzo, de los Mercados de Valores y de los Servicios de Inversión
LOSSEAR	Ley 20/2015, de 14 de julio, de ordenación, supervisión y solvencia de entidades aseguradoras y reaseguradoras
LOSP	Ley 33/1984, de 2 de agosto, sobre ordenación del seguro privado
LOSSP	Ley 30/1995, de 8 de noviembre, de Ordenación y Supervisión de los Seguros Privados
LRCCI	Ley 5/2019, de 15 de marzo, reguladora de los contratos de crédito inmobiliario
LSA	Texto Refundido de la Ley de Sociedades Anónimas, aprobado por RDL 1564/1989, de 22 de diciembre
MiFID I	Directiva 2004/39/CE del Parlamento y el Consejo, de 21 de abril de 2004, relativa a los mercados de instrumentos financieros
MiFID II	Directiva 2014/65/UE del Parlamento Europeo y del Consejo, de 15 de mayo de 2014, relativa a los mercados de instrumentos financieros y por la que se modifican la Directiva 2002/92/CE y la Directiva 2011/61/UE
MiFIR	Reglamento (UE) 600/2014 del Parlamento Europeo y del Consejo, de 15 de mayo de 2014, relativo a los mercados de instrumentos financieros y por el que se modifica el Reglamento (UE) 648/2012

NUE	Noticias de la Unión Europea
OBS	Operador de Banca Seguros
OICVM	Organismo de Inversión Colectiva en Valores Mobiliarios
Ofesauto	Oficina española de aseguradores de automóviles
ORSA	Own Risk and Solvency Assessment
OTC	Over the Counter
PCM	Propuesta de Código Mercantil
PECL	Principios de Derecho Europeo de Contratos
PEICL	Principios de Derecho Europeo del Contrato de Seguro
PLDSRP/PLDSR/PLDS	Proyecto de Ley de Distribución de Seguros y Reaseguros Privados 121/000022, de 21 de mayo de 2018
POG	*Product Oversight Governance* — Gobierno y supervisión de productos
PRIIPs	Productos preempaquetados de inversión minorista y basados en seguros (P*ackaged Retail and Insurance-based Investment Products*)
RADNT	Revista Aranzadi de Derecho y Nuevas Tecnologías
RAEA	Registro Administrativo de Entidades Aseguradoras
RAEAERC	Revista de la Asociación Española de Abogados Especializados en Responsabilidad Civil y Seguro
RCT	Revista de Contabilidad y Tributación
RCDI	Revista Crítica de Derecho Inmobiliario
RCFDCEE	ICADE — Revista Cuatrimestral de la Facultad de Derecho y Ciencias Económicas y Empresariales
RD	Real Decreto
RDBB	Revista de Derecho Bancario y Bursátil
RDFHP	Revista de Derecho Financiero y Hacienda Pública
RGDH	Revista de Derecho y Genoma Humano
RDGRN	Resolución de la Dirección General de los Registros y del Notariado
RDBB	Revista de Derecho Bancario y Bursátil
RDM	Revista de Derecho Mercantil
RDN	Revista de Derecho Notarial
RDLeg	Real Decreto Legislativo
RDL	Real Decreto-Ley

RDMV	Revista de Derecho del Mercado de Valores
RDP	Revista de Derecho Patrimonial
RDSFin	Revista de Derecho del Sistema Financiero
RDSP	Revista de Derecho de Seguros Privados
REDC	Revista Española de Derecho Constitucional
REDF	Revista Española de Derecho Financiero
REDI	Revista Española de Derecho Internacional Privado
Reglamento PRIIPs	Reglamento (UE) no 1286/2014 del Parlamento Europeo y del Consejo de 26 de noviembre de 2014 sobre los documentos de datos fundamentales relativos a los productos de inversión minorista vinculados y los productos de inversión basados en seguros (Texto pertinente a efectos del EEE)
Reglamento Delegado PRIIPs	Reglamento Delegado (UE) 2017/2359 de la Comisión, de 21 de septiembre de 2017, por el que se completa la Directiva (UE) 2016/97 del Parlamento Europeo y del Consejo en lo que respecta a los requisitos de información y las normas de conducta aplicables a la distribución de productos de inversión basados en seguros
Reglamento Delegado KID	Reglamento Delegado (UE) 2017/653 de la Comisión de 8 de marzo de 2017 por el que se completa el Reglamento (UE) n.º 1286/2014 del Parlamento Europeo y del Consejo, sobre los documentos de datos fundamentales relativos a los productos de inversión minorista empaquetados y los productos de inversión basados en seguros, mediante el establecimiento de normas técnicas de regulación respecto a la presentación, el contenido, el examen y la revisión de los documentos de datos fundamentales y las condiciones para cumplir el requisito de suministro de dichos documentos
Reglamento KIID	Reglamento (UE) n.° 583/2010 de la Comisión de 1 de julio de 2010 por el que se establecen disposiciones de aplicación de la Directiva 2009/65/CE del Parlamento Europeo y del Consejo en lo que atañe a los datos fundamentales para el inversor y a las condiciones que deben cumplirse al facilitarse esos datos o el folleto en un soporte duradero distinto del papel o a través de un sitio web
Reglamento de Ejecución IPID	Reglamento de Ejecución (UE) 2017/1469 de la Comisión, de 11 de agosto de 2017, por el que se establece

	un formato de presentación normalizado para el documento de información sobre productos de seguro
RES	Revista Española de Seguros
REVESCO	Revista de Estudios Corporativos
Rev. RC	Revista de Responsabilidad Civil, Circulación y Seguro
RGD	Revista General del Derecho
RGLJ	Revista General de Legislación y Jurisprudencia
RJC	Revista Jurídica de Catalunya
ROSSEAR	Real Decreto 1060/2015, de 20 de noviembre, de ordenación, supervisión y solvencia de las entidades aseguradoras y reaseguradoras
ROSSP	Reglamento de Ordenación y Supervisión de los Seguros Privados
RPFP	Real Decreto Legislativo 1/2002, de 29 de noviembre, por el que se aprueba el Texto Refundido de la Ley reguladora de los Planes y Fondos de Pensiones
RRCS	Revista de Responsabilidad Civil y Seguro
RRCySCVM	Real Decreto 7/2001, de 12 de enero, por el que se aprueba el Reglamento sobre responsabilidad civil y seguro en la circulación de vehículos a motor
RRE	Real Decreto 300/2004, de 20 de febrero, por el que se aprueba el Reglamento de Riesgos Extraordinarios
RRM	Reglamento del Registro Mercantil
RSAC	Real Decreto 2329/1979, de 14 de septiembre, por el que se aprueba el Reglamento para la aplicación de la Ley de Seguros Agrarios Combinados
SAP	Sentencia de la Audiencia Provincial
SRC	Seguro de responsabilidad civil
STC	Sentencias (s) del Tribunal Constitucional
STS	Sentencia (s) del Tribunal Supremo
STSJ	Sentencia (s) del Tribunal Superior de Justicia
TCE	Tratado de la Unión Europea (DO C 191 de 29.7.1992, pp. 1-112)
TEAC	Tribunal Económico Administrativo Central
TFUE	Tratado de Lisboa, de 13 de diciembre de 2007 (DO C 306 de 17.12.2007, pp. 1-271) a.k.a Tratado de Funcionamiento de la Unión Europea

TJUE	Tribunal de Justicia de la Unión Europea
TRC	Revista Teoría y Realidad Constitucional
TRLMV	Real Decreto Legislativo 4/2015, de 23 de octubre, por el que se aprueba el Texto refundido de la Ley del Mercado de Valores
TRLOSSP	Real Decreto Legislativo 6/2004, de 29 de octubre, por el que se aprueba el Texto refundido de la Ley de Ordenación y Supervisión de los Seguros Privados
TRRCySCVM	Real Decreto Legislativo 8/2004, de 29 de octubre, por el que se aprueba el Texto Refundido de la Ley sobre responsabilidad civil y circulación en la circulación de vehículos a motor
TS	Tribunal Supremo
UCITS	Organismos de inversión colectiva en valores mobiliarios (*Undertakings for Collective Investment in Transferable Securities*)
UE	Unión Europea
UNESPA	Unión Española de Entidades Aseguradoras y Reaseguradoras
UPenLRev	University of Pennsylvania Law Review
VLOP	Plataformas en línea de gran tamaño —*Very large online platforms*
VLOSE	Motores de búsqueda en línea de muy gran tamaño —*Very large online search engines*

INTRODUCCIÓN

INTRODUCCIÓN

El seguro privado como herramienta de transmisión de riesgos es, sin duda, un elemento esencial de la vida moderna. La configuración de sus elementos de funcionamiento adquiere, por tanto, una relevancia capital a la hora de entender cómo y en qué medida se ha de realizar ese traspaso de la probabilidad de disminución patrimonial que éste está llamado a cubrir.

En este contexto, el grado de precisión con el que se haya configurado el contrato a través del que se instrumenta esa transmisión del riesgo es esencial para que todas las partes implicadas vean satisfechas sus razonables expectativas objetivas de cumplimiento contractual. En este contexto, el grado de «conocimiento» de las obligaciones contractuales es señal clara de una adecuada expectativa, por parte de todos los obligados, de cumplimiento de las prestaciones contractuales. Por este motivo, el «deber de transparencia» expresado por primera vez en nuestro ordenamiento jurídico a través del sistema general de derecho público, trasciende esa esfera y encuentra expresión concreta no solamente a través de la adopción de principios de ordenación de la actividad regulada —en nuestro caso— del mercado de seguros privados, sino también en la configuración de la fase de conclusión de la relación contractual entre el particular y la entidad aseguradora, así como durante la vigencia y, en caso de siniestro, ejecución del contrato.

El primer apartado de la obra pone de manifiesto el contenido jurídico constitucional del principio de transparencia para, a continuación, identificar la expresión de éste y su contenido tuitivo en el sistema de normas y principios de la esfera jurídico-privada que afectan a la contratación de seguros privados.

Seguidamente, era necesario exponer las tres vertientes generales que afectan a la transmisión de riesgos instrumentada a través del contrato de seguro sujeto a la Ley 50/1980. Por este motivo, hemos organizado nuestro análisis de la vertiente contractual en dos capítulos en los que damos cuenta de la configuración de los elementos de transparencia en la relación obligacional directa que emana del contrato de seguro, es decir aquélla directamente regulada por la norma material y que atañe al asegurador, tomador del seguro y asegurado. Conocidas las vicisitudes habituales de esta relación contractual era necesario tomar en cuenta la expresión del principio de transparencia en la fase previa a la contratación y ponerla en relación con los elementos que trascienden ese momento y afecta la fase de vigencia contractual. Por este motivo, el segundo capítulo de la obra está dedicado a hacer incidencia especial en las obligaciones precontractuales, mientras que el tercero se ha centrado en la situación ateniente a los deberes de información entre las partes durante la vigencia del contrato y en los casos en los que el siniestro ha llegado a materializarse.

Al hilo de las tendencias normativas de consolidación del sistema financiero europeo y que han motivado —y motivarán— actualizaciones normativas en la supervisión de las entidades de seguros y sus distribuidores, en el siguiente apartado, hemos considerado necesario incluir una visión más amplia del deber de transparencia tomando, como punto de partida, la visión general de este deber en la configuración que, del mercado financiero, se ha hecho desde las instituciones europeas y que tienen directa incidencia en la configuración del sistema regulatorio español de la industria de los seguros privados. Por último, nuestra labor se ha centrado en analizar los deberes de transparencia del comercializador —a.k.a. distribuidor— del seguro «como producto». En este punto, es necesario resaltar las recientes reformas legislativas en la materia que han venido a reconfigurar el sistema de protección del comprador de productos de seguro, en especial de aquéllos con un contenido contractual de naturaleza distinta al seguro «tradicional» como son los productos de inversión basados en seguros de personas.

CAPÍTULO I: El valor jurídico constitucional de transparencia y su concreción en la regulación del seguro privado

CAPÍTULO I

EL VALOR JURÍDICO CONSTITUCIONAL DE TRANSPARENCIA Y SU CONCRECIÓN EN LA REGULACIÓN DEL SEGURO PRIVADO

I. LA TRANSPARENCIA COMO EXPRESIÓN DEL DERECHO A LA INFORMACIÓN

El deber de transparencia constitucional está basado en el encaje que este concepto tiene en nuestro sistema jurídico: la estructura constitucional española, al igual que otros sistemas de nuestro entorno, ha consagrado la supremacía de la parte dogmática sobre la orgánica de la CE de manera que, como ocurre en todo régimen democrático, el *deber de transparencia* de los poderes públicos es el reverso del derecho a la información que tienen los ciudadanos[1].

A su vez, en la concreción de este deber de informar encontramos el reflejo positivo que debería alcanzar a la ciudadanía pues obliga a todos los poderes públicos a informar, en general, de cuanto afecte al interés común y, en particular, a cada ciudadano, sobre aquello que le afecte en su vida e intereses particulares.

Con todo, este deber abstracto y general, con ser un presupuesto de alcance de todas las libertades públicas y derechos ciudadanos, necesita contar con técnicas jurídicas que posibiliten la evolución del sistema aplicado hasta muy recientemente[2], de manera que este derecho a conocer tenga un contenido concreto que, en caso necesario, pueda ser exigible ante la autoridad jurisdiccional competente[3].

1. EL VALOR CONSTITUCIONAL DE TRANSPARENCIA

En efecto, en el caso del derecho a la información, entendido como aquél formulado en el art. 20.1.d CE —presupuesto directo del deber de transparencia aquí descrito— tanto en el ámbito público como en el derecho privado, había tenido un desarrollo

---

1. SÁNCHEZ FÉRRIZ, R., «La transparencia como derecho-deber y sus relaciones con el derecho fundamental a ser informado. De nuevo, discrepando» *TRC*, n.º 51, 2023, pág. 163.
2. Aquél en el que la *información* así comprendida estaba circunscrita casi exclusivamente a la comunicación audiovisual, DÍEZ-PICAZO GIMÉNEZ, L. M., «Sobre la eficacia entre particulares de los derechos fundamentales» en GARCÍA DE ENTERRÍA, E. (coord.); *Administración y justicia: un análisis jurisprudencial: liber amicorum Tomás-Ramón Fernández*, Vol.1, Civitas, Madrid, 2012, pág. 144.
3. VILLAVERDE MENÉNDEZ, I.; Los derechos del público: la revisión de los modelos clásicos de «proceso de comunicación pública» *REDC* n.º 68, 2003, pág. 124.

incipiente[4] y casi accesorio que, con el paso del tiempo ha dado lugar a un auténtico elemento esencial en la configuración del comportamiento de los poderes públicos en sus interacciones con los ciudadanos.[5]

En este sentido, se ha señalado que este deber de informar es expresión directa de un régimen democrático en avanzada fase de consolidación, de manera que no es un derecho individual a una esfera de autonomía personal o a una concreta prestación material, sino que integra la concreción del deber tanto de los poderes públicos como de quienes establezcan relaciones entre particulares que puedan afectar el interés común, particularmente en los casos en los que pueda verse afectado la vida o intereses de ciudadanos particulares[6].

En este punto hay que destacar el progreso en el desarrollo del contenido de este particular valor constitucional pues el contenido adquirido a través del texto constitucional —y la interpretación que transluce de su aplicación actual por el ordenamiento jurídico vigente— ha generado un cambio en el paradigma clásico de la naturaleza del derecho-deber que concurre en muchos de los otros derechos fundamentales[7]. En este caso hay una diversificación de titulares en el que a la ciudadanía le corresponde el derecho a conocer las cuestiones que afecten sus intereses y a los poderes públicos corresponde el deber de facilitar ese conocimiento.

Así, el valor constitucional de transparencia, informador del sistema general de derechos y libertades individuales, es un nuevo paradigma en el que los ciudadanos tiene

4. SÁNCHEZ FÉRRIZ, R., «La transparencia como derecho-deber...» cit., pág. 166, VILLAVERDE MENÉNDEZ, I.; *Estado democrático e información: el derecho a ser informado y la Constitución española de 1978*, Junta General del principado de Asturias, Oviedo, 1994, pág. 127.
5. SÁNCHEZ FÉRRIZ, R., pág. 162.
6. Como nos explicaba VILLAVERDE MENÉNDEZ, I.; Los derechos del público..., cit., pág. 126; la garantía constitucional del derecho a recibir información [art. 20.1.d) CE] actúa como una garantía institucional del proceso de comunicación pública libre, imponiendo al Estado el deber positivo de proteger que toda información accede libremente al proceso comunicativo, generando pluralismo cuantitativo, y que ese acceso y su circulación se hace en condiciones de igualdad, promoviendo así el pluralismo cualitativo. Así pues, el pluralismo informativo posee dos dimensiones, resultantes de la mencionada garantía institucional. Por un lado, la libertad de acceso, y por otro, la igualdad en el acceso.
7. COTINO HUESO, L. «El derecho fundamental de acceso a la información, la transparencia de los poderes públicos y el gobierno abierto. Retos y oportunidades» en VALERO TORRIJOS, J.; FERNÁNDEZ SALMERÓN, M. (coords.), *Régimen jurídico de la transparencia del sector público: del Derecho de acceso a la reutilización de la información,* Aranzadi, 2014, Pamplona, pág. 39. También en este sentido ORDUÑA MORENO, F. J., SÁNCHEZ MARTÍN, C.; *La transparencia como valor del cambio social: su alcance constitucional y normativo*, Thomson Reuters Aranzadi, Cizur Menor, 2018, pág. 46, quienes destacan, en relación con la transparencia como valor funcional, que este proceso de concreción de su contenido normativo dentro del ordenamiento jurídico permite integrar o dar cobertura a las transformaciones sociales de manera que éstas encuentren expresión en el sistema de valores.

que poder asentar una moderna relación con el Estado, con la administración pública y en sus relaciones contractuales en la esfera jurídico-privada[8]. A ello, es necesario añadir un matiz adicional en cuanto al contenido de estos derechos y obligaciones, éstos serán distintos para unos y otros, merced a la diversa vinculación que tienen con el Derecho los poderes públicos y los particulares, de lo que se deriva una posición jurídica distinta.

En la materia que nos ocupa, el sistema constitucional atribuye a los particulares la titularidad de este derecho fundamental y, por tanto, les reconoce el poder jurídico de exigir su respeto frente a todo el que menoscabe su ejercicio. Ahora bien, en los casos en los que el derecho fundamental, por su configuración constitucional, es eficaz entre particulares, la CE no solo atribuye a éstos la titularidad del derecho, sino que también les impone el correlativo deber de respetar el ejercicio de ese derecho fundamental cuando lo ejerza otro particular[9]. En cambio, respecto de los poderes públicos, la Constitución no les reconoce titularidad del derecho[10], pero sí les impone un doble deber: el deber de respetar los derechos fundamentales y el de adoptar las medidas necesarias para garantizar que los particulares puedan ejercer estos derechos fundamentales[11].

Por ello, los límites de los derechos fundamentales van a actuar de modo diverso cuando el obligado por el derecho fundamental es un poder público que cuando es un particular. Así, si el obligado es un poder público, frente al derecho fundamental del particular no va a poder oponer la existencia de sus propios derechos fundamentales, pues, como regla general, carece de ellos. Como veremos a continuación, en el caso de particulares será necesario tomar en cuenta su esfera de actuación, pero también el ámbito en el que se inserta, en nuestro caso, el valor de transparencia.

2. CONTENIDO Y ALCANCE EN LA ESFERA JURÍDICO-PRIVADA GENERAL

2.1. Finalidad y características

La concreción de contenido y alcance del derecho hasta ahora descrito en la esfera de las instituciones públicas conoce, como hemos venido resaltado, expresión de contenido

8. Sobre el particular, STARCK, C., «Derechos fundamentales y Derecho Privado», *REDC* n.º 66, 2002, pág. 79, se pronuncia claramente a favor de buscar el equilibrio entre posiciones de derechos fundamentales enfrentados incluso en las posiciones jurídicas de derecho privado, en particular en el caso de la libertad contractual y libertad de información.
9. En mayor detalle, QUADRA-SALCEDO Y FERNÁNDEZ DEL CASTILLO, T., *El recurso de amparo y los derechos fundamentales en las relaciones entre particulares*, Cuadernos Civitas, Madrid, 1981, pág. 69. Más recientemente y en detalle sobre la aplicación jurisdiccional de estos derechos, SARAZÁ JIMENA, R., *La protección jurisdiccional de los derechos fundamentales en las relaciones entre particulares*, Tirant lo Blanch, Valencia, 2011, pág. 10.
10. STC 175/2001, de 26 de julio 2001.
11. SARAZÁ JIMENA, R., *La protección jurisdiccional...* cit., pág. 14.

en el ámbito de derecho privado[12]: el derecho a *ser informado* en diferentes facetas de la contratación privada, o en el ámbito de —a modo de ejemplo— la gobernanza de entes privados[13] constituye el primordial espacio de expresión de este deber de transparencia. Esta afirmación se sustenta en la interpretación propuesta del alcance de la libertad de expresión que debe alcanzar no solo al derecho a recibir información *democráticamente relevante* —es decir sobre asuntos de relevancia pública, de gestión de asuntos públicos, etc.— sino también al derecho a recibir cualquier información existente en cualquier proceso de comunicación. La existencia de este proceso en estas condiciones de apertura, libertad e igualdad es la que realiza el principio democrático[14].

En esta esfera, corresponde traer a colación, a pesar de lo ya dicho en el apartado anterior, una justificación más directa de la vinculación de este derecho general a la información como expresión del deber jurídico de *transparencia* entre contratantes.

Tal cual se ha señalado[15] el contexto actual de nuestros tiempos ha puesto de manifiesto la insuficiencia del elemento protector que habitualmente se ha reconocido al contrato por negociación. En efecto, si el esquema de composición de la vida económica basa el funcionamiento de las instituciones jurídicas en la doctrina del negocio jurídico en el que la voluntad del individuo alcanza expresión formal a través de la libertad de pactos entre particulares, no es menos cierto que el recurso a *condiciones generales* —en particular en la esfera del derecho privado especial— deja a una de las partes sin un auténtico poder de decisión sobre el contenido negocial[16].

---

12. En este sentido, tal y como puede inferirse por la bibliografía aquí citada, nos adscribimos a la teoría del *Drittwirkung*, tan bien explicada por STARCK, C., «Derechos fundamentales y Derecho Privado», cit., pág. 83 y sigs. en relación con el sistema constitucional alemán y que, entre nosotros ha comentado recientemente BELADÍEZ ROJO, M, La eficacia de los derechos fundamentales entre particulares, *AFDUAM* n.º 21, 2017, pág. 78, quien nos explica en detalle que si los derechos fundamentales, en general, y, en particular, los derechos que consagra del art. 18.1 CE, pueden constituir un límite a los derechos del 20 CE es porque estos derechos son eficaces en las relaciones entre particulares, pues los conflictos entre estos derechos solo puede producirse en este tipo de relaciones, ya que los poderes públicos, no son titulares de estos derechos fundamentales. Sobre este particular, en detalle la STC 14/2003, de 28 de enero, que señala como titulares de los derechos fundamentales a la libertad de expresión e información y del correlativo derecho a recibirla a la *colectividad, cada uno de sus ciudadanos y los profesionales del periodismo, pero en ningún caso [...] las instituciones públicas o sus órganos* (*Vid.* F.D. 8).
13. Art. 93 LSC.
14. VILLAVERDE MENÉNDEZ, I.; Los derechos del público..., cit., pág. 131.
15. ORDUÑA MORENO, F. J.; SÁNCHEZ MARTÍN, C.; GUILLÉN CATALÁN, R., La transparencia como valor del cambio social: su alcance constitucional y normativo. Concreción técnica de la figura y doctrina jurisprudencial aplicable en el ámbito de la contratación, Thomson Reuters Aranzadi, 2018, Cizur Menor, pág. 34.
16. En este sentido, la incógnita respecto al uso de la contratación con condiciones generales es el valor del consentimiento que se presta al adherirse a ellas (PAGADOR LÓPEZ, J.,

En este sentido, el legislador, ha empleado importantes recursos para establecer mecanismos de control de la eficacia de vinculación entre el contratante predisponente y el adherente. Así nuestro sistema configura como elemento clave de cumplimiento efectivo del *deber* jurídico de informar, la comprensibilidad material del contenido contractual[17]. Por ello, creemos que se puede afirmar que la obligación de transparencia como valor aspiracional del sistema de garantías constitucionales forma parte del *control social* de legalidad en tanto expresión del valor de justicia contractual[18].

Esta conexión entre el comportamiento contractual en la esfera privada y los valores fundacionales, expresión del Estado social, alcanza un ámbito mucho más amplio en la actualidad, pues en concreto en el caso de la transparencia informativa, podemos afirmar que ésta se ha erigido como parte integrante de los valores fundacionales de la Unión Europea, tal cual podremos desarrollar en mejor detalle en este mismo apartado.

Antes de ello, creemos necesario traer a colación otro elemento, integrante de la esfera de valores y principios aquí estudiados y que dota —en la espera de la contratación privada— de finalidad concreta al valor general de transparencia: el principio constitucional de protección de los consumidores y usuarios[19] que, como sabemos, en

---

Condiciones generales y cláusulas contractuales predispuestas: la Ley de condiciones generales de la contratación de 1998, Marcial Pons, Madrid, 1999, pág. 654, CARRASCO PERERA, Derecho de contratos, Aranzadi, Cizur Menor, 2010, pág. 774). El proceso de formación de los contratos de adhesión, ajeno a cualquier discusión entre las partes sobre los términos que cada uno desea incluir en el acuerdo, no hace que se deje de estar ante un contrato. Pero sí comporta la necesidad de un mecanismo que evite los posibles abusos o desequilibrios que se pueden generar, justificándose así una mayor limitación del contenido contractual que lo que resulta de las normas generales del Derecho de obligaciones y contratos.

17. Éste constituye el elemento esencial de la moderna configuración de la *formación de la voluntad* de obligarse. Por tanto, si el consentimiento es la manifestación de la voluntad de generar efectos jurídicos, ésta deberá estar integrada por tres aspectos: la intención general de actuar; el conocimiento por parte de quien manifiesta su voluntad de que su actuación puede ser percibida por otros como una muestra de la intención de concluir un negocio jurídico y; una intención del autor de la declaración de llevar a cabo un negocio jurídico con un contenido preciso. En relación a este último, ese conocimiento no debe identificarse como el conocimiento de todas las cláusulas que regulan el negocio jurídico, sino con el conocimiento del tipo de negocio que se lleva a cabo y sobre qué elementos se proyecta. En abundante detalle, ALFARO AGUILA-REAL, J., *Las condiciones generales de la contratación*, cit., pág. 55.
18. En este sentido, STS 464/2014, de 8 de septiembre de 2014, RJ 2014, 4660, ORDUÑA MORENO, F. J.; SÁNCHEZ MARTÍN, C.; GUILLÉN CATALÁN, R., *La transparencia como valor del cambio social*... cit., pág. 87.
19. Art. 51 CE, 1. Los poderes públicos garantizarán la defensa de los consumidores y usuarios, protegiendo, mediante procedimientos eficaces, la seguridad, la salud y los legítimos intereses económicos de los mismos.

la actualidad, no solamente en el ámbito de la contratación en los mercados financieros sino en la esfera más amplia de la contratación mercantil, es un paradigma permanente e ineludible para el legislador español y comunitario. Sobre este particular, es necesario destacar que la normativa española de protección del consumidor adherente conoció por primera vez una regulación especial de las condiciones generales de la contratación en el ámbito jurídico-privado, precisamente en la Ley 50/1980 LCS, predecesora[20] de nuestra Ley General de Defensa de los Consumidores y Usuarios[21].

En esta misma línea, como elemento adicional al sistema general de protección en la contratación en masa, es necesario tomar en cuenta la Ley 7/1998, de 13 de abril, sobre condiciones generales de la contratación (LCGC), aplicable a los contratos de adhesión que utilicen esta técnica y que hayan sido celebrados entre profesionales y/o empresarios. La referencia al elemento subjetivo y, por tanto, la interacción entre estos dos cuerpos normativos y la normativa reguladora especial en materia de seguros privados es esencial[22], puesto que, tal cual tendremos ocasión de evidenciar en apartados posteriores, si bien una gran parte de la contratación de seguros de personas se realizan con consumidores también hay un porcentaje creciente —sobre todo en la modalidad de seguros colectivos— en los que, por lo menos el tomador es un empresario. Por otra parte, en la contratación de seguros de daños la proporción es casi inversamente proporcional, en tanto que la mayor parte de contratantes solicitantes de cobertura son empresarios de diversa capacidad económica[23] también existe una amplísima gama

---

2. Los poderes públicos promoverán la información y la educación de los consumidores y usuarios, fomentarán sus organizaciones y oirán a éstas en las cuestiones que puedan afectar a aquéllos, en los términos que la ley establezca.

3. En el marco de lo dispuesto por los apartados anteriores, la ley regulará el comercio interior y el régimen de autorización de productos comerciales.

20. Así lo destacan entre otros, MIRANDA SERRANO, L. M, «Control de transparencia de las condiciones del contrato de seguro (más allá de los clásicos requisitos de inclusión)», en BATALLER GRAU, J., PEÑAS MOYANO, M. J.; *Un derecho del seguro más social y transparente*, Thomson Civitas, Cizur Menor, 2017, pág. 47; BENITO OSMA, F., *La transparencia en el mercado de seguros*, cit., pág. 120, PEÑAS MOYANO, M. J., «Desafíos del legislador en la reforma del régimen del contrato de seguro» en SERRANO CAÑAS, J. M., CASADO NAVARRO, A., GONZÁLEZ JIMÉNEZ, pág. M., (coords.) *Desafíos del regulador mercantil en materia de contratación y competencia empresarial*, Marcial Pons, Madrid, 2021, pág. 146.

21. En la actualidad contenida en el Real Decreto Legislativo 1/2007, de 16 de noviembre, por el que se aprueba el texto refundido de la Ley General para la Defensa de los Consumidores y Usuarios y otras leyes complementarias, pero que fuera promulgada por primera vez a través de la Ley 26/1984, de 19 de julio, General para la Defensa de los Consumidores y Usuarios.

22. En relación con la *doble protección* del asegurado consumidor recientemente, BATALLER GRAU, J. «Una mejor protección del asegurado es posible» cit., pág. 352.

23. *Vid.*, UNESPA, *Memoria social del seguro 2022*, disponible en https://www.unespa.es/main-files/uploads/2023/05/memoria2022.pdf (última visita 29 de septiembre, 2023), tam-

de seguros de daños —de diversa cuantía— cuyo titular del interés asegurado, es un consumidor o particular.

2.2. Antecedentes normativos

Introducido ya el elemento de la contratación en masa, y el ámbito subjetivo del contratante adherente, es necesario no perder de vista que esta técnica de contratación vino a consolidarse como tal con el surgimiento y consolidación del sistema económico capitalista que propició, en primer término, la industrialización del sector productivo —en la actualidad extendido a los servicios— y el crecimiento y consolidación de grandes grupos empresariales a partir de finales del siglo XIX.

Tal como ha sido puesto de relieve, en el desarrollo histórico de esta técnica, ha tenido un papel importante la capacidad regulatoria o ausencia de ella, del Estado[24]. Con la aparición y consolidación de la sociedad de consumo surge la necesidad de establecer un control mucho más exhaustivo de la comprensibilidad y cognoscibilidad del contenido contractual superior al ya reconocido en el derecho privado *contractualista*[25]. Muestra clara de la evolución que este punto ha experimentado[26] y de la creciente necesidad de dotarla de regulación propia, es la abundancia de interpretación judicial de la que ha sido objeto su contenido y límites[27], cuestión que, como hemos señalado ya, ha tenido como consecuencia la necesidad de actuación expresa del legislador nacional —en nuestro caso, a través de la ya citada LGDCU[28]— mientras que, en ámbito europeo, además de su inclusión en los Tratados

bién de la misma emisora, *Siniestros industriales 2021-2022*, disponible en https://www.unespa.es/main-files/uploads/2023/01/El-seguro-industrial-2021-2022-FINAL.pdf, (última visita 29 de septiembre, 2023).

24. ALBIEZ DOHRMANN, K. J., »Las condiciones generales de la contratación: una lectura de los diferentes modelos de control» en SÁNCHEZ LORENZO, S., *Derecho contractual comparado*, Tomo I, 3ra. Ed., Thomson Reuters Civitas, Cizur Menor, 2016, pág. 755.
25. A modo de ilustración, fue ampliamente conocido el diagnóstico, DE CASTRO, F., *Las condiciones generales de los contratos y la eficacia de las leyes*, Cuadernos Civitas, Madrid, 1985, pág. 21, quien les negaba estatus de norma jurídica, mientras que ALFARO AGUILA-REAL, J., *Las condiciones generales de la contratación*, Civitas, Madrid, 1991, las califica como tales en base al ejercicio de la libertad de pactos.
26. Resaltan, acertadamente, la evolución del fundamento causal en la teoría general del contrato y en las directrices del orden público económico, ORDUÑA MORENO, F. J.; SÁNCHEZ MARTÍN, C.; GUILLÉN CATALÁN, R., *La transparencia como valor del cambio social...* cit., pág. 115.
27. A modo ilustrativo, STS de 18 de junio, 2012 (RJ 406/2012); STS de 15 de enero de 2013 (RJ 827/2012, STS de 18 de noviembre 2013, (RJ 638/2013; STS de 8 de septiembre de 2014 (RJ 464/2012).
28. En nuestro entorno, el Código Civil italiano de 1942 regula las condiciones generales en el libro de contratos, mientras que el legislador alemán denomina *condiciones generales de la contratación* a la Ley de 9 de diciembre de 1976.

fundacionales[29] la Directiva 93/13/CEE[30] fue pionera en establecer un procedimiento de control de incorporación de cláusulas abusivas no negociadas individualmente.

Así pues, la rápida implantación de diversas técnicas de contratación en masa en concatenación con la necesidad de una mejor protección de este contratante adherente no profesional, han dado lugar a la adopción del llamado estatuto del consumidor, cuya función primordial es implementar políticas de protección de estos contratantes, bien mediante la regulación legal de su contenido, fijando contenidos imperativos o cuasi-imperativos, bien estableciendo límites más genéricos a las cláusulas predispuestas por el empresario que oferta el producto o servicio objeto de negociación[31] o

29. Art. 12 TFUE, (antiguo artículo 153, apartado 2, TCE), y artículo 169 TFUE (antiguo artículo 153 TCE). Antes de su inclusión en el Acta Única Europea (1986) la protección a los consumidores por el legislador europeo se había circunscrito a medidas destinadas a reforzar la cohesión y consolidación del mercado interior europeo a través de Directivas «de mínimos»: Directiva 84/450/CEE del Consejo, de 10 de septiembre de 1984, relativa a la aproximación de las disposiciones legales, reglamentarias y administrativas de los Estados Miembros en materia de publicidad engañosa, Diario Oficial n.º L 250 de 19/09/1984 pág. 0017-0020; Directiva 85/577/CEE del Consejo, de 20 de diciembre de 1985, referente a la protección de los consumidores en el caso de contratos negociados fuera de los establecimientos comerciales [en la actualidad reemplazada por la Directiva 2005/29/CE del Parlamento Europeo y del Consejo, de 11 de mayo de 2005, relativa a las prácticas comerciales desleales de las empresas en sus relaciones con los consumidores en el mercado interior, que modifica las Directivas 84/450/CEE, 97/7/CE, 98/27/CE y 2002/65/CE, y el Reglamento (CE) n.º 2006/2004]; Directiva 85/374/CEE del Consejo, de 25 de julio de 1985, relativa a la aproximación de las disposiciones legales, reglamentarias y administrativas de los Estados Miembros en materia de responsabilidad por los daños causados por productos defectuosos, DO L 210 de 7.8.1985, pág. 29/33; Directiva 87/102/CEE del Consejo de 22 de diciembre de 1986 relativa a la aproximación de las disposiciones legales, reglamentarias y administrativas de los Estados Miembros en materia de crédito al consumo, DO L 42 de 12.2.1987, pág. 48/53 [reemplazada por Directiva 2008/48/CE del Parlamento Europeo y del Consejo, de 23 de abril de 2008, relativa a los contratos de crédito al consumo]; Directiva 90/314/CEE del Consejo, de 13 de junio de 1990, relativa a los viajes combinados, las vacaciones combinadas y los circuitos combinados, *DO L 158 de 23.6.1990, págs. 59/64* [en la actualidad vigente la Directiva (UE) 2015/2302 del Parlamento Europeo y del Consejo, de 25 de noviembre de 2015, relativa a los viajes combinados y a los servicios de viaje vinculados].
30. Directiva 93/13/CEE del Consejo, de 5 de abril de 1993, sobre las cláusulas abusivas en los contratos celebrados con consumidores (DO L 95 de 21.4.1993, págs. 29-34), cuya versión consolidada incluye las modificaciones introducidas por la reciente Directiva (UE) 2019/2161 del Parlamento Europeo y del Consejo de 27 de noviembre de 2019 por la que se modifica la Directiva 93/13/CEE del Consejo y las Directivas 98/6/CE, 2005/29/CE y 2011/83/UE del Parlamento Europeo y del Consejo, en lo que atañe a la mejora de la aplicación y la modernización de las normas de protección de los consumidores de la Unión, OJ L 328, 18.12.2019, págs. 7-28.
31. En este ámbito, sin duda es necesario hacer una brevísima referencia al Real Decreto-ley 1/2021, de 19 de enero, de protección de los consumidores y usuarios frente a situaciones de vulnerabilidad social y económica, introduce numerosos cambios en el Texto Refundido de la Ley General para la Defensa de los Consumidores y Usuarios (TRLGDCU), que ha

buscando la implementación de mecanismos más efectivos de representación judicial colectiva[32].

Por lo que atañe al objeto de nuestro estudio, bástenos incidir en el contenido del art. 5 de la Directiva 93/13/CEE, que establece un principio amplio de transparencia en todas aquellas cláusulas contractuales que no hubieran sido objeto de negociación en los contratos de consumo[33]. En el ámbito de derecho de la Unión, esta Directiva, aunque fuera una norma de alcance geográfico limitado a los EM, no se puede negar su interés para la comprensión de la evolución del derecho de las condiciones generales de la contratación en el EEE, en primer lugar, por la importancia que ha tenido dentro de la UE; en segundo lugar por el alcance extraterritorial en operaciones transnacionales con cualquier país del mundo y, por último por su papel como ejemplo normativo para otras entidades supranacionales[34].

venido a modificar el concepto de consumidor establecido en el art. 3, y que ahora contiene también, en su apartado segundo, una definición de persona consumidora vulnerable, en mayor detalle, MARÍN LÓPEZ, M, «El concepto de consumidor vulnerable en el Texto Refundido de la Ley General para la Defensa de los Consumidores y Usuarios», *RCESCO*, n.º 37, 2021, pág. 113.

32. En este sentido SÁNCHEZ-CALERO GUILARTE, J., «Contratación mercantil en el siglo XXI: entre la transparencia y la emergencia», en GONZÁLEZ CASTILLA, F.; NIETO CAROL, U., *Retos de la contratación mercantil moderna*, Tirant Lo Blanch, Valencia, 2022, pág. 33, quien destaca la función tuitiva que está llamada a introducir, en el sistema de reclamaciones por abusividad de cláusulas predispuestas, la Directiva (UE) 2020/1828 del Parlamento Europeo y del Consejo de 25 de noviembre de 2020 relativa a las acciones de representación para la protección de los intereses colectivos de los consumidores, y por la que se deroga la Directiva 2009/22/CE (DO L 409 de 4.12.2020, págs. 1-27).
33. El citado precepto establece el principio general de transparencia en el clausulado que no sea objeto de negociación en los contratos de consumo, calificado como *cláusula general* —y así ha sido incorporada en los ordenamientos nacionales— permite defender al consumidor-adherente incluso antes de que firme el contrato, puesto que cuanto mayor sea la claridad y comprensión de las cláusulas mayor es la comprensión de su alcance por parte del consumidor. El alcance de este deber viene explicitado en la STJCE, de 10 de abril de 2001, el cual señalaba que con él «se garantiza que el consumidor pueda obtener aun antes de la conclusión del contrato las informaciones necesarias para decidir con pleno conocimiento de causa». Si el deber de transparencia en los contratos con condiciones generales de la contratación era hasta entonces desconocido en muchos ordenamientos nacionales esta configuración del art. 5 permitió su implantación en las legislaciones nacionales de los EM. En el caso de los problemas que podía plantear una cláusula oscura o incomprensible el expediente de la regla de la interpretación *contra proferentem* había sido la solución habitual de la jurisprudencia, sin embargo, merced a la transposición de la Directiva, se ha convertido en un deber que se debe aplicar en todos los ordenamientos nacionales.
34. Sobre los antecedentes de la Directiva, los primeros trabajos de la Comisión Europea relativos a la defensa de los consumidores en 1975 tienen por objeto las cláusulas estándar. En 1976, se redacta un documento sobre las cláusulas abusivas en los contratos celebrados

2.3. La transparencia formal vs. el principio de cognoscibilidad

Desde el punto de vista de los intérpretes de la normativa vigente aplicable a la contratación con condiciones generales de la contratación, la han calificado como una modalidad claramente diferenciada de los contratos por negociación, de manera que el contenido del deber de información precontractual de las cláusulas generales en contratos de adhesión debe alcanzar un nivel adecuado de comprensión del contenido de éstas —cognoscibilidad— que vaya más allá de la simple comprensibilidad del texto literal de las cláusulas predispuestas —transparencia formal— de manera que supere la claridad gramatical. De acuerdo con el mandato del legislador europeo, ésta debería abarcar las cláusulas que describan los elementos esenciales del contrato de adhesión[35] y, por tanto, de obligada observancia en todos los países de la UE, aun cuando son muchos los ordenamientos jurídicos que no han trascrito literalmente este precepto comunitario[36].

Una medida del verdadero alcance de la transparencia formal es la interpretación realizada por el TJUE, que en el Asunto C-26/13[37] y Asunto C-305/13[38] ha afirmado que «*la exigencia de transparencia de las cláusulas contractuales establecida por la Directiva 93/13 no puede reducirse sólo al carácter comprensible de estas en un plano formal y gramatical. Por el contrario, se basa en la idea de que el consumidor se halla*

con consumidores, a partir de 1980, el criterio preponderante es la adopción de medidas comunitarias específicas sobre las cláusulas contractuales abusivas, debiendo ser objeto de atención particular las condiciones generales de la contratación (así se expresan, entre otros, la Comunicación de 9 de febrero de 1984 y la Resolución del Parlamento Europeo de 21 de febrero de 1986). Desde ese momento se empieza a dudar sobre el ámbito objetivo de las medidas que se deben adoptar: la propuesta de Directiva, de 24 de julio de 1990, abarcaba no sólo la totalidad de las cláusulas contractuales accesorias sino también las cláusulas que regulan las prestaciones principales, cláusulas no negociadas y cláusulas negociadas; aquella Propuesta de Directiva fue lo suficientemente debatida, llegándose a un compromiso entre los modelos alemán y francés, de manera que se deja fuera del texto definitivo las cláusulas negociadas y las cláusulas sobre elementos principales del contrato. *vid.* PAGADOR LÓPEZ, J., *La Directiva comunitaria sobre cláusulas contractuales abusivas*, Marcial Pons, Madrid, 1998, pág. 15 y ss.

35. *Vid.* artículo 4.2 in fine de la Directiva 93/13/CEE.
36. A modo ilustrativo, la § 305 BGB, que articula los requisitos de incorporación de las condiciones generales de la contratación, no contempla ningún requisito específico de transparencia formal, lo mismo que la § 310. 3 BGB, que establece normas especiales para los contratos con consumidores. No es el caso del legislador italiano, que el art. 1469 quáter, CC obliga a la claridad y comprensión de las cláusulas, al igual que reitera el art. 35.1 del Códice del Consumo.
37. Sentencia del Tribunal de Justicia de la Unión Europea. Asunto C-26/13 (Árpád Kásler y Hajnalka Káslerné Rábai / OTP Jelzálogbank Zrt) de 30 de abril de 2014.
38. Sentencia del Tribunal de Justicia (Sala Tercera) de 23 de octubre de 2014, Asunto C-305/13, Haeger & Schmidt GmbH contra Mutuelles du Mans assurances IARD (MMA IARD) y otros.

en situación de inferioridad respecto al profesional en lo referido, en particular, al nivel de información, esa exigencia de transparencia debe entenderse de manera extensiva». A mayor abundancia, en el Asunto C 144/99[39] el TJCE señalaba una posible transposición incorrecta del artículo 5 por parte del artículo 6.233, letra b, del *Burgerlijk Wetboek* (Código Civil neerlandés), según el cual este texto infringía el artículo 5 de la Directiva, al limitar el deber del predisponente a que posibilite al adherente el conocimiento de las cláusulas. El Alto Tribunal Europeo entiende que el artículo 5 exige algo más, exige claridad y comprensibilidad de las cláusulas.

En nuestra regulación, la LCGC y el TRLGDCU exigen[40] en términos muy similares, que las cláusulas puedan ser comprendidas. En el primer caso[41], el texto establece que «la redacción de las cláusulas generales deberá sujetarse a los criterios de transparencia, claridad, concreción y sencillez[42]», mientras que el segundo exige concreción, claridad y sencillez en la redacción, con posibilidad de comprensión directa[43], sin reenvíos a textos o documentos (letra a), y legibilidad (letra b).

---

39. Sentencia del Tribunal de Justicia (Sala Quinta) de 10 de mayo de 2001, Comisión de las Comunidades Europeas contra Reino de los Países Bajos, Asunto C-144/99, Recopilación de la Jurisprudencia 2001 I-03541.
40. Art. 5.5 LCGC; art. 80.1. TRLGDCU.
41. En mayor detalle, PAZOS CASTRO, R., *El control de las cláusulas abusivas en los contratos con consumidores*, Thomson Aranzadi, Cizur Menor, 2017, pág. RB-3.9), resalta, en relación con la interpretación del contenido de este artículo que en función de dónde queden recogidas tales condiciones generales, la referencia tendrá mayor o menor utilidad. Si las condiciones generales aparecen en el mismo documento contractual que es firmado por el adherente, en un momento anterior a su firma, hacer una referencia a que existen unas condiciones generales no tiene demasiada razón de ser. Por ello, con la mera inclusión antes de la firma podría entenderse cumplida la exigencia de hacer referencia a las mismas. Sería distinto si las condiciones generales apareciesen en el mismo documento contractual, pero en un lugar posterior a la firma, o bien en un documento separado del contrato firmado por el adherente. En estos supuestos sí parece más importante que se efectúe la referencia a la que obliga la ley, que debe ser siempre previa a la firma del adherente. En este sentido, las nuevas formas de contratación en la red, sin duda plantean el problema de determinar si el elemento de materialidad se ha alcanzado.
42. Expresiones llamadas a asegurar la transparencia contractual, de acuerdo con PAGADOR LÓPEZ, J., *Condiciones generales y cláusulas contractuales predispuestas*... cit., pág. 395.
43. Las nociones de claridad, transparencia o ambigüedad son relativas, pues lo que para un consumidor pueda estar claro, puede no estarlo para otro. Por ello, parece lógico que, al igual que se ha previsto de forma general para cualquier adherente en la LCGC, los requisitos de transparencia del artículo 80 del TRLGDCU tengan en cuenta la figura del «consumidor medio». De esta manera, no se llevarían los requisitos de transparencia hasta el extremo de que permitan conocer y entender el contrato al consumidor menos formado y sofisticado, pero tampoco se entenderían cumplidos si solo se lo permiten al consumidor especialmente preocupado y de gran formación, en este sentido, MARÍN LÓPEZ, M, «El concepto de consumidor vulnerable...» cit., pág. 115; también será necesario tomar en cuenta el estándar

En el caso de normas de *soft law*, en su momento los Principios *Acquis*[44] formulan expresamente el principio de transparencia formal, precisando que las cláusulas no negociadas individualmente deben ser redactadas y dadas a conocer en un lenguaje sencillo e inteligible. En un sentido muy similar el II.—9:402 *DCFR*. Sin embargo, este principio no se encuentra específicamente articulado en el Código Europeo de Contratos ni en los *PECL*. Por su parte, en la malograda CESL[45] se exigía, en el caso de los contratos no negociados individualmente con un consumidor, que el comerciante tenga la obligación de asegurarse de que las cláusulas se redacten y comuniquen en un lenguaje sencillo y comprensible (art. 82 del Anexo I).

En relación con el principio de c*ognoscibilidad*, la mayor parte de los textos e interpretaciones de contenido, señalan la necesidad de poner al alcance del consumidor, los medios necesarios para acceder al contenido de manera sencilla y efectiva. Surgen, así, dos deberes: uno por parte del que quiere utilizar cláusulas no negociadas individualmente, y otro por parte del que las quiere aceptar. En la contratación documentada en formato papel, este precepto exigía que las condiciones generales fueran específicamente aprobadas por escrito para ser eficaces. Según este razonamiento, el conocimiento sólo se puede asegurar si el predisponente da a conocer las condiciones generales a tiempo de formación de la voluntad de obligarse por el contratante adherente, debiendo utilizar los medios adecuados según el tipo de contratación.

En las relaciones con los consumidores este cumplimiento deviene aún más relevante, en este sentido el artículo 80.1, letra b, TRLGDCU establece una obligación de garantizar al contratante la accesibilidad y legibilidad de las cláusulas no negociadas individualmente. Por su parte la LCGC es clara exponente de un nivel de exigencia elevado en el conocimiento de las cláusulas predispuesta[46]. Este contenido, sobre todo en la contratación con empresarios, puede resultar perjudicial para el tráfico jurídico pues entraña una ralentización del proceso contractual[47]. Se distingue entre contratación oral y por escrito, se contemplan supuestos específicos como la contratación telefónica o electrónica, en estos casos, así como otros en los cuales la exigencia de entrega de las condiciones generales resultase desproporcionada, el artículo 80 del TRLGDCU debe ponerse en relación con el artículo 5.3 de la LCGC, que establece que «*cuando el contrato no deba formalizarse por escrito y el predisponente entregue un resguardo justificativo de la contraprestación recibida, bastará con que el predisponente anuncie las condiciones generales en un lugar visible dentro del lugar en el que se celebra el*

fijado por el TJUE en el asunto C-110/14, Horațiu Ovidiu Costea vs. SC Volksbank România SA, de 3 de septiembre de 2015.

44. *cfr*. art. 6:302.
45. Proposal for a Regulation of the European Parliament and of the Council on a *Common European Sales Law* /* COM/2011/0635 final-2011/0284 (COD) */.
46. PAGADOR LÓPEZ, J., Condiciones generales y cláusulas contractuales predispuestas… cit., pág. 345.
47. ALFARO AGUILA-REAL, J., Las condiciones generales de la contratación, cit., pág. 219.

negocio, que las inserte en la documentación del contrato que acompaña su celebración; o que, de cualquier otra forma, garantice al adherente una posibilidad efectiva de conocer su existencia y contenido en el momento de la celebración». En la contratación de menor cuantía, esta norma resulta de aplicación compleja: si el contenido solo es conocido una vez realizada la transacción —cuando se incluyen en el *ticket* de compra o resguardo de similares características— no se daría el elemento de cognoscibilidad previo que exige la norma. En estos casos, corresponderá al predisponente la carga probatoria de demostrar que el adherente ha tenido o podido tener conocimiento de las cláusulas y de su contenido, con anterioridad a la conclusión del contrato.

2.4. La configuración actual y sus retos

A la situación normativa anteriormente descrita debemos añadir nuevos elementos de complejidad en el sistema de contratación predispuesta entre particulares: el avance tecnológico y su uso como *medio exclusivo* de interacción, contratación y uso de bienes o servicios[48], los nuevos modelos de negocio vinculados a éstos, la necesidad de convivencia de estos ecosistemas digitales con la contratación tradicional, etc. Tal es el caso del reciente Reglamento (UE) 2019/1150 del Parlamento Europeo y del Consejo, de 20 de junio de 2019, sobre el fomento de la equidad y la transparencia para los usuarios profesionales de servicios de intermediación en línea[49]. Esta norma, en conjunto con la aún más reciente *Ley de mercados digitales* (por sus siglas en inglés, a.k.a. *Digital Markets Act, DMA*)[50], abordan el desafío de configurar un sistema normativo, ya de por si complejo[51] y en algunos ámbitos disfuncional, a este nuevo canal de comunicación e interacción de usuarios, consumidores, operadores e intermediarios, que es el mercado digital, con el añadido de buscar ese equilibrio equitativo en la contratación a través de condiciones generales[52]. Si a ello añadimos los regímenes contractuales específicos como, en nuestro caso, la norma material en materia de seguros, podemos vislumbrar la extensión de la pluralidad de fuentes normativas y plantearnos la efectividad del sistema de elementos protectores que, hasta ahora, había venido desarrollando el legislador

48. Así también lo expresa, SÁNCHEZ-CALERO GUILARTE, J., «Contratación mercantil en el siglo XXI...», pág. 26.
49. DO L 186 de 11.7.2019, págs. 57-79.
50. Reglamento (UE) 2022/1925 sobre mercados disputables y equitativos en el sector digital (Ley de Mercados Digitales).
51. No deja de ser una estructura normativa regional aplicable a un mercado inmaterial de alcance global, al respecto recientemente, BENDIEK, A., STUERZER, I, «The Brussels effect, European regulatory power and political capital: evidence for mutually reinforcing internal and external dimensions of the Brussels effect from the European digital Policy Debate» *DISO* n.º 5, 2, 2023, pág. 11.
52. Una primera aproximación a la contratación con condiciones generales en el entorno P2B, PERALES VISCASILLAS, P., «La formación del contrato en el siglo XXI: ¿Una nueva era en la revolución digital?» en GONZÁLEZ CASTILLA, F.; NIETO CAROL, U., *Retos de la contratación mercantil moderna*, Tirant Lo Blanch, Valencia, 2022, pág. 164.

nacional y europeo, esta situación en el marco de la contratación general, conoce, sin lugar a dudas, excepciones en el mercado de seguros, sin embargo, en este ámbito —tal cual tendremos oportunidad de exponer— la efectividad del sistema de reclamaciones y protección de los contratantes también presenta ineficacias.

Por tanto, antes de analizar la normativa sectorial, creemos oportuno poner de manifiesto el marco regulatorio relevante en materia de control de la información en la contratación general en el mercado digital. En primer término, el ya referido Reglamento (UE) 2019/1150, en el que la normativa de transparencia informativa está pensada para su aplicación a profesionales que serán quienes, a través del acceso en la plataforma, ofrezcan a su vez, productos o servicios a consumidores y usuarios[53], mientras que la DMA se ocupará —para el caso que aquí nos ocupa— de la relación entre operadores directos (aseguradoras) y/o intermediarios con consumidores, solicitantes de seguros[54].

---

53. A grandes rasgos, entre los elementos de protección del intermediario profesional (P2B) que se han previsto por el Reglamento, podemos destacar, en relación con el contenido de las condiciones generales, un amplio deber de comprensibilidad del sistema de clasificación que utilice el proveedor, así como claridad en ellos parámetros que tomará en cuenta el proveedor para llevar a cabo la clasificación; descripción exacta de los servicios auxiliares que pueda ofrecer a los destinatarios finales el mismo proveedor; reconocimiento y descripción de la existencia de condiciones especiales aplicables a otros usuarios profesionales en la misma plataforma; comunicación a sus usuarios profesionales de la calidad y características de los datos personales o de diversa índole a los que tengan acceso otros usuarios profesionales y que hubieran sido proporcionados por éstos o por consumidores finales. En relación con los sistemas internos de cumplimiento de estas obligaciones, el texto, establece la obligatoriedad de creación y mantenimiento de un sistema interno de tramitación de reclamaciones —en el caso de proveedores de plataformas con más de 50 empleados o con una cifra de negocios anual superior a los 10 millones de euros— que debe prever un sistema individualizado de comunicación con los afectados; el proveedor de plataformas también deberá identificar uno o varios mediadores a los que los usuarios puedan recurrir cuando deseen resolver algún litigio con éste; por último, se ha establecido la obligación de publicar estadísticas sobre la efectividad de sus sistemas internos de tramitación de reclamaciones a través del Observatorio de la Economía de las Plataformas en Línea.
54. En este caso, la finalidad última esta avocada a la protección de los intereses de los usuarios y consumidores (B2C), además de prevenir el uso de prácticas desleales entre usuarios profesionales o de plataforma a consumidor, la norma busca mantener un entorno en línea justo y equitativo a través de la imposición de normas de conducta a los operadores y plataformas digitales que hayan sido calificadas como «guardianes de acceso»: que hubieran obtenido un volumen de negocios anual de un mínimo de 7500 millones de euros en la UE durante tres anualidades anteriores, o una valoración de mercado de al menos 75 mil millones de euros; tengan al menos 45 millones mensuales de usuarios finales y al menos 10mil usuarios profesionales establecidos en la UE; controlen uno o varios servicios básicos de plataforma en al menos tres EM; tengan una posición económica fuerte y una gran influencia en el mercado interior; proporcionen un servicio básico de plataforma que constituye una pasarela importante para que los usuarios profesionales lleguen a los clientes; y tengan

Por último, la *Digital Services Act*[55] busca garantizar tanto a consumidores como usuarios profesionales de plataformas digitales, un nivel adecuado de transparencia y vigilancia además de propugnar la definición de conductas ilícitas entre usuarios o de usuario y éstos. En este sentido, se prevén mecanismos de control a través de la obligatoriedad de inclusión de mecanismos de resolución de litigios[56], además de legitimar al órgano de vigilancia autorizado a acceder a los datos generados por las plataformas de muy gran tamaño para evaluar los riesgos en línea, y a los algoritmos empleados para recomendar contenidos o productos[57].

Toda esta reciente normativa, sumada al acervo comunitario en materia de protección de consumidores[58] además de la importantísima labor del TJUE en relación al control de incorporación de cláusulas predispuestas[59] y cumplimiento del deber de transparencia,

---

una posición consolidada y duradera en el mercado. Un balance general del contenido de esta norma en relación con su regulación del adecuado funcionamiento del mercado, RUIZ PERIS, J. I., «La nueva Digital Market Act, una respuesta híbrida de la Unión Europea a los «gatekeepers» GAFA», *RADNT* n.º 57, 2021, pág. RR-2.4, quien resalta la cualidad de protección *ex ante* que pretende implementar la DMA. En la actualidad la Comisión Europea ha publicado un listado de su primera lista de guardianes de acceso, consultable en https://digital-markets-act-cases.ec.europa.eu/gatekeepers y que incluye a Alphabet Inc.; Amazon. con Inc., Apple Inc., ByteDance Ltd., Meta Platforms Inc., y Microsoft Corporation.

55. Reglamento (UE) 2022/2065 del Parlamento Europeo y del Consejo de 19 de octubre de 2022 relativo a un mercado único de servicios digitales y por el que se modifica la Directiva 2000/31/CE (Reglamento de Servicios Digitales) (Texto pertinente a efectos del EEE) PE/30/2022/REV/1, DO L 277 de 27.10.2022, pág. 1/102.
56. En particular a través de la vía judicial.
57. También se prevén mecanismos de evaluación y mitigación de riesgos, que incluyen la creación de obligaciones para las plataformas en línea de muy gran tamaño (VLOP) y los motores de búsqueda en línea de muy gran tamaño (VLOSE) a fin de evitar que sus sistemas se utilicen indebidamente y para que sus sistemas de gestión de riesgos se sometan a auditorías independientes; la obligación de implantar sistemas adecuados de reacción rápida y eficaz ante crisis que afecten a la seguridad pública y a la salud pública; además de imponer el deber de salvaguardar el bienestar de menores a través de límites sobre el uso de datos personales sensibles para publicidad personalizada. En el ámbito de la supervisión y el cumplimiento de todos los proveedores de servicios digitales independientes, se reconoce un papel importante a los coordinadores de servicios digitales independientes de cada Estado miembro de la UE y de la Junta Europea de Servicios Digitales, además de reconocer competencias adicionales de supervisión a la Comisión Europea relativas a las VLOP y los VLOSE.
58. La ya citada, Directiva 2005/29/CE, que en relación con la protección del consumidor desde el regulador del mercado interior, sin duda debemos señalar como precedente directo a la Directiva 93/13/CE.
59. Al respecto, la Sentencia del Tribunal de Justicia CE de 26 de abril de 2012, C-472/10, I*nvite*l, y STJCE de 21 de marzo de 2013, asunto C-92/11, *RWE Vertrieb*, De acuerdo con el contenido literal de la Directiva, la falta de transparencia de una cláusula no conlleva,

deja claro que, al margen de la efectividad en la implementación y contenido material de las normas aquí citadas, el valor de transparencia es un principio informador omnicomprensivo, de orden público económico que debe insertarse en un sistema institucional cada vez más global e inmaterial, en el que el elemento de vigilancia por parte de los reguladores deberá afrontar el reto de buscar instrumentos cercanos a la realidad del contratante afectado o sujeto a estos nuevos modos de consolidación de relaciones jurídicas[60], a riesgo de debilitar la estructura jurídica que dota de materialidad al sistema de contratación mercantil aquí representado[61].

II. LA TRANSPARENCIA COMO ELEMENTO NORMATIVO EN EL CONTRATO DE SEGURO

Tal como hemos adelantado en el párrafo anterior, en materia de transparencia contractual que emana de la aplicación del sistema de valores y derechos fundamentales descrito en la CE, en la esfera jurídico-privada, el deber de transparencia conoce un contenido distinto a la esfera jurídico-pública.

---

automáticamente, la declaración de su carácter abusivo. El artículo 4.2 recoge el requisito de la redacción clara y comprensible como un elemento que deben reunir las cláusulas definitorias del objeto principal del contrato y del precio para estar excluidas del *control de abusividad*. En este sentido, la doctrina mayoritaria española mantiene que las cláusulas no negociadas que no superan los requisitos de transparencia no quedan incorporadas al contrato, pues esta es la consecuencia de la no superación del control de inclusión establecido en los artículos 5 y 7 de la LCGC y 80 del TRLGDCU. No obstante, los requisitos generales de incorporación de los artículos mencionados también han dejado un amplio margen a la interpretación y a su discusión doctrinal, pues el cumplimiento de los requisitos de inclusión no garantiza el conocimiento efectivo del contenido del contrato. Además de ello, en muchos casos el consumidor suele basar su decisión en atención al precio y a la contraprestación esperada, y no con base en el clausulado. Para asegurar que el consumidor conoce o puede conocer la carga económica del contrato, aquellos elementos que no se someten a control de abusividad, como son los elementos esenciales, deben superar un especial control de transparencia. El objetivo de este último control es impedir que se produzca una alteración de la carga económica del contrato con respecto a aquella que el consumidor podía prever razonablemente. La falta de superación del control de transparencia permitiría concluir la existencia de un abuso o de un perjuicio material, consistente en una alteración subrepticia del equilibrio económico del acuerdo. Se traza así una correspondencia entre la falta de transparencia y la instauración de un desequilibrio contrario a la buena fe.

60. *Vid.* Comentario de MARIMÓN DURÁ, R., «Documentos del consejo de estabilidad financiera sobre la incursión de las bigtech en la actividad financiera: («Bigtech in finance. Market developments and potential financial stabilty implications», de diciembre de 2019 y «Bigtech in finance in emerging markets and developing economies», de 12 de octubre de 2020)» *RDSFin* n.º 1, 2021, pág. 459 y sigs.

61. En relación con la contratación bancaria, ZUNZUNEGUI, F., «Remedios contractuales a la mala conducta bancaria» *RDSFin* n.º 1, 2021, pág. 65.

Analizada su estructura y sistema de conexión en el sistema de derechos fundamentales general y la contratación en masa en la contratación mercantil[62], en el caso de la contratación en el mercado financiero, se ha señalado con acierto que en este ámbito, en deber de transparencia cumple una doble finalidad: dadas las características de los *productos* comercializados en este sistema —quien compra o vende un producto financiero no negocia un bien dotado de utilidad final, sino que sus características estarán determinadas por aquellos que se hubiera descrito en el contrato, cuestión que no ocurre en el caso de bienes materiales con el añadido de que esta descripción representa un *bien inmaterial* futuro[63]— el cumplimiento de la transparencia contractual está llamado a buscar el mantenimiento de la confianza en el mercado[64].

En el caso de la configuración del mercado de seguros, debemos añadir que, a nuestro entender, esta exigibilidad de creación y mantenimiento de la confianza en el mercado, deviene aún más relevante si tomamos en cuenta que por *mor* de la *aleatoriedad* de las obligaciones contractuales, solo un porcentaje limitado de los contratantes de seguros[65], comprobarán si el producto contratado corresponde con sus razonables expectativas de cobertura aseguradora, de seguros por un lado, y por otro a implementar las medidas necesarias para crear un marco protector efectivo de los intereses de los consumidores contratantes de seguros[66]. Partiendo de esta finalidad, a continuación, reflejamos los principios que inspiran y configuran el sistema de transparencia contractual de los

62. Nuestro análisis del sistema *general* de protección del consumidor debe interpretarse, tal y como ha sido ampliamente manifestado por la doctrina mercantil estudiosa del contrato de seguro —claro exponente, BATALLER GRAU, J., «Una mejor protección del asegurado es posible» en GIRGADO PERANDONES, P., *El contrato de seguro y su distribución en la encrucijada,* Thomson Reuters Aranzadi, Cizur Menor, 2018, pág. 353— en conjunción con el sistema protector del asegurado. Expuesta la configuración del sistema previsto por el legislador para la defensa del consumidor, en este punto del trabajo, analizamos la configuración del sistema de protección diseñado por el legislador de la LCS.
63. *Vid.* COSTI, R., «Informazione e mercato financiario» en POLO DÍEZ, A, (coord.) *Estudios de Derecho bancario y bursátil: homenaje a Evelio Verdera y Tuells*, vol. 1, Wolters Kluwer, Madrid, 1994, pág. 592.
64. Expone una percepción similar, VERCHER MOLL, F. J.; *Las condiciones de acceso al mercado de las entidades aseguradoras*, Marcial Pons, Madrid, 2016, pág. 25.
65. Excepción hecha de los contratantes de seguros asistenciales, tal cual exponen entre otros, VEIGA COPO, A., *Tratado del contrato de seguro*, 2da. Ed. Civitas, Madrid, 2012, pág. 1702; MARTÍNEZ-GIJÓN MACHUCA, P., *El seguro privado de asistencia sanitaria*, cit., pág. 82.
66. Una valoración del sistema de triple protección al consumidor de seguros —como consumidor, como contratante de seguros y, si hubiera contratado a través de un distribuidor de seguros, como cliente del distribuidor— del sistema implementado por la Ley 26/2006, de 17 de junio, de mediación de seguros y Reaseguros privados en CUÑAT EDO, V., «Las líneas rectoras de la reforma» en CUÑAT EDO, V., BATALLER GRAU, J., *Comentarios a la Ley de Mediación de Seguros y Reaseguros Privados*, Civitas, Pamplona, 2007, pág. 107.

contratos de seguro tanto desde la vertiente regulatoria inserta en la LCS como de la normativa aplicable a los operadores en el mercado del riesgo, poniendo de relieve tanto las fortalezas como las posibles dificultades que el sistema presenta.

1. CARACTERÍSTICAS DE LOS FLUJOS DE INFORMACIÓN PRE-CONTRACTUAL EN EL CONTRATO DE SEGURO

La obligación de transparencia contractual en relación con los sujetos afectados por ésta cumple la función de proteger, de manera directa, los intereses generales de varios colectivos: tomador, asegurado, beneficiarios, tercero perjudicado, etc., que ostentan, en relación con el asegurador y sus colaboradores dependientes o independientes, un interés jerárquicamente superior al de éstos, no solamente por conectar con el ejercicio de los derechos constitucionales de ejercicio individual aquí comentados, sino porque de su defensa y efectividad también depende la estabilidad, eficiencia y eficacia de uno de los tres sectores que componen el sistema financiero general[67] como es el mercado asegurador en particular.

Abordamos, en primer término, el contenido abstracto y general del tomador/asegurado sobre el riesgo objeto de cobertura, debido a que es éste quien —en la contratación habitual de seguros— pondrá en marcha la negociación precontractual que culminará con la firma del contrato. Debemos añadir que esta organización cuenta con la ventaja añadida de permitirnos exteriorizar el intercambio habitual de información que es necesario para una correcta conclusión del contrato. Una vez expuesta ésta, podremos centrarnos en identificar el alcance del contenido concreto de la obligación del asegurador de informar, en esta fase precontractual, de la naturaleza y alcance de sus obligaciones si el evento asegurado llega a realizarse. Para concluir, en la última parte resaltamos la incidencia que, para el cumplimiento del deber de información, tiene la labor del distribuidor de seguros —en los casos en los que esta figura desempeñe funciones de representación de uno u otro contratante.

1.1. El contenido de la declaración del solicitante[68]

1.1.1. El deber de responder

Tal cual hemos adelantado, en la contratación de seguros, el primer paso con relevancia jurídica será la *solicitud* de oferta contractual[69] que haga el prospectivo tomador/

67. CUÑAT EDO, V.; MARIMÓN DURÁ, R., «La convergencia en el régimen jurídico del asesoramiento…», cit., pág. 15, COSTI, R., «Informazione e mercato financiario» cit., pág. 604.
68. Un cuidado repaso reciente a la evolución del contenido jurídico del deber de informar del tomador/solicitante, en MUÑOZ PAREDES, M. L., *El deber precontractual de declaración del riesgo*, cit., pág. 73.
69. Así lo establece el art. 6.1 LCS en su regulación del valor jurídico de esta solicitud en contraposición al de la *proposicón de seguro* por parte del asegurador. A pesar de la clari-

asegurado al asegurador[70]. Una vez el asegurador recibe esta solicitud, deberá ser él quien establezca el alcance de la información que debe proporcionarle este solicitante. El art. 10 LCS utiliza una terminología genérica al describir el contenido de este deber de declaración-respuesta, de manera que lo circunscribe a todas las circunstancias que puedan influir en la valoración del riesgo[71].

El deber de respuesta del solicitante conlleva la necesidad de comunicar todos aquellos elementos, fácticos y jurídicos, que permiten la individualización, delimitación y selección del riesgo y, en definitiva, la consiguiente representación de este extremo aleatorio por parte del asegurador[72]. En este sentido, la norma obliga al declarante a advertir cuantos hechos son determinantes del consentimiento de este sujeto a la celebración del contrato y permiten fijar con seguridad las condiciones del contrato, hasta el punto de que su verdadero conocimiento puede suponer en otro caso la falta de conclusión del negocio o la estipulación de unas obligaciones económicas absolu-

---

dad del texto, en su día el Anteproyecto de Código Mercantil *(aprobado por Consejo de Ministros de 30 de mayo de 2014)*, incluía en su art. 581-6 la regulación del contenido de esta solicitud.

70. Este aspecto ha quedado muy claro en el art. 2:101.1 de los PEICL en los que se emplea el término «solicitante» del seguro: «(1) En el momento de concluir el contrato, el solicitante informará al asegurador de las circunstancias que el solicitante conozca o debería conocer, y que sean objeto de preguntas claras y precisas por parte del asegurador. (2) Las circunstancias a las que hace referencia el párrafo 1 incluyen aquellas que la persona que sea asegurada conocía o debería haber conocido», al respecto también, QUINTANS EIRÁS, M.R. «El contrato de seguro en el Proyecto de armonización del Derecho Contractual Europeo», RDM n.º 290, pág. 309 y también DELFOS-ROY, Y., «The PEICL and the duty of disclosure» ERPL n.º, 2011, pág. 74. E.
71. Como bien nos explica MORRILLAS JARILLO, M. J.; *La información previa en la contratación de los seguros de personas: transparencia, cuestionarios y modelos predictivos*, Marcial Pons, Madrid, 2016, pág. 38, a diferencia de lo que ocurre con el precio de otros servicios, que se calculan en función de los costes reales, el del seguro se valora a priori, por estimación del riesgo, de manera que la «prima comercial» esté compuesta de la «prima pura» y de los «gastos» que la mayoran. Con arreglo a la técnica actuarial, la parte correspondiente a la «prima pura» debe ser la contrapartida técnica del coste estadístico del riesgo asumido, y las reglas de la tarificación tienen como objetivo garantizar ese equilibrio en función, principalmente, de los capitales asegurados, de la naturaleza de los riesgos y de la duración de la garantía.
72. Ya señalaba GARRIGUES, J., Contrato de seguro terrestre, cit., pág. 114, que el riesgo es la *causa* del contrato. Constituye, por tanto, el elemento esencial (art. 4 LCS) contractual y técnico desde la perspectiva de la actividad aseguradora. En este sentido la validez jurídica del contrato de seguro depende tanto de la existencia efectiva del riesgo como de un interés asegurado en el momento de la perfección del contrato, aunque sus efectos puedan retrotraerse convencionalmente a un momento anterior, LA CASA GARCÍA, R., «La cobertura retroactiva del seguro» *RDM* n.º 298, 2015, pág. 59.

tamente diferentes[73]. De ello se infiere que esta información no puede ser general, sino *relevante*[74] para el asegurador.

Así, el primer problema a resolver es atribuir la carga de determinar las circunstancias que pueden influir en el *interés asegurado*. Para encontrar una respuesta razonable será necesario distinguir entre las circunstancias que configuran el aspecto objetivo o material del riesgo, y las que hacen lo propio con el subjetivo o moral. De la participación simultánea de ambos surgirá la apreciación de su contenido y extensión.

En el caso de los elementos objetivos o cualidades extrínsecas y materiales del interés asegurado —descripción, situación, valor, destino o uso del bien, en seguro de daños; edad, estado de salud, profesión o enfermedades anteriores, en seguro de personas— en tanto que las segundas corresponden a las distintas características que concurren y califican el comportamiento, carácter y personalidad del tomador y, en su caso, asegurado[75]. Se trata, en este último caso, de manifestar datos relacionados con el grado de diligencia, moralidad, solvencia, prudencia o interés de estos sujetos, incluida su conducta previa o esperable en circunstancias concretas. Por idéntica razón, si aquéllas permiten detectar la eventualidad e intensidad del riesgo[76] y, en consecuencia, la cuantificación de la prima que actúa de contraprestación, estas últimas influyen normalmente en la aceptación o no del riesgo y, en definitiva, en la formación —y contenido— de la voluntad de contratar del asegurador[77].

73. Tal cual se ha puesto de manifiesto, el contenido de esta declaración es relevante a la hora de determinar la naturaleza y valor patrimonial de *riesgo*, auténtico elemento esencial del contrato de seguro, MUÑOZ PAREDES, M. L., *El deber precontractual de declaración del riesgo*, cit., pág. 34, es más, la correcta determinación del riesgo no sólo incide en cada contrato suscrito por el asegurador, sino potencialmente en toda su cartera, en tanto que la indemnización que recibirá el asegurado en caso de siniestro se nutre del fondo constituido por todas las primas abonadas por el total de sus contratos, satisfaciéndose así no sólo el interés individual presente en cada uno, sino también el interés social que implica la constitución de una comunidad de reparto del riesgo, SÁNCHEZ CALERO, F., *Ley del Contrato de Seguro. Comentarios...*, cit., pág. 225.

74. GARRIGUES, J., Contrato de seguro terrestre, cit., pág. 95, SÁNCHEZ CALERO, F., *Ley del Contrato de Seguro. Comentarios...*, cit., pág. 291, MORRILLAS JARILLO, M. J.; *La información previa en la contratación de los seguros...* cit., pág. 84.

75. En el caso de los seguros de daños sobre objetos, materiales o inmateriales, habrá que remitirse al caso concreto para determinar si éste solo ostenta cualidades objetivas o concurre alguna subjetiva.

76. GARRIGUES, J, *Contrato de seguro terrestre*, cit., pág. 13. Cada supuesto comporta una intensidad distinta que el asegurador deberá tomar en cuenta, cuanto mayor sea éste, mayor será la prima que reclame al asegurado. La probabilidad del riesgo deviene, en consecuencia, factor determinante del juicio del asegurador sobre la oportunidad de asegurar y sobre el cálculo del coste del seguro.

77. GARRIGUES, J, *Contrato de seguro terrestre*, cit., pág. 47.

Así pues, el cumplimiento de este *deber jurídico*[78] es esencial para una adecuada corrección de la asimetría informativa en la fase precontractual[79] pero depende —por *mor* del legislador de la LCS en 1980— de la conducta activa del asegurador, pues es éste, en su papel de empresario profesional del seguro, quién debe establecer y comunicar al solicitante, los elementos necesarios para poder determinar, evaluar y valorar el riesgo asegurable, de manera que la exigencia de proporcionar información, por parte del solicitante dependerá de las preguntas que le haga el asegurador[80].

En este punto, es necesario valorar la capacidad y alcance del control de información que pueda tener el asegurador en el nuevo contexto tecnológico en el que nos encontramos[81]. En el caso de los seguros sobre las personas, las nuevas técnicas permitirían al empresario, no solo imponer al solicitante un nuevo tipo de pruebas diagnósticas que le permitan conocer el estado físico del asegurado, sino también solicitar del mismo *acceso* al historial médico, incluyendo los datos genéticos que hubiera podido generar[82].

---

78. Sobre las consecuencias de esta calificación legal, una reciente propuesta de reconfiguración más allá del contenido clásico aceptado por la doctrina mayoritaria, MUÑOZ PAREDES, M. L., *El deber precontractual de declaración del riesgo*, cit., pág. 106.
79. URÍA, R.; MENÉNDEZ, A.; ALONSO SOTO, R.; «El contrato de seguro y la actividad aseguradora» en URÍA, R., MENÉNDEZ, A. *Curso de Derecho Mercantil* 2da. Ed. Civitas, Madrid, 2006, pág. 62. BATALLER GRAU, *El deber de declaración del riesgo*, cit., pág. 15; SÁNCHEZ CALERO, F., *Ley del Contrato de Seguro. Comentarios...*cit., pág. 286; BENITO OSMA, F., *La transparencia en el mercado...* cit., pág. 172.
80. Tal y como reseñaremos en capítulos posteriores, este punto es especialmente relevante en los seguros de personas en los que, independientemente de la cobertura contratada, es habitual someter al solicitante de cobertura a un cuestionario y —según la cuantía de la indemnización— a un control o revisión médica que puede incluir pruebas diagnósticas del estado de salud del asegurado. En particular, MARCO ARCALÁ, L. A., *Seguros de personas. Aspectos generales* Aranzadi, Cizur Menor, 2006, pág. 294.
81. Esta es una preocupación latente y creciente del regulador nacional y europeo. Con relación al tratamiento de datos médicos, debemos señalar como primeros antecedentes normativos al Convenio 108 del Consejo de Europa, de 28 de enero de 1981, referente a la protección de las personas con respecto al tratamiento automatizado de datos de carácter personal, ratificado por España en 1984 que calificaba como dato «cualquier información relativa a una persona física identificada o identificable». Por su parte el art. 8 de la Carta de Derechos Fundamentales de la Unión Europea indica que toda persona tiene derecho a su protección respecto a los datos que la conciernen. En cuanto a la normativa nacional, el art. 18.4 CE es taxativo en cuanto indica que *La ley limitará el uso de la informática para garantizar el honor y la intimidad personal y familiar de los ciudadanos y el pleno ejercicio de sus derechos,* mientras que el TC en la sentencia 292/2000, de 30 de noviembre, considera al derecho de protección de datos de carácter personal como un derecho fundamental, autónomo e independiente del derecho a la intimidad del art. 18 del texto constitucional.
82. Desde la aprobación de la Ley Orgánica 10/2007, de 8 de octubre, reguladora de la base de datos policial sobre identificadores obtenidos a partir del ADN regula los datos que se pueden inscribir en la base de datos policial y que son los que proporcionen, exclusivamente,

En este sentido, por un lado, es necesario tomar en cuenta que para el tratamiento de datos, la AEPD había manifestado en su Informe 381/2003 que el art. 7.3 LO 15/1999[83] no resulta aplicable si se solicitan exámenes adicionales, ni a la comunicación posterior de esos resultados, por tanto, la transmisión de datos es una cesión de datos de carácter personal que necesita un consentimiento expreso de su titular[84], por otra parte, la

información genética relevadora de la identidad personal y de su sexo (art. 4), señala que el uso y cesión de los mismos sólo se podrá realizar por las Unidades de Policía Judicial de las Fuerzas y Cuerpos de Seguridad del Estado (art. 547 de la Ley Orgánica 6/1985, del Poder Judicial). Por su parte la Ley 14/2007, de 3 de julio, de investigación biomédica, define el dato genético de carácter personal en su art. 3, definiéndolo como la información referente a las características hereditarias de una persona, identificada o identificable obtenida por análisis de ácidos nucleicos u otros análisis científicos. Esta norma contiene una regulación extensa sobre el tratamiento de los datos genéticos, así como los límites a la prestación del consentimiento y grados de intimidad de los datos. En el caso del derecho europeo el Reglamento (UE) 2016/679 del Parlamento Europeo y del Consejo de 27 de abril de 2016 relativo a la protección de las personas físicas en lo que respecta al tratamiento de datos personales y a la libre circulación de estos datos y por el que se deroga la Directiva 95/46/CE considera los datos genéticos lo que se refieren a datos personales relacionados con características genéticas, heredadas o adquiridas, de una persona física, que provengan del análisis de una muestra biológica, en particular, a través de un análisis cromosómico, un análisis del ADN o ARN, o elemento por el que se obtenga información que sea equivalente. Respecto al Banco Nacional de Líneas Celulares, el art. 42 de la Ley 14/2007, indica la remisión a la LO 15/1999, siendo uno de sus principios rectores específicos la garantía del derecho a la intimidad y el respeto a la voluntad del sujeto, además de la confidencialidad de los datos genéticos (art. 45 Ley 14/2007). Por su parte el art. 49 de la misma norma reconoce el derecho a ser o no informado de los datos genéticos personales que se obtengan del análisis genético, teniendo en cuanta el derecho de acceso de la LO 15/1999, respecto a la revocación de la previa manifestación de voluntad libremente otorgada. Este deber de confidencialidad también se extiende en el caso de acceso a los datos genéticos por parte del personal sanitario (art. 50 Ley 39/2007)), a que dichos datos sólo se puedan utilizar con fines epidemiológicos, de salud pública, investigación o docencia, previo consentimiento expreso del interesado, o los datos estén anonimizados. La norma contempla el supuesto excepcional de que se puede autorizar la utilización de los datos genéticos codificados, asegurando que no se puedan relacionar o asociar con el sujeto fuente. Con todo, la normativa de protección de datos no contempla los datos médicos que deben anonimizarse. Por último, la Ley Orgánica 3/2018, de 5 de diciembre, de Protección de Datos Personales y garantía de los derechos digitales, clasifica los datos genéticos como una *categoría especial de datos* de manera que su acceso y transmisión deberán estar amparados en una ley, que podrá amparar el tratamiento de datos referentes a la salud cuando así lo exija la gestión de los sistemas y servicios de asistencia sanitaria y social, o la ejecución de un contrato de seguro del que el afectado sea parte.

83. Disponible en https://www.aepd.es/documento/2003-0381.pdf.
84. El alcance de esta autorización está expresamente regulado en el art. 99 LOSSEAR, tal cual podremos analizar en capítulos posteriores.

posibilidad de acceso —por parte del asegurador— a los datos de salud *anonimizados* también conoce ciertas limitaciones más bien técnicas que jurídicas[85].

Quizá en un nivel menos directamente confrontado con el derecho a la privacidad de datos personales —aunque tan solo ligeramente— es la situación, ya técnicamente factible, en la que el interés asegurado es un objeto[86] susceptible de constante monitorización en la que, junto con la declaración inicial de sus características, el solicitante de cobertura acepte dicha monitorización[87], sin tener en cuenta que el acceso a estos datos puede revelar mucha más información personal que la que necesite el asegurador para conocer el estado del riesgo[88]. En este punto, sin duda el límite último será el derecho reconocido en el art. 18.4 CE en su acepción de límite constitucional al uso de la informática que garantice el ejercicio de los derechos de los ciudadanos.

1.1.2. La obligación de no preguntar

Por último, es necesario traer a colación una nueva herramienta de regulación recientemente utilizada por el legislador español: la prohibición directa, al asegurador, a recabar información sobre determinados datos personales.

Nos referimos —en lo que afecta expresamente al contrato de seguro— a los arts. 209 y 210 del RDL 5/2023[89] que pretenden acoger en nuestro ordenamiento jurídico al denominado *olvido oncológico*, es decir que un determinado colectivo[90] tenga autorización legal para, en el contexto de la contratación privada entre particulares[91] omitir

85. Según nos exponía BENITO OSMA, F., El contrato de seguro ante los avances en medicina y tecnología sanitaria, *RES* n.º 163-164, 2015, pág. 542.
86. Vehículo, bien mueble o inmueble de valor patrimonial razonable o elevado.
87. *Vid.*, en el capítulo II la referencia a los seguros *usage based* y su significado en relación con la información del riesgo.
88. Véase el estudio **Privacy no included* elaborado por la Fundación MOZILLA [disponible en https://foundation.mozilla.org/es/privacynotincluded/categories/cars/, último acceso 9 de octubre, 2023] presentado en septiembre, 2023. Aunque el análisis se realizó en el mercado automotor norteamericano, sin duda sirve para ilustrar la afirmación de que la monitorización permanente es una realidad.
89. Real Decreto-ley 5/2023, de 28 de junio, por el que se adoptan y prorrogan determinadas medidas de respuesta a las consecuencias económicas y sociales de la Guerra de Ucrania, de apoyo a la reconstrucción de la isla de La Palma y a otras situaciones de vulnerabilidad; de transposición de Directivas de la Unión Europea en materia de modificaciones estructurales de sociedades mercantiles y conciliación de la vida familiar y la vida profesional de los progenitores y los cuidadores; y de ejecución y cumplimiento del Derecho de la Unión Europea. «BOE» núm. 154, de 29 de junio de 2023, págs. 90565 a 90788.
90. Según descripción del texto, [personas que hubiesen] padecido cáncer, una vez hayan transcurridos cinco años desde la finalización del tratamiento radical sin recaída posterior.
91. Téngase en cuenta que, además de la modificación en el art. 10 LCS, el RDL 5/2023 ha modificado también la Disp. Ad. única del TRLGDCU, incluyendo dos nuevos numerales: 2. Serán nulas aquellas cláusulas, estipulaciones, condiciones o pactos que excluyan a

el dato de su condición de expaciente oncológico con el fin de evitar la denegación de acceso al producto[92], y que el oferente empresario no pueda preguntar sobre estos datos —pasado un tiempo concreto— o imponer procedimientos de contratación diferenciada o condiciones más onerosas en comparación con otros contratantes sin dichos antecedentes médicos.

Sobre este particular e independientemente de su tratamiento más detallado en capítulos posteriores[93] por lo que atañe a su calificación dentro del sistema de regulación de estos flujos de información, no podemos dejar de señalar que, más allá de las loables intenciones que se pretenden alcanzar[94], la redacción elegida presenta importantísimas incógnitas en cuanto al contenido jurídico de la actividad que impone a las partes del contrato.

---

una de las partes por haber padecido cáncer antes de la fecha de suscripción del contrato o negocio jurídico, una vez que hayan transcurrido cinco años desde la finalización del tratamiento radical sin recaída posterior. Al efecto, de forma previa a la suscripción de un contrato de consumo, independientemente del sector, **no se podrá solicitar** a la persona consumidora **información oncológica** una vez que hayan transcurrido cinco años desde la finalización del tratamiento radical sin recaída posterior. Asimismo, será nula la renuncia a lo estipulado en esta disposición por la parte que haya padecido cáncer en los casos anteriores.

3. El Gobierno, mediante real decreto, podrá modificar los plazos establecidos en la presente disposición, conjuntamente o para patologías oncológicas específicas, en función de la evolución de la evidencia científica.

92. Dada la finalidad de este capítulo, en cuanto a la relación del contrato de seguro con los valores constitucionales que informan nuestro ordenamiento jurídico, no está de más señalar que, a nuestro entender, esta *imposición a la contratación* puede llegar a colisionar con el derecho constitucional a la *libertad de empresa*, art. 28 CE, en tanto que obligaría a uno de los contratantes —el asegurador— a establecer una relación contractual de ámbito privado.

93. Capítulos II y III.

94. Aunque, a nuestro entender la finalidad de la reforma parece expresar la falta de confianza del legislador en su propia capacidad normativa y de implementación práctica de la legislación vigente dado que, a nuestro entender, la Ley 15/2022, de 12 de julio, integral para la igualdad de trato y la no discriminación [«BOE» núm. 167, de 13 de julio de 2022, páginas 98071 a 98109] que, como sabemos, entre sus objetivos plantea ser la vía elegida por el legislador para asegurar la interdicción de todo tipo de discriminación —discusión ajena a este trabajo pero que, sin embargo no podemos dejar de resaltar que, al pretender dar cabida al mandato de tutela antidiscriminatoria del art. 14 CE debería haberse adoptado mediante Ley Orgánica— incorpora expresamente la de *enfermedad o condición de salud*, estado serológico y/o predisposición genética a sufrir patologías y trastornos. Como medio de ejecución de estos fines, en su art. 40 establece la creación de la *Autoridad Independiente para la Igualdad de Trato y la No Discriminación*, como ente administrativo encargado de proteger y promover la igualdad de trato y no discriminación de las personas por razón de las causas y en los ámbitos competencia del Estado previstos en dicha ley, tanto en el sector público como en el privado.

En el caso del asegurador, puesto que es quien debe configurar el tipo de información requerida para conocer el *riesgo* de la operación, el art. 10.4 LCS, en conjunción con la ya citada Disp. Ad. 5º.2 del mismo cuerpo normativo, establecen un punto temporal (5 años desde el fin del tratamiento racial) a partir del cual, éste no puede preguntar por enfermedades oncológicas. De la configuración del «deber de respuesta» del solicitante de cobertura y del hecho que esta configuración debe leerse en conjunto con el nuevo párrafo 2, de la disposición adicional única del TRLGDCU —que dispone la prohibición de *denegación de acceso*— podemos inferir que antes de esos 5 años el asegurador sí puede preguntar al paciente oncológico recuperado sobre este tipo de enfermedades. No podría dejar de realizar una oferta contractual[95], pero sí le estaría permitido conocer la situación riesgosa concreta de estos solicitantes e imponerles *condiciones más onerosas*, si la solicitud de cobertura es realizada antes del transcurso de esos cinco años desde la recuperación de la patología.

Cuestión que nos lleva a preguntarnos, tal cual se ha planteado en relación con las cuentas básicas de pago[96], si es que estamos ante la configuración del seguro de vida e invalidez vinculados a préstamos hipotecarios, como un servicio de interés económico general (SIEG), aunque en el caso de las cuentas de pago, como sabemos, el legislador comunitario ha tomado medidas mucho más claras[97] que, además, nos llevan a identificar la auténtica crítica a la modificación introducida en la LCS por el legislador español: la Resolución del Parlamento Europeo *Refuerzo de Europa en la lucha contra el cáncer*[98], inspiradora de la modificación legislativa aquí comentada, busca la «inclusión financiera» en el acceso al mercado del crédito de estos colectivos, cuestión no necesariamente vinculada a *todos* los seguros privados —ni siquiera a todos los seguros de personas— sino a uno muy concreto: el seguro de vida o invalidez vinculado a préstamos hipotecarios[99].

95. Vid. nota 92 supra.

96. *Vid.,* ESTEBAN RÍOS, J., «Las cuentas de pago básicas: ¿el primer paso hacia una nueva vía de intervención pública sobre la actividad bancaria?» *RDBB* n.º 158, 2020, pág. RR-6.5.

97. En este sentido, es claro el Considerando n.º 3 de la Directiva 2014/92/UE del Parlamento Europeo y del Consejo, de 23 de julio de 2014, sobre la compatibilidad de las comisiones conexas a las cuentas de pago, el traslado de cuentas de pago y el acceso a cuentas de pago básicas (DO L 257, de 28.8.2014, págs. 214-246), al afirmar que: «El funcionamiento correcto del mercado interior y el desarrollo de una economía moderna e integradora desde el punto de vista social depende cada vez más de la prestación universal de servicios de pago».

98. P9_TA(2022)0038 *Refuerzo de Europa en la lucha contra el cáncer*. Resolución del Parlamento Europeo, de 16 de febrero de 2022, sobre el refuerzo de Europa en la lucha contra el cáncer: hacia una estrategia global y coordinada (2020/2267(INI)).

99. Las malas prácticas bancarias en este ámbito específico, expuestas y analizadas por CARBAJO CASCÓN, F., «La problemática jurídica de los seguros de vida e invalidez vinculados a préstamos hipotecarios» *RDSFin* n.º 1, 2021, pág. 13 y sigs., y su amplia di-

Por otra parte, por lo que respecta al nuevo contenido del art. 10 LCS, el texto impone una tarea de carácter técnico de complicado cumplimiento uniforme: determinar el *dies a quo* para el cálculo de este período de tiempo. No solamente porque según el mismo texto, mediante Real Decreto y en base a la evidencia científica[100] se podrá modificar el período mínimo que habría que esperar para no declarar el padecimiento de la patología oncológica, sino que es un criterio sujeto a la *lex artis*, en un tipo concreto de producto —seguro de vida como garantía de préstamos hipotecarios a largo plazo— que requiere una correcta determinación del riesgo asumido por el asegurador[101].

En el caso de la conducta del solicitante/tomador/asegurado, en relación con la obligación legal[102] de dar información al asegurador, la nueva norma le permite omitirla en el momento inicial de la contratación —si hubieran transcurrido 5 años desde la finalización del tratamiento, *sensu contrario* si la contratación se realiza después de la recuperación pero antes de los 5 años sí deberá declararse— sin embargo, en todo caso crea una obligación de información para el caso de agravación del riesgo: si existe recaída en la enfermedad oncológica previamente padecida, el asegurado/tomador, tendrá que informar de ello al asegurador[103].

En conclusión, el alcance del *deber de transparencia* del asegurado es amplio, forma parte de su deber de buena fe contractual, pero conoce importantes límites —en particular en el caso del contratante no profesional— pues depende, para modular su contenido, de las preguntas o informaciones que le requiera el asegurador, todo ello en el marco de la *máxima buena fe*. En el nuevo contexto tecnológico, este deber de respuesta del solicitante de cobertura no alcanza —en los seguros que puedan afectar a datos personalísimos de personas, independientemente del tipo de seguro— al acceso indiscriminado a datos genéticos o que hubieran sido específicamente *prohibidos* por el legislador, como es el caso de los antecedentes de enfermedades oncológicas, salvo

fusión mediática, han contribuido, creemos, a una incorrecta identificación de la auténtica necesidad subyacente en el legislador del RDL 5/2023.

100. Aunque el texto no señala quién o cómo se ha de medir la validez legal de dicha evidencia científica.

101. En el caso de los seguros de personas, para la determinación de la naturaleza del riesgo asumido por el asegurador es necesario que éste prevea la *intensidad* del riesgo asumido, SÁNCHEZ CALERO, F., *Ley del Contrato de Seguro. Comentarios...*cit., pág. 2380, MARCO ALCALÁ, L. A., *Seguros de personas*, Aranzadi, Cizur Menor, 2006, pág. 118 y sigs., el cual será un riesgo biométrico: la duración de la vida del asegurado, TIRADO SUÁREZ, F. J. *Los seguros de personas*, Marcial Pons, Madrid, 2006, pág. 111.

102. Pues el texto del art. 10.4 LCS utiliza el término *obligación*, no así la palabra *deber*, que continúa siendo la expresión empleada por los art. 10.1 y 11 LCS. De ello colegimos que sí, que a este supuesto concreto de *omisión de declaración* el legislador sí prevé la aplicación del régimen de incumplimiento de obligaciones contractuales y no el de incumplimiento de deberes legales.

103. Dado que esta obligación legal debe efectuarse una vez el contrato de seguro ya está vigente, trataremos su contenido en el numeral 2 de este capítulo y Capítulo III de este trabajo.

cuando la solicitud de oferta contractual se realice antes de los cinco años posteriores a la recuperación de la patología oncológica.

1.2. La obligación de informar de las características del *producto*

Al igual que en otros sectores del mercado financiero [104], en el mercado del seguro, la naturaleza de la transacción subyacente —en particular la *aleatoriedad* del seguro— imprime una especial relevancia a la confianza que el contratante-usuario pueda percibir del funcionamiento general de este sector [105], así pues, independientemente de la condición subjetiva del solicitante del seguro —persona física o jurídica, profesional o consumidor— la entidad de seguros deberá dar cumplimiento a obligaciones de transparencia contractual y de mercado con mayor o menor intensidad según amerite el caso [106].

Tal y como resaltamos en estas líneas, las tendencias legislativas europeas, destinadas a alcanzar e implantar un mercado financiero de productos europeos y nacionales en los que el deber de información del emisor del producto es una conducta de mercado obligatoria e ineludible [107] forma parte habitual de la esfera de control y supervisión pública de estas entidades. Sin embargo, su relevancia para el buen fin del contrato subyacente es, cada vez más relevante. Por ello, en este trabajo, una vez analizada la regulación de transparencia específicamente contractual, exponemos, en lo que atañe a los *productos* de seguro, el contenido sucinto, de las obligaciones de información del asegurador y sus distribuidores dado que, a nuestro entender, forman parte ya de la esfera de elementos necesarios para la formación de la voluntad de obligarse en el solicitante de cobertura a pesar de que, de acuerdo con las normas de supervisión, este

---

104. FUENTES NAHARRO, M.,»MIFID II hacia un reforzamiento de la protección del inversor» en ALONSO LEDESMA, C. (dir.) *Hacia un sistema financiero de nuevo cuño. Reformas pendientes y andantes*, Tirant lo Blanch, Valencia 2016, pág. 949, más recientemente, BLANCO SÁNCHEZ, M. J., *El deber de información en la contratación de instrumentos financieros*, Aranzadi, 2021, Versión electrónica.
105. Así también CALZADA CONDE, M. A., «La protección del asegurado en la Ley del contrato de seguro» en BATALLER GRAU, J., VEIGA COPO, A., (dirs.) *La protección del cliente en el mercado asegurador*, Civitas, Madrid, 2014, pág. RB-19.2. Un exhaustivo análisis de los antecedentes regulatorios de la ordenación de los seguros privado en nuestro país, VERCHER MOLL, F. J.; *Las condiciones de acceso al mercado…* cit., pág. 31-40.
106. En relación con el mercado de seguros, PEÑAS MOYANO, M. J., «El deber general de información de los aseguradores a los tomadores, asegurados y beneficiarios» *RES* 171-172, 2017, pág. 323.
107. En el mercado de valores, CARRASCO PERERA, A., LYCZKOWSKA, K., *Guía de obligaciones de información al inversor en el marco de la directiva MiFID*, Centro de Estudios de Consumo, 2013, COMANA, M., PREVITALI, D., BELLARDINI, L., *The MiFID II framework. How the new standards are reshaping the Investment Industry*, Springer, Chamn, 2019, pág. 158, FONTICIELLA HERNÁNDEZ, B., *La protección del inversor minorista tras la completa transposición de la Directiva MiFID II*, Dykinson, Madrid, 2021, pág. 61.

estadio de información *pre-contractual* sea, de hecho, anterior a la «declaración del riesgo» regulada en el art. 10 LCS.

1.2.1. La incorporación de cláusulas limitativas y delimitadoras del riesgo

En la primera parte de este capítulo hemos descrito, de manera general, el sistema de control de transparencia formal que el legislador ha diseñado para la protección de los destinatarios del TRLGDCU, sin embargo, tal cual hemos podido adelantar, en el caso del mercado asegurador, merced a su regulación específica en el art. 3 LCS, y la aplicación del principio *lex specialis derogat generalis*[108] los elementos protectores del TRLGDCU y de la LCGC deberán aplicarse subsidiariamente a los asegurados consumidores, mientras que si fueran profesionales, el art. 3 LCS deberá leerse en conjunción con la regulación contenida en la LCGC[109].

En este sentido, el control de incorporación de cláusulas predispuestas al contrato de seguro se ceñirá a las condiciones generales y particulares[110] que deberán redactarse de forma clara y precisa[111]. A tiempo de señalar que las cláusulas «limitativas de los derechos de los asegurados» deberán ser específicamente aceptadas por escrito, con la finalidad de que el asegurado pueda conocer su contenido y pueda otorgar un consentimiento válido e informado[112]. Junto a las cláusulas limitativas se han reconocido las denominadas *cláusulas delimitadoras del riesgo*. Entendemos por tal, la que concreta o define el objeto del contrato (fijando qué riesgos y en qué circunstancias, en caso de producirse, hacen nacer el derecho del asegurado como acreedor de la prestación frente al asegurador) y *cláusula limitativa como* aquella que opera para restringir, condicionar o modificar el derecho a la prestación a la indemnización (o prestación garantizada en el contrato). A pesar de la sencillez de ambas definiciones, sin lugar a duda que la

108. También sobre la imperatividad de la norma especial, SÁNCHEZ CALERO, F., *Ley del Contrato de Seguro. Comentarios...*cit., pág. 79; BENITO OSMA, F., *La transparencia en el mercado...* cit., pág. 120.

109. SÁNCHEZ CALERO, F., *Ley del Contrato de Seguro. Comentarios...*cit., pág. 109, CUÑAT EDO, V., «Las líneas rectoras de la reforma» cit., pág. 107, BATALLER GRAU, J., «Una mejor protección del asegurado es posible», cit., pág. 350.

110. Como sabemos, cuando la documentación del contrato de seguro se circunscribía exclusivamente al formato papel, era cierto que, a diferencia de las condiciones generales, las particulares carecían de notas de predisposición y generalidad pues permitían una adaptación *adhoc* a cada contrato particular (DÍAZ ALABART, S. «Comentario artículo 6. Reglas de interpretación», en BERCOVITZ RODRÍGUEZ-CANO, R. (coord.), *Comentarios a la Ley de Condiciones Generales de la Contratación*, Cizur Menor, 1999, Aranzadi, pág. 295), sin embargo, merced a la electronificación de la contratación, es cada vez más factible que, incluso éstas puedan estar preredactadas según tipologías y características de coberturas.

111. En el marco regulatorio de la actividad aseguradora anterior, el art. 76.2.º ROSSP 32 afirmaba que «*la póliza de seguro será redactada de forma que sea de fácil comprensión».*

112. BENITO OSMA, F., *La transparencia en el mercado...* cit., pág. 122.

discusión sobre la distinción entre cláusulas limitativas y delimitadoras[113] ha supuesto siempre un problema en la interpretación de los contratos de seguro que se mantendrá vigente mientras persista la configuración legal presente.

Las consecuencias de este sistema de remisiones en cuanto a la interpretación de estos conceptos jurídicos indeterminados, ha resultado en un sistema complejo de control de transparencia formal general[114] —ya descrito— unido a otro específico en materia de seguros[115] además de una reciente construcción jurisprudencial de la transparencia material[116]. Visto que las tentativas de actualización normativa de la LCS han sido, hasta ahora, infructuosas[117], el sistema de doble protección a consumidores mantendrá la configuración presente a pesar de su ya expuesta complejidad.

113. Al margen de las cláusulas *lesivas*, tal como las ha venido definiendo la jurisprudencia, tienen un contenido propio que busca proteger el consentimiento negocial (*vid.*, SAP Valencia de 28 de noviembre 1995), y que podremos analizar en el capítulo II de este trabajo.
114. Identificamos como tal al art. 3.1 LCS que exige, con carácter general, que las estipulaciones negociales cumplan de forma acumulativa tres requisitos para que puedan considerarse incorporadas al contrato: 1. Que sean redactadas de forma clara y precisa, (la exigencia de claridad, concreción y sencillez según la LCGC y el TRLGDCU, es decir que se cumpla la exigencia de perceptibilidad y comprensibilidad). 2. Que se incluyan por el asegurador en la proposición del contrato, si la hubiere, y necesariamente en la póliza del contrato o en un documento complementario del que se hará entrega al asegurado. 3. Que el asegurado suscriba el documento complementario en donde figuren las condiciones del contrato —a diferencia de la LCGC y del TRLGDCU que no establecen esta exigencia— y del cual, deberá recibir una copia, SÁNCHEZ CALERO, F., *Ley del Contrato de Seguro. Comentarios...* cit., pág. 125.
115. Del que se ocupa el último punto del art. 3.1 LCS en relación con las condiciones *limitativas de los derechos de los asegurados*, las cuales deberán reunir dos requisitos más a fin de que puedan considerarse incluidas o incorporadas al contrato: ser resaltadas o destacadas de modo especial por el asegurador, y ser específicamente aceptadas por escrito por el asegurado. Sobre este último punto, MIRANDA SERRANO, L.M., «Reformando la parte general de la Ley de contrato de seguro: condiciones generales y particulares» en GIRGADO PERANDONES, P., (dir.) *El contrato de seguro y su distribución en la encrucijada*, Thomson Aranzadi, Cizur Menor, 2018, pág. 382 ha señalado que esta exigencia no implica que el adherente llegue a tener un conocimiento real y efectivo de dichas cláusulas, sino tan sólo una mera posibilidad de conocimiento, aunque cierto es que aumentada o cualificada en términos comparativos con la que se deriva del control de transparencia formal de carácter general, aun así, es una transparencia formal y no material.
116. También al respecto, PETIT LAVALL, M. V., «El control de las condiciones generales de la contratación entre empresarios» en GONZÁLEZ CASTILLA, F.; NIETO CAROL, U., *Retos de la contratación mercantil moderna*, Tirant Lo Blanch, Valencia, 2022, pág. 248.
117. La mayor parte de los distintos textos han sido publicados por SEAIDA: «25 años de la Ley de Contrato de Seguro. Experiencias y posibles modificaciones», *RES* n.º 123-124, 2005; Comentario al Anteproyecto de Ley de Contrato de Seguro, de junio de 2010 *RES*, n.º 143-144, 2010; I Congreso Nacional de Seaida *«El contrato de seguro entre el 35.º aniversario de la Ley y el Anteproyecto de Código Mercantil»*, *RES*, n.º. 163-164, 2015. Sobre

Sobre el particular, a nuestro entender, el legislador nacional ha optado —fuertemente influenciado por la normativa armonizadora europea que busca la integración de los sistemas financieros— por delegar la *comprensibilidad material* del contrato de seguro, en sus comercializadores, el asegurador como distribuidor directo —cuyo deber de información se encuentra regulado en la LOSSEAR[118]— o los colaboradores-*distribuidores* —con normativa reguladora en el Libro II del RDL 3/2020[119]— en quienes recaerá la tarea de cumplir a la vez con sus deberes profesionales de transparencia personal y con los del asegurador como contratante predisponente del contenido de las obligaciones contractuales. Cuestión no exenta de potenciales problemas, sobre todo por el intrínseco conflicto de intereses que crea y del que el consumidor o contratante de seguros, no tendrá, en muchas ocasiones, mayor posibilidad de conocerlas de antemano.

1.2.2. La función informativa pre-contractual *del asegurador*

La opción de explicar el contenido del deber de transparencia del asegurador una vez analizado el contenido material del deber de informar del solicitante de cobertura, obedece a nuestro interés en resaltar dos características habituales en la contratación de seguros: por un lado, la disparidad de elementos de juicio que en la gran mayoría de casos representa esta figura negocial: el contratante adherente deberá *responder* a las preguntas del profesional, mientras que del asegurador o sus colaboradores, el solicitante de seguros tendrá los datos/información/percepción reputacionales a los que hubiera podido verse expuesto según el tipo de cobertura solicitada[120]. Y por otra, resaltar la

la más reciente propuesta en el Anteproyecto de Código Mercantil: ILLESCAS ORTÍZ, R., «El contrato de seguro en el futuro Código Mercantil» en BATALLER, J, QUINTÁNS, R y VEIGA, A (Dir.)., *La reforma del Derecho del Seguro,* Aranzadi, 2015, pp. 49 y ss.: MUÑOZ PAREDES, M. L., «El contrato de seguro en la Propuesta de Código Mercantil», *RES, n.º* 155, 2013, pág. 337 y sigs.: TAPIA HERMIDA, A., «Los contratos de seguro y de mediación de seguros en la «propuesta de Código Mercantil», *RDM,* n.º 292, 2014, págs. 23 y sigs.

118. Art. 96 Deber general de información al tomador de seguro; y también art. 174 Información general previa a proporcionar por la entidad aseguradora, RD-L 3/2020.

119. Art. 175 Información y asesoramiento previos que deberán proporcionar los distribuidores de seguros sobre el contrato de seguro, art. 176 Deber general de información previa sobre el contrato de seguro distinto al seguro de vida: documento de información previa., y en el caso de distribución de PRIIPs art. 180. Información previa que facilitar a los clientes y art. 181 sobre Análisis de idoneidad y adecuación e información a los clientes.

120. Una clara muestra de la heterogeneidad de información, que el solicitante, pueda tener de su prospectivo asegurador es la enorme diferencia de información que puede tener una persona que contrata un seguro de responsabilidad civil que cubra los daños al coche de alquiler que usará para desplazarse en una ciudad desconocida, de aquel empresario que utiliza los servicios de un corredor de seguros para cubrir el peligro de incendio de una nave industrial. En el primer caso, el solicitante descansa —diríamos exclusivamente— en la reputación y funcionamiento supervisor del *mercado de seguros*, mientras que, en el segundo caso, el solicitante accederá a un nivel pormenorizado de detalle de la operativa, alcance y prestaciones de cada uno de los aseguradores que ofrezcan las coberturas que interesan a

consolidación de la opción legislativa de dejar la comprensibilidad material del contrato a la labor pedagógica de aseguradores y distribuidores de seguros, para que sean éstos quienes verifiquen la comprensión, por parte del contratante adherente, del contenido general de las obligaciones contractuales a través de la presentación, al solicitante de cobertura, de un IPID[121] o un KID[122].

En este sentido, llama la atención que, en términos generales, a pesar de que el solicitante de cobertura tendrá ocasión de recibir directamente información adicional de su prospectivo asegurador, las nuevas obligaciones de información pre-*contractual* y de la actividad del asegurador, no tienen referencia en la LCS[123]. Como sabemos, esta regulación sectorial es la que establece el contenido de las obligaciones específicamente aplicables al asegurador como empresario mercantil[124], al margen de la información legal que estos empresarios deban publicar, en los canales correspondientes, según el tipo de persona jurídica que hubieran elegido para organizar la empresa aseguradora[125]. Y es

---

este solicitante y que el corredor haya contactado por sí mismo o, incluso, a instancias de su mandante, y podrá, por tanto, tomar una decisión consciente y reflexiva.

121. Documento de información previa del seguro (*Insurance Product Information Document*).

122. En el caso de contratar un producto preempaquetado de inversión minorista y basado en seguro, el distribuidor deberá presentar al solicitante el Documento de información clave (*Key Information Document*).

123. Se había criticado esta carencia en relación con la Ley 26/2006, por ALONSO SOTO, R., «La nueva regulación de los mediadores de seguros» *RCFDCEE* n.º 71, 2007, pág. 37, SÁNCHEZ CALERO, F., *Ley del Contrato de Seguro. Comentarios...*cit., pág. 240, y más recientemente, PEÑAS MOYANO, M. J., «*Las obligaciones del asegurador en el nuevo Código Mercantil», Estudios sobre el futuro Código Mercantil: libro homenaje al profesor Rafael Illescas Ortiz*, Universidad Carlos III de Madrid, Getafe, 2015, pág. 1648, MORRILLAS JARILLO, M. J.; *La información previa en la contratación de los seguros de personas...* cit., pág. 18, QUINTÁNS EIRÁS, M. J., «La información como motor de la protección del asegurado en la comercialización de seguros» *RES* n.º 175, 2018, pág. 379.

124. El art. 27 de la LOSSEAR permite que la actividad aseguradora se lleve a cabo tanto por aseguradoras de naturaleza privada como por aseguradoras de naturaleza pública. En el primer caso, la LOSSEAR menciona de forma taxativa (*numerus clausus*) *que* las entidades privadas únicamente podrán adoptar la forma de sociedad anónima, mutua, cooperativa y mutualidad de previsión social. Las mutuas, cooperativas y mutualidades de previsión social podrán operar a prima fija o a prima variable. Estas formas jurídicas, y no otras, como admisibles para el desarrollo de la actividad aseguradora son el resultado del proceso de paulatina restricción de formas societarias que caracterizan a los seguros privados. En el caso de las entidades de naturaleza pública, será válida cualquier forma de derecho público, siempre que tengan por objeto la realización de operaciones de seguro en condiciones equivalentes a las de las entidades aseguradoras privadas. En mayor detalle, VERCHER MOLL, J., *Las condiciones de acceso al mercado...*, cit., pág. 165.

125. VERCHER MOLL, F. J., «La reforma del sistema de gobierno de las entidades de seguros tras la directiva (UE) 23016/97 del Parlamento Europeo y del Consejo de 20 de enero de 2016 sobra la distribución de seguros» en MARTÍNEZ MUÑOZ, M., VEIGA COPO, A.,

que, en el caso del contratante consumidor, dicha información, da pie a una transparencia *formal* de la actividad del asegurador, pero no necesariamente será comprendida o siquiera tomada en cuenta por el consumidor de seguros.

Sobre este particular y, una vez expuesta la construcción legal y jurisprudencial del control de incorporación de cláusulas predispuestas en el apartado anterior, creemos que su efectividad queda aún más en entredicho si es que la oferta contractual que realice el asegurador incluirá un documento como el IPID o el KID, dado que ambos deben exponer de manera sucinta el contenido de un contrato tipo sin tomar en cuenta la declaración del riesgo del solicitante, ni el posible «asesoramiento» o información que pueda transmitirle el distribuidor.

Esta situación de desconexión entre la realidad de la información recibida y la transparencia formal, se ve exponencialmente incrementada en el caso de la comercialización de seguros de vida vinculados a productos financieros (PRIIPs), en los que el incumplimiento de la obligación de informar —transparencia contractual *ex ante*— no parece tener mayores consecuencias para el comercializador [126], cuestión que pone en entredicho la efectividad de la regulación nacional y europea en la implementación de elementos eficientes de protección del contratante de productos financieros [127]. Este diagnóstico encuentra eco en la configuración de los tres pilares del sistema financiero que, desde la primera crisis del presente siglo promueve la Unión Europea a través de sus reguladores sectoriales pertenecientes al Sistema Europeo de Supervisión Financiera (ESFS) [128].

(dirs.) *Retos y desafíos del contrato de seguro: del necesario aggionarmiento a la metamorfosis del contrato*, Thomson Aranzadi, Cizur Menor, 2020, pág. 355.

126. Ha comentado esta situación entre otros, BLANCO SÁNCHEZ, M. J., «Novedades en la formación del personal financiero: Guía técnica de la Comisión Nacional del Mercado de Valores 4/2017 para evaluación de los conocimientos y competencias del personal que informa y asesora. Especial referencia al régimen de responsabilidad derivado del incumplimiento de la obligación de informar» en MARIMÓN DURÁ, R., MARTÍ MIRAVALLS, J., *Problemas actuales y recurrentes en los mercados financieros*, Thomson Aranzadi, Cizur Menor, 2017, pág. RB-15.13, y también GILABERT GASCÓN, A. «Los deberes precontractuales de información y asesoramiento en la distribución de seguros» en GONZÁLEZ CASTILLA, F.; NIETO CAROL, U., *Retos de la contratación mercantil moderna*, Tirant Lo Blanch, Valencia, 2022, pág. 741; al margen de estas apreciaciones, realizaremos un análisis de la naturaleza de estos datos en el capítulo II de esta obra.

127. OSTROWSKA, M., «Information duties stemming from the Insurance Distribution Directive as an example of faulty application of the Principle of Proportionality» en MARANO P., NOUSSIA, K., *Insurance Distribution Directive a legal analysis*, Springer, Cham, 2021, pág. 45, quien diagnóstica que esta sobrecarga de información al contratante/solicitante de seguros podría tener el efecto opuesto que intenta alcanzar: que el solicitante de cobertura prescinda de los datos que se le ofrecen y por tanto su grado de comprensibilidad material sea deficiente.

128. Como sabemos, la Directiva 2004/39/CE del Parlamento y el Consejo, de 21 de abril de 2004, relativa a los mercados de instrumentos financieros («*MiFID I*») supuso un cambio

Tal y como podremos poner de manifiesto, la normativa de supervisión ha centrado sus esfuerzos de transparencia en el personal *comercializador*[129] de los productos financieros[130]. En el caso del mercado de seguros, el RDL 3/2020 que ha trasladado a nuestro ordenamiento jurídico el contenido normativo de la Directiva (UE) 2016/97[131] (*IDD*) se ha centrado en promover la distinción entre la «venta informada» y la «venta asesorada»[132]. Además de establecer una clasificación por sujetos que incluye las figuras ya habituales de *distribuidores* de seguros, en el caso del asegurador como *emisor* del producto, establece el tipo de información que deberá poner al alcance de sus distribuidores para que sean éstos quienes transmitan la información al solicitante/tomador.

En este sentido, creemos que esta opción legislativa, la de regular parte de la relación contractual de seguro, de la oferta de estos y de su posterior aceptación que da lugar a la perfección del contrato en la normativa reguladora de la supervisión del asegurador (LOSSEAR) y de sus distribuidores (RDL 3/2020) sin duda es un elemento negativo

---

muy significativo en la forma en que las entidades prestan sus servicios, en especial en todo lo referente a la distribución de los productos de inversión2. Su texto dedicaba de forma específica una sección a las «Disposiciones para garantizar la protección del inversor». A través de la misma se incorporaron a nuestro ordenamiento conceptos como: (i) la categorización de clientes, distinción entre contrapartes elegibles, clientes profesionales y clientes minoristas, con grados diferenciados de protección; (ii) distintas formas de distribuir productos de inversión distinguiendo entre la «mera ejecución» de órdenes, la comercialización, y el asesoramiento, debiendo las entidades financieras cumplir una serie de requisitos para cada servicio financiero prestado; y (iii) la incorporación de una nueva tipología de instrumentos financieros, que diferenciaba entre productos complejos y no complejos. La máxima protección correspondía a los clientes minoristas y los mayores requisitos y exigencias se referían al asesoramiento y a los productos complejos. Por su parte la Directiva 2006/48/CE del Parlamento Europeo y del Consejo, de 14 de junio de 2006, relativa al acceso a la actividad de las entidades de crédito y a su ejercicio, desarrolló de forma muy extensa las previsiones de la MiFID (de nivel 1), regulando además figuras no previstas expresamente en la (anterior) MiFID, como los «incentivos» y la «custodia de instrumentos financieros».

129. Acertada denominación empleada por ILLESCAS ORTIZ, R., «La permanencia de la Ley del contrato de seguro frente a la permanente inestabilidad de sus normas de comercialización» *RES* n.º 185-186, 2021, pág. 127.
130. En este sentido, MORRILLAS JARILLO, M. J.; *La información previa en la contratación de los seguros de personas*… cit., pág. 16, CUÑAT EDO, V.; MARIMÓN DURÁ, R., «La convergencia en el régimen jurídico del asesoramiento…» cit., pág. 50.
131. Directiva (UE) 2016/97 del Parlamento Europeo y del Consejo de 20 de enero de 2016 sobre la distribución de seguros, DOUE L 26, 2.2.2016, pág. 19-59.
132. Descripción en detalle del contenido normativo de una y otra, REQUEIJO PASCUA, A.; REQUEIJO TORCAL, A.; *Ley de distribución de seguros y reaseguros privados*, Thomson Reuters Aranzadi, Cizur Menor, 2020, pág. 187 y sigs, VALENZUELA GARACH, J., «Principales notas del nuevo régimen legal de la distribución de los seguros y reaseguros privados» en PÉREZ-SERRABONA GONZÁLEZ, J. L., *Derecho de seguros. Nuevas realidades y nuevos retos*, Marcial Pons, Madrid, 2021, pág. 105.

para la transparencia contractual, en particular en contra del adherente consumidor, pues dispersa el contenido obligacional que emana de la relación contractual[133].

Por último, la opción de política legislativa europea —y por ende, nacional— de asimilar al seguro con un producto[134], si bien puede presentar ventajas en cuanto a determinación de normas de distribución y, hasta cierto punto, marcar el camino en cuanto al contenido de la póliza —incorporación de cláusulas— tiene el inconveniente de asumir que las cláusulas contractuales no son —ni se espera que sean— realmente de conocimiento material del solicitante/tomador[135]. Por tanto, el peligro de falta de idoneidad o adecuación del producto a las expectativas del solicitante/tomador no se habrá eliminado, sino simplemente, dado lugar a una mayor carga burocrática en la fase precontractual.

1.2.3. La información del comercializador

Como mecanismo cualitativo de protección del consumidor de seguros se ha articulado un sistema de información inicial sobre la actividad y características organizacionales del propio distribuidor, que será de naturaleza distinta y adicional a la que deba suministrar en relación con el contenido del contrato de seguro[136].

La información así proporcionada se vincula con dos elementos claves que permiten controlar y supervisar su actividad profesional de intermediación: en primer término, el acceso a la actividad de intermediación que deberá ser precedido por el cumplimiento de una determinada formación universitaria y especializada y, al completar ésta, el registro como intermediario de seguros ante la autoridad supervisora[137].

Esta información —de registro— constituye también uno de los datos que el comercializador de seguros deberá poner en conocimiento del contratante adherente. Información que deberá incluir datos sobre los vínculos que puede tener con las entidades aseguradoras. En este sentido, como se explicará en detalle en el último capítulo de este trabajo, tanto en el caso de la formación previa al registro como distribuidor como en relación con los datos organizativos empresariales del distribuidor de seguros,

133. PEÑAS MOYANO, M. J., «El deber general de información de los aseguradores…» cit., pág. 323, GILABERT GASCÓN, A. «Los deberes precontractuales de información y asesoramiento en la distribución de seguros» cit., pág. 741.
134. No deja lugar a dudas el artículo 185. Requisitos en el diseño, aprobación y control de productos y en materia de gobernanza, RD-L 3/2020.
135. También en relación con esta concepción del seguro como producto y los inconvenientes que ello acarrea, ABRAHAM, K., «Four conceptions of Insurance» *UPenLRev*, vol. 161, n.º 3, 2013, pág. 683.
136. El art. 175, Información y asesoramiento previos que deberán proporcionar los distribuidores de seguros sobre el contrato de seguro, del RD-L 3/2020, viene a expresar la finalidad de la Directiva (UE) 2016/97.
137. https://dgsfp.mineco.gob.es/es/Distribuidores/PUI.

a diferencia de la normativa vigente con anterioridad[138], el nuevo texto regulador[139] ha impuesto el cumplimiento de estos parámetros de información precontractual también al asegurador cuando actúe como distribuidor[140]. En este sentido, la amplificación del tipo de información a comunicar[141] es muestra fehaciente de la ineficacia del sistema anterior[142] aunque a nuestro entender, se ha dejado pasar la oportunidad de regular de manera más clara la cuestión de la transgresión del régimen de incompatibilidades e incumplimientos[143], cuestión de relevancia, dado el papel que está llamado a desempeñar el intermediario en la relación contractual entre asegurador y asegurado.

Con todo, la nueva regulación de distribución de seguros, en particular la regulación de la información previa a la contratación de productos preempaquetados de inversión minorista y basados en seguros[144] ha buscado ampliar ostensiblemente la protección *ex ante* del consumidor a través del control y la gobernanza en su diseño y comercialización en el mercado de inversión[145] sin embargo, y he aquí nuestro diagnóstico, analizada la normativa vigente en este otro ámbito del sector financiero y tomado en cuenta el alto

138. Art. 6.1 LMSRP, Los mediadores de seguros ofrecerán información veraz y suficiente en la promoción, oferta y suscripción de los contratos de seguro y, en general, en toda su actividad de asesoramiento.
139. Libro Segundo del Real Decreto-ley 3/2020, de 4 de febrero, de medidas urgentes por el que se incorporan al ordenamiento jurídico español diversas directivas de la Unión Europea en el ámbito de la contratación pública en determinados sectores; de seguros privados; de planes y fondos de pensiones; del ámbito tributario y de litigios fiscales.
140. Así, artículo 138. Distribución de productos de seguros por empleados de entidades aseguradoras. Los empleados que formen parte de las plantillas de entidades aseguradoras podrán promover la distribución de seguros a favor de estas, entendiéndose que los contratos resultantes han sido celebrados por las entidades aseguradoras a todos los efectos.
141. Art. 47.1 LOSSEAR señala datos sobre la identidad y dirección del mediador, registro, procedimiento de quejas, tratamiento de datos de carácter personal, la obligación de informar si el mediador ofrece o no asesoramiento basado en un análisis objetivo y personalizado, así como el tipo de retribución que percibe por su intermediación, entre otros.
142. PEÑAS MOYANO, M. J., «El deber general de información de los aseguradores...» cit., pág. 329, QUINTANS EIRÁS, M. R., «Ampliación y reformulación del ámbito de aplicación...» cit., pág. 49.
143. Esto ocurría de manera aún más patente en la LMSRP tal cual señalaba CUÑAT EDO, V., «Las líneas rectoras de la reforma» cit., pág. 106. Por su parte, aunque clasificaba esta protección como de ámbito administrativo, también señalaba las dudas respecto a la efectividad de la protección en la anterior LOSSP, EMBID IRUJO, J. M. «Aspectos institucionales y contractuales de la tutela del asegurado...» cit., pág. 19.
144. PRIIPs y sus antecesores *unit-linked*, que estudiaremos en detalle en el capítulo IV.
145. Un análisis muy completo de los deberes de información en general en la contratación de productos de inversión, BLANCO SÁNCHEZ, M. J., *El deber de información en la contratación de instrumentos financieros*, cit., y también ROJO ÁLVAREZ-MANZANEDA, C., «Parámetros de protección de los clientes de servicios de inversión distintos de los establecidos desde el mercado de valores» *RDBB* n.º 155, 2019, pág. 44.

nivel de exigencia en los conocimientos previos y operativa habitual en este mercado —en el que la contratación se realiza casi exclusivamente a distancia[146]— a nuestro entender los niveles de protección concéntrica —mercado de inversión minorista y mercado de seguros, muchas veces comercializado a través de un OBS— restan eficacia a las medidas protectoras al alcance del contratante consumidor de estos seguros de personas[147] pues la auténtica comprensibilidad material disminuirá conforme sea necesario alcanzarla en los tres ámbitos del mercado financiero y no exclusivamente en el de seguros[148]. Esta situación se agrava si tenemos en cuenta el desconocimiento del contratante adherente de los mecanismos de control administrativo, por parte del supervisor del mercado, de la conducta profesional del asegurador y/o sus distribuidores[149].

Por último, y ya no solo en el ámbito de los seguros de vida con componentes de inversión, sino tomando en cuenta la esfera general de contratación de seguros —de daños, de responsabilidad civil, prestacionales, etc.— los requisitos adicionales de información que deberán cumplir aseguradores y distribuidores parece estar dirigida a un proceso de contratación documental «clásico», en contraposición a la instantaneidad necesaria para operar en el mercado digital directamente o a través de plataformas.

Sin duda la venta informada y/o asesorada tiene más posibilidades de alcanzar una mayor transparencia pre-contractual —al menos en los productos poco complejos— si se realiza *en persona,* sin embargo, creemos poco probable que la digitalización de procesos

---

146. Por tanto, sujeta a Ley 22/2007, de 11 de julio, de comercialización a distancia de servicios financieros, que señala al respecto que cuando el servicio de inversión fuese comercializado a distancia por las entidades frente a un cliente minorista (art. 204 LMV), resultará de aplicación el régimen específico aplicable a contratos con consumidores de servicios financieros prestados y negociados a distancia, aunque con carácter complementario.
147. CUÑAT EDO, V.; MARIMÓN DURÁ, R., «La convergencia en el régimen jurídico del asesoramiento…» cit., pág. 17, PEÑAS MOYANO, M. J., «El deber general de información de los aseguradores…» cit., pág. 329, QUINTANS EIRÁS, M. R., «Ampliación y reformulación del ámbito de aplicación…» cit., pág. 49, OSTROWSKA, M., «Information duties stemming from the Insurance Distribution Directive…» cit., pág. 33, En el ámbito del sector financiero, se ha pronunciado muy críticamente sobre el exceso de información y sus consecuencias, FERNÁNDEZ DE AROZ GÓMEZ-ACEBO, A., «El «private enforcement» en la protección del inversor minorista: de la aplicación de la doctrina del error-vicio en la contratación de productos financieros a una acción de daños específica» *RDM* n.º 315, 2020, pág. RR-4.11.
148. Un diagnóstico similar, COMANA, M., PREVITALI, D., BELLARDINI, L., *The MiFID II framework. How the new standards are reshaping the Investment Industry*, cit., pág. 158, y no solamente desde el punto de vista jurídico: BEN-SHAHAR, O; SCHNEIDER, C., *More than you wanted to know: the failure of mandated disclosure*, Princeton University Press, Princeton, 2014, pág. 33.
149. No debemos olvidar que el inicio de los procedimientos sancionadores corresponde exclusivamente al Director General de Seguros y Fondos de Pensiones, REQUEIJO PASCUA, A.; REQUEIJO TORCAL, A.; *Ley de distribución de seguros y reaseguros privados*, cit., pág. 408.

contractuales no alcance a la distribución de seguros, razón por la cual todos los procesos de información previa, presentación de documentación, aceptación de cláusulas limitativas, etc., probablemente tendrá un grado muy deficiente de relevancia en la transparencia hacia el contratante adherente que tendrá delante de si un «resumen» de obligaciones y derechos contractuales (IPID o KID) que le invita a no prestar mayor atención al contenido de las cláusulas contractuales[150] y que, sin duda puede tener el efecto contrario al que pretende alcanzar, esto es, que genere una falsa sensación de conocimiento en el contratante consumidor quien, una vez recibida la explicación del distribuidor y revisado el documento *resumen* —IPID, KID— no tendrá motivación para dedicar atención al texto de la póliza para comprobar que uno y otro documento realmente reflejan las características del riesgo, las exclusiones, las coberturas, el procedimiento de notificación de siniestros, etc., que el solicitante de cobertura espera haber contratado.

2. TRANSPARENCIA E INFORMACIÓN CONTRACTUAL DURANTE LA VIGENCIA DEL CONTRATO

2.1. La configuración clásica de la agravación del riesgo y el deber de informar al asegurador

Siendo una de las características habituales de los seguros su naturaleza de ejecución continuada[151], y dada la relevancia capital de la correcta determinación del *interés*, la modificación de las circunstancias que sirvieron para la determinación de la situación de riesgo inicial, es un elemento esencial para el asegurador, pues le permite —si hay variaciones en su intensidad— recalcular el coste patrimonial de la intensidad del siniestro[152] y, en esta relación continuada, ajustar el valor de la prima a la realidad[153].

150. En este sentido también, TERENSZKIEWICZ, P., «Digitalization of Insurance Contract Law: Preliminary thoughts with special regard to Insurer's duty to advise» en MARANO, P., NOUSSIA, K., *InsurTech: A legal and Regulatory View*, Springer, Cham, 2020, pág. 144.
151. GARRIGUES, J., Contrato de seguro terrestre, cit., pág. 46, DONATTI, A., Trattato del Diritto delle Assicurazioni private, cit., pág. 298, LAMBERT-FAIVRE, Y.; LEVENEUR, L.; Droit des assurances, cit., pág. 221, BATALLER GRAU, J., El deber de declaración del riesgo...» cit., pág. 11, QUINTANS EIRÁS, M.R. «El contrato de seguro en el Proyecto de armonización...» cit., pág. 316, BENITO OSMA, F., La transparencia en el mercado de seguros, cit., pág. 187.
152. Entendido como la prestación indemnizatoria final una vez se ha producido el siniestro y se ha procedido al cálculo de los daños cubiertos según la descripción preestablecida en la póliza, Sánchez Calero, F., *Ley del Contrato de Seguro. Comentarios a la Ley 50/1980...* cit., pág. 315, LATORRE CHINER, N., *La agravación del riesgo*, Comares, Granada, 2000, pág. 74.
153. GARCÍA VILLAVERDE, R.; «Contenido de la notificación de las alteraciones del riesgo en los seguros de vida» en VERDERA Y TUELLS, E. (Dir.) *Comentarios a la Ley del contrato de seguro,* vol. I, CUNEF, Madrid, 1982, pág. 1018, SÁNCHEZ CALERO, F., *Ley del Contrato de Seguro. Comentarios a la Ley 50/1980...* cit., pág. 328, BENITO OSMA, F., *La transparencia en el mercado de seguros*, cit., pág.189.

Por este motivo, la comunicación al asegurador de la agravación o disminución del riesgo deviene parte del comportamiento debido y esperado en el tomador/asegurado.

Con los matices que se desarrollarán en el siguiente punto[154], este *deber jurídico* impuesto, a través del art. 11 LCS al tomador y/o asegurado, también podrá ser cumplido por sujetos que representen los intereses de éstos[155]. Es indudable que este deber de comunicación de la agravación está directamente conectado con la declaración precontractual del riesgo sobre aquellos aspectos que el asegurador ha considerado relevantes y que hubieran sido incluidos en el cuestionario elaborado por aquél.

En relación con el contenido de la información que debe comunicarse al asegurador, los datos relevantes alcanzarán a las circunstancias nuevas que alteren significativa y permanentemente las previamente declaradas[156], con independencia de la causa y de su causante en la alteración del estado del riesgo previamente declarado. El fundamento de esta obligación de actualización de la información busca asegurar el mantenimiento del equilibrio de intereses, entre la cobertura y el precio del seguro.

En particular, en los seguros de daños, el establecimiento de este deber se ajusta al restablecimiento o adaptación del contrato a las nuevas circunstancias en el estado del riesgo es una búsqueda del retorno al equilibrio de las prestaciones entre las partes. Desde esta perspectiva, se persigue el *justo* equilibrio de intereses y de las contraprestaciones, acorde con el principio indemnizatorio[157].

En cuanto a la agravación del riesgo en los seguros de personas, el legislador ha establecido un sistema que parte del supuesto contrario al de los seguros de daños. Pues en éste la *modificación* del riesgo es —debería ser— la excepción, mientras que en el seguro de personas —en particular en los seguros de vida para el caso de muerte— el hecho riesgoso —fallecimiento del asegurado— es un evento ineludible, razón por la que la *agravación* del riesgo tiene un ámbito general muy limitado[158].

Tal y como podremos comentar en mayor detalle en los capítulos posteriores, pero, tomando en cuenta que nuestro discurso se construye en base a la exposición de los

154. *Vid.* 2.2 de este capítulo.

155. Tal como ocurre en la declaración inicial, SÁNCHEZ CALERO, F., *Ley del Contrato de Seguro. Comentarios a la Ley 50/1980...* cit., pág. 314.

156. GARCÍA VILLAVERDE, R.; «Contenido de la notificación de las alteraciones del riesgo…» cit., pág. 1020.

157. A modo ilustrativo, tal sería el caso de un seguro contra incendios en local abierto al público en el que al momento de hacer la declaración precontractual del riesgo, se indica que el negocio cuenta con alarma de incendios conectada a central de alarmas, si ocurrido el siniestro, el asegurador tiene prueba fehaciente de que al momento de ocurrir el hecho dañoso, tal sistema de alarmas no existe y a falta de prueba de mala fe por parte del tomador, el asegurador tendrá derecho a la reducción proporcional de la prestación en aplicación del art. 12.2 LCS, en mayor detalle STS de 25 de octubre, 2021 (ROJ: STS 3955/2021).

158. *Vid. infra* 2.2 de este mismo capítulo.

medios al alcance de los contratantes del seguro para mantener un grado adecuado de equilibrio en las obligaciones dimanantes del contrato, creemos que la inclusión del contenido del *deber* de declarar la agravación del riesgo en el texto regulador del mercado de seguros —art. 96 LOSSEAR— no contribuye en absoluto a una efectividad de la norma en cuanto a su finalidad de transparencia contractual.

En el caso de la comercialización de seguros en los que el tomador sea un empresario —y se instrumente a través de un corredor o agente— es posible que pueda darse cumplimiento completo a la finalidad informativa de la regulación[159]. Sin embargo, creemos que hay pocas dudas de que un contratante consumidor que acceda al contrato a través de medios electrónicos tendrá muy difícil manera de llegar a conocer la extensión de sus obligaciones dimanantes del contrato. Cuestión que, no solo causa un latente desequilibrio en las prestaciones, sino que puede resultar injusta para el mismo contratante pues, tal como señala la ley, el incumplimiento de este deber, dará lugar a la reducción de la cobertura esperada, cuando no a la inefectividad del contrato en su totalidad.

2.2. La obligación de declarar la agravación del riesgo de muerte impuesta por el RDL 5/2023

Hasta muy recientemente, el régimen legal previsto en la LCS coincidía con la doctrina en señalar que, en el caso de los seguros de personas, el previsible deterioro físico del asegurado está absolutamente excluido de constituir un *agravante del riesgo que* deba ser objeto de declaración[160], pues se partía del entendido de que, en estos seguros la previsión de deterioro en la salud general del asegurado, forma parte intrínseca del coste de la prima, debido a la obligación de capitalización previa de la suma asegurada en función de tablas de mortalidad y morbilidad[161].

No solo esto, sino que, de hecho, el legislador español, en términos no tan amplios como nuestro vecino galo[162], había excluido *el estado de salud* como información debida en los seguros de personas[163]; en el caso de los seguros de vida, excluir la reticencia

159. Particularmente en los casos de seguros de daños sobre la propiedad.

160. GARRIGUES, J, *Contrato de seguro terrestre*, cit., 513, GARCÍA VILLAVERDE, R.; «Contenido de la notificación de las alteraciones del riesgo…» cit., pág. 1024, SÁNCHEZ CALERO, F., *Ley del Contrato de Seguro. Comentarios a la Ley 50/1980…* cit., pág. 328, LATORRE CHINER, N., *La agravación del riesgo*, cit., pág. 227, MARCO ALCALÁ, L. A., *Seguros de personas*, cit., pág. 311, MORRILLAS JARILLO, M. J.; *La información previa en la contratación de los seguros de personas…* cit., pág. 117.

161. *Vid.*, art. 34 ROSSP.

162. No olvidemos que el Código de Seguros francés excluye directamente *cualquier* agravación del riesgo en los seguros de vida, art. L. 113-2, en detalle, LAMBERT-FAIVRE, Y.; LEVENEUR, L.; *Droit des assurances*, cit., pág. 272.

163. Art. 11.2 LCS, En los seguros de personas el tomador o el asegurado no tienen obligación de comunicar la variación de las circunstancias relativas al estado de salud del asegurado, que en ningún caso se considerarán agravación del riesgo.

no dolosa como obligación de declaración del riesgo, una vez trascurrido un año de la vigencia del contrato[164], y también regulado el mantenimiento de su vigencia en caso de incorrecta declaración de la edad del asegurado[165]. Tomando en cuenta que, en este tipo de seguros, las cláusulas de incontestabilidad[166] vienen a eliminar como elemento de agravación, cualquier reticencia inadvertida por el tomador/asegurado, tenemos que, en los seguros de personas, no hay —no había— un contenido material muy extenso a este deber.

Sin embargo, la configuración prevista en el art. 209.2 del RD-L 5/2023 ha venido a regular un supuesto muy particular: el expaciente oncológico, en cualquier modalidad de seguro, tiene la obligación legal de comunicar a su aseguradora, la recaída en la patología oncológica. En efecto, los términos empleados por el legislador no dejan lugar a dudas. No solo es una obligación contractual, sino que será aplicable al contratante de *cualquier* tipo o modalidad de seguro, no solo de personas[167].

Esta opción legislativa es, a nuestro entender, desconcertante, pues el efecto práctico que puede llegar a tener es, en todo caso negativo para los intereses del asegurado —paciente oncológico que ha recaído en la patología[168]— ya que, el asegurador podrá actualizar la prima al riesgo agravado o, directamente, ejercer su derecho de rescisión del contrato, de manera que, en las peores circunstancias, el contratante perderá la cobertura aseguradora[169], de manera que el efecto de la nueva norma es, a todas luces, indeseable.

164. Así lo indica el art. 89 LCS.

165. Art. 90 LCS. En el supuesto de indicación inexacta de la edad del asegurado, el asegurador sólo podrá impugnar el contrato si la verdadera edad del asegurado en el momento de la entrada en vigor del contrato excede de los límites de admisión establecidos por aquél. En otro caso, si como consecuencia de una declaración inexacta de la edad, la prima pagada es inferior a la que correspondería pagar, la prestación del asegurador se reducirá en proporción a la prima percibida. Si, por el contrario, la prima pagada es superior a la que debería haberse abonado, el asegurador está obligado a restituir el exceso de las primas percibidas sin intereses.

166. SÁNCHEZ CALERO, F., Ley del Contrato de Seguro. Comentarios a la Ley 50/1980... cit., pág. 2410.

167. Disp. ad. 5º.2, 2. En ningún caso podrá denegarse el acceso a la contratación, establecer procedimientos de contratación diferentes de los habitualmente utilizados por el asegurador, imponer condiciones más onerosas o discriminar de cualquier otro modo a una persona por haber sufrido una patología oncológica, una vez transcurridos cinco años desde la finalización del tratamiento radical *sin recaída posterior*.

168. Y que, de acuerdo con el mandato que ha inspirado esta reforma legal, Resolución del Parlamento Europeo, de 16 de febrero de 2022, *sobre el refuerzo de Europa en la lucha contra el cáncer: hacia una estrategia global y coordinada* (2020/2267(INI)), debería recibir protección permanente.

169. Tal y como hemos tenido ocasión de comentar (*vid.*, RODAS PAREDES, P., «El olvido oncológico en la regulación de seguros privados: oportunidades y retos», *Diario La Ley* n.º 10364, 9 de octubre, 2023), también en este sentido, CABALLERO TRENADO, L.,

3. EL PAPEL DEL REGULADOR DEL MERCADO DE SEGUROS

Como sabemos, dentro de la configuración del sistema financiero, la *actividad aseguradora*, también denominada «mercado del riesgo» se inserta en un conjunto de flujos financieros masivos que requieren —para su funcionamiento más básico— una indiscutible solidez jurídica. Así pues, la actividad desarrollada en cada uno de los subsistemas lleva una carga de interés público en su demanda de seguridad jurídica a las transacciones allí realizadas.

En el caso de la regulación vertical en el mercado financiero, será necesario tener en cuenta la normativa de desarrollo y organización de competencias del supervisor sectorial[170]. En nuestro caso la vigente Ley 20/2015, de 14 de julio, de ordenación, supervisión y solvencia de las entidades aseguradoras y reaseguradoras, LOSSEAR y su reglamento[171], tal y como hemos indicado en líneas precedentes, han venido a imponer un nivel superior de información precontractual que el asegurado/tomador debe recibir en relación con la situación financiera y de solvencia del operador y en relación con el contenido contractual en sí[172].

En efecto, la norma material es taxativa en su reiteración de la finalidad protectora de este deber de información[173] articulado a través de una supervisión constante de los prestadores cumplimentada a través de dos elementos centrales: la información directa

«Créditos, seguros y derecho al olvido oncológico: avances normativos» *RDBB* n.º 170, 2023, pág. RR-13.1.

170. En el caso de los otros mercados, además de las consideraciones sobre los tres mercados que integran el sistema financiero vertidas por CUÑAT EDO, V.; MARIMÓN DURÁ, R., «La convergencia en el régimen jurídico del asesoramiento…», cit., pág. 35, la normativa a tener en cuenta comprende, en el caso del mercado bancario *general* la Orden EHA/2899/2011, de 28 de octubre, de transparencia y protección del cliente de servicios bancarios (en particular arts. 6 y 20-25), Circular del Banco de España 5/2012, de 27 de junio, a entidades de crédito y proveedores de servicios de pago sobre transparencia de los servicios bancarios y responsabilidad en la concesión de préstamos; en el caso de los mercados de valores, los términos del art. 79.bis de la Ley 24/1988, del Mercado de valores, y que en la Ley 6/2023, de 17 de marzo, de los Mercados de Valores y de los Servicios de Inversión, se ha regulado por el art. 197 en relación a los prestadores de servicios de inversión.

171. Real Decreto 1060/2015, de 20 de noviembre, de ordenación, supervisión y solvencia de las entidades aseguradoras y reaseguradoras, ROSSEAR.

172. *Vid.* art. 122.5 ROSSEAR.

173. A modo de ilustración el artículo 118, y 119, LOSSEAR, sobre el contenido de la supervisión de conductas de mercado, y la protección administrativa del asegurado, respectivamente. En relación con la labor de las mutuas de seguros, la Orden ECO/3721/2003, de 23 de diciembre, por la que se aprueba el código de conducta para las mutuas de seguros y mutualidades de previsión social en materia de inversiones financieras temporales y el Código de conducta relativo a la realización de inversiones financieras temporales en el mercado de valores por entidades sin ánimo de lucro, aprobado por el Consejo de la Comisión Nacional del Mercado de Valores, por acuerdo de 20 de febrero de 2019.

al *cliente* del asegurador como titular del interés protegido, y por otra, la comunicación al mercado que debe proporcionar el operador directamente o a través del supervisor.

En este último caso, la transparencia de las entidades de seguros al órgano nacional de control —en nuestro caso la Dirección General de Seguros y Fondos de Pensiones, organismo dependiente del Ministerio de Economía y Competitividad[174] se ha instrumentado como el elemento básico de supervisión directa. A ella se unirá el deber de información *al mercado* en sí[175] derivado de la incorporación a nuestro ordenamiento jurídico del mandato del legislador comunitario en materia de regulación prudencial.

Esta configuración, creemos que es, cuanto menos, mejorable, puesto que, al menos en el ámbito de la supervisión de seguros, tanto la IDD como las normas de supervisión de aseguradoras, han configurado un sistema de responsabilidad administrativa que esta, no solamente fuera del alcance habitual del afectado por su incumplimiento —el asegurado— sino que, al menos en nuestra normativa nacional, no parece que el sistema de control de las conductas de mercado hasta ahora vigente[176], haya tenido mayor repercusión en las prácticas habituales de la distribución de seguros, puesto que el sistema sancionador está pensado para los incumplimientos en materia organizacional del asegurador, no así por incumplimiento de su deber de informar a sus asegurados[177].

---

174. Aunque en el caso de los seguros de créditos a la exportación que, de acuerdo con los art. 44-48 de la Directiva 98/29/CE del Consejo de 7 de mayo de 1998 relativa a la armonización de las principales disposiciones sobre el seguro de crédito a la exportación para operaciones con cobertura a medio y largo plazo, DO L 148 de 19.5.1998, pág. 22/32 deben notificar a la Comisión Europea de sus actividades sometidas a supervisión.

175. V*id.* PEÑAS MOYANO, M. J., «Transparencia informativa y seguro. La importancia de la información en el sector asegurador» en BATALLER GRAU, J., QUINTANS, EIRÁS, M. R., VEIGA COPO, A., *La reforma del Derecho del Seguro,* Cizur Menor, Thomson Reuters Aranzadi, 2015, pág. 279.

176. Tal y como podremos manifestar en mayor detalle en capítulos posteriores, el principal mecanismo previsto por la LOSSEAR es la *inspección* preventiva (vid., art. 119.4).

177. En cierto detalle, sobre el contenido de las sanciones administrativas previstas en la LOSSEAR, LAGUNA DE PAZ, J. C., «Supervisión administrativa de entidades aseguradoras privadas» en BATALLER GRAU, J., PEÑAS MOYANO, M. J.; *Un derecho del seguro más social y transparente*, Thomson Civitas, Cizur Menor, 2017, pág. 931.

CAPÍTULO II: La formación de la voluntad de obligarse a través de la información precontractual

CAPÍTULO II

LA FORMACIÓN DE LA VOLUNTAD DE OBLIGARSE A TRAVÉS DE LA INFORMACIÓN PRECONTRACTUAL

El contenido del deber de transparencia contractual en los seguros privados debe enmarcarse en la delimitación —y características— reconocidas, a esta relación jurídica especial, por el legislador. No solamente por el fundamento general de cumplimiento ético y moral de los principios generales que integran nuestro sistema jurídico[178] —por lo demás ya tratados en este trabajo— sino porque, tratándose de este contrato mercantil, su singular naturaleza jurídica, además de la estructura legal prevista, postulan un rigor de cumplimiento y *colaboración* muy superior a la exigencia habitual u ordinaria de la contratación privada, ya no solo durante el procedimiento previo a la manifestación de la voluntad de obligarse, sino también a lo largo de toda la vigencia del contrato[179].

Así pues, estos deberes recíprocos de buena fe general[180], encuentran un contenido mucho más definido y riguroso en el concepto legal unitario adoptado por nuestro legislador de la LCS[181] que, a pesar del transcurso del tiempo, desde su incorporación

---

178. GARRIGUES, J. *Contrato de seguro terrestre*. Madrid, 1973, pág. 46; DÍEZ-PICAZO, L. M., *Fundamentos de Derecho Civil Patrimonial,* T. 1, 5ta. Ed., Tecnos, Madrid, 1996, pág. 49.

179. *Vid.* BATALLER GRAU, *El deber de declaración del riesgo*, cit., pág. 10, RUBIO VICENTE, pág. J. *El deber precontractual de declaración... cit.,* pág. 11, y más recientemente, MUÑOZ PAREDES, M. L., *El deber precontractual de declaración...,* cit., pág. 21, entre otros. También se ha entendido de esta manera por los tribunales, así a manera ilustrativa: la STS de 4 de abril de 1989 (RAJ 198912650), STS de 15 de octubre de 1985 (RAJ 1985/4726), STS 4 de abril, 1988 (RAJ 1988/ 2650), STS de 8 de febrero de 1989 (RAJ 1989/761); más recientemente, puede revisarse los casos comentados y sistematizados por BADILLO ARIAS, J. A., *Ley de contrato de seguro: jurisprudencia comentada*, 3ra. Ed. Thomson Reuters Aranzadi, Cizur Menor, 2017, pág. 35 y sigs.

180. Art. 57 CCom; 7.1 y 1258 CC.

181. Es necesario tener en cuenta, en relación con este particular, la *limitación* que este concepto legal representa para las necesidades funcionales más modernas de las relaciones aseguradoras. Si los seguros privados están llamados a convertirse en un mecanismo efectivo y eficiente de desplazamiento de riesgos, circunscribirlos exclusivamente a seguros de indemnización y de sumas, sin tomar en cuenta aquellos cuya cobertura es de prestación, da lugar a importantes disfuncionalidades del sistema. Como sabemos, el principal exponente de la tesis *dualista* que argumentaba la imposibilidad de aportar una definición y tratamiento unitario para todos los contratos de seguros fue nuestro insigne maestro GARRIGUES, J., *Contrato de seguro terrestre*, cit., pág. 36, mientras que la opción legislativa finalmente

a nuestro ordenamiento jurídico ha sido unánimemente considerada como pionera en la protección específica del contratante de seguros[182]. En efecto, el contrato de seguro, a la vista del concepto que nos proporciona el art. 1 de la Ley 50\1980, se caracteriza por el hecho de que el asegurador, a cambio del cobro de una prima, garantiza la cobertura del riesgo —elemento esencial de acuerdo con el art. 4 LCS— o posibilidad de que se produzca un evento futuro e incierto de carácter dañoso sobre el interés asegurado, mediante su correspondiente indemnización o reparación. Sin embargo, en el contrato de seguro existen obligaciones accesorias al mismo que deben ser cumplidas por la parte interesada en establecer la relación contractual dado que su correcta transmisión al profesional del seguro tiene importantes consecuencias a lo largo de la vigencia del contrato.

Es el caso de los *deberes de información o informativos*[183] que se imponen al tomador del seguro/asegurado y que permiten que el empresario asegurador pueda conocer las

---

adoptada fue defendida en su día por URÍA, R., «Orientaciones modernas sobre el contrato de seguro» *Revista de Derecho Mercantil* n.º 84, 1962, pág. 263; SÁNCHEZ CALERO, F., *Comentarios a la Ley de Contrato de Seguro*, cit., pág. 36. Fruto de la evolución del sistema económico y de los productos de seguros más actuales, esta interpretación unitaria ha recibido propuestas de reformulación por parte de MARTÍNEZ-GIJÓN MACHUCA, P., *El seguro privado de asistencias sanitaria*, Fundación MAPFRE, Madrid, 2002, pág. 35, TIRADO SUÁREZ, F. J., «Seguros de prestación de servicios» en JIMÉNEZ SÁNCHEZ, G., DÍAZ MORENO, A., (coords.) *Derecho Mercantil. Los contratos de seguro*, vol. 9, Marcial Pons, 2013, pág. 276, BATALLER GRAU, J., «Una mejor protección del asegurado es posible» cit., pág. 348, VEIGA COPO, A., *Comentarios prácticos a la Ley de Contrato de Seguro [A los cuarenta años de su promulgación 1980-2020],* Thomson Aranzadi, Cizur Menor, 2020, pág. RL-1.2, MUÑOZ PAREDES, J. M., «La reforma de la ley del contrato de seguro…» cit., pág. 144, PEÑAS MOYANO, M. J., «Desafíos del legislador en la reforma del régimen del contrato de seguro» cit., pág. 141, CARBAJO CASCÓN F., «La responsabilidad civil del asegurador de asistencia sanitaria por negligencias médico-hospitalarias de su cuadro asistencial» *Rev. Ibero-lationamericana de Seguros* n.º 55, 2021, pág. 147.

182. BATALLER GRAU, *El deber de declaración del riesgo*, cit., pág. 11, BENITO OSMA, F., *La transparencia en el mercado de seguros*, cit., pág. 120, MUÑOZ PAREDES, J. M., «La reforma de la ley del contrato de seguro: oportunidad y alcance» en, PÉREZ-SERRABONA GONZÁLEZ, J. L. (dir.), *Derecho de seguros. Nuevas realidades y nuevos retos*, Marcial Pons, Madrid, 2021, pág. 142.

183. Con independencia de nuestro análisis del recientemente incorporado art. 10.*4* LCS, en los numerales anteriores del citado artículo el legislador utiliza esta terminología (*debe*r) para describir la conducta esperada por el solicitante de cobertura. En este sentido se expresa la declaración inicial que realiza el solicitante en relación con el riesgo objeto de cobertura y, una vez suscrito en contrato de seguro, la posterior declaración del siniestro, son *deberes jurídicos* en tanto cargas que se imponen al tomador del seguro o asegurado en orden a defender la comunidad de riesgos sobre la que se constituye la explotación económica de la actividad aseguradora, pero cuyo cumplimiento no puede ser exigido coactivamente por el asegurador, razón por la cual no corresponde utilizar el término *obligación* en sentido

circunstancias y características del riesgo[184] a momento de inicio del contrato y que, con posterioridad, le habilitaran a dar cumplimiento a lo pactado. Así, estos deberes[185] permiten que el asegurador pueda adoptar las decisiones pertinentes en orden a su relación contractual con el asegurado[186] y, una vez ocurrido el siniestro, dar cumplimiento eficaz a sus obligaciones de reparación del daño causado o de indemnizar al asegurado o de responder al evento en la forma pactada en la póliza.

Efectivamente, antes de la conclusión del contrato, en fase de formación de la voluntad de obligarse, la declaración del solicitante/ futuro tomador en relación con el riesgo que es objeto de cobertura cumple la función de determinar el alcance de este. En consecuencia, el contenido de la información que proporcione el tomador es fundamental pues es instrumento clave en la formación de la voluntad, por parte del asegurador, de iniciar una relación contractual con el solicitante de cobertura[187]. Por este motivo, analizaremos el contenido de este procedimiento de comunicación de información, su

---

jurídico para referirse a estas conductas. Véase GARRIGUES, J. *Contrato de seguro terrestre*, cit., pág. 220; GÓMEZ SEGADE, J. A. «La declaración del siniestro y la información complementaria», en VERDERA Y TUELLS, E. *Comentarios a la Ley de Contrato de seguro*. Madrid (1982), CUNEF, pág. 435, URÍA, R.; MENÉNDEZ, A.; ALONSO SOTO, R.; «El contrato de seguro y la actividad aseguradora» en URÍA, R., MENÉNDEZ, A. *Curso de Derecho Mercantil* 2da. Ed., Civitas, Madrid, 2006, pág. 620, MUÑOZ PAREDES, M. L., *El deber precontractual de declaración del riesgo*, cit., pág. 71.

184. A saber, elemento esencial de este contrato aleatorio, no solo por ser el factor desestabilizador del patrimonio del solicitante de cobertura, sino también porque, como sabemos, el asegurador, fijará la *prima* del seguro, en proporción a este. Como se ha señalado acertadamente, con la delimitación del riesgo las partes establecen el riesgo asumido por el asegurador a través de su delimitación, ésta establece los límites causales, espaciales y temporales del riesgo cubierto, DONATI, A., *Trattato del Diritto delle Assicurazioni private*, cit., pág. 105, ALONSO SOTO, R., *El seguro de la culpa*, Ed. Montecorvo, Madrid, 1977, pág. 243, SÁNCHEZ CALERO, F. *Ley del Contrato de Seguro. Comentarios a la Ley 50/1980, de 8 de octubre y a sus modificaciones*, cit., pág. 149.

185. Dentro de estos deberes también se encuentra el deber del asegurado de comunicar al asegurador la *agravación del riesgo*, que nuestra legislación trata en el art. 11 LCS y que trataremos en el siguiente capítulo.

186. Como sabemos, la individualización del riesgo y su delimitación son esenciales en cuanto que el asegurador, habitualmente, no asume *todos* los riesgos que recaen sobre la esfera económica de una persona o sus bienes, sino solamente aquéllos descritos en la póliza como *riesgo asegurado*, DONATI, A., *Trattato del Diritto delle Assicurazioni private*, cit., pág. 145, LATORRE CHINER, N., *La agravación del riesgo*, cit., pág. 6.

187. Tal y como hemos señalado con anterioridad, el riesgo descrito en la póliza de acuerdo con la información proporcionada por el solicitante es elemento esencial del contrato en tanto que *causa* del mismo, GARRIGUES, J., Contrato de seguro terrestre, cit., pág. 114, SÁNCHEZ CALERO, F. *Ley del Contrato de Seguro. Comentarios a la Ley 50/1980, de 8 de octubre y a sus modificaciones*, cit., pág. 155, MORRILLAS JARILLO, M. J.; *La información previa en la contratación de los seguros de personas...* cit., pág. 44, CÓRDOBA MOCHALES,

fundamento e interpretación de su alcance y contenido actual, con el fin de manifestar los elementos regulatorios trascendentes para su cumplimiento según el texto normativo material, en el entendido de que son éstos los que el legislador ha diseñado como los más efectivos para asegurar una correcta transmisión de la información sobre el riesgo.

Sin embargo, antes de analizar estos elementos normativos, creemos necesario traer a colación dos componentes adicionales cuya naturaleza jurídica es discutiblemente diversa a la habitual del derecho privado, pero que a nuestro entender no solo pueden condicionar significativamente el *animus contractus* del solicitante de cobertura —cuestión aún más notable en las nuevas vías de comercialización digital— sino que creemos que en la configuración general del sistema financiero, merced a la normativa vigente en materia de defensa de consumidores y deberes de los distribuidores, podrán calificarse como elementos integrados en las razonables expectativas contractuales del contratante adherente. Nos referimos a dos elementos de la información previa a la configuración del contenido de la póliza seguros: tanto la que corre a cargo del asegurador como publicidad general y del *producto* de seguros[188], como la que, bajo la nueva normativa de distribución de seguros, IDD, debe ser puesta al alcance del solicitante por el intermediario/mediador/distribuidor[189].

Por último, una vez analizado el contenido de las obligaciones y deberes de información de solicitante, asegurador y distribuidores en aras a delimitar el alcance de sus obligaciones contractuales una vez concluido el contrato, será necesario hacer referencia al contenido de la póliza, dado que es en este documento en el que, según señala la LCS, el solicitante de cobertura conocerá el contenido definitivo de las cláusulas contractuales. Este punto en el procedimiento de contratación es relevante, a nuestro entender, a los efectos de la finalidad de esta obra, pues nos permite analizar el contenido actual de los requisitos legales y jurisprudenciales de incorporación de cláusulas predispuestas en el contrato de seguro.

I. LA PRESENTACIÓN DE INFORMACIÓN PREVIA A LA SOLICITUD DE COBERTURA

1. LA PUBLICIDAD COMERCIAL DEL EMPRESARIO DE SEGUROS

Si en términos generales puede afirmarse que en la contratación general la publicidad juega un papel fundamental para dar a conocer al público la existencia del producto o servicio ofertado —redundando, por tanto, en beneficio del receptor/destinatario de dicho reclamo publicitario— también cumple, como sabemos, una función esencial en el incentivo y consolidación de la libre competencia entre empresarios. En este sentido,

I., »Deber de declaración del riesgo: comentario a la reciente jurisprudencia del Tribunal Supremo» *RDSFin* n.º 2, 2021, pág. 432.

188. En el sentido del art. 185 RDL 3/2020 y 96 LOSSEAR.

189. En nuestro ordenamiento jurídico, arts. 175 y 176 RDL 3/2020.

el empresario asegurador se encontrará sujeto a la normativa en materia de protección de prácticas desleales y, a pesar de que la publicidad general —en medios de comunicación, folletos, carteles, etc.— no constituya en sí misma una oferta de contrato, sino una simple invitación a contratar, al insertarse en un ámbito regulado de la economía —el mercado financiero— ha de cumplir unas ciertas características que pueden dar lugar a ilícitos concurrenciales[190] o de mercado[191] dado que estas comunicaciones generales repercuten, potencialmente, en la formación de la voluntad de obligarse del contratante adherente[192].

Tal y como ha sido reseñado recientemente[193], el principio de la integración publicitaria del contrato tiene un claro origen judicial, que ha encontrado en el principio de buena fe el fundamento para calificar este tipo de información como generadores de expectativas en sus destinatarios[194]. Esta interpretación plasmada en la actualidad en el art. 61 TRLGDCU establece una serie de requisitos relativos a la veracidad de las afirmaciones objeto de comunicación[195], a las que debe añadirse el marco regulatorio específico incluido en el art. 98, LOSSEAR y art. 127 ROSSEAR, que otorga a la DGSFP la competencia facultativa para aprobar, mediante circulares, normas espe-

190. Art. 5 y 7 LCD.

191. Como sabemos, la LOSSP 1995 en su art. 40. 3º h) regulaba como infracción «muy grave» la realización de prácticas abusivas, distintas de las tipificadas como infracciones administrativas en la Ley 16/1989, de 17 de julio, de Defensa de la Competencia, que perjudiquen el derecho de los asegurados, beneficiarios, terceros perjudicados o de otras entidades aseguradoras, mientras que la actual LOSSEAR reserva éstas para la infracción de conductas de mercado.

192. *Vid.* LASARTE ÁLVAREZ, C., «Sobre la integración del contrato: la buena fe en la contratación», *Revista de Derecho Privado*, n.º 64, 1980, pág. 50.

193. *Vid.*, MORALES MORENO, A., GREGORACI FERNÁNDEZ, B., «La incorporación de la publicidad al contrato: evolución y criterios jurisprudenciales de aplicación», en MORALES MORENO, A. M.; *Estudios de Derecho de Contratos* AEBOE, Madrid, 2022, pág. 786, MIRANDA ANGUITA, A., «El principio de la integración publicitaria del contrato y la letra pequeña de la publicidad», *La Ley Mercantil* n.º 83, 2021, pág. 2.

194. Un completo análisis de la jurisprudencia en este sentido, MORALES MORENO, A., «Concreción jurisprudencial de la regla general de integración del contrato mediante la publicidad, fundad en el principio de buena fe» *ADC* Tomo LXXIII, 2020, pág. 983.

195. Integración de la oferta, promoción y publicidad en el contrato; 1. La oferta, promoción y publicidad de los bienes o servicios se ajustarán a su naturaleza, características, utilidad o finalidad y a las condiciones jurídicas o económicas de la contratación; 2. El contenido de la oferta, promoción o publicidad, las prestaciones propias de cada bien o servicio, las condiciones jurídicas o económicas y garantías ofrecidas serán exigibles por los consumidores y usuarios, aun cuando no figuren expresamente en el contrato celebrado o en el documento o comprobante recibido y deberán tenerse en cuenta en la determinación del principio de conformidad con el contrato; 3. No obstante lo dispuesto en el apartado anterior, si el contrato celebrado contuviese cláusulas más beneficiosas, estas prevalecerán sobre el contenido de la oferta, promoción o publicidad.

ciales en materia de publicidad de las actividades de las entidades de seguros, además de reconocerle potestad supervisora y sancionadora en caso de incumplimiento de la exhortación de cesación o rectificación de la publicidad que resulte contraria a la normativa de supervisión[196].

2. EL CONTENIDO DE LA INFORMACIÓN DEL SEGURO ANTERIOR A LA PROPUESTA CONTRACTUAL DEL ART. 8 LCS

Cuestión distinta es la relevancia contractual y de supervisión que puede llegar a tener la documentación relativa a la descripción de un contrato de seguro que tanto el asegurador como los comercializadores (*distribuidores*), merced a la renovada normativa de distribución de seguros[197] deben no solo poner al alcance del solicitante de cobertura[198], si no que debido a sus deberes de profesionalidad y pericia[199], tendrán que cerciorarse de su correcta comprensión y adecuación a las necesidades descritas por parte del futuro tomador/asegurado.

En efecto, tal y como hemos puesto ya de manifiesto en este trabajo —*vid.* Capítulo I— la nueva normativa en materia de distribución de seguros, ha consolidado la tendencia a incluir un extenso procedimiento pre-contractual *previo* al previsto por la LCS para la declaración del riesgo en el que el comercializador del producto de seguros —ya sea directamente el asegurador o un distribuidor— al igual que ocurre con los productos del mercado de inversión minorista[200], deberá realizar un *test* de idoneidad y adecuación del solicitante de información precontractual, con el añadido de que el grado de relevancia de este *test* dependerá de las características del asesoramiento que el futuro tomador/asegurado quiera recibir y que solo una vez se hubiera decidido por uno u otro producto, dará inicio el proceso de declaración del riesgo[201].

196. Vigente la normativa de supervisión anterior, señalaba TIRADO SUÁREZ, F. J., («La aplicación de la Ley General de Protección de Consumidores y Usuarios al contrato de seguro» en BATALLER GRAU, J., VEIGA COPO, A., *La protección del cliente en el mercado asegurador*, Civitas, Madrid, 2014, pág. 221), la escasa eficacia del sistema articulado en base al art. 31.1 LCD en el sector seguros, analizando, al efecto una serie de casos de jurisprudencia menor en los que estos tribunales procedían a integrar en el contrato determinadas afirmaciones realizadas por el distribuidor de seguros.
197. RDL 3/2020, la cual, transpone a nuestro ordenamiento jurídico la Directiva (UE) 2016/97 del Parlamento Europeo y del Consejo, de 20 de enero de 2016, sobre la distribución de seguros.
198. Art. 96 LOSSEAR.
199. En el capítulo V de este trabajo podremos abordar en detalle este aspecto de la nueva normativa de distribución.
200. *Vid.* CUÑAT EDO, V.; MARIMÓN DURÁ, R., «La convergencia en el régimen jurídico del asesoramiento...» cit., pág. 85.
201. A nuestro entender esta es la interpretación de SÁNCHEZ CALERO, F. Ley del Contrato de Seguro. Comentarios a la Ley 50/1980, de 8 de octubre y a sus modificaciones, cit., pág. 241.

En este sentido, el proceso aquí explicado será anterior a la oferta contractual vinculante del art. 8 LCS, pues ésta sólo es posible cuando el solicitante de información de seguros hubiera respondido a las preguntas del asegurador elegido —en la *declaración del riesgo*, objeto de estudio en el segundo epígrafe de este capítulo— así pues, a nuestro entender la normativa de supervisión ha introducido dos pasos adicionales «previos» a la declaración del art. 10 LCS[202], en el entendido de que el futuro tomador/asegurado será quien, en todo caso, inicie el proceso de contratación, una vez éste ha manifestado su interés por recibir información relativa a un seguro, p. ej., de asistencia sanitaria familiar, el asegurador (o un distribuidor) pondrá a su alcance la información institucional del productor/futuro oferente del seguro y procederá a realizar las preguntas necesarias para determinar si este proceso contractual será una venta informada o asesorada. A nuestro entender, de otra manera, en el caso de las ventas de PRIIPs, el distribuidor no podría realizar el análisis de idoneidad y adecuación que demanda el art. 181 RDL 3/2020, mientras que, en el caso de los otros tipos de seguros, es el momento en el que el distribuidor puede conocer las necesidades del solicitante para poder ofrecer la información general o personalizada a las necesidades del solicitante según el art. 180 RDL 3/2020. De acuerdo con los Considerandos de la IDD[203], esta

202. Se ha analizado poco este punto en la recientísima doctrina mercantil, pues en algunos casos parece calificarse el cumplimento del mandato del art. 96 LOSSEAR, art. 122 ROSSEAR y su correspondiente art. 174 RDL 3/2020 como parte de la oferta del art. 8 LCS, es decir una vez realizada la *declaración del riesgo* del art. 10 LCS, pero negando su influencia en la relación contractual [*vid.*, GARCÍA ESCOBAR, G., «Obligaciones de información y límites para los operadores del mercado de seguros tras la transposición «no definitiva» de la IDD» en PÉREZ-SERRABONA GONZÁLEZ, J. L. (dir.), *Derecho de seguros. Nuevas realidades y nuevos retos*, Marcial Pons, Madrid, 2021, pág. 200], mientras que otros directamente señalan la falta de indicación y calificación normativa respecto del momento contractual en el que la información contenida en el KID (si hablamos de PRIIPs) o IPID debe ponerse a disposición del solicitante de cobertura [*vid.*, GILABERT GASCÓN, A. «Los deberes precontractuales de información y asesoramiento en la distribución de seguros», cit., pág. 725], sin embargo, tanto PEÑAS MOYANO, M. J., («El deber general de información de los aseguradores… « cit., pág. 329) como MORRILLAS JARILLO, M. J. (*La información previa en la contratación de los seguros de personas*…, cit., pág. 15) y QUINTÁNS EIRÁS, M. R. («La información como motor de la protección del asegurado…» cit., pág. 380) resaltan su inserción en la etapa precontractual, anterior, por tanto, a la declaración del riesgo y posterior oferta contractual del asegurador, atribuyéndole consecuencias contractuales. Por último, el trabajo de KOLDING-KROGER, C., *et al.*; «The reality of the promised increase in customer protection under the Insurance Distribution Directive» en MARANO, P., NOUSSIA, K., (eds.) *Insurance Distribution Directive. A legal análisis*, Springer, Cham, 2021, pág. 397, parte también de esta interpretación.

203. Considerando 48: Antes de celebrar un contrato, incluso en las ventas sin asesoramiento, debe darse al cliente la información pertinente sobre el producto de seguro, de modo que pueda tomar una decisión con conocimiento de causa. Los documentos de información sobre productos de seguro deben facilitar información normalizada sobre los productos de seguro distintos del seguro de vida. La elaboración de tales documentos compete a la empresa de seguros correspondiente o, en aquellos Estados miembros en los que el intermediario de seguros diseñe el producto de seguro, a dicho intermediario. El intermediario de seguros

información —presentada al solicitante en el KID o IPID— será la que permitirá decidir a este continuar con la contratación o no del seguro. Así pues, una vez entregados el documento de datos KID o IPID el futuro tomador podrá elegir una cobertura u otra y proceder a realizar la *declaración del riesgo*, para así recibir del asegurador, o su comercializador, una propuesta contractual, en el sentido del art. 8.

Así pues, en esta parte del trabajo analizaremos el contenido de estos deberes, tanto en relación con el asegurador, como con los distribuidores. Centraremos nuestro estudio en aquellos elementos que creemos conforman e influyen de manera radical en el proceso de formación de la voluntad de obligarse, por parte del futuro tomador/asegurado[204] y que, en el recientemente actualizado sistema normativo de supervisión de la actividad aseguradora, ha venido a conformar las *conductas de mercado*, objeto de regulación en el art. 96 LOSSEAR y 122 ROSSEAR, en relación con el asegurador, y también aquéllas que atañen a la información relativa a la oferta de seguros que proporcionará el distribuidor, sujeto a la normativa contenida en los art. 172-177 RDL 3/2020.

Conviene, en este punto, señalar que esta normativa ha decidido introducir criterios específicos de aplicación a las operaciones relativas a los seguros de vida en general y a aquellos con un componente de inversión en particular, además de mantener el ya previamente establecido marco general aplicable a todos los otros seguros, y de prever *ab initio* la posibilidad de que el asegurador oferente opere en el mercado español en régimen de libertad de establecimiento o de libre prestación de servicios[205].

2.1. La información que debe comunicar el asegurador/productor del seguro[206]

En el proceso de contratación objeto de esta obra, este punto, relativo a la presentación de información sobre un tipo concreto de seguros, por el asegurador, es el que

debe explicar al cliente las características esenciales de los productos que vende y, por lo tanto, su personal debe disponer de los recursos y el tiempo necesarios para ello.

204. Así pues, el análisis de los requisitos de información de los aspectos de profesionalidad, formación y operativa de aseguradores y distribuidores de seguros, serán analizados en capítulos posteriores de esta obra.
205. Analizan este punto en particular, MORRILLAS JARILLO, M. J.; *La información previa en la contratación de los seguros de personas…* cit., pág. 19, PEÑAS MOYANO, B., «Libertad de establecimiento y libre prestación de servicios en la LOSSEAR: especial consideración a la actividad de las entidades aseguradoras y reaseguradoras españolas en la Unión Europea» en BATALLER GRAU, J., PEÑAS MOYANO, M. J.; *Un derecho del seguro más social y transparente*, Thomson Civitas, Cizur Menor, 2017, pág. 895, desde una perspectiva europea, AUDIGIER, I., «Insurance Distribution Directive and Cross-border activities by insurance intermediaries in the EU» en MARANO, P., NOUSSIA, K., (eds.) *Insurance Distribution Directive*, Springer, Cham, 2021, pág. 23.
206. Hacemos uso de la nomenclatura repetidamente empleada por el legislador europeo en la DDS (véase a modo ilustrativo *artículo 25, Control de productos y requisitos en materia de gobernanza*). Al respecto, no podemos dejar de traer a colación el análisis realizado por ABRAHAM, K., «Four conceptions of Insurance» cit., pág. 682, quien señala los proble-

mayor desarrollo ha tenido en la última década. Sin duda fruto de la asimetría informativa intrínseca a la contratación en el mercado asegurador en particular[207], y en el mercado financiero en general, tanto el regulador nacional como el europeo, han establecido un procedimiento de contratación que parece contradecir la habitual invocación a la celeridad como elemento deseable en la contratación mercantil[208]. En efecto, la descripción de los pasos a seguir para obtener una propuesta vinculante para el asegurador —en el sentido del art. 8 LCS— ha sufrido un incremento exponencial solamente explicable por el alto grado de litigiosidad que dicha asimetría informativa produce[209], así como por la política europea de fortalecer e incentivar la creación de un auténtico mercado interior europeo de productos financieros.

Tal y como se ha comentado ya, el art. 96 LOSSEAR contempla el deber general de información, recogiendo un conjunto de datos que se aplican a todo tipo de contratos de seguro y que deben ser comunicados por el asegurador que atañen a su solvencia y situación financiera[210]. Sin embargo, a este deber calificado tradicionalmente como perteneciente a la esfera de supervisión jurídico-pública del asegurador[211], se han unido deberes más exigentes aún de contenido particular según tipos de seguros[212].

En efecto, la norma de desarrollo reglamentario[213] ha establecido datos concretos que el asegurador deberá elaborar y, en caso de comercializar el producto a través de una red de distribución, poner al alcance de ésta para que el profesional distribuidor pueda

mas que surgen de aplicar la concepción de «producto» a los seguros, no solo en cuanto al conocimiento que —se presume— el adquirente de dicho producto debe tener del mismo, sino en relación con las medidas de «seguridad» del producto. En nuestro sistema, esta última inquietud, sin duda, ha sido tenida en cuenta por el legislador europeo al prever en el citado art. 25 DDS, los mecanismos de control pre y post contractual del producto de seguros, cuestión que abordaremos en el Capítulo IV de este trabajo.

207. PEÑAS MOYANO, M. J., «El deber general de información de los aseguradores...» cit., pág. 325, también QUINTÁNS EIRÁS, M. J., «La información como motor de la protección del asegurado en la comercialización de seguros» *RES* n.º 175, 2018, pág. 382, en relación con el Proyecto de Ley de Distribución de Seguros y Reaseguros.
208. Entre otros, así se ha planteado por COALERT, V., «The MiFIR and PRIIPs Product Intervention Regime: in need of intervention?» *ECFR* 1, 2020, pág. 104; KOLDING-KROGER, C., et al.; «The reality of the promised increase in customer protection under the Insurance Distribution Directive» cit., pág. 437.
209. STJUE C-604/11 Caso Genil; STS de 20 de enero 2014 (RJ 2014/781), STJUE de 31 de mayo, 2018, C-542/16; STJUE de 17 de marzo 2016, C-40/15, etc.
210. Vid. art. 122.5 ROSSEAR.
211. SÁNCHEZ CALERO, F., *Ley del Contrato de Seguro. Comentarios a la Ley 50/1980...* cit., pág. 240, VALENZUELA GARACH, J., «Principales notas del nuevo régimen legal de la distribución de los seguros y reaseguros privados» cit., pág. 103.
212. MORRILLAS JARILLO, M. J.; *La información previa en la contratación de los seguros de personas...*, cit., pág. 17; GARCÍA ESCOBAR, G., «Obligaciones de información y límites para los operadores del mercado de seguros...» cit., pág. 190.
213. Art. 124 ROSSEAR.

transmitirlos al solicitante demandante de cobertura, en el caso de seguros de vida, en los cuales habrá distinción entre la información proporcionada por el asegurador si el tomador asumirá el riesgo de la inversión, si no los asumirá, y aquellos en los que participará en los beneficios, datos todos ellos ajenos (o adicionales) a la información que está obligada a proporcionar en el KID cuando el seguro de vida este sujeto a la normativa reguladora de los PRIIPs[214]. En el caso de los seguros de decesos, el reglamento prevé un sistema similar en el que el asegurador deberá identificar la modalidad de la oferta, características y método de cálculo de la prima inicial y sucesivas, los factores objetivos del riesgo cubierto, información sobre el método de cálculo de actualizaciones de capital asegurado o de prestaciones pactadas, condiciones de resolución, procedimiento de rehabilitación de la póliza[215]. Mientras que, en los seguros de enfermedad, se informará de los factores de riesgo objetivos a considerar en la tasa de prima a aplicar en las sucesivas renovaciones de la póliza, garantías accesorias opcionales a la cobertura de enfermedad que se ofrecen en la misma póliza, condiciones de resolución del contrato y renuncia, y límites y condiciones relativos a la libertad de elección del prestador.

2.2. Información proporcionada durante la distribución del producto

A la información relativa al asegurador y su producto —que deberá proporcionarse por el distribuidor en todo caso[216]— habrá que añadir la que corresponde a la vinculación del distribuidor con la aseguradora[217]. Si en la normativa de distribución anterior este paso era relevante solo para corredores y agentes independientes[218], en la actualidad conforma parte del cúmulo de datos sobre la actividad del seguro que el solicitante de cobertura debe recibir antes de poder expresar su voluntad de contratar un seguro concreto[219]. Sin embargo, nuestro interés en este punto está en poner de relieve la extensa tipología de información precontractual que se deberá proporcionar —y solicitar— al

214. Reglamento (UE) 1286/2014, del Parlamento Europeo y del Consejo, de 26 de noviembre de 2014, sobre los documentos de datos fundamentales relativos a los productos de inversión minorista empaquetados y los productos de inversión basados en seguros (DO L 352 del 9 de diciembre de 2014, págs. 1-23).

215. Art. 125 ROSSEAR.

216. Art. 175.1 RDL 3/2020, recordemos que, la DDS ha ampliado el ámbito subjetivo de aplicación de estos deberes, de manera que, ya no solo están sujetos a estos deberes de información los agentes y corredores.

217. Trataremos este punto en el capítulo V.

218. Vid., GONZÁLEZ CASTILLA, F., «El agente de seguros y el operador de banca-seguros» cit., pág. 158.

219. En efecto, tal como se ha comentado ampliamente (por ej., GARCÍA ESCOBAR, G., «Obligaciones de información y límites para los operadores del mercado de seguros...» cit., pág. 189; QUINTÁNS EIRÁS, M. J., «La información como motor de la protección del asegurado en la comercialización de seguros» cit., pág. 380, BATALLER GRAU, J., «La responsabilidad civil del agente de seguros» cit., pág. 15, los deberes de *información y protección de los clientes de los servicios de mediación de seguros* del art. 6.1 LMSR

cliente de seguros con anterioridad a la configuración de los elementos contractuales regulados en la LCS[220].

2.2.1. Categorías de asesoramiento[221]

Cuando un distribuidor recomiende la contratación de un PRIIPs —productos que recaen en la clasificación de seguros *de personas*, en concreto, seguros de vida de supervivencia— deberá asegurarse de que éste es idóneo para el cliente y, en particular, si se ajusta a su nivel de tolerancia al riesgo y su capacidad para soportar pérdidas. Esto implica que el distribuidor deberá obtener información del solicitante (futuro tomador/asegurado) sobre sus conocimientos y experiencia en la contratación de estos productos[222], su situación financiera, y sus objetivos de inversión para cumplir con su obligación de diligencia debida[223]. El cumplimiento de estos deberes de información objetiva previa a la realización del *test* de adecuación o idoneidad no es eludible, ni siquiera en los casos en los que la promoción del producto se realice sin recomendación[224].

El siguiente paso en este proceso de intercambio de información previa a la contratación, tendrá un contenido muy concreto en el caso de la venta asesorada de PRIIPs pues en estos casos sus distribuidores deben efectuar una evaluación de la adecuación del producto a las exigencias y necesidades del cliente[225]. Esta obligación tiene un contenido y fines muy similares a los que regulan la actividad de las entidades de crédito y empresas de servicios de inversión cuando éstas prestan el servicio de gestión discre-

---

han visto ampliada su aplicación a todo mediador de seguros, mediador de seguros complementarios o entidades aseguradoras que distribuyan seguros por sí mismas.

220. En relación con el amplio contenido de obligatoria transmisión precontractual, REQUEIJO PASCUA, A.; REQUEIJO TORCAL, A.; *Ley de distribución de seguros y reaseguros privados*, cit., pág. 199.

221. De acuerdo con la IDD, tanto las ventas informadas como las asesoradas y las asesoradas con análisis objetivo, serán de aplicación a todos los tipos de seguros. *Vid.* art. 20 IDD.

222. REQUEIJO PASCUA, A.; REQUEIJO TORCAL, A.; *Ley de distribución de seguros y reaseguros privados*, cit., pág. 296, resaltan la dificultad de dotar de un adecuado contenido a este concepto, proponiendo aplicar la Guía emitida por la CNMV para evaluar la conveniencia e idoneidad de los inversores minoristas.

223. Al respecto, tal cual han señalado CUÑAT EDO, V.; MARIMÓN DURÁ, R., «La convergencia en el régimen jurídico del asesoramiento...» cit., pág. 41, el asesoramiento como actividad informativa y valorativa se realizará en relación con el producto —tomando en cuenta las características subjetivas del destinatario—, o también puede incluir asesoramiento sobre el otro contratante (aseguradora), debiendo tenerse en cuenta que ambas posibilidades son acumulativas.

224. QUINTÁNS EIRÁS, M. J., «La información como motor de la protección del asegurado en la comercialización de seguros» cit., pág. 394, CUÑAT EDO, V.; MARIMÓN DURÁ, R., «La convergencia en el régimen jurídico del asesoramiento...» cit., pág. 39.

225. *Cfr.* art. 25.2 de MiFID II con el art. 30.2, DDS, art. 17 Reglamento Delegado PRIIPs, y art. 181 RDL 3/2020.

cional de carteras y/ o el servicio de asesoramiento financiero en materia de inversión en relación con instrumentos financieros o depósitos estructurados[226].

Un nivel *superior* de adecuación del producto serán las ventas asesoradas objetivas, en las que a la objetividad del distribuidor[227] se une la obligación de fundamentar la recomendación personalizada sobre la base del análisis de un número suficiente de contratos de seguro ofrecidos en el mercado, de modo que pueda formular una recomendación personalizada, ateniéndose a criterios profesionales respecto al contrato de seguro que sería adecuado a las necesidades del cliente[228].

En el caso de las ventas informadas —que sólo requieren un análisis de la adecuación del producto al cliente— el distribuidor aplicará el *test* de idoneidad para conocer las necesidades y exigencias del cliente, sin embargo, el producto o productos propuestos lo serán en tanto a sus características objetivas generales que el productor —asegurador —haya comunicado al distribuidor[229]. En estos casos, la normativa exonera al distribuidor del deber de ofrecer un producto conforme a las necesidades y conocimientos del cliente si este no le ha proporcionado la información suficiente. Cuestión que podrá ser reflejada en un documento específico que deberá ser conservado por el distribuidor[230].

Por último, en el caso de las *ventas en ejecución*[231] será posible omitir la evaluación de la adecuación (o idoneidad) del producto al cliente cuando la exposición de inversión a instrumentos financieros lo sea a productos *no complejos*[232]; la actividad se lleve a cabo a iniciativa del cliente; este haya sido advertido de que no goza de la protección

226. BATALLER GRAU, J., «La responsabilidad civil del agente de seguros» cit., pág. 18, REQUEIJO TORCAL, A.; *Ley de distribución de seguros y reaseguros privados*, cit., pág. 283, más recientemente, CUÑAT EDO, V.; MARIMÓN DURÁ, R., «La convergencia en el régimen jurídico del asesoramiento...» cit., pág. 36, resaltan la adaptación o convergencia de las exigencias *MiFID* para la comercialización de valores al mercado de productos de seguros.
227. El art. 180.2 RDL 3/2020 impone requisitos adicionales.
228. El cumplimiento de estos requisitos nos lleva a concordar con CUÑAT EDO, V.; MARIMÓN DURÁ, R., «La convergencia en el régimen jurídico del asesoramiento...» cit., pág. 38, en cuanto a calificar esta actuación como un servicio autónomo.
229. De acuerdo con la Exposición de motivos del RDL 3/2020, la venta informada será «aquella que se realiza conforme a las exigencias y necesidades del cliente, basándose en informaciones obtenidas del mismo, y que busca facilitarle información objetiva y comprensible del producto de seguro para que el cliente pueda tomar una decisión fundada».
230. Art. 181.2 RDL 3/2020.
231. Art. 181.3 RDL 3/2020.
232. Para conocer el contenido de esta alocución es necesario remitirnos a la Resolución de 15 de septiembre, 2020 de la DGSFP [BOE-A-2020-12496] a través de la cual este organismo ha optado por hacer suyas las Directrices emitidas en desarrollo de la Directiva sobre la distribución de seguros en materia de productos de inversión basados en seguros que incorporan una estructura que dificulte al cliente la comprensión del riesgo implicado, emitidas por EIOPA (disponible en https://dgsfp.mineco.gob.es/es/Regulacion/DocumentosRegulacion/

de estas normas de conductas, y que el comercializador cumple con las normas de prevención de conflictos de interés[233].

2.2.2. Los datos del «Key Information Document»[234] en la comercialización de PRIIPs

Una vez determinada la idoneidad o adecuación del producto de seguros, el distribuidor podrá presentar al cliente —demandante de un PRIIP— el documento de datos fundamentales, KID, en el que la aseguradora, o emisor de estos productos de inversión[235], deberán haber reflejado los datos más relevantes del mismo:

---

eiopa-17-651_idd_guidelines_execution_only_final_es.pdf, último acceso 3 de nov., 2023) y que circunscribe este tipo de productos a una lista tasada incluida en la Directriz 1: El intermediario de seguros o la empresa de seguros deben garantizar que el producto de inversión basado en seguros solo brinde una exposición de inversión a los instrumentos financieros considerados no complejos según la Directiva 2014/65/UE. Dichos instrumentos financieros no complejos incluyen solo los siguientes instrumentos:
(a) los identificados en el artículo 25, apartado 4, letra a), de la MiFID II;
(b) los que cumplen los criterios del artículo 57 del Reglamento Delegado (UE) 2017/565 de la Comisión que complementa la Directiva 2014/65/UE en lo que respecta a los requisitos organizativos y las condiciones de funcionamiento de las empresas de inversión y los términos definidos a los efectos de dicha Directiva;
(c) aquellos que no se consideran complejos de acuerdo con las Directrices de la ESMA sobre instrumentos complejos de deuda y depósitos estructurados.
Las directrices de EIOPA también clasifican ciertas estructuras de valores como complejas: Las estructuras en las que estos valores dependan de variables establecidas por la propia entidad aseguradora, cuyos efectos son difíciles de entender por el cliente; Las estructuras en las que estos valores se basen en diferentes tipos de exposiciones o estrategias de inversión, cuyos efectos combinados son difíciles de entender para el cliente; Las estructuras en las que estos valores puedan variar con frecuencia o notablemente en diferentes momentos durante la vigencia del contrato de seguro, ya sea porque se cumplen ciertas condiciones de umbral predeterminadas o porque se alcanzan ciertos hitos; las estructuras en las que estos valores están sujetos a condiciones o limitaciones temporales, cuyos efectos son difíciles de entender para el cliente.

233. QUINTÁNS EIRÁS, M. J., «La información como motor de la protección del asegurado en la comercialización de seguros» cit., pág. 393, GILABERT GASCÓN, A. «Los deberes precontractuales de información y asesoramiento en la distribución de seguros», cit., pág. 729, VALENZUELA GARACH, J., «Principales notas del nuevo régimen legal de la distribución de los seguros…» cit., pág. 107.

234. Sujeto al contenido especificado en el Reglamento Delegado PRIIPs, Reglamento Delegado (UE) 2017/2359 de la Comisión, de 21 de septiembre de 2017, por el que se completa la Directiva (UE) 2016/97 del Parlamento Europeo y del Consejo en lo que respecta a los requisitos de información y las normas de conducta aplicables a la distribución de productos de inversión basados en seguros, DO L 341 de 20.12.2017, págs. 8/18.

235. Excede el ámbito objetivo de esta obra, sin embargo, en este punto es necesario señalar, si quiera brevísimamente, la necesidad de tomar en cuenta la naturaleza jurídica compleja

señalando el riesgo de la inversión, las expectativas de fluctuaciones, los gastos operativos, etc.[236]

Por último, el KID también deberá acompañarse de un indicador Resumido de Riesgo junto con un texto explicativo del mismo y sus principales limitaciones, así corno un texto explicativo de los riesgos que pueden afectar sustancialmente al producto. En el Anexo II del Reglamento Delegado KID[237] además de regularse el contenido concreto de este documento, se ha incluido —Anexo II— la metodología a emplear para evaluar el riesgo de mercado, riesgo de crédito; riesgo de liquidez; el formato de presentación del *Índice de Riesgos R* —anexo III— además de un indicador de escenarios de rentabilidad —Anexo IV— con indicación de la metodología para la presentación de estos escenarios de rentabilidad —Anexo V— y para el cálculo de los costes —Anexo VI— y su presentación (Anexo VII).

---

de los PRIIPs. Si bien de momento no existe una categoría contractual clara, no es menos cierto que, a diferencia de la propuesta de MUÑOZ GUTIERREZ, F. J. («La naturaleza jurídica del *unit linked*, perspectivas del Tribunal Supremo y del Tribunal de Justicia de la Unión Europea, sentencia de 24 de febrero de 2022 (C-143/20)» *RES* n.º 191, 2022, pág. 550), quien busca infructuosamente acercarla al contrato de depósito bancario, nuestra percepción está más próxima a la propuesta de ALMARCHA JAIME, J. («La naturaleza jurídica del seguro de vida *unit* linked como garantía en operaciones de financiación» *RES* n.º. 196, 2023, pág. 573) en relación a la aplicación a este contrato de la categoría de *contratos complejos* en los que la prestación y la contraprestación se han extraído de tipos contractuales diversos.

236. Inspirado sin duda en el *key investor information document,* KIID, del Reglamento (UE) n.° 583/2010 de la Comisión de 1 de julio de 2010 por el que se establecen disposiciones de aplicación de la Directiva 2009/65/CE del Parlamento Europeo y del Consejo en lo que atañe a los datos fundamentales para el inversor y a las condiciones que deben cumplirse al facilitarse esos datos o el folleto en un soporte duradero distinto del papel o a través de un sitio web.
De acuerdo con el Reglamento Delegado PRIIPs, el KID deberá incluir información sobre los «objetivos y política de inversión» (art. 7); «perfil de riesgo y remuneración» (art.8 y 9); «gastos» (arts. 10-14); «rentabilidad histórica»(art. 15-19); «información práctica» (art. 20-21), estando limitado en su extensión a un máximo de dos páginas en papel tamaño DIN A4. Este texto establece requisitos específicos de información a ser incluidos en el KID en el caso de estructuras particulares de OICVM (art. 25-37).

237. Reglamento Delegado (UE) 2017/653 de la Comisión de 8 de marzo de 2017 por el que se completa el Reglamento (UE) 1286/2014 del Parlamento Europeo y del Consejo, sobre los documentos de datos fundamentales relativos a los productos de inversión minorista empaquetados y los productos de inversión basados en seguros, mediante el establecimiento de normas técnicas de regulación respecto a la presentación, el contenido, el examen y la revisión de los documentos de datos fundamentales y las condiciones para cumplir el requisito de suministro de dichos documentos (DO L 100 de 12.4.2017, pág. 1).

2.2.3. La información previa contenida en el IPID

Según la normativa española de distribución[238], el *documento de datos fundamentales* («Insurance Product Information Document», IPID) debe ser preparado por el asegurador y entregado al solicitante de cobertura aseguradora por el intermediario/distribuidor en el caso de todos los productos de seguro distintos al seguro de vida, su finalidad es la de permitir que el cliente tome una decisión «con conocimiento de causa», facilitándole la «información pertinente» para ello. Al igual que en la información a proporcionarse en los seguros de vida sujetos al Reglamento PRIIPs, en este caso se debe informar de lo esencial, de lo que formaría el núcleo de la decisión del cliente para decidirse por uno u otro producto.

No se debe identificar esta información con toda la documentación contractual que se facilitará una vez concluido el contrato[239]. Fruto de la voluntad del legislador europeo de normalizar todos los aspectos de comunicación de información, el contenido de este documento también ha sido objeto de regulación exhaustiva[240]. Cabe destacar que, de acuerdo con la DDS, el IPID es un documento genérico, no personalizado ni exhaustivo que, sin embargo, debe ser *preciso y no engañoso*[241] cuestión que conllevará, sin duda, más de una interpretación en la práctica y que pone en una posición compleja al distribuidor, en tanto que, incluso en las ventas informadas, deberá transmitir, al solicitante de cobertura, la trascendencia jurídica de términos que, aunque no sean *jerga especializada* tampoco son habituales[242].

2.3. La información del producto en supuestos específicos de ventas vinculadas y combinadas

Como medida de *flexibilización* del régimen hasta ahora descrito, el legislador europeo ha incluido, y por tanto el nacional también ha regulado, la posibilidad de realizar la venta en conjunto con servicios o productos auxiliares distintos de los seguros como parte de un paquete o del mismo acuerdo[243].

---

238. Art. 176.1 RDL 3/2020.
239. Vid. Considerando 46, DDS.
240. Reglamento de Ejecución (UE) 2017/1469 de la Comisión, de 11 de agosto de 2017, por el que se establece un formato de presentación normalizado para el documento de información sobre productos de seguro, DO L 209 de 12.8.2017, pág. 19/23; Reglamento de Ejecución IPID.
241. Art. 20.7.e DDS.
242. También al respecto, GARCÍA ESCOBAR, G., «Obligaciones de información y límites para los operadores...» cit., pág. 195; en relación con los problemas de diseño de la información que ha de contener el IPID, REQUEIJO TORCAL, A.; *Ley de distribución de seguros y reaseguros privados*, cit., pág. 230.
243. Art. 24 IDD; art. 184 RDL 3/2020. Al respecto, el Comité Conjunto de Supervisores Europeos hizo público en 2015 en la página web de la ESMA, las *Directrices MiFID II* sobre prácticas de ventas combinadas y vinculadas. El texto en inglés está incluido en el

En estos casos será obligatorio informar a los clientes, de la posibilidad, en su caso, de adquirir los distintos componentes del «paquete de productos» de forma separada; advertir de la forma en que los riesgos de un producto se ven modificados en tanto éste forme parte combinada con otro producto o servicio; así como de los costes y gastos aplicables a cada uno de los productos, por separado, y al paquete de productos en general. Los distribuidores deberán dejar claro al cliente los componentes del paquete que sean de adquisición obligatoria en conjunto y cuáles pueden adquirirse de manera separada, así como de los efectos que la falta de contratación individual o la cancelación anticipada del seguro o de cualquiera de los productos vinculados produciría sobre el coste conjunto del seguro y el resto de los productos o servicios vinculados. Sobre todo, para el caso de que suponga una penalización económica.

En relación con la formación del personal, las Directrices MiFID II señalan la obligatoriedad de que el distribuidor de estos productos tenga, además de formación en la distribución de seguros, formación en materia de los otros productos que sean ofrecidos de manera combinada o vinculada, en particular en relación con los riesgos de la operación.

Sobre esta modalidad de comercialización, es necesario señalar que la IDD ha reconocido a los Estados Miembros competencias para que éstos puedan establecer más restricciones que las previstas en la Directiva para la comercialización de este tipo de productos «compuestos». Sin embargo, en nuestro caso, el legislador nacional no ha establecido ninguna especialidad más estricta que las previstas en la normativa europea[244].

En cuanto a la *interacción* de esta norma con las de otros mercados financieros, a nuestro entender la que más repercusión social inmediata puede causar será la relativa a los seguros de garantía del cumplimiento de obligaciones del contrato de préstamo, regulado en el art. 12.1.e de la Ley de Contratos de Crédito Inmobiliario[245], al igual que los seguros complementarios a las cuentas de pago[246] y a los servicios o actividades de inversión[247]. En todo caso, en este tipo de comercialización, lo habitual es que los

Anexo V del *Final Report* (disponible en file:///C:/Users/paola/Downloads/2015-1861_final_report_-_guidelines_on_cross-selling_practices.pdf, último acceso 2 de nov. 2023).

244. QUINTÁNS EIRÁS, M. J., «La información como motor de la protección del asegurado en la comercialización de seguros» cit., pág. 408, respecto del proyecto de LDSR.

245. Supuesto excluido expresamente de sujeción a la normativa de distribución de seguros, art. 184.2.b RDL 3/2020, esta exclusión tiene base jurídica en la Directiva 2014/17/UE, de 4 de febrero de 2014, sobre los contratos de crédito celebrados con consumidores para inmuebles de uso residencial, que regula, en su artículo 12 las prácticas de venta vinculadas y combinadas, definidas previamente en el art. 4.26 y 4.27. En ambos casos se ofrece un producto o servicio financiero junto al contrato de crédito, sólo que en el caso de las vinculadas no se reconoce la posibilidad al consumidor de contratar cada elemento por separado, mientras que en las combinadas sí se ofrece tal posibilidad, si bien con condiciones diferentes.

246. Sujetas al Real Decreto-ley 19/2017, de 24 de noviembre, de cuentas de pago básicas, traslado de cuentas de pago y comparabilidad de comisiones.

247. Cuya nota de remisión lleva al TRLMV, aunque la entendemos en la actualidad sujeta a la Ley 6/2023, de 17 de marzo, de los Mercados de Valores y de los Servicios de Inversión.

conflictos de intereses se presenten no en el comercializador que distribuye el producto sino en la entidad proponente del servicio combinado externo[248].

3. EL INCUMPLIMIENTO DE LA OBLIGACIÓN DE INFORMAR[249]

A pesar del origen de naturaleza administrativa de las normas hasta ahora analizadas, a nuestro entender es indudable que estas obligaciones de información son esenciales para la correcta formación de la voluntad del solicitante de cobertura, de obligarse a través de la suscripción de un contrato de seguro.

En el contexto de la inevitable contratación en masa[250], nuestro sistema jurídico no puede ser ajeno a las normas de protección del contratante en sede de formación de las obligaciones contractuales generales. A pesar de la ausencia de regulación en el texto material del contrato —LCS— no es menos cierto que las normas hasta ahora comentadas y contenidas en la normativa de supervisión, expresan un contenido que podrá incidir en la posterior validez del contrato[251] en cuanto a que de ellas depende,

En realidad, la DDS en este punto remite a la MiFID II, que en su art. 4.1.42 define las prácticas de venta cruzada como *«oferta de un servicio de inversión conjuntamente con otro producto, como parte de un paquete, o como condición para el mismo acuerdo o paquete».*

248. Así también lo ha señalado TIRADO SUÁREZ, F. J., «La incorporación de la Directiva 2016/97 de 20 de enero, sobre la Distribución de seguros y su aplicación en el derecho español» en PÉREZ-SERRABONA GONZÁLEZ, J. L., *Derecho de seguros. Nuevas realidades y nuevos retos*, Marcial Pons, Madrid, 2021, pág. 92.

249. Más allá de las consecuencias en el ámbito del Derecho de la competencia y las de carácter administrativo, que serán tratadas en posteriores capítulos de este trabajo, en este apartado nos centraremos en las consecuencias jurídico-privadas.

250. Pues, al menos de momento, no parece que haya técnica negocial alternativa al uso de condiciones generales de la contratación en la contratación en masa, SÁNCHEZ-CALERO GUILARTE, J., «Contratación mercantil en el siglo XXI...» cit., pág. 29.

251. Vigente la LMSRP se mostraba a favor de esta interpretación en caso de error en el consentimiento del tomador, SÁNCHEZ CALERO, F., *Ley del Contrato de Seguro. Comentarios a la Ley 50/1980,* cit., pág. 238; en relación con la nueva regulación aquí comentada, mantienen esta postura, QUINTANS EIRÁS, M. R., «Ampliación y reformulación del ámbito de aplicación en el proyecto de Ley...» cit., pág. 383, MORRILLAS JARILLO, M. J.; *La información previa en la contratación de los seguros de personas...* cit., pág. 25, PEÑAS MOYANO, M. J., «El deber general de información de los aseguradores a los tomadores...» cit., pág. 334, GILABERT GASCÓN, A. «Los deberes precontractuales de información y asesoramiento en la distribución de seguros» cit., pág. 738, con anterioridad a la aprobación del RDL 3/2020, TIRADO SUÁREZ, F. J., «La incorporación de la Directiva 2016/97 de 20 de enero... cit.», pág. 84, y ROJO ÁLVAREZ-MANZANEDA, C., «La inobservancia por las entidades aseguradoras de las obligaciones de información y conducta en la distribución de productos de inversión basados en seguros» *RDBB* n.º 169, 2023, pág. RR-4.4, en el caso de los PRIIPs. Por otra parte, quienes reconocen a estas normas un valor estrictamente administrativo, PÉREZ SERRABONA GONZÁLEZ, J.L., *La póliza y la documentación del contrato de seguros*, Comares, Granada, 2003, pág. 66, MUÑOZ PAREDES, M. L.,

en gran medida[252], la construcción de las expectativas razonables del cliente —en este caso, expectativas razonables de cobertura— así ha ocurrido en otros ámbitos del sector financiero[253], a pesar de que, a día de hoy, este mismo sistema, no ha encontrado las herramientas jurídicas necesarias para evitar el aprovechamiento oportunista de esta figura[254].

Sin embargo, a diferencia de estos otros sectores del mercado financiero, en el caso de los contratos de seguro, la única solución al incumplimiento de este deber de informar del asegurador, no debería ser en todos los casos la resolución contractual[255], puesto que según la modalidad contractual del caso, el tomador/asegurado puede quedar en peor posición de la que tendría si es declarada la nulidad contractual, razón por la que, en esta sede será importante analizar, por ej., la posibilidad de permitir la confirmación del contrato[256], no olvidemos que la profusa información previa a la contratación creará unas expectativas razonables de cobertura, generadas ya sea por la documentación —IPID, KID— y/o por el distribuidor en su papel de oferente de información previa, para ventas *informadas* o de asesoramiento, ya sea este general o basado en un *análisis objetivo*.

Así pues, para determinar el alcance de las responsabilidades de cada uno de los actores será también necesario tomar en cuenta el *grado* o nivel de información que se haya puesto al alcance del tomador en esta fase precontractual.

En este sentido, en el caso de los PRIIPs, previa a la transposición de la IDD, nuestro Tribunal Supremo, había determinado que el elemento inversor prevalecía sobre

El deber precontractual de declaración del riesgo, cit., pág. 29, GARCÍA ESCOBAR, G., «Obligaciones de información y límites para los operadores del mercado de seguros…» cit., pág. 200.

252. Y el *diseño* de su funcionamiento por el legislador europeo (*vid.* IDD), a nuestro entender así lo confirma: extender al mercado de seguros los mismos mecanismos ya en vigor en los otros dos subsistemas, con todas sus carencias e incongruencias, sin tener en cuenta que el objeto y función de un seguro (que no sea un PRIIPs) no es idéntico al de un producto de inversión o de crédito. Cfr., CUÑAT EDO, V.; MARIMÓN DURÁ, R., «La convergencia en el régimen jurídico del asesoramiento en los mercados…», cit., pág. 36.

253. *Vid.,* ROJO ÁLVAREZ-MANZANEDA, C., «Parámetros de protección de los clientes de servicios de inversión distintos de los establecidos desde el mercado de valores» *RDBB* n.º 155, 2019, pág. 37.

254. En abundante detalle, FERNÁNDEZ DE AROZ GÓMEZ-ACEBO, A., «El "private enforcement" en la protección del inversor minorista…», cit., pág. RR-4.23.

255. Art. 1265 CC.

256. Así, en relación con los seguros RC, MARTÍN OSANTE, J. M., *El seguro de responsabilidad civil empresarial*, Marcial Pons, Madrid, 2018, pág. 100, desde un punto de vista más general también ofrece la misma conclusión, GILABERT GASCÓN, A. «Los deberes precontractuales de información y asesoramiento en la distribución de seguros» cit., pág. 739.

el de seguros, razón por el que aplicaba al mismo, las protecciones reconocidas a los productos de inversión minorista[257], técnica que, con la aprobación del RDL 3/2020 parece haber quedado relegada a las ventas combinadas[258] dado que el legislador ha determinado que, en estos casos, si el producto principal es, por ej., el de inversión, será éste el régimen legal que prevalezca.

3.1. Incumplimiento del asegurador

De entre todos los supuestos posibles de incumplimientos en esta materia, el del asegurador como emisor del KIDs o IPID es, quizás, el más *sencillo* a nivel probatorio. Ello es así dada la configuración ya descrita de la normativa vigente[259] que señala, independientemente de la figura profesional —asegurador o cualquiera de sus distribuidores— en la que recaiga transmitir estos documentos al tomador/asegurado, la extensión y contenido general de la información que debe contener tanto uno como el

257. MERCADAL VIDAL, F., «Los deberes precontractuales de información en la contratación de servicios de inversión».

258. Art. 184.2.a RDL 3/2020.

259. En el caso del KID, el art. 8.3 del Reglamento (UE) no 1286/2014 señala que este documento debe contener:
a) denominación del producto empaquetado o basado en seguros, identidad y datos de contacto de su productor, información sobre la autoridad competente de tal productor y la fecha del documento;
b) si procede, la siguiente advertencia de comprensión: «Está a punto de adquirir un producto que no es sencillo y que puede ser difícil de comprender.»;
c) en una sección titulada «¿Qué es este producto?», la naturaleza y las principales características, en particular:
el tipo de producto,
sus objetivos y los medios para lograrlos, en particular si los objetivos se consiguen por medio de una exposición directa o indirecta a los activos de inversión subyacentes, con inclusión de una descripción de los instrumentos subyacentes o valores de referencia, incluida una especificación de los mercados en que invierte el producto empaquetado o basado en seguros, mencionando, si procede, los objetivos medioambientales o sociales concretos que persigue el producto, así como el modo de determinar el rendimiento,
una descripción del tipo de inversor minorista al que va dirigida la comercialización del producto empaquetado o basado en seguros, en particular en cuanto a su capacidad de soportar la pérdida de su inversión y a su horizonte de inversión,
en caso de que el producto empaquetado o basado en seguros ofrezca prestaciones de seguros, los detalles de esas prestaciones, incluidas las circunstancias en que se devengarían,
el plazo del producto empaquetado o basado en seguros, si se conoce,
d) en una sección titulada «¿Qué riesgos corro y qué podría obtener a cambio?», una breve descripción del perfil de riesgos y rentabilidad que incluya los siguientes elementos:
un indicador resumido de riesgo, completado con un texto explicativo de este indicador y sus limitaciones principales, y un texto explicativo de los riesgos que pueden afectar sustan-

cialmente al producto empaquetado o basado en seguros y que no quedan adecuadamente reflejados por tal indicador,
la máxima pérdida posible del capital invertido, incluyendo información acerca de:
si el inversor minorista puede perder la totalidad del capital invertido, o
si el inversor minorista corre el riesgo de asumir obligaciones o compromisos financieros adicionales, incluidos pasivos contingentes, además del capital invertido en el producto empaquetado o basado en seguros, y cuando proceda,
si el producto empaquetado o basado en seguros incluye una protección del capital contra el riesgo de mercado y detalles acerca de su cobertura y sus limitaciones, especialmente por lo que atañe al momento del tiempo en que se aplica,
escenarios de rentabilidad adecuados, junto con las hipótesis que se han hecho para elaborarlos,
en su caso, información sobre las condiciones a que están sujetos los resultados de los inversores minoristas o sobre los rendimientos máximos predefinidos;
una declaración de que la legislación tributaria del Estado miembro del domicilio del inversor minorista puede repercutir en el rendimiento efectivamente abonado;
e) en una sección titulada «¿Qué pasa si [nombre del productor del producto empaquetado o basado en seguros] no puede pagar?», una breve descripción de si la pérdida consiguiente está cubierta por un régimen de compensación o garantía para los inversores, y en caso afirmativo, de qué régimen se trata, el nombre del garante y cuáles son los riesgos cubiertos y no cubiertos por el régimen;
f) en una sección titulada «¿Cuáles son los costes?», los costes asociados a la inversión en el producto empaquetado o basado en seguros correspondiente, entre los que figuren tanto los costes directos como indirectos que habrá de soportar el inversor minorista, incluidos los costes únicos y recurrentes, presentados en forma de indicadores resumidos de estos costes, y, a fin de garantizar la comparabilidad, los costes agregados totales expresados en términos monetarios y en porcentaje, para mostrar los efectos compuestos de los costes totales en la inversión.
El documento de datos fundamentales indicará claramente que los asesores, distribuidores o cualquier otra persona que asesore sobre el producto empaquetado o basado en seguros o que lo venda facilitarán información que precise los posibles costes de distribución que no estén ya incluidos en los antedichos costes, a fin de que el inversor minorista pueda comprender los efectos acumulados de estos costes agregados en la rentabilidad de la inversión:
g) en una sección titulada «¿Cuánto tiempo debo mantener la inversión, y puedo retirar dinero de manera anticipada?»:
en su caso, si existe un plazo en el que se reconozca un derecho de renuncia o de rescisión aplicado al producto empaquetado o basado en seguros,
una indicación del período de mantenimiento recomendado y, en su caso, del período mínimo de mantenimiento exigido,
la posibilidad de desinversión antes del vencimiento y las condiciones que le son aplicables, con mención de todas las tasas y penalizaciones aplicables, habida cuenta del perfil de riesgos y rentabilidad del producto empaquetado o basado en seguros y de la evolución del mercado de destino,

otro[260], siendo la consecuencia lógica de su ausencia en el procedimiento de contratación diseñado por el legislador la potencial invalidez del contrato de seguro, tal ha sido el caso en otros ámbitos del sector financiero[261].

A nuestro entender, esta exhaustividad y profusión del legislador comunitario en la descripción del contenido de estos documentos —trasladada sin mayores alternaciones por nuestro legislador nacional— busca crear, a imagen del mercado de capitales, *puertos seguros* para el emisor/productor. Cuestión que, en sede de incumplimientos de comunicación de información precontractual, puede resultar problemática para el tomador/asegurado, puesto que la necesaria *simplificación* de la información[262] no juega a favor de la comprensibilidad material del contenido de estos contratos.

Tal y como hemos señalado en el epígrafe inmediatamente anterior a este, la declaración de nulidad del contrato por incumplimiento del emisor del IPID o KID, no siempre será la solución jurídica que mejor proteja los intereses del contratante adherente de seguros. A pesar de que estos documentos hubieran contribuido a crear un *error excusable* sobre la

información sobre las consecuencias potenciales de la salida antes del vencimiento o antes de que concluya el período de mantenimiento recomendado, como la pérdida de la protección del capital o tasas contingentes adicionales;
h) en una sección titulada «¿Cómo puedo reclamar?», información sobre la forma en que el inversor minorista puede presentar una reclamación relativa al producto empaquetado o basado en seguros o a la conducta de su productor o de la persona que haya asesorado sobre él o lo haya vendido, y sobre a quién puede dirigir tal reclamación;
i) en una sección titulada «Otros datos de interés», una indicación sucinta de cualquier documento de información adicional que deba facilitarse al inversor minorista en las fases precontractual o postcontractual, con exclusión de cualquier material comercial.

260. A pesar de ello, tal y como han señalado REQUEIJO TORCAL, A.; *Ley de distribución de seguros y reaseguros privados*, cit., pág. 231, para poder cumplir con las expectativas de adaptabilidad del IPID a las necesidades de cada tipo de cliente de seguros, probablemente éstas deberán diseñar uno por cada tipo de público objetivo, con todas las consecuencias de variabilidades posibles que ello conlleva. No olvidemos que, en el caso de este documento el art. 6 del Reglamento de Ejecución (UE) 2017/1469 regula los títulos e información contenida en cada una de ellas, mientras que su art. 7 describe los iconos que deberán utilizarse para completar la representación visual del documento. A nuestro entender esta configuración, sin duda será efectiva en homogeneizar la *apariencia* externa del documento, pero también puede generar en su receptor una mala percepción de los elementos diferenciadores entre un producto u otro.

261. Ampliamente comentado, por ej. el *caso Genil* (C-604/11), por CUÑAT EDO, V.; MARIMÓN DURÁ, R., «La convergencia en el régimen jurídico del asesoramiento…» cit., pág. 60 a efectos de determinar el valor jurídico de la información —o su ausencia— previa a la comercialización de un instrumento financiero, en el contexto de un asesoramiento financiero personalizado sujeto a MiFID II.

262. Recordemos que tanto IPID, como KID tienen una extensión máxima según normativa europea (3 páginas A4 el primero [art. 3, Reglamento de Ejecución UE 2017/1469] al igual que el segundo [art. 6.4 Reglamento UE 1286/2014).

naturaleza y características del seguro, motivando, por tanto, la celebración del contrato sin un auténtico conocimiento de este, no lo es menos que si la consecuencia es la falta de cobertura del contratante receptor de estos datos, la solución así aplicada dista mucho de ofrecer protección auténtica a sus intereses[263]. Razón por la cual, la solución más efectiva sería aplicar a esta situación la integración contractual ya en uso en el caso de la declaración de nulidad de cláusulas abusivas, al margen de la posibilidad de, si esta última solución fuera perjudicial para los intereses del asegurado. A modo ilustrativo, imaginamos que, contratado así un seguro RC, resultado de la falta de información adecuada contenida en el IPID, el asegurado deba responder con parte de su patrimonio, podría reclamar a la aseguradora la parte correspondiente como daños y perjuicios, a imagen de la solución francesa en materia de incumplimiento del deber de información precontractual[264].

En este punto, en necesario tener en cuenta el recurso específico incluido en el art. 11.2 del Reglamento Delegado KID[265] que su apartado primero exonera, al productor del PRIIP —y generador de su correspondiente KID— de responsabilidad civil sobre la base únicamente de este documento, estableciendo que, para que un inversor minorista pueda reclamar al emisor, los daños y perjuicios que le hubiera ocasionado las pérdidas derivadas de la confianza depositada en un KID, éste deberá probar que dicho documento es engañoso, impreciso o incoherente con las partes pertinentes de la documentación contractual o precontractual jurídicamente vinculante[266].

3.2. Incumplimiento del distribuidor

Visto el contenido general de la nueva regulación de distribución de seguros, creemos que tanto la jurisprudencia nacional como la interpretación europea del TJUE, concuerda en la determinación de existencia de responsabilidad del distribuidor por incumplimiento defectuoso de su deber de buscar —recomendar— al solicitante de información sobre seguros, un *producto* adaptado a sus necesidades y características de conocimiento del riesgo[267].

263. También en este sentido, PEÑAS MOYANO, M. J., «El deber general de información de los aseguradores…» cit., pág. 337.
264. Al respecto, FENOY PICÓN, N., «El dolo en el período precontractual: vicio del consentimiento e imputación de responsabilidad en los derechos francés y belga», *ADC* vol. 74, n.º 4, 2020, pág. 1386, y también MORALES MORENO, A., GREGORACI FERNÁNDEZ, B., «La incorporación de la publicidad al contrato…» cit., pág. 386.
265. Ausente en la normativa general aplicable a todos los otros tipos de seguros no regulados por el Reglamento PRIIPs.
266. Sin duda evoca la solución propuesta en el caso de los productos de inversión minorista analizados por FERNÁNDEZ DE AROZ GÓMEZ-ACEBO, A., «El «private enforcement» en la protección del inversor minorista…» cit., pág. RR.4-24.
267. Tal y como nos demuestra BELTH, J. («Deceptive sales practices in the life insurance business» *Journal of Risk and Insurance*, vol. 41 n. º 2, 1974, pág. 306), las prácticas antiéticas de ventas erróneas (*misselling*) en el mercado asegurador no son nuevas, ni se adscriben a un ámbito geográfico concreto.

Queda por determinar, la naturaleza de dicha responsabilidad. Habitualmente, la contratación de seguros a través de corredores no dejaba lugar a dudas de su responsabilidad *contractual* en materia de asesoramiento al contratante[268], mientras que, en el caso de los agentes, vigente la LMSRP los sistemas de imputación de responsabilidad civil profesional de los deberes de diligencia de éstos tenían un contenido claro en la materia según las tipologías marcadas por la norma de ordenación[269]. Sin embargo, la ampliación del ámbito subjetivo de aplicación de la IDD[270] y su contenido concreto que, al margen de la caracterización de la venta como *informada*, *asesorada*, *asesorada con análisis objetivo* o *combinada*, impone en todo caso al distribuidor el deber de ofrecer al futuro tomador/asegurado, información sobre productos de seguro según sus exigencias y necesidades[271] de manera que, creemos puede afirmarse que, salvo el caso de las *ventas en ejecución*[272]todas las otras situaciones conllevarán siempre una responsabilidad contractual de cumplimiento de los deberes del distribuidor[273]. El contenido concreto de estos deberes de diligencia profesional será tanto más amplio o concreto según el profesional obligado a cumplirlos[274].

Tal cual se ha expresado, el art.173 RDLey 3/2020, ha introducido, en relación con el desempeño de la diligencia profesional del distribuidor de seguros, un sistema compartimentado según *tipología* de la información recibida por el solicitante de información precontractual de seguros, cuya adaptabilidad al sistema de la teoría general del contrato de agencia resulta poco adecuado como recurso a todas las categorías de intervención de los distribuidores de seguros[275].

II. LA DECLARACIÓN DEL RIESGO POR PARTE DEL SOLICITANTE DE COBERTURA

Siguiendo con el examen de las distintas etapas que componen el procedimiento de contratación actualmente previsto por el legislador para el contrato de seguro, una vez el

268. *Vid.*, CUÑAT EDO, V., «Las líneas rectoras de la reforma» cit., pág. 106.
269. Así nos explicaba GONZÁLEZ CASTILLA, F., «El agente de seguros y el operador de banca-seguros» cit., pág. 178. Aún mucho más claras en el ya lejano PCM, TAPIA HERMIDA, A., «Los contratos de seguro y de mediación de seguros...» cit., pág. 45.
270. MORRILLAS JARILLO, M. J.; La información previa en la contratación de los seguros de personas... cit., pág. 16.
271. Vid. art. 175.1 RDL 3/2020. En este sentido, CUÑAT EDO, V.; MARIMÓN DURÁ, R., «La convergencia en el régimen jurídico del asesoramiento...» cit., pág. 39.
272. Art. 181.3 RDL 3/2020.
273. CUÑAT EDO, V.; MARIMÓN DURÁ, R., «La convergencia en el régimen jurídico del asesoramiento...» cit., pág. 41. A favor de la calificación como extracontractual, BATALLER GRAU, J., «La responsabilidad civil del agente de seguros» *RDSFin* n.º 0, 2020, pág. 38.
274. En mejor detalle, *vid.,* Capítulo V de este trabajo.
275. BATALLER GRAU, J., «La responsabilidad civil del agente de seguros» *RDSFin* n.º 0, 2020, pág. 38.

futuro tomador/asegurado, ha recibido información precontractual del distribuidor —de acuerdo con sus exigencias y necesidades, corresponderá a este expresar su voluntad de suscribir el contrato, de manera que, una vez elegido el *producto*, el distribuidor deberá proceder a solicitar del interesado, la información concreta que compondrá su declaración del riesgo. Así pues, en este apartado nos centraremos en este punto concreto del proceso de contratación.

Históricamente, la declaración realizada por parte del solicitante del seguro, en relación con el riesgo asegurado comportaba una importante carga para el *futuro* tomador/asegurado. Debido a que de la misma depende la valoración que el asegurador ha de realizar del riesgo y, en nuestro caso, debido a la influencia de la legislación francesa en materia de seguros, nuestro Código de Comercio imponía al solicitante del seguro un riguroso deber de declaración que comprendía no solamente la declaración veraz y exhaustiva de todas las circunstancias por él conocidas y relacionadas con el riesgo, sino que penaba incluso la declaración inexacta involuntaria con la sanción máxima de nulidad del contrato[276]. Así, la regulación vigente con anterioridad al art. 10 LCS (art. 381 del CCom[277]) exigía al tomador que comunicara al asegurador *espontáneamente,* todo aquello que supiera y que estuviera relacionado con el riesgo, para que de esta manera éste pudiera determinar la prima correspondiente al riesgo realmente asumido[278]. El fundamento de esta exigencia partía de la base de considerar al tomador del seguro como la persona directamente relacionada con el riesgo objeto de cobertura y que por tanto éste debía conocer todos los pormenores que pudieran afectar al mismo. Razón por la cual la falta de información o la información incompleta se articulaba como una falta al deber de colaboración, por parte del declarante/tomador, en la elusión del error del asegurador en la formación del contrato[279]. De ello se infería que cuando el tomador

---

276. Entre otros RUBIO VICENTE, PÁG. J. *El deber precontractual de declaración del riesgo…* cit., pág. 29.
277. Será nulo todo contrato de seguro: 1º Por la mala fe probada de alguna de las partes al tiempo de celebrarse el contrato; 2º Por la inexacta declaración del asegurado, aun hecha de buena fe, siempre que pueda incluir en la estimación de los riesgos; 3º Por la omisión u ocultación, por el asegurado, de hechos o circunstancias que hubieran podido influir en la celebración del contrato.
278. Así también GALLEGO SÁNCHEZ, E., *Contratación mercantil*, Tomo III, Tirant lo Blanch, Valencia, 2003, pág. 1545. De acuerdo con RUBIO VICENTE, PÁG. J. *El deber precontractual de declaración…* cit., pág. 28, el legislador asumía que el asegurado era el único sujeto encargado de realizar este cometido sin necesidad de asistencia o intervención previa del asegurador, de manera que aspectos como la valoración de las circunstancias que podían influir en el riesgo quedaban en manos del asegurado. Asunción muy habitual en el derecho anglosajón, así CLARKE, M., *The Law of Insurance Contracts*, cit., pág. 715.
279. Al respecto sobre el *error* en la formación de la voluntad del asegurador de iniciar la relación contractual, RUIZ MUÑOZ, M. «Deber de declaración del riesgo del tomador en el contrato de seguro y facultad rescisoria del asegurador» *Revista Española de Seguros* (1991) núm. 65, pág. 16.

faltaba a este deber, incumplía con el principio de buena fe, motivo que justificaba la anulación del contrato[280].

Ante tal situación la práctica aseguradora se veía en la necesidad de adaptar los clausulados generales con el fin de contener los efectos negativos de la norma, cuestión que derivaba en frecuentes problemas interpretativos que, a su vez, ocasionaban un alto grado de judicialización de las disputas entre asegurado y entidad aseguradora[281].

1. REGULACIÓN VIGENTE

1.1. Fundamento general

Visto el panorama previo, la adopción de la Ley del Contrato de Seguro sin duda significó una clara opción legislativa en favor de la tutela del contratante más débil, en este caso el tomador/asegurado[282]. En el caso del deber de declaración del riesgo, la LCS introdujo en nuestra legislación una concepción *diversa*[283] de su contenido, no solamente en relación con las consecuencias de la infracción a este deber de declaración, sino también en materia de iniciativa de la declaración y exoneración del solicitante de cobertura del deber de realizar una declaración fuera de aquella a la que le someta —mediante cuestionario— el asegurador.

Efectivamente, el deber de declaración *espontánea* fue sustituido por un criterio que toma en cuenta los elementos subjetivos que forman parte del contrato de seguro. Así, la LCS al considerar la naturaleza del contrato que, como todo contrato de adhesión, subordina al contratante a las condiciones generales unilateralmente preparadas por la empresa aseguradora, reconoce en ésta a un profesional del sector, con medios y conocimientos técnicos superiores a los del asegurado, razón por la que transfiere a éste la responsabilidad de dar a conocer al asegurado —mediante un cuestionario— cuáles son los hechos o circunstancias que le interesa conocer a los efectos de realizar una

280. GARRIGUES, J, *Contrato de seguro* cit., pág. 61 En la anterior regulación inglesa, CLARKE, M., *The Law of Insurance Contracts*, cit., pág. 715, también comenta este particular, MUÑOZ PAREDES, M. L., *El deber precontractual de declaración del riesgo*, cit., pág. 89.
281. En este sentido, SÁNCHEZ CALERO, F., Ley del Contrato de Seguro. Comentarios a la Ley 50/1980... cit., pág. 282, MUÑOZ PAREDES, M. L., El deber precontractual de declaración del riesgo, cit., pág. 73.
282. Destacaba EMBID IRUJO, J. M. «Aspectos institucionales y contractuales de la tutela del asegurado ... cit., pág. 19, la protección del asegurado consumidor tanto en la vertiente institucional, destinada a regular el ejercicio de la actividad aseguradora, como en la contractual, llanada a determinar el marco normativo del contrato de seguro. Por su parte, BATALLER GRAU, J., «Una mejor protección del asegurado es posible», pág. RB-11.3, destaca las opciones de protección tanto en la normativa contractual específica —LCS— como en aquella prevista para toda la contratación general con consumidores.
283. SÁNCHEZ CALERO, F. «Art. 10. Deber de declaración del riesgo», cit., pág. 282.

valoración efectiva del riesgo, articulándose, de esta manera, un deber de contestación o respuesta en lugar de la declaración espontánea del asegurado[284].

Este paradigma busca, sin duda, un mayor equilibrio en las prestaciones de las partes del contrato, en la medida que la situación anterior exigía del asegurado la aplicación de unos conocimientos cuasi profesionales de las circunstancias objetivas y subjetivas que determinan la existencia del riesgo[285]. Siguiendo esta argumentación, la declaración a realizar por el tomador será, en todo caso, una declaración *de ciencia* o saber[286], de manera que no puede ser impugnada por los vicios del consentimiento, y que tiene, además, carácter recepticio en tanto que los datos consignados en el cuestionario habrán sido preparados por el asegurador, quien será el que deba soportar la carga de su elaboración[287].

A pesar de ello, es indudable que la continua necesidad de interpretación judicial del contenido de este precepto[288] —no solo en sede de seguros de personas[289]— denota una creciente necesidad de adecuar su contenido de manera que una mejor precisión de los deberes de ambas partes pueda evitar tener que recurrir a los tribunales para esclareces el valor dado a las *respuestas* al cuestionario del asegurador.

1.2. Sujetos

Hasta ahora nos hemos referido al sujeto obligado a cumplir con el deber de declaración del riesgo, utilizando indistintamente los términos solicitante, tomador del seguro o

284. RUBIO VICENTE, PÁG. J. *El deber precontractual de declaración*, cit., pág. 33, SÁNCHEZ CALERO, F. «Art. 10. Deber de declaración del riesgo», cit., pág. 282, LATORRE CHINER, N. «Art. 10» en BATALLER GRAU, J., BOQUERA MATARREDONA, J., OLAVARRÍA IGLESIA, J. *Comentarios a la Ley del Contrato de seguro*. Valencia (2002) Tirant lo Blanch, pág. 164.
285. También en este sentido RUBIO VICENTE, PÁG. J. *El deber precontractual de declaración*, cit., pág. 35.
286. SÁNCHEZ CALERO, F. «Art. 10. Deber de declaración del riesgo», cit., pág. 289, MORRILLAS JARILLO, M. J.; *La información previa en la contratación de los seguros…*, cit., pág. 37.
287. Al respecto, es indudable que este precepto requiere un minucioso estudio y valoración, con todo, creemos que su alto grado de litigiosidad deriva de la constante necesidad de adecuar su contenido a la realidad y necesidad de adecuar la descripción del riesgo asumido, en particular en el caso de los seguros de personas, sería necesario buscar una mejor descripción del contenido y posibilidad de *sanación* de sus defectos, tal cual se había previsto en el texto del PCM. En detalle sobre este texto alternativo, TAPIA HERMIDA, A., «Los contratos de seguro y de mediación de seguros…» cit., pág. 32, MUÑOZ PAREDES, M. L., *El deber precontractual de declaración del riesgo*, cit., pág. 79.
288. Tal y como ya destacaba MORRILLAS JARILLO, M. J.; *La información previa en la contratación de los seguros…*, cit., pág. 64, es llamativo que este precepto (el art. 10 LCS) sea, junto con el art. 20 LCS, de los que mayor número de casos genere.
289. Así por ej., STS de 21 de junio, 2023, ROJ 2678/2023; STS de 01 de marzo, 2023, ROJ 671/2023; STS 14 de diciembre, 2022, ROJ 4793/2022.

asegurado, sin embargo, lo cierto es que, debido al momento contractual en el cual se lleva a cabo la declaración, la persona que ha de realizarla no es sino un *solicitante* del seguro[290] sin que se haya determinado en ese momento contractual, cuál será la correspondencia con alguno de los elementos personales previstos en la regulación del contrato.

Por esta razón, y teniendo en cuenta la regla del artículo 7 LCS en relación con los sujetos llamados a cumplir con las obligaciones derivadas del contrato, creemos acertado señalar que el deber de declaración atañe no solamente al solicitante o futuro tomador del seguro, sino que, según las necesidades del caso, también puede corresponder dar cumplimiento al deber de declaración al asegurado o titular del interés que se intenta proteger[291].

Por otra parte, tal y como ha quedado expuesto en la primera parte de este capítulo, cuando el asegurador actúe a través de distribuidores, será necesario tener en cuenta que la comunicación hecha a éstos surte los mismos efectos que si el solicitante la hubiera efectuado a la aseguradora. En particular, en los seguros de personas, hará las veces de representante de la empresa aseguradora, el médico o médicos, llamados a realizar el preceptivo examen al solicitante del seguro, pues en estos casos éstos actúan como representantes de la empresa aseguradora[292]. Aun así, no será admisible que sea el agente quien rellene los datos del formulario y el declarante se limite a firmar dicha declaración, pues en esos casos la jurisprudencia entiende que no puede hablarse de una auténtica «presentación del cuestionario» al solicitante[293].

1.3. Contenido del deber de declaración

Como ya hemos adelantado, la configuración actual del deber preponderantemente pre-contractual de declaración del riesgo por parte del solicitante de cobertura descan-

290. LATORRE CHINER, N. «Art. 10», cit., pág. 164, Sánchez Calero, F. «Art. 10. Deber de declaración del riesgo», cit., pág. 286, RUBIO VICENTE, PÁG. J. *El deber precontractual de declaración*, cit., pág. 47.
291. Así en los seguros de transportes y seguros de vida, por ej., la persona asegurada o que ostenta el interés sobre el objeto en riesgo, no necesariamente corresponderá con el tomador del seguro. En estos casos el cuestionario deberá responderse por quien está, efectivamente, expuesto al riesgo objeto de cobertura o, en los transportes, quien detente la posesión del bien objeto de cobertura. Esta problemática es extensible a todos los contratos de seguro realizados por cuenta ajena. Mientras que, en el caso de los seguros de personas, exceptuando los casos en los que el tomador pueda dar cumplimiento de la información sobre el asegurado (en el entendido de que son dos personas distintas), la declaración del riesgo deberá ser realizada por este último.
292. RUBIO VICENTE, PÁG. J. El deber precontractual de declaración, cit., pág. 53.
293. Al respecto, SÁNCHEZ CALERO, F. «*Art. 10. Deber de declaración del riesgo*», cit., pág. 289, y la jurisprudencia allí citada. Crítica con esta interpretación, LATORRE CHINER, N. «*Art. 10*», cit., pág. 165, Más recientemente sobre el particular, MORRILLAS JARILLO, M. J.; *La información previa en la contratación de los seguros*... cit., pág. 64, MUÑOZ PAREDES, M. L., *El deber precontractual de declaración del riesgo*, cit., pág. 135.

sa en la figura del cuestionario que el asegurador deberá presentar al solicitante. De manera que serán las respuestas a las interrogantes planteadas en dicho cuestionario las que determinen el contenido, extensión y límites de la declaración[294]. Ello conlleva que las omisiones que el asegurador pudiera realizar en las preguntas incluidas en el cuestionario liberan al solicitante/tomador de la necesidad de manifestarse sobre las mismas[295], pues mientras responda con claridad a las preguntas formuladas, habrá dado cumplimiento cabal a su deber de declaración[296].

En este sentido, nace la obligación del solicitante/tomador de emplear la diligencia necesaria para conocer los hechos que son objeto de cuestión[297], de manera que los hechos que son objeto de declaración comprenderían, también, aquellos que el tomador *debería* conocer[298] pues de otra manera el precepto ampararía una conducta de mala fe del declarante al equiparar una omisión en la conducta del tomador con la auténtica ignorancia que éste pudiera tener respecto de aquello que se le pregunta[299]. Este deber de conocimiento será especialmente relevante en los seguros de daños que cubran, por ejemplo, la actividad empresarial u otro objeto de naturaleza diversa[300].

Por otra parte, los hechos notorios o datos cuyo contenido se encuentre implícito en otras respuestas del cuestionario forman parte de la información que se presume ya en manos del asegurador y que por tanto no forma parte del deber de declaración del tomador del seguro. En este sentido, se asimilará al papel del asegurador a aquellos

294. De ello no hay lugar a dudas si tenemos en cuenta que la redacción actualmente vigente del art. 10, fue objeto de modificación con posterioridad a la adopción de la LCS. Así, la Ley 21/1990, de 19 de diciembre, de adaptación a la Directiva 88/357/CEE, sobre libertad de servicios en seguros distintos al de vida, incluyo en el primer párrafo de dicho artículo la clarificación de que «*quedará exonerado de tal deber si el asegurador no le somete cuestionario o cuando, aun sometiéndoselo, se trate de circunstancias que puedan influir en la valoración del riesgo y que no estén comprendidas en él*».

295. En términos similares, STS de 18 de mayo, 1993, RJ 1993/3567; STS 31 de mayo, 1997, RJ 1997/4147, STS 6 de abril, 2001, RJ 2001/4784; STS 31 diciembre, 2003, RJ 2004/366; STS de 3 de mayo, 2006, RJ 2006/4070; STS de 10 de mayo, 2011 RJ 2011/3851 y pronunciamientos mucho más abundantes y recientes en sede de audiencias provinciales.

296. RUBIO VICENTE, PÁG. J. *El deber precontractual de declaración*, cit., pág. 67, SÁNCHEZ CALERO, F. «Art. 10. *Deber de declaración del riesgo*», cit., pág. 292.

297. LATORRE CHINER, N. «*Art. 10*», cit., pág. 167, SÁNCHEZ CALERO, F. «*Art. 10. Deber de declaración del riesgo*», cit., pág. 295.

298. RUBIO VICENTE, PÁG. J. El *deber precontractual de declaración*, cit., pág. 76.

299. Así, STS de 01 de julio, 2020, ROJ 2067/2020; STS de 15 de noviembre, 2021, ROJ 4221/2021; STS de 27 de octubre, 2023, ROJ 4551/2023.

300. Sería el caso de los ciber riesgos, RODAS PAREDES, P., «El cyberseguro empresarial por tratamiento de datos personales» en BATALLER GRAU, J.; PEÑAS MOYANO, M. J.; *Un derecho del seguro más social y transparente*, Civitas, Cizur Menor, 2017, pág. 334, o el uso de IA en la cadena de valor empresarial, BADILLO ARIAS, J. A., «La Responsabilidad Civil y el seguro de los sistemas de Inteligencia Artificial» *RRCCS* n.º 6, 2022, pág. 3.

sujetos que ostenten la representación de este —agentes vinculados, personal médico, etc.— pues en estos casos, serán estos quienes deben transmitir sus conocimientos sobre el riesgo al asegurador[301].

En el caso de que el asegurado hubiera dejado preguntas sin responder dentro del cuestionario al que le ha sometido la aseguradora, puede plantearse la incógnita de saber el grado de incumplimiento de la declaración. A nuestro entender, éste dependerá de la trascendencia de los datos que se intentaba conocer con las preguntas no respondidas. Un asegurador prudente exigiría la contestación completa del cuestionario, sin embargo, si a pesar de este incumplimiento, siguiera adelante con la tramitación del contrato, equivaldría a una derogación tácita de las preguntas no respondidas en el cuestionario pues las preguntas sin respuesta se asimilarían a hechos que el asegurador ha considerado irrelevantes para su apreciación del riesgo que se le presenta[302].

En este sentido, creemos necesario recalcar correcta la postura relativa a considerar esencial para el cumplimiento de este deber jurídico del tomador/solicitante, a responder a aquellos datos que el asegurador solicita[303], ello no es impedimento para considerar válido el criterio que señala que, probada la intención *dolosa* del llamado a cumplir con el deber de declaración[304], la norma no puede obligar al asegurador a ofrecer cobertura a quien ha incurrido en dicho incumplimiento[305], cuestión que ha sido debatida y considerada por la jurisprudencia[306]. A pesar de ello, es innegable que será el intérprete

301. MUÑOZ PAREDES, M. L., El deber precontractual de declaración del riesgo, cit., pág. 135, MORRILLAS JARILLO, M. J.; La información previa en la contratación de los seguros... cit., pág. 84.

302. Cuestión distinta será la existencia de *mala fe* del tomador a la hora de realizar la declaración, pues como señala LATORRE CHINER, N. «Art. 10», cit., 167, la finalidad del legislador no es la de cubrir la reticencia fraudulenta del tomador sino la de orientarle en la determinación del contenido de la declaración.

303. GARRIGUES, J., Contrato de seguro terrestre, cit., pág. 95, SÁNCHEZ CALERO, F., Ley del Contrato de Seguro. Comentarios..., cit., pág. 291, MORRILLAS JARILLO, M. J.; La información previa en la contratación de los seguros... cit., pág. 84.

304. Así también al caso STS de 24 de junio, 1999, RJ 1999/4486, en la que resultaba probado que el tomador/asegurado había omitido en el cuestionario la referencia a un tratamiento médico de una enfermedad grave que, posteriormente le ocasionaría el fallecimiento.

305. TIRADO SUÁREZ, F. J., «Anotaciones al deber de declaración del riesgo» *RES* n.º 61, 1990, pág. 135, RUBIO VICENTE, PÁG. J. *El deber precontractual de declaración del riesgo...* cit., pág. 69, BATALLER GRAU, J., *El deber de declaración del riesgo...* cit., pág. 18, MARCO ARCALÁ, L. A., *Seguros de personas. Aspectos generales*, cit., pág. 302, MUÑOZ PAREDES, M. L., *El deber precontractual de declaración del riesgo*, cit., pág. 215.

306. Algunos casos paradigmáticos, STS de 18 de mayo 1993 (RJ 1993/3567); STS de 2 de diciembre 1997 (RJ 1997/8773); STS 14 de junio 2002 (RJ 2002/4901); STS 10 mayo, 2011 (RJ 2011/3851), mientras que los comentarios de DOMINGUEZ MARTÍNEZ, P., Comentario a la Sentencia de STS, Sala 1ª, 4 diciembre 2014, *CCJC* n.º 99, 2015, y recientemente, GÓMEZ LIGÜERRE, C., «Conocimiento cualificado y declaración del riesgo

judicial quien, vistos los hechos probados en cada situación concreta, deberá determinar la severidad del incumplimiento y sus consecuencias.

1.4. Momento de la declaración

Tal y como hemos venido anticipando en este trabajo, la declaración del riesgo se ha de realizar con anterioridad a la conclusión del contrato, motivo por el cual se instituye como un deber pre-contractual cuyo fundamento deriva, por tanto, no del contrato, sino de las negociaciones previas al mismo[307], razón por la que se articula como una manifestación más de la voluntad del solicitante de iniciar dicho proceso negocial que, en condiciones normales, culminará con la conclusión del contrato.

Sobre el particular es importante señalar que esta «declaración», no necesariamente habrá de realizarse en un acto único, sino que puede ser objeto de declaraciones complementarias —cuando así lo estime conveniente el asegurador— que pueden sucederse a lo largo de todo el proceso de negociación previa. Esta situación será más habitual en los casos en los que las coberturas pactadas deban hacer frente a riesgos *empresariales*, aunque sin duda habrá casos en los que la naturaleza del bien puede hacer que en los seguros con consumidores también exista la necesidad —o compromiso asumido por el tomador, de mantener algún tipo de comunicación relativa al riesgo, durante la vigencia del contrato[308].

1.5. Efectos del incumplimiento

La infracción del deber de declaración representa la concatenación de dos hechos distintos, por una parte, que la información obtenida con la declaración no ofrece una visión auténtica del riesgo existente; y por otra, que esta discrepancia de los hechos declarados con la realidad, tienen la entidad suficiente como para —de haberse conocido en el momento contractual adecuado— alterar la decisión del asegurador de iniciar la relación contractual, o las condiciones impuestas por éste en el contrato. Así pues, la LCS al contemplar los supuestos de infracción parte de un hecho objetivo, cual es la diferenciación entre la situación riesgosa representada por la declaración y la situación real. En estos casos, resulta evidente la imposibilidad de valorar el riesgo por parte del asegurador y por tanto la frustración de la finalidad buscada por la norma[309].

asegurado. De nuevo sobre los límites del artículo 10 de la Ley de Contrato de Seguro. Comentario a la STS de 30 mayo 2018», *CCJC* n.º 109, 2019, permiten vislumbrar la permanente relevancia del análisis del caso concreto para una correcta valoración de los hechos.

307. RUBIO VICENTE, PÁG. J. *El deber precontractual de declaración,* cit., pág. 55, propone su clasificación dentro de los *actos preparatorios* o tratos preliminares.
308. Las peculiaridades que permitiría la técnica, en relación con la monitorización constante del objeto asegurado, las trataremos en el capítulo III, correspondiente a los deberes de información durante la vigencia del contrato.
309. Debemos recordar que el asegurador debe cumplir la regulación relativa a la *base técnica* del seguro contenida en el art. 77 ROSSEAR, con especificidades para los seguros de vida

La regla general señala, en los casos no ya de la declaración inexistente sino de que ésta se hubiera hecho con inexactitudes o reservas, que la información proporcionada de esta manera hubiera sido voluntaria. Como ya señalamos con anterioridad, el solicitante del seguro sólo puede declarar sobre aquello que conoce, por lo tanto, no existirá reserva o inexactitud en la declaración cuando el declarante *no sea consciente* de su ignorancia de los hechos reales[310]. Esta apreciación es de importancia capital en los seguros de personas en los cuales el declarante/asegurado puede desconocer el

---

(art. 78), decesos (art. 79 y enfermedad (80). Por su relevancia jurídica creemos necesario reproducir en parte el contenido de estas normas, en concreto, nos conviene resaltar que éstas *deberán ser suscritas por un actuario de seguros, comprenderán, en cuanto proceda según la estructura administrativa y organización comercial de la entidad, los siguientes apartados:*

a) Información genérica. En ella se dará explicación del riesgo asegurable conforme a la póliza respectiva, los factores de riesgo considerados en la tarifa y los sistemas de tarifación utilizados.

b) Información estadística sobre el riesgo. Se aportará información sobre la estadística que se haya utilizado, indicando el tamaño de la muestra, las fuentes y método de obtención de la misma y el período a que se refiera.

c) Recargo de seguridad. Se destinará a cubrir las desviaciones aleatorias desfavorables de la siniestralidad esperada, y deberá calcularse sobre la prima pura. Se determinará, de acuerdo con las características de la información estadística utilizada, atendiendo al tipo, composición y tamaño de la cartera, al patrimonio propio no comprometido y al volumen de cesiones al reaseguro, así como al período que se haya considerado para el planteamiento de la solvencia, que no podrá ser inferior a tres años, debiendo especificarse la probabilidad de insolvencia que, en relación con dicho período, se haya tenido en cuenta.

d) Recargos para gastos de gestión. Se detallará cuantía, suficiencia y adecuación de los recargos para gastos de administración y de adquisición, incluidos entre estos últimos los de mantenimiento del negocio, justificados en función de la organización administrativa y comercial, actual y prevista en la entidad interesada, teniendo en cuenta si se trata de seguros individuales o de grupo. En el ramo de vida, los gastos de adquisición activados no podrán superar para cada póliza el valor de la provisión matemática a prima de inventario del primer ejercicio contabilizada en el pasivo del balance.

e) Recargo para beneficio o excedente. Se destinará a remunerar los recursos financieros e incrementar la solvencia dinámica de la empresa.

f) Cálculo de la prima. En función de las bases estadísticas y financieras si procede, se establecerá la equivalencia actuarial para fijar la prima pura que corresponda al riesgo a cubrir y a los gastos de gestión de los siniestros. Tomando como base la prima pura y los recargos, se obtendrá la prima de tarifa o comercial. Si se admiten primas fraccionadas y fraccionarias, se justificará la base y el recargo para calcularlas, concretando que estas últimas son liberatorias por el período de seguro a que correspondan.

g) Cálculo de las provisiones técnicas. Las bases técnicas reflejarán el método elegido para el cálculo de las provisiones técnicas entre los admitidos por el presente Reglamento.

310. SÁNCHEZ CALERO, F. «Art. 10. Deber de declaración del riesgo», cit., pág. 296, LATORRE CHINER, N. «Art. 10», cit., pág. 169.

auténtico estado de salud en que se encuentra, lo cual le exime de la sanción prevista para las conductas dolosas[311].

Por último, el incumplimiento del deber de declaración se manifiesta claramente cuando por parte del tomador del seguro existe una *conducta* que se externaliza en la manifestación inexacta. Al respecto, basta la existencia del estado subjetivo de conocimiento del declarante, siendo innecesaria la auténtica realización de maquinaciones insidiosas, pues la norma prevé la misma consecuencia jurídica a aquella conducta del declarante que buscara la lesión del asegurador como a la que no buscándolo conlleva una consecuencia de idéntico resultado[312].

La consecuencia de la infracción dependerá del momento de su manifestación y de la gravedad de esta. En estos casos, la LCS ha previsto un sistema que toma en cuenta el origen de la infracción, pero que también busca mantener la vigencia del contrato. En efecto, si la reticencia o inexactitud de la declaración es conocida por el asegurador, este contará con el plazo de un mes para manifestar su voluntad de rescindir el contrato. La opción por el término empleado denota la opción legislativa en aras a considerar que en estos casos el contrato habrá sido válidamente celebrado, pero con consecuencias lesivas a una de las partes, en este caso al asegurador[313].

Así, esta facultad de denuncia del contrato se reconoce con límites —el plazo de caducidad de un mes— en interés de la protección de los asegurados. Cuestión distinta es la aplicación práctica de dicho plazo, ya que, en este caso, corresponderá al asegurado/tomador, demostrar el momento en que el asegurador adquirió el conocimiento de la inexactitud para, con posterioridad, alegar la caducidad del mismo. El tema no es baladí pues de otra manera las consecuencias económicas para el asegurado podrían llegar a ser especialmente gravosas, como veremos a continuación.

Efectivamente, entre los efectos económicos del ejercicio de la facultad rescisoria del asegurador, una vez conocida y ponderada la inexactitud de la declaración, se encuentra la previsión legal del derecho del asegurador a retener las primas percibidas, incluyendo aquellas *en curso*[314], ello obedece, a nuestro entender a la voluntad del legislador de

311. A modo ilustrativo, véase la STS 12 abril 2004 o más recientemente la STS 17 octubre 2007.

312. En detalle RUBIO VICENTE, pág. J. *El deber precontractual de declaración*, cit., pág. 103.

313. SÁNCHEZ CALERO, F. «Art. 10. Deber de declaración del riesgo», cit., pág. 299, sobre la incardinación de este derecho del asegurador como una causa de *anulabilidad* del contrato, RUIZ MUÑOZ, M. «Deber de declaración del riesgo del tomador», cit., pág. 31.

314. Como explica acertadamente LATORRE CHINER, N. «Art. 10», cit., pág. 169, para comprender el contenido de este derecho es necesario distinguir el período de duración del contrato y el periodo en curso, pues el primero contiene a los segundos que, normalmente corresponden a unidades de tiempo anualizadas utilizadas para fijar la prima que ha de pagar el tomador del seguro. Dado que nuestro derecho de seguros adopta el criterio de *indivisibilidad* de la prima, en cuanto que ésta no puede fraccionarse en periodos inferiores

aplicar una sanción pecuniaria al tomador reticente, a su vez que cumple la función de reparar el perjuicio causado al asegurador. Evidencia de ello es que la conducta dolosa o culpa grave del asegurador en relación con el ejercicio de su facultad rescisoria le privan del derecho a retener las primas percibidas en el periodo en curso[315].

Prueba de la voluntad legislativa de mantener la vigencia del contrato, es sin duda la regulación del supuesto de acaecimiento del siniestro con anterioridad a la declaración de denuncia del contrato por parte del asegurador. En estos casos, la LCS no permite el ejercicio de dicha facultad, sino que regula la *reducción* de la prestación debida por el asegurador, en proporción a la diferencia entre la prima efectivamente convenida y aquélla que se habría aplicado si el asegurador hubiera conocido la auténtica naturaleza del riesgo objeto de cobertura. A pesar de ello, esta vis benevolente con el tomador del seguro conoce un límite: la conducta dolosa o la culpa grave del asegurado, de manera que será solamente la conducta *negligente* del asegurado la que le permita reclamar al asegurador el pago de la indemnización —mediando la reducción de la misma en los términos ya referidos —pues en los otros casos, se presupone que la actuación del tomador requiere la sanción máxima al incumplimiento, esto es la liberación del asegurador del pago de la prestación. Sobre este particular, se ha discutido doctrinalmente si ambas circunstancias— el dolo y la culpa grave —deberían tener la misma sanción[316].

2. TENDENCIAS REGULATORIAS

2.1. La propuesta incluida en el Anteproyecto de Código Mercantil

El Anteproyecto de Código Mercantil presentado en junio de 2013 al Ministerio de Justicia por parte de la Sección Segunda de la Comisión General de Codificación, se ha visto fuertemente influenciado —en lo que atañe a la regulación del contrato de seguro— por el Anteproyecto de Ley de Contrato de Seguro presentado ante el mismo Ministerio en 2010.

En relación con la regulación del deber de declaración del riesgo, el texto legal propuesto eliminaba el *dolo* del asegurador como causa de inaplicabilidad de su derecho a retener la prima en curso. Cuestión que sin duda busca una mayor congruencia y claridad en la tramitación de dicha facultad rescisoria. Sin embargo, a nuestro entender,

---

a la anualidad —cuestión distinta al prorrateo de la misma en pagos mensuales, o trimestrales— a momento de rescindirse el contrato, si quedaran fracciones de la prima anual sin pagar, devendrían inmediatamente exigibles al tomador.

315. SÁNCHEZ CALERO, F. «Art. 10. Deber de declaración del riesgo», cit., pág. 302.

316. Los problemas interpretativos de asimilar una misma consecuencia jurídica tanto a conductas abiertamente contrarias a la buena fe contractual como a aquellas que denotan una imprudencia grave han traído como consecuencia un alto grado de judicialización de la interpretación de su alcance, como ponen de relieve Latorre Chiner, N. «Art. 10», cit., 171, y con mayor abundancia Sánchez Calero, F. «Art. 10. Deber de declaración del riesgo», cit., 310.

el dolo como causa de exclusión de las facultades del asegurador no debería predicarse de la facultad de retener la prima, sino de la facultad de resolver el contrato por incumplimiento del deber de declarar del tomador del seguro. Es decir, en caso de que haya dolo del asegurador, no es que éste no pueda retener la prima, es que no puede resolver el contrato, justamente porque habría suscrito el contrato con dolo.

En este sentido, hubiera sido deseable que el PCM hubiera explicitado en el artículo 591-9.2 (primera frase) que la concurrencia de dolo en la persona del asegurador es una causa que le imposibilita para resolver el contrato de seguro, por mucho que hubiera habido una reserva o inexactitud del tomador en la declaración del riesgo[317]. Esta interpretación concordaba con la otra modificación introducida por los textos pre-legislativos en el apartado tercero del referido artículo. La regulación propuesta habría eliminado la *culpa grave* en la declaración del solicitante como supuesto de exoneración del asegurador del pago de la indemnización. Una reforma en estos términos denota una clara tendencia a la protección del asegurado y que ha tomado en cuenta la constante litigiosidad de la interpretación de su alcance en el texto vigente, como ya hemos resaltado en apartados anteriores de este trabajo, y cuya principal consecuencia será la limitación de los supuestos de liberación del asegurador de la obligación del pago de la indemnización cuando el asegurado hubiera desarrollado un conducta *intencionada* de engañar al contestar el cuestionario[318].

A pesar de todo ello, es necesario resaltar que, al menos de momento, no parece que este proyecto normativo vaya a recibir un nuevo impulso del legislador, no solo en el ámbito específico que atañe a la regulación del contrato de seguro sino, en general como texto normativo del derecho privado especial[319].

2.2. La autorización legal de omisión de datos relativos a los antecedentes de ciertas enfermedades

Tal y como hemos podido adelantar en la primera parte de este trabajo[320], siguiendo las tendencias legislativas en este ámbito[321], nuestro legislador ha considera-

317. Es decir «yo, asegurado, he sido inexacto» pero «tú, asegurador, conocías esa inexactitud» por lo tanto no procede la resolución del contrato.

318. También en este sentido MUÑOZ PAREDES, M. L. «El contrato de seguro en la Propuesta de Código Mercantil», *RES* n.º 155, 2013, pág. 347.

319. La última versión de la PCM fue publicada en la web de la Comisión General de Codificación en marzo de 2018, vid. https://www.mjusticia.gob.es/es/AreaTematica/ActividadLegislativa/Documents/1292430803661-Propuesta_de_la_Seccion_Segunda__de_Derecho_Mercantil__del_Anteproyecto_de_Ley_de_Codigo_Mercantil_.PDF (último acceso 11 de noviembre, 2023).

320. Vid. Capítulo I.

321. De acuerdo con los datos de la Coalición Europea de Pacientes Oncológicos, además de nuestra reciente regulación, han admitido regulación al respecto, Francia (Loi n.º 2016-41; Loi n. ° 2022-270 du 28 février 2022 pour un accès plus juste, plus simple et plus

do necesario introducir en nuestro ordenamiento jurídico el *olvido oncológico*, es decir, regular la posibilidad de que el futuro asegurado —ya sea tomador o no del contrato— omita, de la declaración precontractual, un dato muy concreto: el haber sido sometido a tratamiento médico de enfermedades oncológicas. La finalidad de la norma sería la de evitar la discriminación de este colectivo en el acceso a la contratación de seguros al igual que ya se había realizado en 2018 con los enfermos de VIH[322].

Como veremos a continuación, esta limitación al deber de declaración conlleva unas dificultades técnicas muy relevantes por razón de la configuración legal elegida para su inclusión en nuestro ordenamiento jurídico. De mantenerse esta configuración, a nuestro entender, la existencia de un desequilibrio relevante en las prestaciones contractuales puede poner en peligro la viabilidad económica de ciertas coberturas, sin que ello signifique una mejor protección al asegurado o la consecución de la *ratio legis que* ha motivado esta modificación legal del art. 10 LCS[323].

2.2.1. Ámbito subjetivo

Así pues, en primer lugar, habrá que hacer referencia a los criterios de aplicación previstos por el art. 10.4 LCS. En relación con el criterio subjetivo, el texto establece

---

transparent au marché de l'assurance emprunteur, que regula la más reciente versión de la *Convention AERAS, 2020*); Bélgica (Loi relative aux assurance, C – 2014/11239, 4 Avril 2014); Luxemburgo (Convention droit a l'oubli de 29 de octubre, 2019); Holanda (Decreto de 2 de noviembre, 2020, *houdende regels voor verzekeringskeuringen van ex-kankerpatiënten ten behoeve van het afsluiten van overlijdensrisicoverzekeringen en uitvaartverzekeringen (Besluit verzekeringskeuringen ex-kankerpatiënten)*), y Portugal (Lei n.º 75/2021 de 18 de noviembre, *Reforça o acesso ao crédito e contratos de seguros por pessoas que tenham superado ou mitigado situações de risco agravado de saúde ou de deficiência, proibindo práticas discriminatórias e consagrando o direito ao esquecimento, alterando a Lei n.º 46/2006, de 28 de agosto, e o regime jurídico do contrato de seguro*).

322. Esta opción legislativa parece expresar una —a nuestro entender— innecesaria diferenciación entre unas y otras enfermedades. Téngase en cuenta que en su configuración primigenia la *Convention AERAS* buscaba el acceso al mercado financiero de los enfermos de SIDA, según nos explican LAMBERT-FAIVRE, Y.; LEVENEUR, L.; *Droit des assurances*, cit., pág. 778.

323. De acuerdo con la Resolución del Parlamento Europeo, P9_TA(2022)0038 *Refuerzo de Europa en la lucha contra el cáncer*. Resolución del Parlamento Europeo, de 16 de febrero de 2022, sobre el refuerzo de Europa en la lucha contra el cáncer: hacia una estrategia global y coordinada (2020/2267(INI)), la finalidad perseguida por el legislador comunitario es la adopción de una Directiva europea que permita una regulación uniforme y de mínimos en la *inclusión financiera* de este colectivo en el ámbito de los préstamos hipotecarios y personales de personas físicas que hubieran padecido alguna enfermedad oncológica.

dos directrices: que el tomador o el asegurado hubieran padecido alguna enfermedad oncológica —cuestión de interpretación aparentemente sencilla pero que depende del criterio técnico de clasificación como tales de este tipo de enfermedades[324]— y que hubieran sido tratados con una terapia radical para su recuperación. Este último punto, podría ofrecer algún problema de aplicación en el futuro, sobre todo en el caso de que, merced al avance de la técnica, alguna de estas enfermedades pueda ser eliminada a través de algún otro método terapéutico que merezca una clasificación diferente, además de ser una expresión ambigua no perteneciente a ningún concepto médico concreto.

A esta dificultad, se ha de añadir la referencia al «tiempo» transcurrido desde que el paciente hubiera sido sometido a estas terapias. De acuerdo con el nuevo texto legal, el expaciente oncológico, podrá omitir esta información si ya han transcurrido 5 años desde la finalización del tratamiento radical. Sobre este criterio, es necesario señalar que, en la actualidad, no existe un consenso científico universal respecto de cada uno de los tratamientos terapéuticos y sus respectivos protocolos de actuación, habrá alguno que tenga fecha cierta de terminación, mientras que otros contemplan la monitorización del paciente oncológico a lo largo de un periodo prolongado de tiempo[325]. Si bien es cierto que el texto de referencia autoriza al gobierno a *modificar* el tiempo mínimo de transcurso para poder omitir el dato de la enfermedad oncológica en la declaración del riesgo, lo cierto es que, a diferencia de las regulaciones francesa, luxemburguesa, belga y portuguesa, nuestra regulación no ha establecido el método[326] —u organismo establecido[327] o *ad hoc*[328]— *que* deba fijar el plazo mínimo de tiempo entre la finalización del tratamiento y la autorización de omisión de información[329].

---

324. PAPADAKIS, M: MCPHEE, S; RABOW, M; *Diagnóstico clínico y tratamiento 2023,* Ed. McGraw Hill, Mexico, 2023, parte 39; o también SCOCCA, G; MEUNIER, F., «A right to be forgotten for cancer survivors: A legal development expected to reflect the medical progress in the fight against cancer» *JCP* n.º 25, 2020, pág. 100246, ofrecen una clasificación, sin embargo creemos sería criterio más adecuado y objetivo emplear la clasificación de la Agencia Internacional para la Investigación Oncológica perteneciente a la Organización Mundial de la Salud, disponible en https://tumourclassification.iarc.who.int/ (última visita 14 de noviembre, 2023).
325. A modo ilustrativo, NAROD, S., IQBQL, J; MILLER, A, «Why have breast cancer mortality rates declined?» *Journal of Cancer Policy* vol. 5, 2015, pág. 10, WRONSKI, S, «Defining cancer survivor and cancer survivorship: the who, what and when» *Psicooncología* Vol. 12, n. º 1, 2015, pág. 12.
326. En relación con la regulación vigente en materia de protección de otros colectivos como son las personas con discapacidad o que hayan sido diagnosticadas con VIH, el modelo médico para obtener la certificación de pertenencia al colectivo juega un papel decisivo, tal cual expone BOLÍVAR OROÑO, M.V., «La discriminación por características genéticas en la Proposición de Ley Integral para la Igualdad de Trato y la No Discriminación: Especial referencia a los seguros», *RDGH* núm. 55, 2021, pág. 68.
327. El sistema belga ha atribuido competencia al Centro Belga de conocimientos en salud (KCE) para revisar cada dos años la tabla de referencia de los periodos mínimos de tiempo que deben haber transcurrido desde la finalización del tratamiento oncológico, mientras que

2.2.2. *Ámbito objetivo*

En cuanto a su ámbito objetivo, a diferencia de todas las otras regulaciones adoptadas hasta ahora en Europa[330], el legislador español no ha tomado en cuenta el necesario consenso entre industria, profesionales sanitarios y Estado, necesario para establecer una estructura de funcionamiento efectiva[331]. Esto queda patente en la determinación del ámbito objetivo de aplicación de la nueva regla, el art. 209 del RDL 5/2023 ha introducido dos modificaciones al texto de la LCS, mientras que el art. 210 introduce una a la DA única del TRLGDCU. En el primer caso, si bien el nuevo art. 10.4 LCS alude específicamente a los *seguros de vida*, el apartado 2 del art. 209 RDL 5/2023 modifica una norma de aplicación general a *todas* las tipologías y modalidades de seguro privado. Esto es relevante en tanto que el contenido de este apartado reitera la prohibición de denegación de acceso a la contratación[332] —incluida en el *nuevo* art. 10.4 LCS— pero es que además introduce restricciones adicionales: prohíbe el establecimiento de

---

el *Bureau du suivi de la tarification assurance solde restant dû* es el encargado de mediar en las disputas que puedan surgir debido a la aplicación de la tabla. *Cfr.* SCOCCA, G; MEUNIER, F., «A right to be forgotten for cancer survivors...» cit., pág. 3.

328. La *Convention AERAS* francesa incluye entre sus signatarios a los ministros de salud y economía y finanzas (en representación del Estado francés), representantes de asociaciones de consumidores y de pacientes oncológicos (de momento, 6), por el sector bancario, un representante de la Asociación francesa de establecimientos de crédito y de empresas de inversión (AFECEI), por el sector asegurador, un representante de la Federación Francesa de Seguros (FFA) y un representante de la Federación nacional de la mutualidad francesa (FNMF), además de representantes de diecisiete agrupaciones de pacientes de diversos tipos de enfermedades graves. Por su parte, la regulación luxemburguesa también ha recurrido a la firma de un Acuerdo entre el Ministerio de Salud, la Asociación Luxemburguesa de Seguros y Reaseguros (ACA) y ocho aseguradoras. En el caso de la más reciente regulación portuguesa, *la Lei 75/2021* prevé la celebración de un Acuerdo nacional en el participarán el Estado, asociaciones sectoriales representativas de las instituciones de crédito, sociedades financieras, mutualidades, instituciones de previsión y aseguradoras y reaseguradoras, además de organizaciones nacionales que representen a los beneficiarios de la norma.

329. En el caso del sistema francés, la *Convention AERAS 2020* (disponible en https://www.aeras-infos.fr/files/live/sites/aeras/files/contributed/aeras/documents/ConventionAERAS2020.pdf , última visita 14 de nov., 2023) establece el protocolo a seguir, las condiciones objetivas y subjetivas bajo las cuales puede omitirse esta información, la tipología de contratos de seguro a los que podrán acceder los beneficiarios de la medida, además de crear un marco de referencia del plazo mínimo de finalización de las terapias de recuperación según patologías: *Grille de référence*, Ed. Sept. 2023, pág. 3 (disponible en https://www.aeras-infos.fr/files/live/sites/aeras/files/contributed/aeras/1.Convention_AERAS/Les_textes-de-reference/AERAS%20GRille%20septembre%202023.pdf, última visita 14 de noviembre, 2023).

330. *Vid.*, nota 142 de este mismo capítulo y las referencias legislativas allí incluidas.

331. Así lo hemos manifestado ya, *vid.*, RODAS PAREDES, P., «El *olvido oncológico* en la regulación de seguros privados...» cit., pág. 5.

332. *Cfr.* Nota 92, capítulo I de este trabajo.

procedimientos diferenciados de contratación[333], o la imposición de condiciones más onerosas que reflejen la medida del riesgo económico asumido por la aseguradora en relación con este colectivo concreto[334].

Así pues, parece ser que nuestro legislador ha desdeñado —o como mínimo, valga la paradoja, olvidado— el fundamento *económico* del seguro, cual es el de la mutualización de riesgos inciertos e «idénticos», en los que la contribución de un gran círculo de personas permite a todo el conjunto realizar una aportación económica notablemente inferior a la que deberían realizar para compensar por sí solas el daño sufrido[335]. Además de imponer un criterio ajeno a los principios y finalidades de supervisión de la solvencia de las entidades aseguradoras[336]. De manera que al introducir un factor que potencialmente incrementa el peligro de antiselección de riesgos y de incremento en la siniestralidad[337], así como una elevación en los costes de esta, la consecuencia podría

333. Cuando tanto la regulación francesa como la portuguesa han optado por este sistema: *vid. Convention AERAS 2020*, Título V; art. 6, *Lei n.º 75/2021, de 18 de novembro*.

334. Cuestión también regulada específicamente en la *Convention AERAS* y en el sistema belga. En el primer caso, la *Convention* permite la adecuación proporcional del *riesgo* agravado de estos contratos estableciendo un sistema de cálculo específico de las primas de estos asegurados. Por su parte, el sistema belga ha optado por regular una fórmula que complementa la prima *habitual*, de manera que en las coberturas autorizadas el expaciente pagará una suma adicional.

335. GARRIGUES, J, *Contrato de seguro terrestre*, cit., pág. 29; DONATI, A., *Trattato del Diritto delle Assicurazioni private*, cit., pág. 10; STIGLITZ, R., *Derecho de seguros* vol. 1, 3ra. Ed., Abeledo-Perrot, Buenos Aires, 1998, pág. 40. Este razonamiento también ha sido objeto de consideración por la Comisión Europea, *vid,* VAN DER HEIDE, I., et al.,*Access to financial products for persons with a history of cancer in EU Member States*, European Health and Digital Executive Agency, Bruselas, 2022, pág. 26.

336. Art. 69 y 94 LOSSEAR, art. 50 y 129-135 ROSSEAR.

337. A falta de datos más concretos sobre la población europea, usando como referencia el trabajo de WEBER, A. *et al.*, «Remember to forget — Insuring Cancer survivors and the Right to be Forgotten» *Underwriting focus*, diciembre, 2022, pág. 4, que toma información de la base de datos *Surveillance, Epidemiology, and End Results Program (SEER)* del Instituto Nacional del Cáncer (Estados Unidos), queda claro que el riesgo a largo plazo de los sobrevivientes de enfermedades oncológicas difiere mucho según patologías, etapa de detección de la enfermedad y edad del paciente al inicio del tratamiento. Entre los datos reflejados en el estudio de WEBER et al., vale la pena prestar atención al porcentaje de incremento de la mortalidad en sobrevivientes de cáncer de edades tempranas: tres veces superior al de la población general a los 18 años del diagnóstico [*vid.* Tabla 1] cuestión que, desde el punto de vista de la valoración del riesgo en los seguros de vida deviene de alto interés dadas las potenciales consecuencias económicas para la empresa de seguros y sus reaseguradores. Esta amplia variabilidad entre los ratios de supervivencia y *buen pronóstico* según patologías oncológicas también ha quedado de manifiesto en el ámbito geográfico francés, tal cual expone PICOT, J.; «Droit à l'oubli pour les malades de cancers: un risque relatif pour les assurances» *Assurances et gestion des risques / Insurance and Risk Management* vol. 83, n.º 3-4, pág. 157. Más recientemente, VAN DER HEIDE, I., et al., *Access to financial*

llevar a una necesaria elevación de las primas a todos los asegurados para garantizar la viabilidad económica de la empresa aseguradora.

Nótese que en los ordenamientos jurídicos en los que esta medida se ha implantado, el ámbito objetivo de aplicación está limitado a los seguros de vida en garantía de préstamos personales o hipotecarios[338] o de responsabilidad civil empresarial[339], además de establecerse límites económicos a las indemnizaciones[340] y canales de contratación específicos. Todo ello en aras a conseguir el efecto auténtico que ha motivado esta regulación: la *inclusión financiera* de este colectivo en condiciones de equidad.

2.2.3. Criterios técnicos de aplicación

Tal y como puede inferirse de las consideraciones anteriores, el sistema diseñado por el legislador español dista mucho de ser óptimo o de permitir vislumbrar un acceso a la contratación sencillo o, como mínimo, predecible. Según hemos comentado en el epígrafe precedente, las características heterogéneas de *riesgo* asumido por la entidad aseguradora no parecen dejar lugar a dudas en cuanto a la necesidad de establecer vías concretas de acceso a los servicios financieros primordiales[341] en condiciones equitativas tanto para las partes contratantes como para el conjunto general de asegurados[342].

---

products for persons with a history of cancer... cit., pág. 44, exponen la dificultad del mercado interior europeo en cuanto a la variabilidad de acceso a este tipo de datos en cada Estado miembro, razón por la que promueven la adopción de datos comunes a utilizarse por la industria para realizar los cálculos de riesgos en contratos de seguros.

338. Un resumen claro del contenido material de las regulaciones en Francia, Bélgica, Luxemburgo, Países Bajos, y Portugal, puede encontrarse en el *Factsheet on the Right to be forgotten for cancer survivors in the EU National legislations*, preparado por la European Cancer Patient Coalition, disponible en https://ecpc.org/wp-content/uploads/2021/11/Factsheet-RTBF-5MS-112021.pdf (último acceso 14 de nov., 2023).
339. Incluido en el ámbito objetivo de la regulación francesa, belga y luxemburguesa.
340. A modo ilustrativo, la *Loi Lemoine* francesa limita el monto asegurable en créditos al consumo a 17.000€, mientras que las indemnizaciones por seguros de vida en garantía de créditos hipotecarios para adquisición de vivienda habitual no pueden superar los 320.000€; en el sistema luxemburgués la suma asegurada para adquisición de la vivienda habitual o local de negocio alcanza a 1.000.000€, mientras que el sistema belga permite el complemento de la prima pero no establece máximos indemnizatorios, SCOCCA, G; MEUNIER, F., «A right to be forgotten for cancer survivors...» cit., pág. 3.
341. Por tanto, no solo a seguros de vida en garantía de préstamos hipotecarios para compra de vivienda habitual, sino incluso —en un ámbito que excede a la finalidad de este trabajo— a mercado del crédito para este tipo concreto de adquisición. Al respecto, el studio de VAN DER HEIDE, I., et al., *Access to financial products for persons with a history of cancer...* cit., pág. 40 expone el tipo de producto financiero —no exclusivamente de seguros— que podría ser objeto de regulación por la Unión Europea.
342. WEBER, A. *et al.*, «Remember to forget ...» cit., pág. 10, por su parte, SCOCCA, G; MEUNIER, F., «A right to be forgotten for cancer survivors...» cit., pág. 4, promueven la aprobación de un estándar mínimo de *best practices* en la industria del crédito y los seguros.

Tomando en cuenta todo lo anterior y, en el contexto de la regulación de referencia sin alteraciones, el asegurador deberá —en esta etapa de formación del contrato— preparar un cuestionario en el que se pregunte sobre la finalización de tratamientos en estas patologías *en los últimos cinco años*, pues es este el período de tiempo en el que esta pregunta será aceptable. En el marco de los deberes de información del distribuidor de seguros, a nuestro entender, será en este profesional de la intermediación en quien recaería la obligación de informar al potencial tomador/asegurado que tiene derecho a no contestar la pregunta si han transcurrido más de cinco años desde la finalización de dicho tratamiento[343].

Por último, debe hacerse notar que, otro aspecto que la apresurada regulación del RDL 5/2023 no ha previsto pero que, a nuestro entender es esencial para el bienestar de los beneficiaros de esta regulación es establecer las consecuencias de las recaídas en la enfermedad oncológica[344]. Según la literalidad de la norma, la ausencia de recaída es esencial para el mantenimiento de este *derecho de omisión* de información por parte del tomador/asegurado. Al margen de las consideraciones relativas a la declaración de la agravación del riesgo en los seguros de personas[345], sería necesario establecer si el paciente oncológico en relapso tiene derecho a mantener alguna de las potenciales coberturas[346] o si el asegurador, recibida la notificación del tomador puede emplear el mecanismo de modificación o denuncia del contrato, previsto en los art. 11 y 12 LCS.

343. Es interesante señalar a este respecto, que la *Convention AREAS* ha acordado el contenido de un documento informativo precontractual que los signatarios de la misma se han comprometido a poner al alcance y conocimiento del beneficiario del *olvido oncológico*, el «documento de información AERAS» (disponible en https://www.aeras-infos.fr/files/live/sites/aeras/files/contributed/aeras/Documents_communs/Actualit%c3%a9s/Document%20Information%20AERAS%20oct%202022.pdf). De implantarse un documento similar en nuestro ordenamiento jurídico, el solicitante de cobertura debería acceder al mismo al mismo tiempo que al IPID o KID.

344. De acuerdo con los datos de WEBER, A. *et al.*, «Remember to forget ...» cit., pág. 4, hay patologías oncológicas que tienen un riesgo insignificante de recaída después de diez años (linfoma de Hodgkin, melanomas de la piel, cáncer cervical) mientras que otros mantienen este riesgo incluso con posterioridad a los diez años (cáncer de pulmón, de vejiga, algunos tipos de cáncer de mama), mientras que otros no incrementan el riesgo de recaída, pero sí el de padecer o agravar otras condiciones de salud perjudiciales: malfuncionamiento de la glándula tiroidea, complicaciones neuronales, fallo hepático, fallo renal, etc.

345. *Vid.*, nuestro comentario al respecto en el Capítulo III de esta obra.

346. En el entendido que este derecho se aplicaría no solo a los seguros de vida —como erróneamente parece indicar el art. 10.4 LCS— sino a todos los supuestos regulados por la LCS, el mantenimiento de coberturas en los seguros RC de actividades profesionales —al igual que prevé la regulación francesa— tendría mucho sentido y poca incidencia en el riesgo ya asumido por la aseguradora.

2.3. Distinción entre el *deber* y la *obligación* de informar al asegurador

Se ha debatido ampliamente en la doctrina clásica del contrato de seguro, la naturaleza de la declaración del riesgo[347] por las consecuencias contractuales que tendría la calificación de ésta como obligación[348] o como mero deber jurídico entendido este como una *carga*[349] en cuanto éstas buscan la conservación de la relación jurídica establecida en el contrato[350], con la característica adicional de que no conlleva acción dirigida al cumplimiento forzoso, ni a la reparación por incumplimiento en tanto que su imposición por el legislador busca el beneficio de aquél llamado a cumplirlo[351].

Tal y como ha sido repetidamente señalado, la configuración del deber de declaración del riesgo en la LCS merece una cuidadosa revisión y adaptación a los nuevos medios y procesos de contratación independientemente del si este se ha de aplicar a un interés sobre las cosas o las personas[352]. La reciente introducción del *olvido oncológico* expone esta necesidad de adecuación sistemática de manera aún más patente.

347. MARTÍ SANCHEZ, J. N., «La Protección del Asegurador en la Ley del Contrato de Seguro, de 8 de octubre de 1980», en VERDERA Y TUELLS, E., *Comentarios a la Ley de Contrato de Seguro*, Madrid, 1982, vol. I, pág. 478; MARCO ALCALÁ, L. A., *Seguros de personas*, cit., pág. 294, SÁNCHEZ CALERO, F., *Ley del Contrato de Seguro. Comentarios a la Ley 50/1980*... cit., pág. 286; STIGLITZ, R., *Derecho de seguros*... cit., pág. 297; GÓMEZ SEGADE, J. A. «La declaración del siniestro y la información complementaria», cit., pág. 435; RUBIO VICENTE, PÁG. J. *El deber precontractual de declaración del riesgo*... cit., pág. 20, RUIZ MUÑOZ, M. «Deber de declaración del riesgo del tomador en el contrato de seguro y facultad rescisoria del asegurador» cit., pág. 13, más recientemente, MUÑOZ PAREDES, M. L., *El deber precontractual de declaración del riesgo*, cit., pág. 101.
348. Con el sentido y contenido del art. 1091 CC.
349. DÍEZ-PICAZO, L. M., *Fundamentos de Derecho Civil Patrimonial,* T. II, 6ta. Ed., Civitas, Madrid, 2007, pág. 135, ILLESCAS ORTÍZ, R., «El contrato de seguro en el futuro Código Mercantil» cit., pág. 326.
350. STIGLITZ, R., Derecho de seguros vol. 2, cit., pág. 9, RUBIO VICENTE, PÁG. J. El deber precontractual de declaración del riesgo... cit., pág. 20, SÁNCHEZ CALERO, F., Ley del Contrato de Seguro. Comentarios a la Ley 50/1980... cit., pág. 293; VEIGA COPO, A., Tratado del contrato de seguro... cit., pág. 158.
351. GARRIGUES, J, *Contrato de seguro terrestre*, cit., pág. 209; BENITO OSMA, F., *La transparencia en el mercado de seguros*, cit., pág. 176, a favor de un contenido distinto MUÑOZ PAREDES, M. L., *El deber precontractual de declaración del riesgo*, cit., pág. 107.
352. MUÑOZ PAREDES, J. M., «La reforma de la ley del contrato de seguro...» cit., pág. 143, MORRILLAS JARILLO, M. J.; *La información previa en la contratación de los seguros*... cit., pág. 183; PEÑAS MOYANO, M. J., «Desafíos del legislador en la reforma...» cit., pág. 148, MUÑOZ PAREDES, M. L., *El deber precontractual de declaración del riesgo*, cit., pág. 27, BENITO OSMA, F., *La transparencia en el mercado de seguros*, cit., pág. 172, SERRANO CAÑAS, J. M., «Big data y contrato de seguro. Alegato por la desaparición del cuestionario» *RES* n.º 189-190, 2021, pág. 153.

Sobre este particular, a nuestro entender, la introducción de obligaciones contractuales específicas aplicables exclusivamente a un colectivo concreto[353], sin duda, no contribuye a una correcta apreciación del alcance del contenido de las obligaciones legales impuestas por el legislador de manera no solo apresurada, sino sin tener en cuenta ni tan siquiera los mecanismos legales empleados en ordenamientos jurídicos de nuestro entorno[354] y que, muy probablemente retrasarán —o incluso impedirán— que el efecto práctico que busca la norma —el acceso de este colectivo a *determinadas* coberturas aseguradoras— sea alcanzado en el tiempo más breve posible[355].

Otro tanto puede señalarse en relación con la regulación de la agravación del riesgo, figura que también ha resultado alterada en su configuración general hasta ahora vigente[356], particularmente en materia de seguros de personas, puesto que el contenido regulatorio del RDL 5/2023 ha venido a crear —de hecho— una excepción contraria a un elemento *protector* de los intereses del asegurado: la obligación legal de informar a la aseguradora de un tipo muy concreto de deterioro en la salud del asegurado el caso de relapso en la enfermedad oncológica, norma que constituye una excepción a la *incontestabilidad* reconocida por el art. 11.2 en relación con el estado de salud del asegurado[357].

III. EL CONOCIMIENTO Y COMPRENSIÓN DEL CONTENIDO DE LA PÓLIZA

Dentro de los elementos necesarios para una contratación que respete el principio de transparencia aquí propugnado, tal y como hemos señalado ya en la primera parte de este trabajo[358], el conocimiento del *contenido* de la póliza debería jugar un papel muy relevante, en tanto que es este el contenido auténtico de las obligaciones asumidas por las partes. A pesar de ello, como sabemos, la moderna e inevitable contratación en masa[359] impone —en nuestro caso, a la contratación de seguros— un sistema basado

353. Es decir, al margen del sistema previsto para otras enfermedades graves (*Vid.*, DA 5ta. 1 «No discriminación por razón de VIH/SIDA») no debemos olvidar por mor de la regulación de supervisión, de cumplimiento obligatorio, por parte de las entidades aseguradoras, el cálculo de la base técnica presenta, a nuestro entender importantes retos en cuanto a la determinación del riesgo.

354. *Vid.*, Nota 321 y las referencias legislativas allí incluidas.

355. Al margen de consideraciones generales sobre la constitucionalidad de una norma que *impone* la conclusión de un contrato privado a una de las partes, a nuestro entender, la tesitura en la que se pone al beneficiario de la medida es la de probar *jurídicamente* una negación de acceso (en el caso de que en el momento de la contratación del seguro el solicitante declare ser expaciente oncológico).

356. Recordemos que la DA 5ta.2 LCS se aplicará a todos los seguros, no solamente al de vida.

357. Art. 11.2 LCS, estudiado en mayor detalle en el capítulo III de este trabajo.

358. *Vid.*, Capitulo I. 2.

359. SÁNCHEZ-CALERO GUILARTE, J., «Contratación mercantil en el siglo XXI: entre la transparencia y la emergencia», cit., pág. 26.

en cláusulas predispuestas cuyo *control de incorporación* ha dado lugar a un número tan amplio de litigios[360], que no dejan lugar a dudas del amplio margen de mejora del sistema vigente en la actualidad.

Si hasta muy recientemente el sistema dispuesto en el art. 3 LCS se había interpretado como una búsqueda de asegurar la cognoscibilidad formal del texto de estas cláusulas[361], en los últimos tiempos, el criterio de la comprensión *material* de su contenido ha sido propugnado como necesario por la jurisprudencia europea[362]. Dado que no parece que en un futuro cercano vayamos a ver una actualización del contenido normativo actualmente vigente, para comprender el contenido actual del control de incorporación y la *doble protección* del asegurado consumidor será necesario, en primer término, hacer un brevísimo recorrido por la configuración general prevista en la normativa reguladora transversal —LGDCU— para, seguidamente, dar cuenta de las especialidades en relación con la interpretación que se ha realizado de determinadas cláusulas habitualmente incluidas en los contratos de seguro. Esto nos permitirá poner de manifiesto no solo el sistema actual sino también, resaltar su necesidad de actualización con el fin de garantizar —en sede contractual— un sistema legal claro y equilibrado en el que el cliente de seguros pueda encontrar la protección necesaria de sus intereses que sea independiente de la labor —no por ello menos necesaria— de los intermediarios de la distribución de seguros.

1. EL SISTEMA PREVISTO POR EL RDL 1/2007

Tal y como hemos podido exponer ya[363], en sede de contratación general, el principio de transparencia contractual de las condiciones generales utilizadas en contratos de adhesión ha configurado su ámbito de aplicación alrededor de dos elementos destinados a proteger al consumidor: el concepto de cognoscibilidad[364], exigido por los art. 5 y 7 de la LCGC en cuanto a la comprensión gramatical del contenido —tanto en contratación con consumidores como en la contratación entre empresarios— que busca mantener

360. Tan solo por destacar el compendio de casos objeto de interpretación en este ámbito, repasamos los comentados recientemente por ELGUERO MERINO, J. M., «Artículo 3» en BADILLO ARIAS, J. A. (coord.), *Ley de contrato de seguro: jurisprudencia comentada*, 3ra. Ed. Thomson Reuters Aranzadi, Cizur Menor, 2017, pág. RL-1.2.

361. En la contratación general, PAZOS CASTRO, R., El control de las cláusulas abusivas en los contratos con consumidores, cit., pág. RB-3.9 siguiendo los pasos marcados por CÁMARA LAPUENTE, S., *El control de las cláusulas abusivas sobre elementos esenciales del contrato*, Aranzadi, Pamplona, 2006, pág. 124.

362. *Vid.* STS 9 de julio, 2020, ROJ 2236/2002; STS de 23 de diciembre, 2021, ROJ 4771/2021. Este aspecto ha sido ampliamente tratado por MIRANDA SERRANO, L. M, «Control de transparencia de las condiciones del contrato de seguro…» cit. pág. 120.

363. *Vid.*, 1.2.3 del primer capítulo de esta obra.

364. Entre otros VAQUER ALOY, A.; «El control de transparencia» en MORALES MORENO, A. M. (dir.); *Estudios de Derecho de Contratos* AEBOE, Madrid, 2022, pág. 1309.

unos estándares mínimos de legibilidad del texto contractual. Esta forma de control ha sido objeto de desarrollo específico por el RDL 1/2007, en cuanto el art. 80 incluye regulación relacionada con el aspecto visual de la cláusula en cuestión. Mientras que, de manera adicional, el control *de contenido* ha buscado establecer unos parámetros de incorporación del texto contractual que no contradigan las normas vigentes.

Para ello se ha recurrido al control de legalidad —a través del art. 8.1 LCGC— y, en favor del contratante consumidor, un control adicional de abusividad, según contenido del art. 82, TRLGDCU que ha sido consistentemente interpretado como una obligación de comprensibilidad de las consecuencias económicas y prácticas del contrato en cuestión[365]; aunque más recientemente este control de abusividad también haya sido aplicado a solicitantes *profesionales* de seguros, puesto que se ha considerado que éstos también sufren asimetría de información, un grado importante de falta de conocimiento del «funcionamiento» del contrato de seguro y/o experiencia necesaria para comprender el contenido jurídico de las obligaciones dimanantes de este contrato[366]. En concreto, el TS ha precisado en qué consiste este doble control

365. Este es el razonamiento del TJUE en su sentencia de 3 de octubre de 2019 (Caso Gyula Kiss y CIB Bank Zrt, asunto C-621/17), par. 37: «dicha exigencia de transparencia se ha de entender como una obligación no solo de que la cláusula considerada sea comprensible gramaticalmente para el consumidor, sino también de que ese consumidor pueda evaluar, basándose en criterios precisos y comprensibles, las consecuencias económicas que para él tiene dicha cláusula». Ya previamente, la sentencia de 30 de abril de 2014 (*Árpád Kásler* y otros, asunto C26/2013), par. 75 y 73; con anterioridad se habían pronunciado en un sentido similar en la ya citada sentencia de 21 de marzo de 2012 (*RWE Vertrieb AG*, asunto C-92/11), par. 49. Últimamente en la sentencia de 9 de julio de 2020 (caso *XY e Ibercaja Banco SA*, asunto C-452/18), par. 45 el TJUE ha declarado «*que el contrato exponga de manera transparente el funcionamiento concreto del mecanismo al que se refiere la cláusula de que se trate, así como, en su caso, la relación entre ese mecanismo y el prescrito por otras cláusulas, de manera que el consumidor esté en condiciones de valorar, basándose en criterios precisos e inteligibles, las consecuencias económicas que se deriven para él*»; sobre esta sentencia, CARRASCO PERERA, Á, «Sentencia europea intransparente sobre una transacción transparente de una cláusula suelo supuestamente intransparente. La «jerga» de la STJUE 9 julio 2020», Revista CESCO 2020. A pesar de lo que este brevísimo resumen señala, y tal y como ha expresado MIRANDA SERRANO, LM., («Consecuencias de la falta de transparencia material de las cláusulas no negociadas individualmente: a propósito de algunas experiencias en el sector financiero» RDSFin n.º 4, 2022, pág. 112) al consenso generalizado en la doctrina en cuanto a la necesidad de un *control de transparencia* en la contratación predispuesta, sigue una amplia variedad de interpretaciones en cuanto a su contenido, límites y configuración.

366. PETIT LAVALL, M. V., «El control de las condiciones generales de la contratación entre empresarios» cit., pág. 257, quien señala que el criterio relevante para la incorporación de la cláusula es la posibilidad de negociación o no del contenido contractual final, pues en el caso de los grandes riesgos, el asegurado habrá podido negociar individualmente y contado con el asesoramiento de un profesional especializado, (pág.159).

de transparencia: un primer control de inclusión o incorporación[367] (art. 5 y 7 LCGC) y el control de legalidad[368].

2. LA DELIMITACIÓN DEL RIESGO

La situación así descrita conoce, como sabemos, especialidades concretas aplicables al régimen jurídico del contrato de seguro, debido al contenido —también ya explicado a grandes rasgos— del art. 3 LCS que, haciendo honor al principio *lex specialis derogat generalis* genera un ámbito de protección adicional con características propias, que busca una mejor adaptación del principio general de protección al contratante adherente a la realidad de la contratación en el mercado de seguros.

En este sentido, en el caso de la descripción de determinados conceptos técnicos de determinación y alcance del riesgo asumido por el asegurador, la expectativa es la adaptación de éstos a un lenguaje sencillo y claro[369]. Sin embargo, las auténticas especialidades del control de transparencia formal en el sector asegurador surgen de la necesidad de tener en cuenta la posibilidad de *negociar* parte del clausulado[370], cuestión cada vez menos habitual, incluso en el caso de las cláusulas particulares.

Por todo lo anterior, con carácter general, se ha establecido como contenido específico de los controles de transparencia derivados del art. 3 LCS un primer ámbito de carácter formal general, dirigido a todas las cláusulas —condiciones generales y particulares— del contrato de seguro, y otro más específico llamado a reforzar el grado de transparencia respecto del anterior[371], que tiene un carácter específico pues no está preparado para alcanzar a la totalidad de las condiciones generales y particulares del contrato, sino sólo a las limitativas de los derechos de los asegurados[372].

367. STJUE de 14 de marzo 2013; STS 241/2013 de 9 de mayo, sobre cláusulas suelo en préstamos con garantía hipotecaria.

368. SSTS de 18 de junio de 2012; 9 de mayo de 2013; 24 de abril de 2019; 4 de marzo 2020.

369. Apuntaba esta cuestión ILLESCAS ORTIZ, R. «El lenguaje de las pólizas de seguro», en VERDERA Y TUELLS, E. (Dir.) *Comentarios a la Ley del contrato de seguro*, vol. I, CUNEF, Madrid, 1982, pág. 360.

370. PAGADOR LÓPEZ, J., Condiciones generales y cláusulas contractuales predispuestas...» cit., pág. 356, ha propugnado, en este sentido, que esta posibilidad de negociación de las cláusulas particulares hace que pierdan su carácter de predispuestas y, por tanto, no estén sujetas a las exigencias del art. 3 LCS, por muy compleja que resulte la cláusula.

371. En general, en contra de la distinción entre control de transparencia material y formal, de la incorporación de cláusulas predispuestas en contratos con consumidores, NIETO CAROL, U., «El control de incorporación y transparencia en los contratos bancarios« en GONZÁLEZ CASTILLA, F.; NIETO CAROL, U., *Retos de la contratación mercantil moderna*, Tirant Lo Blanch, Valencia, 2022, pág. 304.

372. MIRANDA SERRANO, L.M., «Reformando la parte general de la Ley de contrato de seguro...» cit., pág. 379.

2.1. La delimitación positiva

En la práctica aseguradora, es habitual la inclusión de una descripción general de hechos/actos/supuestos que pueden considerarse objeto de cobertura. Una correcta redacción de estos términos —y sus límites— permiten vislumbrar una delimitación positiva del objeto asegurado, así como su contenido mínimo. En este sentido, el criterio interpretativo prevalente ha sido el de considerar que *la concreción del riesgo asegurado no supone limitación de los derechos del asegurado*[373]. Así, para que este tipo de cláusulas se incorporen al contrato se exigirá el cumplimiento de dos requisitos, en primer lugar, que éstas sean resaltadas o destacadas de modo especial por el asegurador[374], y adicionalmente, que sean específicamente aceptadas por escrito por el asegurado.

2.2. La delimitación negativa

A pesar de lo anterior, lo cierto es que los principales problemas de interpretación de estas cláusulas se presentan en relación con la delimitación negativa, pues es en el amplio recurso a las *exclusiones de cobertura* y/o referencias a baremos y limitaciones indemnizatorias[375] en las que el control judicial se ha visto —y continúa viéndose— en necesidad de interpretar los hechos para determinar si éstas solo incluyen una «exclusión objetiva en relación con determinados eventos o circunstancias»[376] o una limitación restrictiva de las expectativas razonables de cobertura y/o resarcimiento de los daños cubiertos[377].

De acuerdo con criterios interpretativos consolidados, las cláusulas delimitadoras son aquéllas que recogen la cobertura de un riesgo, los límites indemnizatorios y la cuantía asegurada. Su contenido deberá individualizar el riesgo y establecer su base objetiva, eliminando ambigüedades para conseguir una concreción de la naturaleza del riesgo

373. Así lo afirmaba la STS de 5 de junio, 1997, RJ 1997/4607.

374. En relación con el uso y abuso de la *letra pequeña* en la contratación en el mercado financiero, MIRANDA ANGUITA, A., «Remedios del regulador frente a la ilegibilidad de las cláusulas predispuestas en los contratos bancarios y financieros» *RDSFin* n.º 3, 2022, versión electrónica.

375. Así por ej., las STS de 14 de septiembre, 2016 (RJ 2016/4109 y RJ 2016/4825, pertinentemente comentadas por ALMARCHA JAIME, J, «La cláusula que aplica un baremo indemnizatorio para el caso de invalidez es limitativa y el asegurado debe aceptarla expresamente también en los seguros colectivos» *CCJC* n.º 104, 2017, BIB 2017/12559.

376. En este sentido entre otras, STS de 10 de febrero, 1998, RJ 1998/752; STS de 17 de abril de 2001, RJ 2001/5279; STS de 23 de noviembre de 2004, RJ 2004/7383.

377. A modo ilustrativo, el caso de la exclusión de cobertura del riesgo a la conducción del asegurado en estado de embriaguez, reconocida como cláusula delimitadora (STS de 28 de enero, 1985, ROJ 1985/202), pero que, con posterioridad, en relación con un seguro voluntario de responsabilidad civil, el TS interpretó el contenido de la póliza como limitadora y por tanto sujeta al doble requisito de confirmación de aceptación (STS de 5 de noviembre de 2010, ROJ 5876/2010.

en coherencia con el objeto del contrato o con arreglo al uso establecido. Serán válidas siempre que no delimiten el riesgo en forma contradictoria con las condiciones particulares del contrato[378] o de manera infrecuente[379] o inusual (*cláusulas sorprendentes*)[380].

3. LA LIMITACIÓN DE LOS DERECHOS DEL ASEGURADO

El argumento central de la doble protección al asegurado en el caso de estas cláusulas encuentra justificación en la restricción inhabitual del riesgo, de manera que los derechos de los asegurados se verán limitados cuando la cláusula, al perfilar el riesgo cubierto, excluya siniestros que, de ordinario o usualmente quedarían comprendidos en el mismo[381].

En este sentido, las cláusulas limitativas de los derechos de los asegurados comprenden dos tipos distintos de estipulaciones: en primer término, las que limitan los derechos del asegurado en relación con los elementos esenciales del contrato, en particular con la naturaleza del riesgo objeto de cobertura. En relación con estas cláusulas se ha hablado con acierto[382] de un elemento, a nuestro entender, *esencial* en la formación de la voluntad del solicitante de cobertura: las expectativas legítimas y razonables acerca del riesgo asegurado en función de la regulación legal y usual de ese tipo de contrato[383],

---

378. MIRANDA SERRANO, L.M., «Reformando la parte general de la Ley de contrato de seguro...» cit., pág. 386, quien resalta que, a pesar de que nuestro Tribunal Supremo se ha mostrado reacio a aplicar esta interpretación, el TJUE sí ha empleado este mecanismo en el ya citado Asunto C 26/13 (ECLI:EU:C:2014:282) y los asuntos acumulados C-482/13, C-484/13, C-485/13 y C-487/13, (ECLI:EU:C:2015:21).
379. En este sentido el Tribunal Supremo ha señalado (STS de 11 de septiembre de 2006) que son estipulaciones delimitadoras del riesgo aquellas que tienen por finalidad delimitar el objeto del contrato, de modo que concretan: a) qué riesgos constituyen dicho objeto; b) en qué cuantía; c) durante qué plazo; y d) en qué ámbito temporal se trata de cláusulas que «concretan el objeto del contrato y fijan los riesgos que, en caso de producirse, hacen surgir en el asegurado el derecho a la prestación por constituir el objeto del seguro. Posteriormente ha mantenido esta postura, entre otras, SSTS de 17 de octubre de 2007, 20 de julio de 2011, 15 de octubre de 2014 y 22 de abril de 2016). Sin embargo, en otras resoluciones posteriores se ha considerado que son cláusulas delimitadoras del riesgo las que fijan la cobertura de un riesgo, los límites indemnizatorios y la cuantía asegurada (SSTS de 5 de marzo de 2012 y de 19 de julio de 2016).
380. *Vid.* STS de 5 de marzo, 2012 (RJ 2012/4997).
381. SÁNCHEZ CALERO, F., *Ley del Contrato de Seguro. Comentarios a la Ley 50/1980...* cit., pág. 125; MIRANDA SERRANO, L. M, «Control de transparencia de las condiciones del contrato de seguro (más allá de los clásicos requisitos de inclusión)», cit., pág. 60.
382. MIRANDA SERRANO, L.M., «Reformando la parte general de la Ley de contrato de seguro...» cit., pág. 383.
383. Estas *expectativas razonables de cobertura* son tenidas muy en cuenta por el intérprete judicial norteamericano, como resalta ABRAHAM, K., «Four conceptions of Insurance» cit., pág. 664.

de las negociaciones que lo han precedido y de las circunstancias que han rodeado su celebración (esto es, del contexto en el que se ha desarrollado la operación)[384]. En segundo lugar, será necesario prestar atención a las cláusulas que reducen derechos del asegurado resultantes de la ley o del contrato y no relativos a los referidos elementos esenciales del negocio[385].

4. LAS CLÁUSULAS LESIVAS

A las cláusulas así descritas habrá que sumar las cláusulas *lesivas*, que limitan o reducen derechos del tomador o asegurado a resultas de la ley o el contrato, pero no relativos a los elementos esenciales del negocio jurídico subyacente. Incluidas en el elenco de posibilidades descritas por el art. 3 LCS, la cláusula en cuestión ha de crear una desproporción o desequilibrio insuperables que, en la economía del contrato, produce un perjuicio al asegurado —ya sea en el contenido de las condiciones generales o particulares— adquiriendo especial relevancia el hecho de haber sido incorporadas al contrato *sin el conocimiento efectivo* del contratante adherente[386]. A mayor abundancia, se ha establecido como criterio adicional a los ya mencionados, que la invalidez de estas cláusulas asienta su fundamento de ilicitud en la necesidad de proteger el consentimiento negocial del tomador, de manera que es ese desconocimiento del contenido contractual el que vicia de nulidad el contrato así negociado[387].

La relevancia en cuanto a la distinción de unas u otras estiva en comprender que, en el caso de las cláusulas limitativas, llevado a cabo el respectivo control de transparencia y cumplidas las exigencias de la ley, éstas *pueden ser válidas* según el marco anteriormente descrito aplicable a las cláusulas limitativas, puesto que, una vez supe-

384. Así, por ejemplo, el caso de la exclusión de determinados incumplimientos de deberes legales —responsabilidad tributaria— en un seguro D&O que el TS ha interpretado como cláusula limitativa de acuerdo con su STS de 29 de enero, 2019 (RJ 2019/226).

385. Con abundante referencia a la diversidad de interpretaciones en un sentido y otro, MARTORELL ZULUETA, P., «La protección del asegurado desde la perspectiva jurisprudencial» en CUÑAT EDO, V., BATALLER GRAU, J. (dirs.) *Supervisión en seguros privados*, Tirant lo Blanch, 2013, pág. 655.

386. MIRANDA SERRANO, L. M.; «Cláusulas limitativas y sorprendentes en contratos de seguro: protección de las expectativas y el consentimiento de los asegurados», *RCDI* n.º 761, 2017, pág. 1165, muy vehementemente también PAGADOR LÓPEZ, J.; «La protección del asegurado en la Ley del contrato de seguro: el art. 3 LCS cuarenta años después» *RES* n.º 189-190, 2022, pág. 238, quien aboga por una urgente reforma de este apartado concreto. En términos similares, PEÑAS MOYANO, M. J., «Desafíos del legislador en la reforma del régimen del contrato de seguro» cit., pág. 145.

387. MIRANDA SERRANO, L. M, «Control de transparencia de las condiciones del contrato...» cit., pág. 82. Una reciente propuesta de sistematización de la jurisprudencia reciente, LACASA GARCÍA. R., «Aproximación al estudio de las cláusulas lesivas, las cláusulas limitativas y las cláusulas delimitadoras del riesgo en el contrato de seguro al hilo de la jurisprudencia del Tribunal Supremo» *RES* n.º 188, 2021, pág. 628.

rado el desconocimiento habitual del contratante adherente, este podrá, en ejercicio de su libertad contractual, manifestar su consentimiento a la vinculación jurídica según los términos del contrato[388] —por mucho que éstos prevean límites a las coberturas «habituales»— sin embargo, en el caso de las cláusulas lesivas, éstas serán nulas dado su carácter habitualmente desnaturalizador del contrato[389].

Esto que, a primera vista parece una interpretación poco compleja ha conocido —y continúa conociendo— numerosos matices y correcciones en muy diversa tipología de seguros[390], por ello, a modo de conclusión podemos señalar, por nuestra parte, que este sistema de incorporación del contenido contractual predispuesto a través de la protección prevista en la LCGC y en la LGDCU descansa, en no poca medida, no solo en el *productor* del bien —el asegurador predisponente de la cláusula— sino también en el «buen hacer» del comercializador del producto[391] y en la interpretación judicial posterior del respeto a los márgenes de configuración de las obligaciones y su aptitud y validez legal, pues donde exista *voluntad de obligarse* por parte del contratante adherente, habrá contrato[392], cuestión que no es contradictoria con el control *ex post* de la correcta incorporación de todas las obligaciones contractuales si se ha recurrido a condiciones generales.

Como sabemos, la declaración de abusividad de una cláusula —vulneración de la buena fe y desequilibrio importante e injustificado de las prestaciones en perjuicio

388. SÁNCHEZ CALERO, F., Ley del Contrato de Seguro. Comentarios a la Ley 50/1980... cit., pág. 127.

389. MIRANDA SERRANO, L. M, «Control de transparencia de las condiciones del contrato...» cit., pág. 73 analiza diversos casos con los que podremos acercarnos a la comprensión de este concepto tan amplio.

390. El prof. PAGADOR LÓPEZ, J.; «La protección del asegurado en la Ley del contrato de seguro...» cit. pág. 240, recientemente ha propuesto un análisis de la aplicación de estos criterios en ciertos seguros de responsabilidad civil en los que uno u otro criterio encuentra aplicación o cobertura como cláusula válida o, al contrario, como excepción a la interpretación de validez, cuestión que, nuevamente ejemplifica la falta de criterios claros.

391. Con todo, es necesario recordar, tal cual ha destacado GÓNZALEZ CASTILLA, F.; «Los requisitos de transparencia de las cláusulas limitativas de los derechos del asegurado y la intervención del mediador en la celebración del contrato de seguro» en AA.VV, *De iure mercatus. Libro homenaje al Prof. Dr. Dr. H. c. Alberto Bercovitz Rodríguez-Cano*, Tirant lo Blanch, Valencia, 2023, pág. 3021 que los deberes de información del intermediario, en particular de contratos de seguro intervenidos por corredores de seguros, deben considerarse superpuestos, es decir adicionales, a los del asegurador, pues incluso en el caso de estos profesionales —quienes tienen deberes de transparencia *profesional* más estrictos en relación con el asesoramiento al solicitante/tomador del seguro— su función educativa respecto al contenido contractual es *expost* de acuerdo con el art. 155.3 RDL 3/2020.

392. Sobre el «requisito de la doble firma», LACASA GARCÍA. R., «Aproximación al estudio de las cláusulas lesivas, las cláusulas limitativas y las cláusulas delimitadoras...» cit., pág. 634.

del adherente— no son exclusivos de las condiciones generales. Esta afirmación no significa una validación del sistema aquí descrito, más al contrario, creemos que exponer las incongruencias del mismo, por muy repetitivo que parezca contribuye —cual persistente gotero que horada la roca— a poner de manifiesto la urgente necesidad de abordar una seria actualización del sistema normativo vigente, con mayor razón aún si se tiene en cuenta que en otros ámbitos de la contratación predispuesta, los criterios de la protección del contratante consumidor parecen avanzar en la consolidación de criterios más claros, ello sin olvidar que en materia de formatos de contratación de seguros —al igual que en tantos otros ámbitos de la contratación mercantil moderna— el recurso a la contratación con condiciones generales no conoce alternativas[393].

5. LA REGULACIÓN APLICABLE AL SOLICITANTE NO CONSUMIDOR

En la mayoría de las legislaciones de nuestro entorno, el legislador no ha incluido una diferenciación legal entre asegurado consumidor o profesional[394]. Esta también ha sido la opción acogida en nuestro ordenamiento jurídico: la LCS no establece diferencias en este sentido[395]. Para encontrar un criterio clasificatorio deberemos acudir a la regulación de la contratación de seguros de *grandes riesgos* según establece en la actualidad el art. 11 LOSSEAR[396]. En este contexto, en sede de protección del contratante más débil, es manifiesta la necesidad de protección de este, incluso en los casos de contratantes empresarios[397] que, en todo caso, cuentan con la protección legal general prevista en

393. SÁNCHEZ-CALERO GUILARTE, J., «Contratación mercantil en el siglo XXI...» cit., pág. 29.

394. Así también lo pone de relieve HEISS, H., «Insurance Contract Law between Business Law and Consumer Protection» en BROWN, K; SNYDER, D., *General reports of the XVIIIth Congress of the International Academy of Comparative Law*, Springer, Cham, 2012, pág. 344.

395. También en este sentido, LACASA GARCÍA. R., «Aproximación al estudio de las cláusulas lesivas, las cláusulas limitativas y las cláusulas delimitadoras...» cit., pág. 626.

396. Es el caso de los seguros de vehículos terrestres (no ferroviarios), seguros de incendio y elementos naturales, daños a los bienes y responsabilidad civil en vehículos terrestres automóviles (incluida la responsabilidad del transportista), responsabilidad civil general y pérdidas pecuniarias diversas siempre que el tomados supere dos de los límites entre tres criterios: a. Activo total del balance superior a 6.6 millones de euros; b. importe neto del volumen de negocios superior a 13.6 millones de euros; c. número medio de empleados durante el ejercicio superior a 250. Nótese que, en el caso de vehículos aéreos, marítimos, lacustres y fluviales, éstos corresponden a la clasificación de *grandes riesgos,* pero no necesariamente serán utilizados en el ámbito de las actividades empresariales o actividades económicas, puesto que pueden perfectamente ser utilizados para actividades privadas, deportivas o de recreo.

397. MIRANDA SERRANO, L. M.; «Cláusulas limitativas y sorprendentes en contratos de seguro...» cit., pág. 1170, expone un par de ejemplos en los que, en la contratación de seguros de *daños por agua*, la descripción del daño cubierto, haciendo uso de un lenguaje técnico, excluía los daños más habituales. En este caso, la misma descripción se utilizaba

el art. 5 LCGC. A este marco normativo se le ha de sumar, qué duda cabe, el principio general de *buena fe* objetiva —art. 1258 CC y 57 CCom— que ha permitido la integración de la publicidad como parte de la oferta contractual vinculante en contratos entre empresarios[398] y que, a nuestro entender, cabría extender al ámbito de los seguros.

---

para daños a una empresa (SAP Valencia de 28 de noviembre, 1995) y a una póliza de seguros multi-hogar (SAP Palencia de 3 de abril, 1997).

398. En relación con la contratación mercantil general, MIRANDA SERRANO, L. M.; SERRANO CAÑAS, J. M.; «Relevancia negocial de la publicidad en los contratos entre empresarios o profesionales», *La Ley Mercantil* n.º 27, 2016, pág. 13.

CAPÍTULO III: La transparencia durante la vigencia de las obligaciones contractuales

CAPÍTULO III

LA TRANSPARENCIA DURANTE LA VIGENCIA DE LAS OBLIGACIONES CONTRACTUALES

En esta parte del trabajo pondremos de relieve el contenido de los deberes informativos de las partes tanto cuando aún no se ha realizado el evento que provoca el siniestro, pero hay cambios en el riesgo declarado inicialmente como, una vez ocurrido el evento descrito en la póliza, los deberes de información que recaen en las partes con la finalidad de dar cumplimiento a la reparación, sustitución o indemnización pactada en la póliza.

En primer término, creemos necesario centrar nuestra atención en la regulación del agravamiento del riesgo en el que pondremos de relieve el contenido general de este deber —u obligación si nos referimos al contenido del art. 10.4 LCS— así como las recientes modificaciones a su contenido normativo, fruto de la recepción del *olvido oncológico* en nuestra normativa de seguros. Complementario a este análisis será nuestro estudio de las nuevas posibilidades *técnicas* en materia de seguimiento y acceso a información constante del objeto asegurado. Ello es relevante en cuanto afecta al deber de declaración de la agravación o disminución del riesgo. Tal y como expondremos, hasta muy recientemente ésta no solía realizarse en el momento adecuado (antes del siniestro), cuestión que redundaba en un desequilibrio de las expectativas de las partes y necesaria aplicación de la *regla de equidad*[399]. Cierto es que, estas faltas al cumplimiento de los deberes de *actualización* de la información no conllevan consecuencias jurídicas si no hay un siniestro, sin embargo en el contexto de desarrollo tecnológico actual, la inserción de elementos de monitorización constante pueden dar cabida a una nueva estructura de configuración de las obligaciones contractuales —el pago por uso— merced al uso de estos elementos de comunicación y monitorización permanente o mediante el acceso a datos electrónicos generados por el usuario del objeto asegurado o a los datos del salud de la persona física asegurada. Cuestión que permitiría reemplazar o complementar el cumplimiento de este deber de informar sobre el riesgo y su situación durante la vigencia del contrato.

Una vez ocurrido el evento objeto de cobertura, en los seguros de daños, el hecho dañoso, y en los de personas, aquello que ocasione la indemnización, cobertura o prestación de servicios pactada, el asegurador deberá, en primer lugar, determinar el alcance de esta obligación según la delimitación del riesgo en la póliza. De manera que, en esta fase, el deber de información sobre las circunstancias en las que se ha pro-

399. Arts. 10.3; 12.3 y 90.3 LCS.

ducido el siniestro y el estado del objeto asegurado recaerá en el asegurado/tomador/titular del objeto asegurado. Así, será este último en quien recaiga el deber jurídico de informar al asegurador —y sus colaboradores— del estado del objeto asegurado y/o las circunstancias que determinan la necesidad del asegurador de cumplir con sus obligaciones según el contrato. No cabe duda de que el sujeto así obligado es el primer interesado en ofrecer una información veraz[400]. Sin embargo, no es desdeñable destacar que en determinadas ramas del seguro, existe una importante posibilidad de un perenne e ineludible conflicto de interés en el asegurado que, por una parte querrá obtener la protección a su patrimonio, tal cual se hubiera pactado con el asegurador pero, por otra parte, en el control de la información relativa al siniestro puede intentar elevar las pérdidas ocasionadas por el siniestro, para procurar que esta suma no sea inferior a una determinada cantidad o que en lugar de reparación del objeto asegurado el asegurador asuma la sustitución o reemplazo del objeto. Así pues, en esta fase de la vigencia de las obligaciones contractuales, el ordenamiento jurídico buscará la protección del interés de ambas partes por alcanzar un buen fin de las obligaciones adquiridas, poniendo, al alcance de éstas, elementos efectivos en la tramitación del siniestro.

I. INFORMACIÓN SOBRE LA AGRAVACIÓN O DISMINUCIÓN DEL RIESGO ASEGURADO

La modificación de las circunstancias que inciden en la causa del contrato altera la composición de los intereses que las partes contratantes acordaron en el momento de su conclusión. Esto ocurre porque la variación en la naturaleza del riesgo conlleva una modificación de la base del negocio[401], dado que dicha alteración conllevaría un aumento de la onerosidad de la prestación pactada en caso de siniestro, o directamente una alteración profunda que ameritaría la resolución del contrato[402] o una reducción del importe de la prima futura, en caso de *disminución* del riesgo.

Al efecto, tanto en uno u otro caso, el papel de la información a la otra parte contratante será esencial para conseguir el efecto legal previsto: el mantenimiento del equilibrio contractual entre las partes una vez vigente el contrato de seguro. Así pues, en primer término, expondremos de manera sucinta, el contenido de la regulación legal, tanto del supuesto de agravación como del de disminución del riesgo. Ambas figuras buscan mantener ese equilibrio, pero tienen una configuración legal diversa debido a

400. De ello dependerá la reparación en su patrimonio de la pérdida sufrida por el hecho objeto de cobertura, GARRIGUES, J, *Contrato de seguro terrestre*, cit., 30; STIGLITZ, R., *Derecho de seguros* cit., pág. 23.
401. En la interpretación jurisprudencial, STS de 20 de febrero, 2001, RJ 129/2001; STS de 21 de julio, 2010, RJ 514/2010.
402. SÁNCHEZ CALERO, F., Ley del Contrato de Seguro. Comentarios a la Ley 50/1980… cit., pág. 318.

las consecuencias contractuales que conlleva el reconocimiento de una u otra, además de depender de la configuración contractual de las obligaciones de las partes[403]. Nuestro interés por exponer este contenido está llamado a subrayar la incidencia que los nuevos modos de comunicación, integración de datos y monitorización —que estudiaremos en el apartado siguiente— puede tener a la hora de dar un cumplimiento más efectivo a estos deberes legales.

1. LA AGRAVACIÓN DEL RIESGO EN LAS COSAS

Tal y como se ha puesto de relieve[404], la falta de relevancia que el legislador parece haber atribuido al *cuestionario* de declaración precontractual del riesgo, trae como consecuencia que el deber de comunicar las oscilaciones en sus características y elementos dañosos, por parte del tomador/asegurado, no puedan realizarse de manera eficaz[405], cuestión que potencialmente puede perjudicar al mismo asegurado, pues será éste el que, incumplido el deber y acontecido el siniestro, verá sus expectativas de cobertura disminuidas por no haber cumplido con los deberes dimanantes del art. 11 LCS[406].

1.1. Naturaleza del deber de comunicación

Tal y como se ha expresado en relación con el deber *inicial* —y pre-contractual— de declaración del riesgo, en este caso, partimos de la imposición al asegurado de un *deber jurídico*[407] destinado a protegerle. En este caso, se busca el mantenimiento del equilibrio contractual una vez vigente el contrato. Efectuada la comunicación, si el incremento del riesgo es, en efecto relevante para su valoración patrimonial, el asegurador incrementará la onerosidad de la obligación de pago de la prima a cargo del tomador/asegurado, sin embargo, este incremento tendrá la virtud —ergo beneficio— de adecuar

403. Tal y como podremos analizar *infra*, es el caso de la disminución del riesgo y sus consecuencias sobre la prima del seguro, esta situación solo será factible en caso de que esta fuera mensual y no anual sujeta a fraccionamiento.
404. Entre otros, MORRILLAS JARILLO, M. J.; *La información previa en la contratación de los seguros de personas*... cit., pág. 53, más recientemente, con referencia a la interpretación judicial del deber de respuesta, BENITO OSMA, F., *La transparencia en el mercado de seguros*, cit., pág. 181, GÓMEZ LIGÜERRE, C., «Conocimiento cualificado y declaración del riesgo asegurado...» cit., pág. 17.
405. MORRILLAS JARILLO, M. J.; *La información previa en la contratación de los seguros de personas*... cit., pág. 40; MUÑOZ PAREDES, M. L., *El deber precontractual de declaración del riesgo*, cit., pág. 68, desde el punto de vista del sector profesional, LÓPEZ Y GARCÍA DE LA SERRANA, J., «La agravación del riesgo y la regla de equidad en el seguro de daños» *RRCS* n.º 78, 2021, pág. 5.
406. A modo ilustrativo, STS de 25 de octubre, 2021, ROJ 3955/2021.
407. URÍA, R.; MENÉNDEZ, A.; ALONSO SOTO, R.; «El contrato de seguro...» cit., pág. 620; STIGLITZ, R., *Derecho de seguros,* vol. 2, cit., pág. 65; SÁNCHEZ CALERO, F., *Ley del Contrato de Seguro. Comentarios a la Ley 50/1980*... cit., pág. 314.

a la nueva situación riesgosa —cuyo efecto patrimonial es objeto del contrato— el deber de respuesta del asegurador si el siniestro llegará a producirse. A pesar de ello, es necesario dejar expresado que este deber jurídico no tiene idéntico contenido a aquél expresado en el art. 10.1 LCS, puesto que, en el caso de la agravación del riesgo, las consecuencias de su incumplimiento se acercan más al contenido de una obligación[408] que al de una carga[409].

En efecto, conocido el contenido general del deber de notificar la agravación, el parámetro de cumplimiento que debe cumplir el tomador/asegurado es el de una carga —opera en favor de quien ha de cumplirla— puesto que, de no realizarse, los efectos del incumplimiento serán aplicables a la situación dañosa resultado del siniestro, independientemente del cumplimiento del deber de declaración por parte del tomador[410]. Al efecto de corregir dicho resultado, el legislador impone al tomador y/o asegurado, el deber de *vigilancia constante* de aquellos aspectos que el propio asegurador hubiera considerado relevantes a la hora de valorar el riesgo[411] y que se hubieran incluido en el cuestionario[412]. Esto último, nos lleva a identificar las

---

408. *Cfr.* DÍEZ-PICAZO, L. M., «El contenido de la relación obligatoria» *ADC* vol. 17, n.º. 2, 1964, pág. 355.

409. Se ha ocupado de este particular LATORRE CHINER, N., *La agravación del riesgo*, cit. pág. 111-121.

410. Se ha criticado repetidas veces esta incoherencia del sistema diseñado por la LCS (*Vid.* SÁNCHEZ CALERO, F., *Ley del Contrato de Seguro. Comentarios a la Ley 50/1980...* cit., pág. 314, LATORRE CHINER, N., *La agravación del riesgo*, cit., pág. 107) ello en cuanto que, si los efectos jurídicos de la agravación del riesgo dependieran exclusivamente del cumplimiento del deber de comunicación de dicha agravación, la auténtica valoración del riesgo asumido por el asegurador quedaría en un segundo plano.

411. En este sentido también, BENITO OSMA, F., *La transparencia en el mercado de seguros*, cit., pág. 188, en relación con la redacción anterior a la modificación del art. 11 LCS por la Ley 20/2015, SÁNCHEZ CALERO, F., *Ley del Contrato de Seguro. Comentarios a la Ley 50/1980...* cit., pág. 315.

412. Al efecto, tanto con anterioridad a la inclusión de la referencia expresa al cuestionario en el art. 11 LCS —operada en 2015 por la disposición final 1.2 de la Ley 20/2015, de 14 de julio— la jurisprudencia ha sido consistente en considerar que son éstas —las circunstancias expresadas en el cuestionario— las que determinarán el parámetro de cumplimiento, por parte del tomador o asegurado, del deber de comunicar la agravación del riesgo, *vid.*, STS de 16 de julio, 1990 (RJ 1990, 5884), STS de 22 de mayo, 2003 (RJ 2003/7148); STS de 22 de octubre, 2019 (RJ 3380/2019). Afirmación que no es óbice para tener en cuenta que, tanto a nivel doctrinal (*Vid.*, TIRADO SUÁREZ, F. J., «Anotaciones al deber de declaración del riesgo» cit., pág. 129, MARTÍNEZ-GIJÓN MACHUCA, P., *El seguro privado de asistencia sanitaria*, cit., pág. 110; LATORRE CHINER, N., *La agravación del riesgo*, cit., pág. 147) como jurisprudencial (STS 22 de febrero, 2001 (RJ 2001/2609), STS de 10 de mayo, 2011 (RJ 2011/3851), se ha establecido, de manera consistente, que la ausencia de cuestionario por parte del asegurador si bien, en términos generales exonerará al tomador de declarar *agravaciones* al riesgo, tiene como límite el

características generales del riesgo agravado como aquellas que representan una situación novedosa distinta[413] a la que existía en el momento de la conclusión del contrato[414]; cuyas consecuencias no habrían podido ser previstas por las partes[415], empleando éstas una diligencia normal; circunstancia que debe consistir en una variación duradera que haga más probable el siniestro o genere un daño patrimonial más elevado[416].

1.2. La notificación al asegurador

La comunicación de la agravación del riesgo recae —indistintamente— en el tomador o el asegurado, según establece el art. 11 LCS, salvo el caso de transmisión del objeto asegurado, en el que será el transmitente quien debería realizarla[417], siendo indiferente que la modalidad de suscripción del contrato permita, o no, al asegurador la denuncia del contrato (art. 36 LCS)[418]. Al efecto, es necesario tener en cuenta que la norma

---

deber general de buena fe contractual que castigaría la omisión maliciosa que aprovecha la falta de diligencia del asegurador ya sea por falta de sometimiento a un cuestionario o por una redacción deficiente del mismo.

413. En términos generales, GARRIGUES, J, *Contrato de seguro terrestre*, cit., pág. 156; SÁNCHEZ CALERO, F., *Ley del Contrato de Seguro. Comentarios a la Ley 50/1980...* cit., pág. 317.

414. En particular, deberá tenerse en cuenta el *específico* deber de comunicación de la transmisión del objeto asegurado, establecido en el art. 34 LCS, además de los supuestos —habituales en la contratación de seguros asociados a la actividad empresarial— en los que exista un desfase temporal entre el momento de la conclusión del contrato y el momento de sus efectos jurídicos. Sean éstos anteriores o posteriores, al respecto, LATORRE CHINER, N., *La agravación del riesgo*, cit., pág. 63; BRENES CORTES, J., «Régimen jurídico de la solicitud y la proposición en el contrato de seguro. La formación del contrato de seguro» *RDP* n.º 12, 2004, pág. 87; LA CASA GARCÍA, R., «El seguro de accidentes: delimitación temporal de la cobertura y mora del asegurador» *RDM* n.º 325, 2022.

415. Señalaba LATORRE CHINER, N., *La agravación del riesgo*, cit., pág. 70, que la circunstancia *no prevista* en el cálculo de la prima, no debería ser consecuencia del desarrollo normal de la situación prexistente, es decir que no puede constituir el necesario, inevitable o normal desarrollo de la situación originaria.

416. GARCÍA VILLAVERDE, R.; «Contenido de la notificación de las alteraciones del riesgo...» cit., pág. 1021; BENITO OSMA, F., *La transparencia en el mercado de seguros*, cit., pág. 190. A modo ilustrativo, la STS de 22 de mayo, 2003 (RJ 2002/7756), vino a señalar que si las circunstancias modificatorias no inciden en la probabilidad de que se produzca el siniestro o en las consecuencias dañosas que se derivan de éste, no existe deber de comunicación.

417. SÁNCHEZ CALERO, F., Ley del Contrato de Seguro. Comentarios a la Ley 50/1980... cit., pág. 504.

418. Tal y como señala BUSTO LAGO, J. M («Art. 36 Imposibilidad de rescisión del contrato de seguro por transmisión del objeto asegurado» en BADILLO ARIAS, J. A. (coord.), *Ley*

autoriza la comunicación a través de representantes —*por persona distinta al tomador o asegurado*— o incluso, que el asegurador tenga conocimiento de la agravación «por otros medios»[419].

En este sentido, en necesario recalcar que, al igual que ocurre en la declaración *inicial* del riesgo, el conocimiento que se ha de comunicar y que la LCS presume del obligado (tomador o asegurado) es una declaración de ciencia[420] que ha sido limitada por el asegurador *ab initio*, en el momento de la perfección del contrato a través de las preguntas del cuestionario[421], de manera que será éste —en el contexto actual, probablemente a través del distribuidor de seguros— quien deberá advertir al tomador tanto del contenido de la declaración, como de las expectativas de información de la variación de estas circunstancias durante la vigencia de la relación contractual[422].

2. AGRAVACIÓN DEL RIESGO EN LAS PERSONAS

La mecánica habitual de las circunstancias que configuran el riesgo en los seguros *de personas* ha sido objeto de amplio análisis e interpretación a lo largo del desarrollo de la normativa histórica, pero también más recientemente se ha visto afectada por elementos llamados a reconfigurar su contenido general[423]. Ello nos lleva a analizar, en primer término, el contenido habitualmente reconocido de este deber para, a continuación, incidir en los aspectos más relevantes que, a nuestro entender, ha afectado a su contenido la redacción del art. 10.4 LCS.

---

de contrato de seguro: jurisprudencia comentada, 3ra. Ed. Thomson Reuters Aranzadi, Cizur Menor, 2017, pág. RL-1.6) si el contrato se ha formalizado en una póliza *al portador*, la transmisión del objeto asegurado no habilita al asegurador a ejercitar la facultad de resolución o denuncia unilateral del contrato, incluso si éste considerara que el nuevo titular pueda influir en la agravación del riesgo.

419. En este caso, señala MARTÍ SANCHEZ, J. N.,» La Protección del Asegurador en la Ley del Contrato de Seguro… cit., pág. 480, la relevancia de la buena fe del obligado a realizar la comunicación, pues de ello dependerá el cálculo de la indemnización en caso de siniestro.

420. *Vid.* LATORRE CHINER, N., *La agravación del riesgo*, cit., pág. 124.

421. BATALLER GRAU, J., *El deber de declaración del riesgo en el contrato de seguro*, pág. 22; MARTÍ SANCHEZ, J. N.,» La Protección del Asegurador en la Ley del Contrato de Seguro… cit., pág. 477; SÁNCHEZ CALERO, F., Ley del Contrato de Seguro. Comentarios a la Ley 50/1980… cit., pág. 214.

422. Nótese la postura favorable a incluir un deber más amplio expresado en su día por TIRADO SUÁREZ, F. J., «Anotaciones al deber de declaración del riesgo» cit., pág. 137, en relación con los seguros de daños, mientras que LATORRE CHINER, N., *La agravación del riesgo*, cit., pág. 151, buscando el punto de equilibrio entre un formalismo ineficiente y la carga de una declaración espontánea, propugna la calificación del cuestionario como un elemento *guía* que ayudará al asegurado o tomador a discernir la relevancia de los nuevos hechos que puedan tener relevancia para la valoración del riesgo declarado al inicio de la relación contractual.

423. Art. 209 RDL 5/2023.

2.1. Configuración general

Como ya se había señalado con anterioridad[424], en estos seguros, entendidos como aquéllos sobre la vida, los accidentes, enfermedad, decesos o dependencia de personas físicas, el contenido de la solicitud del seguro estará adaptado a las necesidades de información específica que requiera el asegurador para conocer el riesgo asumido en cada uno de estos supuestos[425], la doctrina ha criticado que el legislador haya recurrido a la técnica de la remisión *a las disposiciones generales de esta Ley* (*vid.* art. 89 LCS) para conocer las reglas aplicables a la agravación del riesgo[426]. Generalmente, al momento de realizar la declaración inicial, el asegurador solicitará datos relativos a elementos descriptores del asegurado: lugar de residencia, hábitos alimenticios, actividad profesional, etc., elementos que pueden llegar a ser un factor cuya modificación —en particular en los seguros de accidentes o enfermedad[427]— determine una progresión inusitada en el riesgo de siniestro[428].

En el caso del previsible deterioro físico del asegurado por transcurso del tiempo, hasta muy recientemente, este era un factor directamente excluido de constituir un *agravante que* deba ser objeto de declaración[429]. La fundamentación técnica de esta situación se basa en el necesario recurso a las técnicas actuariales que convertirían la edad del asegurado en un riesgo constante y creciente, siendo por tanto calculable y repercutible en el coste de la prima[430]. A pesar de ello, la modificación introducida en el art. 11 LCS en 2015[431] que establecía la prohibición absoluta de que la *variación de las*

---

424. *Supra* Capítulo I.
425. Resaltaba TIRADO SUÁREZ, F. J. *Los seguros de personas*, cit., pág. 203, la ineficacia de la clasificación entre *daños* y *personas* en cuanto el sistema de cálculo de las provisiones técnicas, que debe realizar el asegurador en cada una de estas coberturas, es muy diferente si se ha pactado una suma o reembolso, que si se oferta una prestación asistencial.
426. Así, GIRÓN TENA, J. M., «Seguros de personas. Disposiciones comunes y seguro sobre la vida (Arts. 80 a 99)» en VERDERA Y TUELLS, E. (Dir.) *Comentarios a la Ley del contrato de seguro*, vol. I, CUNEF, Madrid, 1982, pág. 984; LATORRE CHINER, N., *La agravación del riesgo*, cit., pág. 240, MARCO ALCALÁ, L. A., *Seguros de personas*, cit., pág. 309.
427. MARTÍNEZ-GIJÓN MACHUCA, P., *El seguro privado de asistencia sanitaria*, cit., pág. 109, LATORRE CHINER, N., *La agravación del riesgo*, cit., pág. 241.
428. Así lo expresaba GARRIGUES, J, *Contrato de seguro terrestre*, cit., pág. 559.
429. En este sentido SÁNCHEZ CALERO, F., *Ley del Contrato de Seguro. Comentarios a la Ley 50/1980...* cit., pág. 317, quien descartaba éstos como elementos novedosos e imprevisibles incluso con anterioridad a la modificación del art. 11 LCS por la Ley 20/2015.
430. GARRIGUES, J, *Contrato de seguro terrestre*, cit., pág. 517, GARCÍA VILLAVERDE, R.; «Contenido de la notificación de las alteraciones del riesgo...» cit., pág. 1022, SÁNCHEZ CALERO, F., *Ley del Contrato de Seguro. Comentarios a la Ley 50/1980...* cit., pág. 325, LATORRE CHINER, N., *La agravación del riesgo*, cit., pág. 250, MARCO ALCALÁ, L. A., *Seguros de personas*, cit., pág. 311.
431. Modificación introducida por el apartado dos de la Disposición final 1º de la Ley 20/2015, de 14 de julio, de ordenación, supervisión y solvencia de las entidades aseguradoras y reaseguradoras («BOE» 15 julio).

circunstancias relativas al estado de salud del asegurado fuera considerada agravación del riesgo, buscaba evitar las interpretaciones contradictorias del deber de declaración de la agravación del riesgo pues algunos tribunales se habían inclinado por la imposición de un deber de declaración muy parecido al de la comunicación *espontánea* del tomador/asegurado[432], mientras que otros aplicaban un criterio sistemático que partía de la configuración legal prevista en el art. 10 LCS para atenuar la dicción literal del art. 11 LCS[433]. En efecto, si tomamos en cuenta el tenor literal del art. 11 LCS, el sistema descrito hasta ahora en relación con el deber de declaración del solicitante parecería incongruente[434] sin la aludida interpretación correctora que tiene, desde el 1 de enero 2016[435] el respaldo legal necesario para vislumbrar una interpretación uniforme del deber de declaración de la agravación del riesgo en el caso de los seguros de personas[436].

2.2. La agravación del riesgo en el caso de determinadas enfermedades

A pesar de lo expresado anteriormente, los avances médicos, tanto de medicina preventiva[437] como terapéutica[438] de determinadas enfermedades que hasta muy recien-

432. En efecto, el sistema general impone al tomador/asegurado la necesidad de realizar un *juicio sobre la conducta ajena*, pues ha de aplicar un juicio profesional para determinar la necesidad de comunicar un hecho que potencialmente agrave el riesgo, SÁNCHEZ CALERO, F. «Art. 11 Deber de comunicar la agravación del riesgo», cit., pág. 322, más categóricamente en este sentido, LATORRE CHINER, N., «Art. 11», cit., pág. 181.
433. Por citar sólo algunos casos de la abundante casuística en la materia: STS de 16 de julio 1990, STS 11 de noviembre, 1997, STS 22 de diciembre 2002, STS 22 de mayo 2003. En particular sobre la *agravación* del riesgo por deterioro en la salud del asegurado, a modo ilustrativo, STS de 4 de enero, 2008 y STS de 18 de julio, 2012.
434. Así también lo señalaba SÁNCHEZ CALERO, F. «Art. 11 Deber de comunicar la agravación del riesgo» *Ley del Contrato de Seguro*, cit., pág. 315. Cfr. LATORRE CHINER, N., «Art. 11», *Comentarios a la Ley del contrato de seguro*, cit., pág. 178.
435. Véase la Disposición transitoria 13° de la Ley 20/2015, de 14 de julio, de ordenación, supervisión y solvencia de las entidades aseguradoras y reaseguradoras.
436. También en este sentido, ILLESCAS R. «La superación de la tinta, el papel y… ¿los cuestionarios?» *RES* n.º 173, 2018, pág. 40.
437. De acuerdo con SEGOVIA DE ARANA, J. M., «Medicina preventiva y predictiva», en SEGOVIA DE ARANA, J. M.; MORA TERUEL, F. (coords.), *Ochoa y la medicina clínica,* Madrid, 2004, pág. 74 y sigs., ésta ha sido desarrollada a partir del conocimiento del sistema de histocompatibilidad. Este sistema que comprende la estructura inmunológica de los seres vivos que los hace diferentes unos de otros, señala que algunos antígenos de este sistema al presentarse con más frecuencia en algunas enfermedades indican la existencia de una predisposición constitucional condicionada genéticamente para padecer determinados procesos patológicos. La aplicación de estas técnicas genómicas desemboca en una ampliación del concepto de medicina predictiva al poder identificarse alteraciones genéticas que, tras el estudio epidemiológico correspondiente, pueden señalar predisposiciones más o menos precisas para el padecimiento de algunas enfermedades.
438. PAPADAKIS, M: MCPHEE, S; RABOW, M; *Diagnóstico clínico y tratamiento 2023,* cit., pág. 39.

temente se creían terminales, pero que en la actualidad tienen una prognosis mucho más favorable, plantean retos regulatorios importantes. Tal y como hemos tenido tiempo de exponer en otro foro[439] el descubrimiento, por parte del asegurado, de la potencialidad de padecer una enfermedad genética —por sometimiento voluntario a una prueba diagnóstica de este tipo[440]— no podrá calificarse como una circunstancia que contribuya a la agravación del riesgo puesto que, a pesar de que por su configuración biológica, este tipo de padecimientos sería técnicamente una enfermedad *preexistente*, deberá aplicarse la presunción de buena fe del tomador/asegurado y considerar como existente la enfermedad sólo desde el momento de aparición de los síntomas de la misma, por mucho que ésta estuviera latente y asintomática por un prolongado período de tiempo.

En este sentido, parece claro que el deber de transparencia del tomador/asegurado, tendrá como límite el derecho a la preservación y control de acceso a sus datos genéticos[441], salvo que éste hubiera dado su consentimiento expreso para permitir dicho acceso, en el sentido regulado por el art. 99 LOSSEAR[442]. A este respecto, parece claro que esta norma de supervisión ha delegado en el distribuidor de seguros la importantísima

---

439. *Vid.* RODAS PAREDES, P., «La información genética como riesgo en el contrato de seguro» *RES* n.º 171-172, 2017, pág. 437.
440. Descartada la posibilidad de que el asegurador tenga la potestad de *imponer* al asegurado la realización de una prueba de tal categoría en base al art. 2.1 de la Carta de Derechos Fundamentales de la Unión Europea, el art. 8 del Convenio Europeo de Derechos Humanos, y que ha sido estimado como base para una prohibición general de discriminación según el conocido caso *Test-Achats ASBL* (Asunto C— 236/09) comentado en relación con la discriminación *genética* por MORRILLAS JARILLO, M. J.; *La información previa en la contratación de los seguros*... cit., pág. 133, desde un punto de vista ideológicamente más sesgado, BOLÍVAR OROÑO, M.V., «La discriminación por características genéticas... cit., pág. 69.
441. Este control de acceso a los datos genéticos viene siendo analizado desde distintos puntos de vista, dado el alcance e incidencia que tiene ya no solo en el ámbito del derecho privado, sino también en la esfera de los DDHH. Un breve reflejo del desarrollo normativo en la protección de éstos puede encontrarse en relación con la normativa anterior a la vigente LO 3/2018, ÁLVAREZ GONZÁLEZ, S., *La utilización de datos genéticos por las compañías aseguradoras*, Fundación Mapfre, Madrid, 2006, pág. 75; MARCO ALCALÁ, L. A., *Seguros de personas*, cit., pág. 305; MORRILLAS JARILLO, M. J.; *La información previa en la contratación de los seguros*... cit., pág. 174. En un ámbito de tratamiento de datos médicos, es necesario señalar que, en el caso de datos generados en el sistema público de salud, la AEPD mantiene una postura consistente en la aplicación restrictiva de cualquier interpretación que permita el libre intercambio de información de historias clínicas, vid. N/REF: 0041/2023 de 10 de julio, 2023 (disponible en https://www.aepd.es/documento/2023-0041.pdf, último acceso 30 nov., 2023).
442. BENITO OSMA, F., El contrato de seguro ante los avances en medicina. cit., pág. 555.

labor de comunicar al solicitante de cobertura, la relevancia de permitir el acceso y tratamiento de estos datos[443].

En este punto es necesario hacer referencia nuevamente a la reciente modificación del art. 10 LCS que, ha venido a establecer una primera regulación del *olvido oncológico* en nuestro sistema legal. Al margen de las consideraciones ya realizadas respecto de los retos de correcta configuración del sistema que permitan una auténtica aplicación práctica bajo los preceptos normativos incluidos tan escuetamente en el RDL 5/2023[444], en este punto del trabajo, en relación con la agravación del riesgo en los seguros de personas que fueran beneficiarios de este derecho potestativo de *omisión de información*[445], creemos necesario reflejar que esta normativa ha venido a regular una *excepción* al principio previamente comentado en párrafos anteriores de este mismo epígrafe y que, de acuerdo con el contenido del art. 11.2 LCS, desde 2016 venía a reconocer que el estado de salud del asegurado no podía considerarse *agravación* del riesgo —*ergo* el tomador/asegurado no estaba obligado a comunicar su variación al asegurador— sin embargo, dado el contenido actual del art. 10.4 LCS, la recaída en la patología oncológica, previamente no declarada por el tomador, sí deberá ser comunicada al asegurador.

Nuevamente, sin mayores datos en relación con el necesario contenido normativo que permita una correcta aplicación de los fines de la norma, solo queda interpretar el reiterado requisito del legislador de la *ausencia* de recaída en la patología médica, como un elemento esencial de aplicación de este derecho potestativo de omisión de información, ello con el fin de permitir al contratante asegurador que, notificada la recaída, pueda hacer uso de los elementos normativos previstos para la agravación del riesgo para reequilibrar la relación contractual[446] a través de una adecuación de la prima o incluso, hacer uso de su potestad rescisoria.

3. CONSECUENCIAS JURÍDICAS DE LA AGRAVACIÓN

Al margen de los casos especiales ya comentados, relativos a ciertos tipos de enfermedades, producido el aumento del grado de probabilidad de que el evento

443. Así lo establece el art. 99.8 LOSSEAR: En la información que habrá de facilitarse al tomador del seguro conforme al artículo 96 deberá igualmente incorporarse la que, en relación con el tratamiento de sus datos personales, establece el artículo 5 de la Ley Orgánica 15/1999, de 13 de diciembre.

444. *Vid. Supra* Capítulo II.2.2 de este trabajo.

445. Y tomando como punto de partida la hipótesis de acceso a la contratación de seguros de cualquier cobertura aseguradora, no solamente los seguros de vida, tal cual expresa la DA. 5º.2 LCS.

446. Entendemos que, con esta notificación, el asegurador tendrá la primera noticia de la entidad y características particulares del riesgo que representa el paciente que recae en la patología oncológica. Siendo, por tanto, lógico que pueda reconfigurar el monto de la prima a la situación riesgosa asumida.

asegurado o el alcance de sus consecuencias patrimoniales se vea incrementado, corresponderá al tomador/asegurado, realizar la correspondiente comunicación[447] *tan pronto le sea posible*. Sobre este último punto, será necesario tener en cuenta que la opción legislativa de no fijar de antemano un plazo de cumplimiento a este deber obedece a una clara opción legislativa que busca resaltar la relevancia del momento en el que el asegurador conoce de la agravación, puesto que los *efectos* jurídicos previstos por el art. 12 LCS, serán exactamente los mismos si la comunicación se realiza inmediatamente al momento que la conozca el tomador/asegurado, o en un momento posterior previo al siniestro (pues en este último caso estaríamos hablando ya de incumplimiento)[448]; sin olvidar que el legislador contempla la posibilidad de que el asegurador pueda conocer de la agravación del riesgo por otros medios en cuyo caso no habrá incumplimiento, por parte del tomador/asegurado pero sí legitimación al asegurador para proponer al tomador la modificación o la rescisión del contrato[449].

De acuerdo con el art. 12 LCS, ambas opciones serán potestativas del asegurador una vez conocidos los hechos que incrementan el riesgo y que cumplan con el requisito material de la *naturaleza disruptiva* de la alteración, de manera tal que, habiéndola conocido a momento de la perfección del contrato, el asegurador hubiera propuesto condiciones más onerosas[450] o directamente denegado la cobertura. En el primer caso, la propuesta de modificación del contrato deberá notificarse al tomador los dos meses siguientes al momento de conocer la agravación, correspondiendo a éste, a su vez, un plazo de quince días para aceptar o rechazar la propuesta. De no pronunciarse al respecto, o si rechaza la propuesta, el asegurador podrá advertir al tomador de la posibilidad de rescisión del contrato otorgándole otros quince días adicionales para que conteste y confirme su rechazo o aceptación,

447. La LCS no ha establecido ningún requisito formal o procedimental para el cumplimiento de este deber. En relación con el legitimado para realizarla, si el llamado a efectuarla es una persona física, ésta podrá hacerlo directamente o a través de representantes legales o voluntarios, mientras que en el caso del tomador/asegurado persona jurídica, la comunicación deberá realizarla el órgano de administración, directamente o a través de los representantes nombrados al efecto.

448. Tal y como explicaba LATORRE CHINER, N., *La agravación del riesgo*, cit., pág. 129.

449. Esta ha sido habitualmente la interpretación judicial preponderante: STS de 22 de diciembre, 1992 (ROJ 1992/10690); STS de 25 de octubre, 1995 (ROJ 1995/7738); STS de 20 de julio, 2000 (ROJ 757/2000).

450. Respetando, por tanto, el principio básico de conservación del negocio jurídico (tratados de manera general por DÍEZ-PICAZO, L. M., *Fundamentos de Derecho Civil Patrimonial*, T. II, pág. 884 y sigs.) en la línea seguida —en este punto— por la legislación francesa y belga que, al igual que nuestro sistema, cumplidos los requisitos legales en cuanto a la entidad de la alteración del riesgo, facultan al asegurador a incidir en el contenido del contrato para reflejar la nueva relación de valor entre las prestaciones previamente pactadas por las partes.

transcurridos éstos el asegurador podrá comunicarle la rescisión definitiva en los ocho días siguientes[451].

El asegurador también podrá ejercer directamente la facultad de denuncia del contrato[452] inmediatamente hubiera conocido de la agravación del riesgo. En este supuesto, el asegurador deberá notificar al asegurado de la intención fehaciente de dejar sin efecto el contrato[453], contando para ello con el plazo de un mes, desde que conoció de la agravación, para efectuar la notificación. Por último, en el caso de que el siniestro se llegara a producir antes de que el asegurador hubiera ejercido esta facultad de denuncia, éste deberá responder al pago de la indemnización pactada inicialmente, salvo el derecho a reducir proporcionalmente la diferencia entre la prima convenida y la que se hubiera aplicado, si el asegurador hubiera conocido la auténtica magnitud del riesgo[454].

4. DISMINUCIÓN DEL RIESGO

Sin duda, si la naturaleza del riesgo puede modificarse al alza, también podrá modificarse en sentido contrario. El legislador no ha sido indiferente a esta posibilidad, al regular, en el art. 13 LCS las circunstancias en las cuales la modificación contractual tendrá origen en una disminución del riesgo que, al igual que en el supuesto de agravación, ocasionará un procedimiento llamado a restablecer la correcta equivalencia de las prestaciones contractuales.

4.1. Elementos de validez

De acuerdo con la regulación normativa, el elemento material relevante será, al igual que en el caso de la *agravación*, la relevancia y naturaleza de la disminución del riesgo. En este caso, el mantenimiento de la *regla de equidad*[455] otorga al tomador/asegurado la facultad de poner en conocimiento del asegurador la trascendencia de la alteración del riesgo —por ejemplo, en el caso de adopción de medidas adicionales de seguridad

---

451. De acuerdo con SÁNCHEZ CALERO, F. *Ley del Contrato de Seguro*, cit., pág. 333, es resaltable la acentuada voluntad legislativa de propugnar —en el caso de propuesta de modificación del contrato— una continuación de la relación contractual en aras a evitar que el asegurado pueda verse desprovisto de cobertura de manera inusitada y repentina.
452. Conviene recordar que la terminología empleada por la LCS en este punto (*rescisión*) no corresponde con la acción de rescisión de los art. 1295 y 1299 CC, sino con el desistimiento del contrato a través de una declaración unilateral de voluntad, en el sentido expresado por DÍEZ-PICAZO, L. M., *Fundamentos de Derecho Civil Patrimonial,* T. II, pág. 891.
453. Nótese la especificidad del sujeto destinatario de la comunicación de denuncia del contrato a favor del asegurado. No quiere esto decir que no debería incluirse también la comunicación al tomador del seguro, sin embargo, la distinción normativa está llamada a proteger, o poner sobre aviso, al sujeto directamente afectado por la ineficacia sobrevenida del contrato, pues es el asegurado quien habría recibido la indemnización.
454. SÁNCHEZ CALERO, F. *Ley del Contrato de Seguro*, cit., pág. 338.
455. *Vid.,*STS de 16 de julio, 1990 (RJ 199/5884).

o prevención en seguros de daños— que permiten proyectar ésta como una situación permanente y novedosa[456] que hubiera ameritado una prima menos elevada[457].

4.2. La notificación al asegurador

Con un contenido normativo muy similar al ya expuesto para la agravación, tanto tomador como asegurado, podrán notificar al asegurador, la existencia de esta modificación que disminuya el riesgo. Esta comunicación tampoco ha de revestir formalidad concreta específica. Tanto en el caso de la agravación como en este de disminución, será, por tanto, posible que el asegurador incluya en la póliza —como en efecto realizan algunas aseguradoras— instrucciones sobre cómo y a través de qué medios realizar esta comunicación fehaciente.

4.3. Posibles consecuencias de la disminución del riesgo

La consecuencia, aparentemente lógica, de la disminución del riesgo, sería la minoración proporcional de la prima (art. 13.2 LCS). Sin embargo, a diferencia de otras legislaciones[458] nuestro legislador ha introducido un criterio corrector de este automatismo, de manera que su aplicación dependerá de la configuración del momento y modo de pago de la prima en el contrato vigente que se hubiera pactado en la póliza[459]. Así, si esta se ha pactado por periodos, la reducción proporcional recaería sobre aquéllos que quedaran por cubrir[460] de manera que si el periodo de

456. Requisitos necesarios para buscar la modificación del contrato, GARCÍA VILLAVERDE, R.; «Contenido de la notificación de las alteraciones del riesgo...» cit., pág. 1021; SÁNCHEZ CALERO, F. *Ley del Contrato de Seguro*, cit., pág. 346.

457. Según nos explicaba SÁNCHEZ CALERO, F. *Ley del Contrato de Seguro*, cit., pág. 347, durante la tramitación parlamentaria de la LCS, la expresión original —(el asegurador) *lo habría concluido con una prima más baja*— fue reemplazado por la expresión finalmente incluida en el texto del art. 13 LCS «lo habría concluido en condiciones más favorables» cuestión que genera confusión pues, como señala el autor, estas condiciones más favorables, lo serían para el tomador del seguro, no para el asegurador.

458. LAMBERT-FAIVRE, Y.; LEVENEUR, L.; *Droit des assurances*, cit., pág. 215 en relación con el contenido del L. 112-3 del *Code des assurances*.

459. De acuerdo con el contenido de los art. 14 y 15 LCS, nuestra regulación ha previsto posibilidad de pactar *primas periódicas* dentro de la anualidad de duración del contrato, sin embargo, salvo el caso de duración del contrato en periodos menores a 365 días, lo habitual en la práctica aseguradora es el cálculo y devengo único e inicial para todo el periodo de seguro, cuestión que no empece para pactar —al mismo tiempo— un fraccionamiento en tantos tramos como estimen las partes, URÍA, R.; MENÉNDEZ, A.; ALONSO SOTO, R.; «El contrato de seguro y la actividad aseguradora» cit., pág. 621; SÁNCHEZ CALERO, F. *Ley del Contrato de Seguro*, cit., pág. 374, VÁZQUEZ CUETO, J. C., «El pago de la prima» en BATALLER GRAU, J., VEIGA COPO, A., *La protección del cliente en el mercado asegurador*, Civitas, Madrid, 2014, pág. 741.

460. SÁNCHEZ CALERO, F. *Ley del Contrato de Seguro*, cit., pág. 351.

referencia fuera anual solo podría reflejarse la minoración en la siguiente anualidad[461].

Tanto en ese caso como cuando el asegurador se niega a la reducción de la prima, el tomador estará legitimado a instar la resolución del contrato —por tanto, a la devolución de la parte de la prima cobrada— si se hubiera pactado el pago por periodos inferiores a la anualidad, el *dies a quo* para realizar el cálculo de las cantidades a devolver será el del momento de comunicación al asegurador de la disminución del riesgo. En el caso de que no hubiera sido así, y que la periodificación de la prima fuera anual, a falta de notificación del asegurador —en el sentido de aceptar la solicitud de disminución de la prima— el tomador podrá ejercitar la facultad de denuncia del contrato y, por tanto, no estará obligado a continuar la relación contractual al finalizar la anualidad anterior[462].

II. NUEVAS TÉCNICAS DE VIGILANCIA DEL RIESGO ASEGURADO EN LOS SEGUROS DE PERSONAS

Tal como hemos podido comentar en detalle anteriormente, el flujo informativo en la relación contractual aseguradora afecta de manera directa a la determinación del estado del riesgo[463]. Como sabemos, para una correcta determinación de la naturaleza del riesgo asumido por el asegurador es necesario que éste prevea la *probabilidad e intensidad* del siniestro. El riesgo constante será aquel que tiene las mismas posibilidades de realización en el curso del seguro, o en un período

461. Como explicaba VÁZQUEZ CUETO, J. C., *La obligación de pago de la prima en la Ley del contrato de seguro*, Tirant Lo Blanch, Valencia, 2007, pág. 290, la normativa de supervisión —actualmente contenida en el art. 118.1.f ROSSEAR— al descomponerse en una serie de obligaciones autónomas entre sí, permitirían modificar *a futuro* la prima del seguro, en caso de disminución del riesgo.

462. Entendemos que, en este caso, al no haber obtenido respuesta positiva del asegurador en relación con su solicitud de minoración de la prima, la aseguradora no podría argumentar la aplicación de la tácita reconducción y por tanto pasar el recibo de renovación del cobro de la prima a la entidad financiera que hubiera designado el tomador. En este sentido, señala con acierto SÁNCHEZ CALERO, F. *Ley del Contrato de Seguro*, cit., pág. 357, que la protección del asegurado es, ciertamente débil pues, a nuestro entender, el legislador ha diseñado un sistema poco amigable que requerirá la expresión y acción activa del tomador/asegurado, mientras que, por otra parte, el asegurador, al menos en sede de disminución del riesgo, no ostenta mayor carga que la de recibir las comunicaciones que en uno u otro sentido le pueda hacer llegar el tomador/asegurado interesado en la minoración de la prima o la denuncia del contrato.

463. Entendido como el conjunto de circunstancias relevantes que van a determinar la posibilidad de que el evento dañoso descrito en la póliza se materialice, DONATI, A., *Trattato del Diritto delle Assicurazioni private*, cit., pág. 184, STIGLITZ, R., *Derecho de seguros*, cit., pág. 189, LATORRE CHINER, N., *La agravación del riesgo*, cit., pág. 7.

de tiempo considerable, mientras que se entiende como riesgo variable cuando las posibilidades de realización aumentan —o disminuyen— durante el período de vigencia de la póliza.

Es evidente que esta situación ha sido tenida en cuenta por el legislador a la hora de regular tanto el supuesto de agravación como el de minoración del riesgo. Sin embargo, el desarrollo de las tecnologías de la comunicación y la integración y sistematización de datos personales en las últimas décadas hace necesario considerar su uso y/o acceso a estos datos a la hora de dar mejor cumplimiento al recíproco deber de mantener al otro contratante informado de la entidad y características del *riesgo* en la relación contractual. Sin duda otro tanto puede manifestarse en el caso de los seguros de daños —cuestión que trataremos en el epígrafe siguiente— sin embargo, en los seguros relativos a personas[464], al margen de las consideraciones generales sobre la materialidad de la variación en la naturaleza del riesgo tanto en los seguros de vida como en los de enfermedad o accidente, será necesario que las nuevas posibilidades de comunicación entre asegurado/tomador y aseguradora cumplan con la normativa pertinente en materia de protección de datos personales.

1. EL TRATAMIENTO DE DATOS PERSONALES EN EL RIESGO DE LOS SEGUROS DE VIDA

Tal y como hemos podido poner de relieve en apartados precedentes, la valoración y delimitación del riesgo cumple una doble función, tanto como el elemento delimitador del alcance de responsabilidad asumida y por tanto necesario para establecer la contraprestación que recibirá el asegurador por asumir la posibilidad de daño en el patrimonio del deudor. Sin embargo, una vez establecida la relación obligacional y vigente el contrato, la función de una correcta determinación del riesgo asegurado permite dar efectividad a la *regla de equidad* y mantener, por tanto, el necesario equilibrio contractual entre las obligaciones de las partes.

Es evidente que en los seguros de capitalización o ahorro, las consideraciones aquí expuestas no tienen mayor relevancia, en tanto que la finalidad del contrato no es el acceso a un servicio o indemnización sujeto a valoración en el momento de que acaezca el hecho asegurado, pues ésta forma parte del sistema de previsión social ya sea *complementaria* o de capitalización personal —en el caso de los seguros de vida de supervivencia— y por tanto las consideraciones de variabilidad del riesgo son inexistentes[465] dado que la causa del contrato requiere tan solo el transcurso del tiempo para generar el hecho que dará lugar a la prestación pactada[466].

464. Ya sean estos de daños, sumas o asistenciales.

465. TIRADO SUÁREZ, F. J. *Los seguros de personas*, cit., pág. 30.

466. Salvedad hecha de los seguros de incapacidad temporal o permanente en los que, habitualmente, no recae en el asegurador sino en el personal sanitario profesional e independiente, establecer los grados de ésta y, por tanto, dar lugar a la prestación pactada.

Sin embargo, en el caso de los seguros de personas en los que el acaecimiento del siniestro conlleva una obligación de hacer —prestar asistencia sanitaria, un servicio pactado, etc.— y por tanto, la prima que se ha establecido refleja en su composición un cálculo del valor de estos servicios, tendría lógica el establecer mecanismos jurídicos que permitan a las partes reflejar de mejor manera el incremento o decremento en la posibilidad de siniestro y/o el alcance de la prestación debida. Descartada la posibilidad de juzgar como elemento generador de la agravación del riesgo el deterioro en la salud general del asegurado, sí se podría reflejar la elevación o disminución de las posibilidades del siniestro en sí[467] a través de la evaluación de la conducta habitual del asegurado.

Si la relación contractual ha de mantenerse en el tiempo, por un lado, la actualización del valor de la prima permite al asegurador de ciertos ramos, protegerse contra los efectos de la inflación[468] pero también permitiría, al tomador/asegurado, el modular y mantener una relación más acorde con el uso de los servicios que potencialmente empleará. Así, en el caso de implantarse un seguimiento constante del asegurado las modificaciones en el comportamiento habitual o en aquél existente —y declarado— al inicio de la relación contractual[469] devendrán relevantes. Sin embargo, si bien es cierto que estas conductas deberán tener entidad suficiente como para afectar *permanentemente* al asegurado para poder ser causa de instar la modificación contractual de agravación o minoración, también lo es que, esta información —información pública, interacciones en redes sociales— o mejor dicho, el acceso a la misma debe ser expresamente autorizada por su titular para poder tener consecuencias jurídicas en la relación contractual[470].

467. Por ejemplo, en el caso de adquisición del hábito o inicio de consumo de tabaco; hacerse vegano; etc.

468. Ya consideraba este problema, GARRIGUES, J, *Contrato de seguro terrestre*, cit., pág. 538, más recientemente, MUÑOZ PAREDES, M. L., «Seguros usage-based: luces y sombras» en VEIGA COPO, A.(dir.) *Seguro de personas e inteligencia artificial*, Thomson Reuters Civitas, Madrid. 2022, pág. 245.

469. En su momento, G1RÓN TENA, J., «Seguro de personas. Disposiciones comunes y seguro sobre la vida (ans. 80 a 99», en VERDERA Y TUELLS, E., *Comentarios a la Ley de Contrato de Seguro*, Tomo 2, CUNEF, Madrid, 1982, pág. 984, consideraba plausible la agravación del riesgo por cambio de profesión, cuestión que la jurisprudencia y la doctrina han reiterado consistentemente tal y como reflejan TIRADO SUÁREZ, F. J. *Los seguros de personas*, cit., pág. 123 y MORRILLAS JARILLO, M. J.; *La información previa en la contratación de los seguros....* cit., pág. 119; MUÑOZ PAREDES, M. L.; «Seguros *usage-based*: luces y sombras» cit., pág. 269.

470. En este sentido, valga el ejemplo del ya histórico Código tipo de ficheros histórico de seguros de automóvil (SINCO), el cual, en conjunto con el Código Tipo de Fichero de Automóviles Pérdida Total, Robo e Incendios y Código Tipo del Fichero de Prevención del Fraude en Seguros de Ramos diversos, todos ellos elaborados por UNESPA, han recibido recientemente informe favorable por la AEPD [Vid. Resolución del Gabinete Jurídico AEPD N/REF: 0032/2022, disponible en https://www.aepd.es/documento/2022-0032.

Cuestión distinta será la del acceso a datos «sensibles» como serán la historia clínica del paciente asegurado[471] o sus datos genéticos. En el caso de estos últimos, ha quedado ya expresado que su tratamiento jurídico será diferente —mucho más exigente[472]— al de cualquier otro debido a los rasgos particulares de los mismos y su potencial mal uso[473].

Todo ello sin perjuicio de la aplicación de las especialidades previstas por la LCS en materia de *incontestabilidad* del contrato por reticencias del tomador en la declaración inicial del riesgo. En efecto, por *mor* del art. 89, cualquier otro dato que hubiera sido omitido por el tomador respecto a la salud del asegurado *ab initio*, será irrelevante para dejar sin efecto la relación contractual por estos motivos[474]. Sin embargo, el acceso a la conducta, hábitos y estilo de vida del asegurado sí podría dar lugar a una *disminución* de la prima en los seguros de vida y/o aquéllos que cubran la incapacidad temporal o permanente, más habitualmente previstos en las pólizas de seguros de accidentes[475].

---

pdf] para continuar su labor de recopilación y comunicación profesional de los datos de sus asegurados.

471. Tal y como exponía BENITO OSMA, F., «El contrato de seguro ante los avances en medicina y tecnología…» cit., pág. 558; desde la perspectiva de la configuración de los modelos predictivos de seguros de vida, RODRÍGUEZ-PARDO DEL CASTILLO, J. M.; «Aspectos ético-actuariales de la predictibilidad genética en el seguro de vida» *RES* n.º 161, 2015, pág. 85, y más recientemente el informe de la Geneva Association, *Digital health: is the euphoria justified?* 2020, pág. 25 en el caso de los seguros de vida, estos datos no presentan mayor indicativo que una cierta tendencia a la selección adversa. No ocurre lo mismo con su posible relevancia para los seguros de enfermedad y asistencia sanitaria, cuestión que estudiamos en el apartado siguiente.

472. Entre las excepciones previstas por la Ley de investigación Biomédica, se encuentra el acceso y uso de datos genéticos por *interés legítimo*, concepto indeterminado que podría dar lugar a una variedad de interpretaciones según nos expone SANCHO LÓPEZ, M., «Los «big data» genéticos y sus límites legales. Especial mención a la investigación con datos genéticos y la crisis del covid-19» *RADNT* n.º 57, 2021, pág. 11.

473. Al margen de la posibilidad de uso y acceso de estos datos si hubieran sido anonimizados de manera que su reidentificación resulte muy gravosa según interpretación del Tribunal de Justicia de la Unión Europea, *vid.* STJUE de 19 de octubre, 2016, Asunto C-582/14, *Breyer Vs. Bundesrepublic Deutschland.*

474. TIRADO SUÁREZ, F. J. *Los seguros de personas*, cit., pág. 117; MUÑOZ PAREDES, M. L.; «Seguros *usage-based*: luces y sombras» cit., pág. 267.

475. A modo de ilustración, en el ya citado informe de la Geneva Association, *Digital health: is the euphoria justified?* 2020, pág. 23, se describe la comercialización de un Seguro de vida de renovación anual, dirigido a asegurados diabéticos quienes, a cambio de mantener un estilo de vida saludable y un nivel de glucosa en sangre dentro de los límites recomendados —datos monitorizados a través de una aplicación del teléfono móvil— obtenían una minoración de la prima. En la misma línea, MALEK, A., «Internet of things (IoT): considerations for life insurers» en BORDA, M; GRIMA, S.; KWIECIEN, I; *Life insurance in Europe*, Springer, Cham, 2020 pág. 188, expone el caso de dos compañías de seguros de vida inglesas que han comercializado productos similares, también para clientes con un IMC elevado o con diabetes tipo 2.

2. LA MONITORIZACIÓN DE LOS HÁBITOS DEL ASEGURADO EN LA VALORACIÓN DEL RIESGO EN LOS SEGUROS DE ACCIDENTES[476] Y ENFERMEDAD[477]

Merced a la configuración del tipo de prestaciones esperadas de los seguros de enfermedad[478] y asistencia sanitaria[479], será en estos tipos de coberturas en las que la acumulación de datos del asegurado puede, realmente, marcar una diferencia importante en el riesgo asumido en la relación contractual. Otro tanto puede afirmarse del seguro de accidentes[480], en cuanto que su naturaleza de *previsión*[481] permite, en caso de siniestro,

476. A pesar de que el objeto del interés asegurado sea la persona y su integridad física, este contrato contine innumerables rasgos de naturaleza *indemnizatoria* que le acercan más a un seguro de daños que a los de sumas, así lo refleja la obligación impuesta por el art. 101 LCS de comunicar al asegurador la existencia de distintos seguros de accidentes a favor de la misma persona, con todo, será subsidiario a éste la regulación prevista para el seguro de vida, vid. SÁNCHEZ CALERO, F. *Ley del Contrato de Seguro*, cit., pág. 2618, con especial énfasis en la determinación de los criterios de clasificación de los supuestos que provoquen el siniestro, DONATI, A., *Trattato del Diritto delle Assicurazioni private*, cit., pág. 513.
477. Aplicando la clasificación legislativa de incluir entre los seguros de enfermedad el de asistencia sanitaria, cuestión no exenta de importantes consideraciones por parte de la doctrina, MARTÍNEZ-GIJÓN MACHUCA, P., *El seguro privado de asistencia sanitaria*, cit., pág. 42; CARBAJO CASCÓN, F., «La posición del asegurador de asistencia sanitaria ante las negligencias de los profesionales de su cuadro asistencial: una propuesta de revisión de la jurisprudencia» en VEIGA COPO, A.(dir.) *Seguro de personas e inteligencia artificial*, Thomson Reuters Civitas, Madrid. 2022, pág. 690.
478. Como seguro *mixto*, de sumas y —si así lo pactan las partes— de indemnización efectiva de los gastos que hubiera realizado el asegurado en concepto de asistencia sanitaria y gastos farmacéuticos.
479. A pesar de poder pactarse el reembolso de gastos médicos, este contrato prevé, casi exclusivamente la prestación, por parte del asegurador, de servicios médicos, quirúrgicos y hospitalarios.
480. No trataremos en este trabajo la situación de los seguros de accidentes *laborales* en cuanto que éstos estarán sujetos a un marco jurídico-público (art. 12 LGSS) marcado por las obligaciones de diligencia en la prevención de riesgos laborales a cargo del empleador (*vid.* ELGUERO MERINO, J. M.; *El seguro de accidentes*, Civitas, Madrid, 2013, pág. 13). Sí diremos, sin embargo, que incluso en estos contratos, el uso/acceso a datos de monitorización permanente a través de tecnología de la comunicación para la monitorización, tanto del lugar de trabajo, como de las actividades del trabajador, también juegan un papel relevante en la determinación de la responsabilidad de diligencia y profesionalidad tanto de una parte como de otra, MILLAS, Y., «Claves de la digitalización en la gestión de prevención de riesgos laborales» *AENOR Revista de la normalización y la certificación* n.º 347, 2019, pág. 26.
481. VERGÉZ SÁNCHEZ, M., «Los seguros de accidentes de enfermedad y asistencia sanitaria (arts. 100 a 106)» en VERDERA Y TUELLS, E. (Dir.) *Comentarios a la Ley del contrato de seguro*, vol. I, CUNEF, Madrid, 1982, pág. 1053.

vincular el pago de una suma, renta o gastos específicos al tipo de lesiones que hubiera sufrido el asegurado[482].

En el caso de estos productos, una vez incluida y regulada, en las condiciones contractuales el compromiso de uso —por parte del asegurado/beneficiario— y acceso —del asegurador— a los datos generados por fitness trackers (*wearables*), smartwatches, aparatos médicos específicos[483], etc., éstos podrían ser determinantes a la hora de establecer el valor de la prima anual futura[484]. Al margen de ello, en el caso de los seguros de asistencia sanitaria —cuyo *riesgo* cubierto alcanza a la prevención del deterioro de la salud del asegurado— es indudable que el acceso a estos datos puede ayudarle a brindar un mejor servicio a sus asegurados y que, por tanto, redunda en su interés el aceptar el uso de éstos como parte de las condiciones contractuales del seguro.

Por tanto, sin perjuicio de la configuración del riesgo asegurado a través de cláusulas de exclusión por conductas riesgosas concretas —como por ej. deportes de riesgo, actividades realizadas en contra del criterio médico, consumo de sustancias prohibidas, etc.— es plausible que pueda incluirse en la póliza elementos conductuales del asegurado que permitan, a cada renovación del periodo de vigencia de la prima, una minoración de ésta si se cumplen las condiciones de mantenimiento o disminución del riesgo que se hubieran acordado en la póliza[485].

Cuestión distinta será la capacidad jurídica del asegurador de *imposición* del uso de estos aparatos y aplicaciones a sus clientes. Particularmente en el caso de los seguros que conllevan prestaciones asistenciales, como es el caso de los seguros de dependencia.

---

482. CARBAJO CASCÓN, F., «La protección del cliente en el seguro de accidentes» en BATALLER GRAU, J., VEIGA COPO, A., *La protección del cliente en el mercado asegurador*, Civitas, Madrid, 2014, pág. 1357.
483. En el caso de pacientes diabéticos, DIA-VIT; Sugarbeat, Glucotrack, etc., son algunos ejemplos de aparatos destinados a ayudar a la auto monitorización de los niveles de glucosa, muchos de ellos ofrecen la posibilidad de conectarse a una aplicación móvil a la que, podría tener acceso el asegurador de asistencia sanitaria.
484. A pesar de ello, en la mayoría de los casos, no hemos encontrado ejemplos de aplicación de la *telemedicina* cuya «recompensa» por uso este vinculada a algún elemento contractual de los aquí estudiados, sino meramente acceso a una gama distinta de servicios o productos que promuevan o incentiven el mantenimiento de un estilo de vida saludable, MALEK, A., «Internet of things (IoT): considerations for life insurers» cit., pág. 189; eneva Association, *Digital health: is the euphoria justified?* 2020, pág. 30.
485. Por otra parte, MORRILLAS JARILLO, M. J.; *La información previa en la contratación de los seguros de personas*...cit., pág. 183, con una visión más crítica, señala como posible efecto negativo de la inclusión de estos elementos de monitorización del asegurado, el del ejercicio, por parte de la aseguradora, de su facultad de denuncia del contrato u oposición a la prórroga, en los términos previstos en el art. 22. En este sentido, creemos, al igual que expresa la autora que dicha facultad debería ser exclusiva del tomador, tal cual ocurre ya con los seguros de decesos y de dependencia.

En el estado actual de desarrollo de la técnica en materia de telecomunicaciones[486], no parece posible que el asegurado pueda negarse a utilizar los medios de comunicación electrónica para acceder o solicitar algunos, o todos, los servicios asistenciales objeto del contrato[487]. A nuestro entender esta dependencia tecnológica *por defecto* deberá ser perfectamente explicada por el distribuidor de seguros a efectos de verificar su comprensión y compromiso de conectividad y buen uso, por parte del asegurado/beneficiario.

III. EL SEGUIMIENTO «EN TIEMPO REAL» DEL OBJETO ASEGURADO

1. INTERNET OF THINGS (IOT)

La digitalización de los flujos de contratación ha superado la mera electronificación[488] para plantearse como parte activa y necesaria para el cumplimiento de las obligaciones, deberes y cargas contractuales[489]. En el caso de modificaciones en la configuración del riesgo, ya sea por su incremento o disminución, tal y como hemos analizado en epígrafes anteriores, han sido objeto de regulación de acuerdo con las técnicas prevalentes en el momento de redacción de la norma material (LCS). Sin embargo, es conocido que, en materia de gestión profesional de riesgos, la industria aseguradora ha sido siempre pionera en la implementación de avances tecnológicos que permitan no solo la prevención sino la gestión de la minoración o incremento de éstos.

En este sentido, en el caso de los seguros de daños, la posibilidad de acceso a los datos del objeto asegurado, por parte del tomador/asegurado, no constituye ninguna novedad. No solamente en el caso de seguros de particulares, sino también en los seguros asociados al desarrollo de la actividad empresarial —robos, incendios, etc.— el recurso a tecnologías de la comunicación electrónica lleva mucho tiempo ya haciendo uso de estas herramientas[490]. El desarrollo de elementos técnicos *permanentemente* conectados

486. Y tomando en cuenta que hay Comunidades Autónomas que ofrecen ya *consultas telefónicas* para determinados servicios de atención primaria (no exclusivamente de cuestiones administrativas), *vid.* Centro de Atención Telefónica de Atención Primaria de la Comunidad de Madrid, https://www.comunidad.madrid/hospital/atencionprimaria/ciudadanos/centro-atencion-telefonica-atencion-primaria-cat-ap.

487. La mayoría de las aseguradoras de seguros de asistencia sanitaria ofrecen ya a sus asegurados, diversos servicios de monitorización —e incluso diagnóstico de patologías concretas de medicina general— de determinadas dolencias, exclusivamente a través de sus aplicaciones móviles.

488. Da cuenta de esta dimensión electrónica del contrato mercantil, ILLESCAS ORTIZ, R., *Derecho de la contratación electrónica*, 3ra. Ed. Civitas, Cizur Menor, 2019, pág. 199.

489. PEÑAS MOYANO, M. J., «Desafíos del legislador en la reforma del régimen…» cit., pág. 142.

490. A modo ilustrativo, la *Guía del comercio seguro* elaborada por la Policía Nacional, junto con la Confederación Española de Comercio incluye entre las medidas preventivas el uso de la tecnología para la grabación de imagen y sonido, todo ello en el marco, entre otros, de los dispuesto por el art. 42, Ley 5/2014, de 4 de abril, de Seguridad Privada.

a servicios de comunicación electrónica no es sino un elemento más en el cúmulo de este tipo de herramientas que, en la actualidad, la gran mayoría de empresas ha integrado en sus políticas de prevención de pérdidas y protección de activos empresariales[491].

Sin embargo, tanto en este ámbito como en el de los particulares, la regulación en materia de protección de datos personales ha establecido una importante «barrera» jurídica a la integración y uso automático de estos datos[492] en base al principio de *proporcionalidad* del acceso propugnado por el TJUE[493]. En este sentido, a nuestro entender y, tomando en cuenta las vías jurídicas que podrían instrumentar una *minoración* del riesgo[494], el asegurador toma en cuenta el uso de estas tecnologías para valorar el riesgo patrimonial asumido[495], pero ello no necesariamente significa que su uso pueda tener mayores consecuencias en los mecanismos de agravación o disminución del riesgo[496].

Por todo lo anterior, en el caso de que el asegurador recurriera a mecanismos de monitorización *constante* del objeto asegurado, será relevante tener en cuenta que este tipo de vigilancia, hasta ahora, no ha sido integrado como elemento específico de diligencia del tomador/asegurado en los seguros de daños, sino como un elemento más preventivo del siniestro. Por ello, es necesario concluir que, salvo una futura adaptación de la legislación de seguros a la comunicación constante de agravaciones o disminuciones del riesgo[497], la integración de esta información en la valoración del riesgo podrá formar parte de la base técnica, pero no del deber de declaración de la agravación del riesgo[498].

---

491. De acuerdo con FLÜCKIGER, I; CARBONE, M; «From risk transfer to risk prevention», *Geneva Association Research Reports*, 2021 pág. 10, el 61% de las empresas utilizan ya aplicaciones de IoT con esta finalidad. El acceso a estos datos por parte de las aseguradoras permitiría integrarlos en sus bases técnicas para el cálculo de la prima neta.
492. Entre otros, MARTÍNEZ LÓPEZ-SÁEZ, M.; «A vueltas con la ponderación de derechos en materia de videovigilancia» *RDC* vol. IX n.º 4, 2022, pág. 355.
493. Asunto C-708/18, *TK v. Asociația de Proprietari bloc M5A-ScaraA*, STJUE de 11 de diciembre de 2019.
494. Tal cual hemos descrito en el epígrafe anterior en relación con la agravación del riesgo en los seguros de personas.
495. En este sentido también.
496. Una conclusión similar, VEIGA COPO, A.; «*Insurtech*, un cambio de paradigma que no es tal» en MARTÍNEZ MUÑOZ, M. (coord.); *Retos y desafíos del contrato de seguro: del necesario aggionarmiento a la metamorfosis del contrato*, Civitas, Cizur Menor, 2020, pág. 1071; LIMA REGO, M.; CAMPOS CARVALHO, J., «Insurance in Today's sharing economy: new challenges ahead or a return to the origins of insurance?» en MARANO, P., NOUSSIA, K., (eds.); *InsurTech: a legal and regulatory view,* Springer, Cham, 2020, pág. 45.
497. CHRISTOFILOU, A.; CHATZARA, V.; «The internet of things and Insurance» en MARANO, P., NOUSSIA, K., (eds.); *InsurTech: a legal and regulatory view,* Springer, Cham, 2020, pág. 61, PEÑAS MOYANO, M. J., «Desafíos del legislador en la reforma del régimen...» cit., pág. 147.
498. En este sentido, VAN DEN BOOM, F.; «Regulating Telematics Insurance» en MARANO, P.; NOUSSIA, K.; (eds.) *Insurance Distribution Directive. A legal analysis*, Springer, Cham,

2. USAGE-BASED INSURANCE Y ON-DEMAND INSURANCE

Tal y como hemos expuesto ya, en la contratación *tradicional* del seguro, la valoración del riesgo —y por ende, la onerosidad de la prima— está directamente relacionada con el riesgo cubierto, según la ponderación que de ésta haga la entidad aseguradora, ponderación inevitablemente basada en la información que le transmita el solicitante de cobertura en la fase inicial de la contratación del seguro.

En la actualidad, en particular en el sector del seguro de vehículos de transporte de personas, ha surgido una categoría de seguros que basa el cálculo de la prima vigente en el contrato, en el mayor o menor uso que se haga del bien objeto del contrato: a través de una conexión electrónica constante entre el asegurador y el objeto asegurado, el primero ofrecerá al tomador una prima —sujeta a modificaciones *durante* el periodo de vigencia del contrato[499]— que refleje el mayor o menor uso —por tanto la auténtica exposición al riesgo— del objeto asegurado[500].

Tomando en cuenta las consideraciones ya realizadas en relación con el acceso a los datos del vehículo, lo cierto es que, al igual que en el caso general de acceso a la información generada por el tomador/asegurado/usuario, las modificaciones del *quantum* al que asciende la prima del seguro se realizarían *a posteriori*, es decir, en el caso de renovación de la vigencia de la póliza[501] y no durante el periodo de vigencia de esta, ello en cumplimiento del principio de invariabilidad e indivisibilidad de la prima[502].

2021, pág. 298, a la luz de los derechos de protección de datos personales que emana del RGDP, realiza una proposición relacionada con la tipología de datos que el asegurador debería estar en posición de proporcionar al tomador/asegurado en relación con el uso y acceso de los datos de este último.

499. La aclaración es importante puesto que, tal cual han reflejado ALCAÑIZ ZANÓN, M.; AYUSO GUTIÉRREZ, M.; PÉREZ MARÍN, A. M.; *El seguro basado en el uso (usage based insurance*), Fundación Mapfre, Madrid, 2014, pág. 38, los sistemas de tarificación basados en el uso (por KMs anuales recorridos; por distancia recorrida y por información GPS (Kms recorridos, velocidad promedio, tipo de vía, franja horaria de conducción) forman parte del sistema habitual de modelización utilizado para generar las bases de datos de siniestralidad, como mínimo desde hace más de dos décadas.

500. Es el caso de la «póliza cuentaKms» de la aseguradora Verti: https://www.verti.es/seguros/poliza-CuentaKms/

501. Una amplia y documentada descripción de las ofertas recientes —y su reflejo en las obligaciones contractuales— ha sido objeto de estudio por, MUÑOZ PAREDES, M. L.; «Seguros *usage-based*: luces y sombras» cit., pág. 255.

502. GARRIGUES, J, *Contrato de seguro terrestre*, cit., pág. 104; SÁNCHEZ CALERO, F., *Ley del Contrato de Seguro. Comentarios a la Ley 50/1980…* cit., pág. 368; una propuesta de reinterpretación de este principio que, podría dar cabida a nuevas fórmulas de vigencia del contrato, y por tanto de su onerosidad, en BATALLER GRAU, J., «El principio de divisibilidad de la prima en el contrato de seguro» en GONZÁLEZ CASTILLA, F., MARIMÓN DURÁ, R., RUIZ PERIS, J. I., (coords.) *Estudios de Derecho del Mercado Financiero. Homenaje al prof. Vicente Cuñat Edo*, Universidad de Valencia, Valencia, 2010, pág. 320.

En este sentido, es importante destacar que, salvo el caso de aplicación de una *póliza flotante*[503] a la contratación de seguros sujetos a la LCS, el concepto actualmente conocido como *on demand insurance* no es sino una modalidad de contratación más, cuya ventaja económica está en la manera expedita de acceder a la cobertura y que ésta puede pactarse por periodos muy cortos de tiempo[504], de manera que el beneficio empresarial está en el modelo de negocio de la entidad aseguradora[505], mientras que para el tomador/asegurado estaría en no tener que contratar una póliza por un tiempo mayor a aquél durante el cual se utiliza el bien. Sin embargo, la dinámica contractual básica sería la misma ya regulada —en nuestro caso— en la LCS y que no depende de la agravación/disminución del riesgo, sino del recurso a medios tecnológicos de comunicación instantánea para concretar el contenido del contrato y cumplir con la regulación en materia de información precontractual, además de en la corta duración del periodo de validez del contrato[506]. Por tanto, estaríamos hablando de un producto basado en la conveniencia de pactar una corta duración en el tiempo, y no, en productos basados en la modificación de un contrato ya vigente.

3. EL RIESGO TECNOLÓGICO SISTÉMICO DE LA CONECTIVIDAD CONSTANTE

3.1. La ciberseguridad y el riesgo durante la vigencia del contrato[507]

Dentro de los *riesgos emergentes*[508] fruto de la tecnificación del proceso de contratación y generación de bienes inmateriales asegurables, es necesario hacer referencia al

503. Método de contratación muy habitual en los seguros de transporte marítimo de mercancías (*vid.* JAVIER CORTÉS, l., *Póliza flotante y seguro en abono*, Real Colegio de España, Bolonia, 1984, pág. 66) pero que, hasta ahora no ha sido empleado en la contratación de seguros de consumo.
504. ZEIER RÖSCHMANN, A.; ERNY, M.; WAGNER, J.; „On the (future) role of on-demand insurance: market landscape, business model and customer perception« *The Geneva Papers on Risk and Insurance-Issues and Practice,* 2022, pág. 618.
505. *Ídem*, pág. 622, CEBULSKY, M. et al., «The digital insurance — Facing customer expectation in a rapidly changing world» en LINNHOFF-POPIEN, C., et al. (eds.), *Digital Marketplaces Unleashed*, Springer, Cham, 2018, pág. 363.
506. Nuevamente, estaríamos hablando de una configuración del modelo de negocio del asegurador, y no necesariamente de un aspecto *contractual* del seguro. Así también lo ha considerado PEÑAS MOYANO, M. J., «Desafíos del legislador en la reforma del régimen…» cit., pág. 144.
507. Las consideraciones aquí realizadas, no están llamadas a estudiar los *ciberseguros* (pólizas destinadas a cubrir las pérdidas patrimoniales ocasionadas por ciberataques de diversa índole y consecuencias para el asegurado) que, de manera preliminar hemos analizado en otro trabajo [RODAS PAREDES, P.; «El cyberseguro empresarial por tratamiento de datos personales» cit., pág. 345.], sino más bien a poner de manifiesto la integración de esta conducta —ciberseguridad— dentro de los deberes de diligencia de las partes durante la vigencia del contrato.
508. Sobre los componentes dinámicos de los riesgos emergentes, SCHANZ, K-U. et al., «The value of insurance in a changing risk landscape» *Geneva Association,* nov., 2023, pág. 17.

riesgo tecnológico que surge del uso —y dependencia intrínseca— de las tecnologías de la información y comunicación. Las características de este riesgo, sin embargo, serán distintas a las de otros que hemos ido asumiendo e incorporando en nuestros quehaceres diarios.

En efecto, si en la actualidad el acceso y uso de las tecnologías electrónicas de comunicación *instantánea* ya sea de audio, video o texto son prácticamente inevitables, el riesgo que plantea su uso es —de momento— indeterminable[509]. Si asemejamos la incorporación de estas tecnologías a, por ejemplo, lo que significó para el ser humano, a principios del siglo XX, el acceso y popularización de los vehículos particulares de transporte terrestre, y por tanto el control, manejo y uso habitual de los hidrocarburos que los impulsaban[510], podemos llegar a comprender el alcance de este nuevo riesgo sistémico. Sin embargo, a diferencia de los hidrocarburos —necesarios para el funcionamiento del motor a combustión— la *ciberseguridad* como concepto técnico/legal nunca ha dejado de incorporar nuevos elementos a su contenido conceptual[511], pues este depende del desarrollo de los medios técnicos que permiten la comunicación electrónica[512]. Esta peculiaridad ha generado, en los mercados de seguros más sofisticados muchas reticencias a la comercialización de productos que aseguren directamente algunos de los perjuicios causados por la falta de diligencia en la prevención de ciber-riesgos[513].

509. Este riesgo tecnológico en el sector financiero y, en particular, en el sector seguros, podría ocasionar costes operativos inasumibles, tal cual han demostrado las *cibercatástrofes* instrumentadas a través de los ataques «NotPetya» y «WannaCry» que, de acuerdo con ABRAHAM, K.; SCHWARCZ, D.; «Courting disaster: the underappreciated risk of a cyber insurance catastrophe» *Conn. Ins. L. J.* vol. 27, 2021, pág. 409, ocasionaron unas pérdidas globales de 10 y 4 billones de dólares, respectivamente.

510. Materiales altamente explosivos que requieren un constante deber de cuidado en su comercialización y uso, y que, a pesar de ello, hemos incorporado a nuestras rutinas diarias y en la actualidad no ocasionan una siniestralidad más acusada que otros peligros del transporte de mercancías o pasajeros.

511. También a modo de muestra, la regulación sobre ciberseguridad a cargo de ENISA [Reglamento (UE) 2019/881 relativo a ENISA (Agencia de la Unión Europea para la Ciberseguridad) y a la certificación de la ciberseguridad de las tecnologías de la información y la comunicación] cuya función principal ha sido el de crear un Grupo de *partes interesadas* sobre Certificación de Ciberseguridad, además de establecer un marco europeo de certificación de ciberseguridad que permita mejorar el funcionamiento del mercado interior europeo a través de un enfoque armonizado de los esquemas europeos de certificación de seguridad que permita la creación de un mercado único digital.

512. Así, la reciente Propuesta de Reglamento UE sobre requisitos de ciberseguridad horizontal para productos con elementos digitales (texto principal disponible en https://ec.europa.eu/newsroom/dae/redirection/document/89543; anexos disponibles en https://ec.europa.eu/newsroom/dae/redirection/document/89544) depende de normativa en elaboración para definir el concepto de *riesgo de ciberseguridad* (*vid.* art. 3. 35 del texto).

513. En el ámbito de la actividad empresarial, los daños ocasionados por ciberataques todavía reciben un tratamiento indirecto, en cuanto el empresario tomador/asegurado debe acreditar

En este contexto, tanto en el ámbito de la contratación de productos de seguro destinados a las personas o al interés sobre objetos materiales o intangibles, creemos importante analizar la situación de la incorporación de estos *elementos tecnológicos* sujetos a ciber-riesgos de distinta índole[514], y la posibilidad de que ésta afecte a la naturaleza del riesgo previamente declarado o que ocasione una falta de cumplimiento de las obligaciones asumidas por el asegurador.

3.2. El ciber riesgo del tomador/asegurado

Tal y como hemos descrito en epígrafes precedentes de este capítulo, en el caso de los seguros de personas, cuando el cumplimiento del servicio contratado —el caso de la *medicina preventiva*, cobertura habitual de los seguros de asistencia sanitaria de los últimos tiempos— conlleva el uso esporádico o habitual de aparatos electrónicos que dependen —o están diseñados para funcionar exclusivamente a través— de comunicaciones electrónicas constantes, programas informáticos de diversa complejidad o incluso de aquellos que están programados para tomar decisiones automatizadas[515], surge la posibilidad de que sean objeto de ciberataques. Este tipo de *agresión tecnológica* puede ocasionar – de hecho, la finalidad de la agresión suele buscar esa consecuencia – un mal funcionamiento del aparado, enviar información errónea al proveedor del servicio y/o al usuario o impedir el desarrollo de la actividad normal prevista por el programador del producto. En definitiva, ser la causa de que el servicio contratado no llegue a realizarse o, incluso, a que el aparato así conectado, quede inutilizable y deba ser reemplazado.

---

la pérdida *física* por no poder atender a sus obligaciones con terceros o por la responsabilidad surgida por fallos en su cadena productiva interna, en mayor detalle, LOGUE, K.; SHNIDERMAN, A.; «The case for banning (and mandating) ransomware insurance» *Conn. Ins. L. J.* vol. 28, 2021, pág. 269.

514. Excede el ámbito de este trabajo, sin embargo, creemos necesario puntualizar que, en el ámbito de los *grandes riesgos*, en particular en la práctica aseguradora de los seguros de transporte internacional de mercancías, los ciber riesgos están excluidos de cobertura, [*vid.* Institute cyber attack exclusión clause, CL 380] incluidos aquéllos fruto de acciones terroristas que no buscan un rédito económico, tal cual denota SOYER, B. «Cyber risks in the Maritime Sector: Growing Pains and Legal Problems» en MUKHERJEE, P.K., MEJIA, M.Q., XU, J. (eds) *Maritime Law in Motion* Springer, Cham, 2020, pág. 627.

515. En este último caso, al margen de las iniciativas legislativas en marcha (Propuesta de Reglamento del Parlamento Europeo y del Consejo por el que se establecen normas armonizadas en materia de inteligencia artificial (Ley de Inteligencia Artificial) y se modifican determinados actos legislativos de la Unión, COM/2021/206/final, cuya versión más actualizada según el procedimiento de adopción del Parlamento europeo puede encontrarse en https://www.europarl.europa.eu/doceo/document/TA-9-2024-0138_EN.pdf), existen diversas iniciativas para dotar a estas tecnologías de unos principios éticos que permitan el mantenimiento de las garantías y responsabilidades necesarias para un uso justo y adecuado, entre otros, BRENES CORTÉS, J., «Principios de gobernanza para una inteligencia artificial ética y digna de confianza en el sector asegurador europeo», en VEIGA COPO, A.(dir.) *Seguro de personas e inteligencia artificial*, Thomson Reuters Civitas, Madrid. 2022, pág. 517.

En este contexto, es necesario plantearse cuál es el grado de *diligencia* del usuario final (tomador, asegurado o beneficiario) que puede esperar el asegurador que ofrece sus servicios asistenciales a través de estos aparatos. Como sabemos, muchos ciberatacantes explotan —para implantar el código maligno— el desconocimiento del usuario de las debilidades técnicas de algún programa usual o habitual, para acceder a la red interna objeto del ataque[516] o la llamada *ingeniería social*[517] que permite obtener de la víctima, la información necesaria para implantar el programa malicioso en la red que, merced a la perenne interconectividad de los sistemas informáticos, rápidamente contamina otros aparatos de manera exponencial.

En el caso de la contratación con consumidores, al efecto de delimitar el alcance de su diligencia esperada, la determinación del deber de cuidado en el entorno tecnológico se asemeja, a nuestro entender, al presupuesto de *cognoscibilidad* formal de las cláusulas contractuales predispuestas, en cuanto que es un criterio de cuidado de aquello a lo que se puede aspirar, pero que sin embargo, no constituye ninguna garantía de que, en nuestro caso, el tomador/asegurado, comprenda el alcance de sus actos y actúe en consecuencia. A ello habrá que añadir el ámbito particular de conocimiento técnico de los programas informáticos y las comunicaciones electrónicas que puede esperarse —y por tanto exigir— a este consumidor medio. La posibilidad de fallo técnico, es decir de un mal funcionamiento del programa informático, ya sea por un problema de diseño de éste o porque el programa base su actuación en información incorrecta o no pertinente[518] que la lleve a incurrir en conductas que ocasionen un siniestro, aumenta conforme aumente el nivel de complejidad de la estructura del sistema informático[519].

516. A modo ilustrativo, es el caso de la naviera Maersk – una de las afectadas por *NotPetya* en 2017 – cuya red empresarial global fue infectada con dicho programa maligno a través de un único ordenador ubicado en un puerto ucraniano en el que un trabajador de la naviera instaló un programa informático, de manejo de datos contables, en el que se encontraba la vulnerabilidad que permitió, al *ransomware,* instalarse y propagarse a cualquier otro ordenador conectado a este. *Vid. https://www.wired.com/story/notpetya-cyberattack-ukraine-russia-code-crashed-the-world/* (último acceso 22/12/2023).

517. BENAVIDES, E., FUENTES, W., SÁNCHEZ, S.; «Caracterización de los ataques de phishing y técnicas para mitigarlos» *Revista Ciencia y tecnología* vol. 13 n.º 1, 2020, pág. 97.

518. Es el caso de @TheGlazeProject y una versión más avanzada *Nightshade*, software desarrollado por investigadores de la Universidad de Chicago que permite a sus usuarios *confundir* al software generativo para que éste cometa errores y ofrezca resultados erróneos (una descripción académica de las posibilidades técnicas de estas herramientas ha sido autopublicada por SHAN, D. et al.; «Specific poisoning attacks on text-to-image generative models», disponible en https://arxiv.org/pdf/2310.13828.pdf), todo ello con el fin de ofrecer herramientas de protección de la propiedad intelectual disponible en abierto.

519. Al margen de los numerosos trabajos doctrinales que han surgido en relación con la valoración de la responsabilidad civil contractual y extracontractual en estos casos, sin duda es necesario prestar atención a su prospectiva regulación legal por las instituciones europeas así, será necesario tener en cuenta la más reciente versión (28 de septiembre, 2022) de la Propuesta de Directiva para adaptar la normas de responsabilidad civil extracontractual

En el contexto de seguros de personas con una configuración de seguros de daños (particularmente los de responsabilidad civil), si el tomador/asegurado/beneficiario es quien permite —o directamente, de manera inadvertida— instala el programa susceptible de ciberataque, ¿podrá el asegurador calificar esta conducta como agravatoria del riesgo? Nos planteamos, por tanto, la duda de si existe un deber legal de cuidado mínimo exigible a quien emplea estos aparatos conectados a un sistema de telecomunicaciones y que constantemente envía y recibe datos. A nuestro entender la respuesta dependerá del tipo de aparato y el grado de culpa en la conducta del usuario. No es lo mismo navegar por internet en un ordenador portátil que no tenga instalado un antivirus, a que el respirador portátil del asegurado de asistencia sanitaria deje de funcionar por un ataque de *ransomware* sufrido por el fabricante del aparato o por la clínica que presta el servicio asistencial.

Así, en el primer caso, el asegurador de la pérdida/daños del portátil tendría, a nuestro entender, elementos suficientes para alegar una agravación del riesgo de pérdida o daño irreparable del soporte *físico* (ordenador portátil) si, con posterioridad al siniestro, puede comprobar que la inutilización del equipo informático se debió a la falta de implementación de medidas de ciberseguridad básicas, por parte del tomador/asegurado. En el segundo caso, la situación sería la contraria, pues será el incumplimiento de la prestación debida por el asegurador el que generaría el perjuicio al tomador/asegurado/beneficiario[520].

Otro tanto sería esperable de la conducta de un empresario que contrata un seguro de pérdida/inutilización de los medios técnicos de producción o comercialización de la empresa. Si esta es objeto de un ataque informático, la determinación de la conducta de los trabajadores —en cuanto a existencia y correcta implementación de protocolos de ciberseguridad— debería ser un factor cada vez más relevante para el asegurador. En este sentido, será importante revisar las cláusulas que describan el compromiso de medios técnicos de protección de la maquinaria asegurada y sus elementos electrónicos, si esta está sujeta a actualizaciones del programa informático y a cargo de quién y cómo se realizan estas actualizaciones, para poder determinar si esta conducta culpable está o no incluida dentro del espectro de daños asegurados[521] por un potencial seguro de

---

a la inteligencia artificial (accesible en: https://commission.europa.eu/document/download/f9ac0daf-baa3-4371-a760-810414ce4823_en), así como la Propuesta de Directiva del Parlamento Europeo y del Consejo sobre responsabilidad por los daños causados por productos defectuosos (disponible en https://ec.europa.eu/info/law/better-regulation/have-your-say/initiatives/12979-Civil-liability-adapting-liability-rules-to-the-digital-age-and-artificial-intelligence_en accedido el 29 de diciembre, 2023).

520. Tal y como nos los recuerdan ABRAHAM, K.; SCHWARCZ, D.; «Courting disaster...» cit., pág. 422 y particularmente desde el punto de vista de la potencial responsabilidad civil del fabricante, CROOTOF R., «The internet of torts: expanding civili liability standardas to address corporate remote interference» *Duke L. J.* vol. 69, 2019, pág. 656.

521. La póliza suele incluir una variedad de descripciones generales sobre daños cubiertos, sin embargo, como ya hemos puesto de relieve en otros apartados de este trabajo, la práctica ase-

pérdida de beneficios por interrupción del negocio[522], responsabilidad civil o daños a la propiedad material y/o inmaterial del empresario asegurado[523].

IV. LA TRANSMISIÓN DE INFORMACIÓN EN LA TRAMITACIÓN DEL SINIESTRO

Acaecido el siniestro, corresponderá al tomador/asegurado o beneficiario, dar puntual cuenta de este hecho al asegurador para que este proceda al cumplimiento de las obligaciones pactadas. En este *interim* el desarrollo del proceso de liquidación y cálculo previo de la indemnización, o la entidad del servicio a realizar —en el caso de los seguros que llevan aparejado este tipo de prestación— depende, en la mayoría de los casos, de la celeridad de la notificación y, en un momento posterior, de la colaboración activa del asegurado ya sea para el peritaje de los daños al objeto asegurado, como para la delimitación del servicio que deberá realizar el asegurador o los profesionales de su cuadro médico. A ello se unirá, en el caso de los seguros de daños, el cumplimiento del deber de salvamento desde el momento de la materialización del siniestro hasta que el asegurador se haga cargo de este.

1. ANTECEDENTES

A pesar de que en países de nuestro entorno existía regulación en materia de los deberes informativos del asegurado cuando el siniestro se hubiera producido[524], la regulación vigente en España con anterioridad a la Ley 50/1980, del contrato de seguro, no contemplaba ninguna norma específica respecto al procedimiento o formalidades a llevar a cabo para instrumentar la comunicación del acaecimiento del hecho dañoso. De

---

guradora española históricamente ha recurrido más a las cláusulas de *exclusión* de cobertura más que a las de descripción de los riesgos cubiertos, a modo ilustrativo, la descripción de daños no cubiertos en la póliza SegurCaixaNEGOCIO disponible en https://www.caixabank.es/deployedfiles/empresas/Estaticos/pdf/CaixaNegocios/CCGG_Negocioes_online_V4.pdf (accedido el 29 de diciembre, 2023).

522. En el que el objeto asegurado es la frustración de la ganancia por daños a la propiedad del empresario, VEIGA COPO, A., *Seguros de pérdida de beneficios por interrupción del negocio* Thomson Civitas, Cizur Menor 2020, pág. RB-1.4, o los daños ocasionados a terceros por el fabricante del producto susceptible de ciber ataque, que en nuestro medio no conoce particular especialidad que la separe de la habitual responsabilidad por producto defectuoso, MARTÍN OSANTE, J. M.; «Seguro de responsabilidad civil por productos defectuosos, inteligencia artificial y robots», en VEIGA COPO, A.(dir.) *Seguro de personas e inteligencia artificial*, Thomson Reuters Civitas, Madrid. 2022, pág. 916.

523. Sobre el aseguramiento de la responsabilidad civil del empresario por pérdida de datos de terceros nos hemos ocupado en, RODAS PAREDES, P., «El cyberseguro empresarial por tratamiento de datos personales» cit. pág. 331.

524. Véase a modo ilustrativo el art. 1913 del Código Civil italiano, o el art. 113-2, 4to. del Código de Seguros francés.

esta manera, el deber de información al asegurador tenía su fundamento en la libertad contractual y estaban, por tanto, incluidas en las condiciones generales fijadas en las pólizas. Así, era habitual que se determinara un plazo concreto para realizar la declaración de siniestro, pero que éste fuera distinto según el riesgo asegurado[525]. En relación con la sanción por incumplimiento de la declaración del siniestro, la mayoría de las pólizas solían prever como tal, la pérdida del derecho a la indemnización, recurso que encontraba sustento legal en el art. 1796 CC entonces vigente[526], al ser esta una sanción gravísima el índice de litigiosidad que generaba era considerable[527].

2. REGULACIÓN VIGENTE

2.1. Fundamento

De acuerdo con la regulación contenida en la LCS, en el caso de los seguros que llevan aparejada una prestación indemnizatoria[528], los deberes informativos posteriores a la producción del hecho dañoso se imponen a los diversos sujetos relacionados con el objeto asegurado. A diferencia de lo que ocurría con la regulación anterior, el tipo de sanciones previstas por incumplimiento de este deber conoce una sanción proporcional al cumplimiento del objeto del contrato.

En efecto, la LCS introdujo una serie de elementos técnicos llamados a adecuar el contenido de los deberes inherentes al contrato a la pericia técnica y conocimientos de los contratantes, de manera que la *ubérrima bona fidei* que con la legislación anterior se predicaba casi siempre en favor del asegurador ha venido a imponerle deberes de contenido material en orden a permitir, al contratante asegurado, recibir la correcta cobertura del riesgo transmitido a través del contrato[529]. Así, la norma atribuye el *deber*

525. Señala GÓMEZ SEGADE, J. A. «La declaración del siniestro», cit., pág. 428, que lo habitual era establecer un plazo de cuarenta y ocho horas en los casos de pólizas de incendios y de ocho días en la mayoría de los restantes ramos de seguros.
526. De acuerdo con el sistema de fuentes anterior a la aprobación de la LCS, la regulación del contrato de seguro se encontraba regulada en los arts. 380-438 del Código de Comercio (CCom), aunque el carácter mercantil del contrato de seguro no era óbice para que, merced a la previsión del art. 50 CCom, la regulación en materia de contratos aleatorios prevista en el Código Civil (CC) en los art. 1791-1797 completara la ya señalada en el CCom.
527. GÓMEZ SEGADE, J. A. «La declaración del siniestro», cit., pág. 428, OLAVARRÍA IGLESIA, J., «Artículo 16» en BATALLER GRAU, J., BOQUERA MATARREDONA, J., OLAVARRÍA IGLESIA, J. *Comentarios a la Ley del Contrato de seguro*, Tirant lo Blanch, Valencia, 2002, pág. 229.
528. Una lectura analítica del art. 18 LCS permite detectar que este ha sido, casi exclusivamente, el punto de vista del legislador a la hora de introducir las normas que dan lugar a su correcta aplicación. En este sentido, SÁNCHEZ CALERO, F.; *Ley del Contrato de Seguro. Comentarios,* cit., pág. 433; BATALLER GRAU, J., «La obligación del asegurador de cumplir la prestación comprometida» cit., pág. 821.
529. GÓMEZ SEGADE, J. A. «La declaración del siniestro», cit., pág. 423.

jurídico[530] de comunicar el siniestro tanto al tomador del seguro como al asegurado o incluso al beneficiario designado por el tomador. Con ello el legislador resalta la importancia de la comunicación del hecho en interés de la consecución de la finalidad del contrato, razón por la que asigna este deber a todos los sujetos relacionados directamente con el interés asegurado[531].

La regulación del deber de declarar el acaecimiento del siniestro responde, sin duda, a la percepción del asegurado, tomador y/o beneficiario como *gestores* del riesgo, en tanto que serán éstos, o por lo menos uno de ellos quienes estén en contacto directo con el interés expuesto al riesgo objeto de cobertura, dado que el asegurador no está en esta situación, es necesaria la imposición de estos deberes a aquellos sujetos que sí tienen influencia decisiva sobre la prestación del asegurador además de sobre la misma existencia del contrato. Ello queda de manifiesto de manera aún más clara si tomamos en cuenta la regulación específica que el legislador ha previsto en esta materia en relación con los seguros de daños y la tramitación de los peritajes en caso de discrepancia en la liquidación realizada por el asegurador[532].

2.2. Sujetos

Así, en relación con el autor de la declaración hay que considerar incluidos entre tales no solamente a las personas ya mencionadas como parte del contrato —tomador del seguro, asegurado o beneficiario— sino también a sus respectivos representantes legales, con la posibilidad de añadir a este elenco a terceros relacionados directamente con el riesgo asegurado. En el primer caso, es fácil deducir que los representantes del tomador o asegurado persona física están perfectamente legitimados para, en interés de su representado, cumplir con la carga impuesta por la norma. En cuanto al asegurado o tomador persona jurídica, la declaración siempre corresponderá realizarla a quienes ostenten su representación legal u orgánica —si se trata de una sociedad mercantil— pero también podrá ser llevada a cabo por cualquier otro representante voluntario o persona que hubiera recibido mandato para ello.

Por otra parte, en relación con terceros relacionados directamente con el riesgo asegurado, creemos necesaria la distinción entre aquellos que al igual que el tomador

530. Calificado como tal por STIGLITZ, R., *Derecho de seguros* vol. 2, cit. pág. 87, GÓMEZ SEGADE, J. A. «La declaración del siniestro», cit., pág. 435, OLAVARRÍA IGLESIA, J. «Art. 16», cit., pág. 230.
531. Así también OLAVARRÍA IGLESIA, J. «Art. 16», cit., pág. 235.
532. En un ámbito ajeno a los fines de este trabajo pero que, sin embargo, contiene una importancia práctica indubitada, en este sentido la obra de BATALLER GRAU, J., *La liquidación del siniestro en los seguros de daños*, Tirant lo Blanch, 1997; más recientemente y tomando en cuenta las especialidades al procedimiento pericial introducidas por la Ley 15/2015, MARTÍNEZ CAÑELLAS, A., *El procedimiento pericial de determinación del daño en los seguros: (tras la regulación del procedimiento de nombramiento de tercer perito en la Ley de jurisdicción voluntaria)*, Dykinson, Madrid, 2019, pág. 32.

y asegurado *deben* declarar el acaecimiento del hecho dañoso. Entre éstos se encontrarían no solamente el beneficiario, sino también el tercero perjudicado en los seguros de responsabilidad civil[533] y, en caso de fallecimiento de cualquiera de los llamados al cumplimiento de este deber, de sus herederos en tanto subrogados en los derechos y obligaciones de su causante[534]. En relación con los acreedores hipotecarios, pignoraticios y privilegiados, a nuestro entender no correspondería atribuirles el deber, sino más bien la facultad de comunicar el siniestro[535] en tanto que al no formar directamente parte del contrato sería desproporcionado imponer esta carga contractual a quienes no necesariamente estarán en relación constante con el objeto asegurado.

2.3. Contenido del deber de comunicación

El cumplimiento de este deber de información genera, en realidad, la necesidad de realizar dos conductas activas por parte de los obligados a su cumplimiento. Por una parte, la declaración del siniestro, cuestión que conlleva, a su vez, la realización de tres presupuestos más o menos sucesivos: que se hubiera producido el hecho dañoso, que el tomador, asegurado o beneficiario tuvieran conocimiento del mismo, y por último, que el asegurador no conociera de dicho acontecimiento. Y por otra, al mismo tiempo, o con posterioridad a la realización de la declaración del siniestro, corresponde también proporcionar al asegurador, todos los datos *complementarios* al acaecimiento del hecho dañoso, pues de otra manera no podría, el asegurador, dar cumplimiento cabal a sus obligaciones de reparación, sustitución y/o indemnización al asegurado.

La producción del hecho dañoso o siniestro supone la realización del evento cuyo riesgo es objeto de cobertura. Por ello, según la naturaleza del objeto asegurado y el alcance de la cobertura contratada, este podrá ser un hecho concreto de producción instantánea —robo, fallecimiento, accidente, etc.— o tratarse de un hecho que tiene una existencia más bien prolongada en el tiempo —enfermedad, incendio, asistencia sanitaria, etc.— en cuyo caso será necesario determinar con mayor precisión el momento en que nace el deber de declaración del siniestro[536].

Por otra parte, una vez producido el siniestro será relevante, a efectos del momento que nace el deber de información, que los sujetos obligados a realizar la comunicación

533. Así lo señala el art. 76 LCS en cuanto requisito previo al ejercicio de la acción directa del tercero perjudicado.
534. Ello en cumplimiento de lo previsto en el art. 34 LCS.
535. También en este sentido SÁNCHEZ CALERO, F.; *Ley del Contrato de Seguro. Comentarios,* cit., pág. 401, y OLAVARRÍA IGLESIA, J. «Art. 16», cit., pág. 236, *cfr.* GÓMEZ SEGADE, J. A. «La declaración del siniestro», cit., pág. 438.
536. De acuerdo con ATIENZA NAVARRO, M. L., EVANGELIO LLORCA, R. «Art. 73» en BATALLER GRAU, J., BOQUERA MATARREDONA, J., OLAVARRÍA IGLESIA, J. *Comentarios a la Ley del Contrato de seguro*. Valencia (2002): Tirant lo Blanch, pág. 818, en el caso de los seguros de responsabilidad civil, será necesario que nazca a cargo del asegurado, una obligación indemnizatoria.

tengan conocimiento de la producción del siniestro. En este sentido, será irrelevante la manera de adquirir dicho conocimiento, pero no así el hecho de que éstos tengan conocimiento de que el hecho acontecido constituye un riesgo cubierto por el contrato de seguro[537]. Por esta razón puede afirmarse la voluntad del legislador de configurar la adquisición de este conocimiento como una conducta pasiva por parte de los sujetos llamados a cumplir con la declaración del siniestro[538].

Todo ello parte del presupuesto del desconocimiento, por parte del asegurador, de la producción del hecho dañoso. Siendo este una persona jurídica, y teniendo la declaración de siniestro características de una declaración de ciencia o saber[539], será necesario que los sujetos llamados a cumplir con este deber de información la efectúen ante los representantes del asegurador que en la mayoría de los casos serán agentes del mismo o dependientes directos[540]. En el caso de pluralidad de aseguradores, será necesaria la comunicación de los hechos a cada uno de ellos, pues se entiende que todos ellos forman parte de la comunidad de riesgos[541].

Por otra parte, la norma también prevé la posibilidad de que el asegurador conozca de los hechos por otros medios. Ello toma en cuenta los casos en los que, según el objeto asegurado y las circunstancias del caso, la comunicación de este se realice por medios de prensa —caso de siniestros de especial gravedad— o en aquellos casos de daños entre dos asegurados del mismo asegurador, o cuando el asegurador participa en el salvamento del objeto asegurado, etc. De acuerdo con los temas aquí tratados, en el caso de objetos asegurados sometidos a monitorización constante a través de comunicación electrónica —por ejemplo, IoT— o cualquier otro medio de intercambio constante de información *con el asegurador*, el tomador/asegurado/beneficiario, podrá confiar en esta declaración automática del siniestro. A estos efectos, si la conectividad del objeto asegurado está vinculada al fabricante o cualquier otro gestor del funcionamiento del

537. En este sentido OLAVARRÍA IGLESIA, J. «Art. 16», cit., pág. 233, SÁNCHEZ CALERO, F. «Art. 16. Comunicación del siniestro», cit., pág. 402.

538. GÓMEZ SEGADE, J. A. «La declaración del siniestro», cit., pág. 433, quien además señala acertadamente en apoyo de esta postura, que nuestra legislación, de haber preferido imponer una conducta activa, podría haber empleado una expresión adecuada a ese fin, mientras que la regulación vigente señala que la obligación nace cuando «se ha conocido» el acaecimiento del siniestro.

539. SÁNCHEZ CALERO, F.; *Ley del Contrato de Seguro. Comentarios,* cit., pág. 403, MAROÑO GARGALLO, M., «Los deberes de comunicación e información del siniestro y el deber de salvamento» en BATALLER GRAU, J., VEIGA COPO, A., (dirs.) *La protección del cliente en el mercado asegurador*, Civitas, Madrid, 2014, pág. 775.

540. Téngase en cuenta que, merced a la regulación en materia de mediadores de seguros la comunicación al *corredor* de seguros no produce efectos liberatorios en los sujetos llamados a cumplir con el deber de declaración del siniestro dado el carácter *independiente* de este tipo de mediadores de seguros.

541. Excepción hecha de los coaseguros, donde bastará la comunicación al asegurador que ostente la calidad de «abridor».

aparato siniestrado, será necesario que el obligado a comunicar el siniestro utilice las vías de comunicación «habituales» o aquellas que hubiera aceptado como canales de comunicación de siniestros, de acuerdo con la póliza.

2.4. Plazo para el cumplimiento

El art. 16 LCS señala, como plazo para efectuar la declaración del siniestro, que el mismo habrá de realizarse dentro de los siete días desde que los sujetos llamados a cumplir con el deber de declaración hayan conocido de su acaecimiento. De esta manera, la norma introduce un período de tiempo exacto que además de ser susceptible de ampliación convencional, evita la ambigüedad de un término indeterminado como podría ser la expresión «a la menor brevedad posible» y que está llamado a proporcionar a los obligados el tiempo suficiente como para realizar la comunicación del siniestro, cuestión que pone una vez más de relieve la vis protectora de los derechos del asegurado, en tanto que otras legislaciones de nuestro entorno han establecido un plazo inferior. Ello no es óbice para destacar que, según el tipo de riesgo asumido, habrá particularidades a tener en cuenta en relación con la realización del siniestro. Es el caso del aseguramiento de la responsabilidad civil —en particular la extracontractual del empresario— en el que la misma LCS ha reconocido privilegios protectores del tercero perjudicado[542], pero que dependen de la entidad y características del hecho dañoso[543].

El inicio del cómputo de los siete días comenzará, de acuerdo con la regulación en la materia[544], al día siguiente del momento en que los sujetos obligados hubieran conocido de la realización del evento dañoso, y finalizará a las veinticuatro horas del séptimo día.

2.5. Efectos del incumplimiento

En este punto es pertinente señalar que la sanción legal por incumplimiento de este deber, por parte del asegurado, está llamado a buscar un reequilibrio de las prestaciones puesto que, al incentivo del daño moral del tomador/asegurado que puede intentar no solo incumplir su deber de salvamento, sino por acción u omisión incrementar la pérdida patrimonial, para obtener la sustitución/reconstrucción del objeto asegurado o una mayor suma indemnizatoria. La medida preventiva articulada por el legislador es, por tanto, fijar como sanción el reconocimiento del derecho de la aseguradora a reflejar, de manera proporcional, los daños derivados del incumplimiento en la pronta notificación o, probada la manifiesta intención de perjudicar los intereses del asegurador, la liberación de toda prestación derivada del siniestro.

La LCS en concordancia con su espíritu protector de los intereses del contratante más débil, introdujo de manera expresa como única sanción posible ante la falta de declaración del siniestro, la facultad del asegurador de reclamar los daños y perjuicios

542. *Vid.* art. 76 LCS.

543. Sobre este particular, OLAVARRÍA IGLESIA, J. «Art. 16», cit., pág. 232.

544. Art. 5 CC.

causados por este incumplimiento. La doctrina en nuestro país ha criticado severamente que ni siquiera en los casos de conductas dolosas el asegurado o tomador del seguro no se reconozca el derecho del asegurador a ser liberado de su obligación de pago[545], a pesar de ello, los tribunales se han pronunciado reiteradamente en contra de la validez de cláusulas que prevean como sanción del incumplimiento la liberación del asegurador[546].

2.6. La información complementaria a la declaración del siniestro

En relación con la comunicación de los datos complementarios al siniestro, la extensión del deber de declaración del siniestro a la información complementaria del mismo cumple la función de otorgar al asegurador datos relacionados con la naturaleza, características, causas y efectos del hecho dañoso, así como de la participación de terceras personas en su realización. Cuestiones todas ellas que le permitirán no solamente acumular conocimientos a efectos de la celebración de contratos futuros, sino que también son relevantes a la hora de calcular la cuantía de la indemnización al asegurado y, por ende, a la suma que el asegurador podrá reclamar al causante del hecho dañoso. Por todo ello, es necesario tener en cuenta que, en este caso, el deber alcanza a una conducta activa ya no sólo de declaración, sino que también puede conllevar la entrega de documentación relevante e incluso de cosas u objetos directamente relacionados con el siniestro acontecido[547].

La sanción por el incumplimiento de este deber distingue entre la conducta dolosa del asegurado o tomador y la conducta culposa. En el primer caso se prevé la sanción más grave cual es la de liberar al asegurador de su obligación de pago de la indemnización[548]. Mientras que en el segundo caso sólo se reconoce el derecho a reclamar los

545. Así, GÓMEZ SEGADE, J. A. «La declaración del siniestro», cit., pág. 448; OLAVARRÍA IGLESIA, J. «Art. 16», cit., pág. 241.
546. La amplia jurisprudencia en este sentido ha sido consistente en su interpretación al respecto: STS de 21 de noviembre, 1988; STS de 18 de diciembre de 1998; STS de 16 de octubre, 2003; también con abundante base jurisprudencial. SÁNCHEZ CALERO, F. «Art. 16. Comunicación del siniestro», cit., pág. 406.
547. OLAVARRÍA IGLESIA, J. «Art. 16», cit., pág. 248. Por su parte, BADILLO ARIAS, J. A., *Ley de contrato de seguro: jurisprudencia comentada*, cit., pág. 130, argumenta, en base a la interpretación judicial de Audiencias Provinciales, que la obligación dimanante del art. 16 LCS está compuesta de dos elementos básicos, la comunicación *en plazo* del siniestro y la de acompañar a ésta la información, circunstancias, documentación, etc., que componen el hecho dañoso, pues la omisión de estos datos no solo constituye un incumplimiento del deber de colaboración con el asegurador, sino que puede llegar a imposibilitar su intervención.
548. Al respecto, SÁNCHEZ CALERO, F. «Art. 16. Comunicación del siniestro», cit., pág. 411, señala que esta sanción debe interpretarse en forma restrictiva, en particular, señala que la falta al deber de información de las circunstancias y otros detalles del siniestro, deben ser relevantes para el cálculo de la indemnización.

daños y perjuicios que se le pudieran haber causado. En ambos casos, corresponderá al asegurador probar la existencia de uno u otro al mismo tiempo que establecer la existencia de los daños causados y la cuantía a la que ascienden los mismos. En todo caso, como ya ha sido señalado, la reclamación de daños y perjuicios por parte del asegurador no puede llevarse a cabo a través de una *compensación de* créditos entre las partes obligadas.

3. RELEVANCIA DEL PERITAJE EN LA INDEMNIZACIÓN DEL SEGURO DE DAÑOS

La descripción general, hasta ahora realizada, en orden a exponer los diversos elementos legales llamados a ordenar la ejecución del contrato una vez acontecido el siniestro, conoce una tramitación específica en materia de seguros de daños que surge en el momento inmediatamente anterior a la indemnización, pues para llegar a ella deberemos, en primer término, establecer el *valor* de la pérdida patrimonial ocasionada por el siniestro.

Al hilo del tema central de esta obra, el respeto al principio de *transparencia* es esencial —por la denotada ausencia de su configuración legal más clara[549]— en cuanto que las opciones al alcance de la parte más débil —el asegurado o, en mayor medida aún, en seguros RC, el tercero perjudicado— que espera la indemnización pactada, son muy reducidas: una vez realizada la declaración del siniestro y comunicado al asegurador los datos adicionales (si los hubiera) que permiten a este establecer la existencia del siniestro y el importe de los daños que resultan del mismo —art. 18 LCS— estará en manos del asegurador comunicar al asegurado la propuesta de indemnización para que, a su vez, éste le notifique los términos de la aceptación del siniestro o, si la determinación de este valor sobrepasa los cuarenta días desde la comunicación del siniestro, el del *mínimo conocido*, a riesgo de caer en mora y ser sujeto a las obligaciones impuestas por el art. 20 LCS.

Sin embargo, en la mayoría de los casos de seguros con consumidores, la propuesta de liquidación del asegurador suele incluir un vocabulario o términos que conminan al tomador/asegurado a aceptarla sin más. Cierto es que, en los seguros más habituales —motor[550], hogar, viajes, etc.— al haberse pactado previamente la horquilla mínima y máxima del *quantum* indemnizatorio, el recurso a los peritajes del art. 38 LCS no suele ser lo habitual. Aun así, no es infrecuente —particularmente en los seguros de daños relacionados con actividad empresarial o en los que las cantidades aseguradas o el valor

549. También en este sentido, PEÑAS MOYANO, M. J., «Desafíos del legislador en la reforma del régimen del contrato de seguro» cit., pág. 148.

550. Cfr. El caso de las colisiones recíprocas, tal cual ha comentado SIERRA NOGUERO, E. «Colisión recíproca entre vehículos sin prueba de la contribución de cada conductor a la causación de los daños personales y materiales» *RAEAERCS* n.º 83, 2022, pág. 71 en las que el peritaje de daños puede tener una trascendencia aún mayor que habitualmente.

de reemplazo son elevadas y/o deben determinarse en el momento de ejecución del contrato— que exista discrepancia entre las partes en relación con el valor de los daños objeto de indemnización. Al efecto, será necesario tener en cuenta el procedimiento previsto en el art. 38 LCS en relación con el procedimiento pericial de liquidación del siniestro[551].

Este art. 38 LCS, situado en el Título II de la LCS conforma el régimen previsto para los seguros de daños, estableciendo que, una vez se cumplimente el deber de declaración del siniestro a partir de la notificación prevista en el art. 16 LCS, el asegurado o el tomador deberán comunicar por escrito al asegurador la relación de los efectos existentes al tiempo del siniestro, la de los salvados y la estimación de los daños, dentro de un determinado plazo.

En este sentido, el art. 38 LCS operará cuando, remitida la información sobre el siniestro —según la naturaleza de éste y del objeto asegurado— sea pertinente concretar su contenido o naturaleza y *no exista acuerdo* entre las partes en relación con dicho contenido. El tenor literal de la norma de referencia señala la notificación del siniestro como *dies a quo* del plazo reconocido al tomador/asegurado para dar cumplimiento al deber de información complementaria sobre la magnitud de los daños, características, coste de salvamento, etc. Es destacable que, a efecto de obtener la liquidación pertinente, el legislador haya optado por contemplar solo dos maneras de fijar la indemnización: el acuerdo entre las partes —sin plazo perentorio u procedimiento de preferencia para llegar a él— y el procedimiento pericial allí previsto[552], procedimiento que sólo podrá modificarse en beneficio del asegurado[553].

4. EL SINIESTRO EN LOS SEGUROS DE SUMAS Y LOS DE PRESTACIÓN DE SERVICIOS

Todo lo dicho en relación con los seguros de daños conoce, sin embargo, especialidades concretas en los seguros de sumas y aquéllos que llevan aparejada la prestación de un servicio. En efecto, si en los seguros indemnizatorios el art. 18 LCS autoriza al asegurador a realizar las peritaciones y averiguaciones necesarias para determinar el *quantum* a percibir por el tomador[554], en los seguros de sumas esta cantidad ha sido

551. En relación con las interacciones del art. 18 y 38 LCS, BATALLER GRAU, J., «La obligación del asegurador de cumplir la prestación comprometida» en BATALLER GRAU, J., VEIGA COPO, A., (dirs.) *La protección del cliente en el mercado asegurador*, Civitas, Madrid, 2014, pág. 826.

552. Sobre la imperatividad del procedimiento extrajudicial previsto en el art. 38 LCS, MARTÍNEZ CAÑELLAS, A., *El procedimiento pericial de determinación del daño en los seguros*... cit., pág. 32.

553. SÁNCHEZ CALERO, F., Ley del Contrato de Seguro. Comentarios a la Ley 50/1980... cit., pág. 830.

554. BADILLO ARIAS, J. A.; Ley de contrato de seguro: jurisprudencia comentada, cit., pág. 264.

previamente acordada a tanto alzado[555], sin perjuicio de la especialidad prevista en el art. 104 LCS en relación con el cálculo de la indemnización en los seguros de accidentes, en los que la valoración de la lesión corporal sí debe ser determinada para proceder a la liquidación según el grado de las lesiones sufridas.

En el caso de la *liquidación* de los seguros asistenciales es, quizás, el punto más oscuro de la regulación y, potencialmente, aquél en el que la configuración contractual será más relevante a falta de una calificación legal más clara. En ausencia de referencia legal alguna, será necesario recurrir a la teoría general de las obligaciones, que nos permitirá conocer el alcance del contenido de la obligación —en este caso *de hacer*— y la forma de realizarla.

Una vez hemos determinado que la obligación del asegurador —por ejemplo, de los seguros de asistencia sanitaria— es una prestación fungible de medios[556] —aunque puede serlo de resultado si hablamos de determinado tipo de reparaciones en el hogar[557]— el cumplimiento de la obligación pactada será llevado a cabo por los profesionales sanitarios —o de otro tipo, por ej., el caso de los seguros de asistencia jurídica[558]— que pertenezcan al cuadro médico/profesional/asistencial proporcionado por el asegurador al cliente asegurado.

En este punto es menester traer a colación la creciente relevancia de la determinación de la responsabilidad de la aseguradora por incumplimiento en la prestación asistencial pactada[559]. En el caso de que se hubiera pactado la realización por un grupo *cerrado*

555. Como nos recuerda BATALLER GRAU, J., «La obligación del asegurador de cumplir la prestación comprometida» cit., pág. 830, incluso en el caso de los seguros de vida para el caso de supervivencia, en los que la suma asegurada requiere una previa cuantificación de los réditos obtenidos de la inversión de la reserva matemática, este cálculo puede realizarlo la aseguradora sin necesidad de obtener mayores datos del asegurado/beneficiario.

556. Es unánime la interpretación en este sentido, MARTÍNEZ-GIJÓN MACHUCA, P., *El seguro privado de asistencia sanitaria*, cit., pág. 84; CARBAJO CASCÓN, F., *La responsabilidad civil del asegurado de asistencia sanitaria*, cit., pág. 153; BATALLER GRAU, J., «La obligación del asegurador de cumplir la prestación comprometida» cit., pág. 834, GONZÁLEZ-ORÚS CHARO, M., «Responsabilidad del asegurador de asistencia sanitaria por mala praxis de los facultativos integrados en su cuadro médico y la discutida aplicación del interés de demora del art. 20 LCS», RDSFin n.º 3, 2022, pág. 236.

557. Así lo destaca BATALLER GRAU, J., «La obligación del asegurador de cumplir la prestación comprometida» cit., pág. 835.

558. En todo caso, corresponderá al asegurador realizar cuantas actividades instrumentales sean necesarias para organizar y garantizar la cobertura comprometida, en mayor detalle, CARBAJO CASCÓN, F.; «La responsabilidad civil de asegurador de asistencia sanitaria por negligencias...» cit., pág. 154.

559. En este sentido, será menester recurrir nuevamente a la regulación general de obligaciones, en este caso, el art. 1098 CC que regula tanto el incumplimiento total como el incumplimiento defectuoso. Al respecto, STS de 6 de febrero, 2018 (RJ 2018/219); STS 22 de octubre de 2019 (RJ 2019/4457); STS de 29 de abril, 2021 (RJ 2021/2007).

de opciones —cuadro médico/asistencial— la negligencia del profesional deberá ser asumida por el asegurador[560], sin embargo, en el caso de los seguros de reembolso de gastos, la relación del asegurado con el profesional será directa y, por tanto, la aseguradora no estará vinculada a su cumplimiento[561]. Por último, en relación con la aplicación del art. 20 LCS en caso de retraso en el cumplimiento de la obligación, nuevamente, encontramos un contenido legal, pensado para seguros indemnizatorios que precisa una interpretación específica según el supuesto de incumplimiento tratado[562].

5. ESPECIALIDADES DEL CUMPLIMIENTO DEL DEBER DE SALVAMENTO

Paralelamente a la realización de las obligaciones de comunicación del siniestro, por parte de los sujetos llamados a realizarla, es necesario tomar en cuenta el contenido normativo de la conducta del titular del interés en aras a preservar de la mejor manera posible el objeto del interés asegurado. Considerado el deber de salvamento[563] claramente no como un deber de prevención del riesgo[564] sino como aquél llamado a aminorar

560. Esta es la conclusión en el caso de los seguros de asistencia sanitaria, MARTÍNEZ-GIJÓN MACHUCA, P., *El seguro privado de asistencia sanitaria*, cit., pág. 107; GONZÁLEZ-ORÚS CHARO, M., «Responsabilidad del asegurador de asistencia sanitaria...» cit., pág. 246, y que, a nuestro entender es fácilmente extrapolable a otros seguros asistenciales como el de dependencia.

561. MARTÍNEZ-GIJÓN MACHUCA, P., *El seguro privado de asistencia sanitaria*, cit., pág. 109.

562. Señalaba la falta de adecuación de la construcción legal del art. 20 LCS a los siniestros em los seguros de prestación de servicios, BATALLER GRAU, J., «La obligación del asegurador de cumplir la prestación comprometida» cit., pág. 837. En concreto en el caso de la asistencia sanitaria, CARBAJO CASCÓN, F.; «La responsabilidad civil de asegurador de asistencia sanitaria por negligencias...» cit., pág. 171, quien realiza un cuidado análisis de los argumentos empleados por el TS para delimitar el ámbito de la responsabilidad del asegurador por negligencias de los profesionales incluidos en su cuadro médico, proponiendo una interpretación más equilibrada de su alcance; por su parte, GONZÁLEZ-ORÚS CHARO, M., «Responsabilidad del asegurador de asistencia sanitaria...» cit., pág. 250, expresa la falta de adecuación legal de la LCS que otorga tres meses para el cumplimiento de la prestación (art. 20.3 LCS) que, en el caso de la asistencia sanitaria significaría un incumplimiento definitivo.

563. GARRIGUES, J, *Contrato de seguro terrestre*, cit., pág. 168, propugnaba su calificación como obligación contractual, sin embargo, la doctrina mayoritaria ha establecido su contenido normativo como carga del asegurado, destinada a salvaguardar tanto los intereses del asegurador como los del asegurado, OLAVARRÍA IGLESIA, J., «Artículo 17» en BATALLER GRAU, J., BOQUERA MATARREDONA, J., OLAVARRÍA IGLESIA, J. *Comentarios a la Ley del Contrato de seguro*, Tirant lo Blanch, Valencia, 2002, pág. 260; STIGLITZ, R., *Derecho de seguros* vol. 2, cit., pág. 281; BADILLO ARIAS, J. A.; *Ley de contrato de seguro: jurisprudencia comentada*, cit., pág. 56.

564. RODRÍGUEZ GONZÁLEZ, A., *El deber de aminorar las consecuencias del siniestro*, Dykinson, Madrid, 2009, pág. 41.

los resultados dañosos del hecho ya producido, los problemas se centran en tomo a dos aspectos fundamentales, determinar qué consecuencias se derivan del incumplimiento de este deber, y la forma en que deberán reembolsarse los gastos que en cumplimiento de este realice el asegurado o el tomador del seguro[565].

En este caso, dado el control que, sobre los hechos desencadenantes del siniestro, puede tener el tomador/asegurado el legislador ha previsto la sanción de la falta de actividad en este sentido[566]. El fundamento del deber busca la promoción de un uso cuidadoso de los recursos[567], tomando en cuenta que, en el salvamento el tomador/asegurado actúan como mandatarios del asegurador de manera que la base última del deber puede encontrarse en el art. 1258 CC en confluencia con la buena fe contractual. En este sentido, el incumplimiento del deber de salvamento dará lugar tres situaciones distintas: probado el dolo, el asegurador quedará libre del cumplimiento de la prestación derivada del siniestro (art. 17.2 LCS), pero si la conducta es simplemente culposa, el asegurador podrá reducir la prestación en la parte proporcional a los daños causados[568].

Por lo que se refiere a la forma de indemnización de los gastos que el deber de salvamento origine, estos deben ser reembolsados por el asegurador, incluso si no han tenido un resultado positivo, siempre que no sean inoportunos y desproporcionados con un límite cuantitativo: el que hubieran pactado las partes en el contrato y que en todo caso no pueden exceder la suma asegurada[569]. Éstos incluirán en todo caso, las medidas que se adopten por la autoridad o el asegurado para aminorar las consecuencias del siniestro, los gastos de transporte de los bienes asegurados o cualesquiera otras medidas adoptadas con el fin de salvarlos, así como el menoscabo que sufran los bienes salvados como consecuencia de las actuaciones de salvamento realizadas.

565. Al igual que en el caso del art. 16, observamos que, en el caso del deber de salvamento, su contenido normativo general está abocado a regular seguros de daños en los que sea económicamente razonable incurrir en gastos de conservación —BADILLO ARIAS, J. A.; *Ley de contrato de seguro: jurisprudencia comentada*, cit., pág. 55, nos propone, en este sentido, la situación del infraseguro en la que la preservación del objeto asegurado suele ser ventajosa para el asegurado— cuestión no siempre practicable o esperable en los supuestos de cobertura relativos a intereses de personas físicas, o en el caso de los seguros de prestación de servicios en los que la agravación del siniestro concurre directamente con una conducta dolosa del asegurado y por tanto daría lugar a la aplicación del art. 19 LCS.

566. RODRÍGUEZ GONZÁLEZ, A., El deber de aminorar las consecuencias del siniestro, cit., pág. 46.

567. OLAVARRÍA IGLESIA, J., «Artículo 17» cit., pág. 261.

568. SÁNCHEZ CALERO, F., Ley del Contrato de Seguro. Comentarios a la Ley 50/1980... cit., pág. 423.

569. RODRÍGUEZ GONZÁLEZ, A., *El deber de aminorar las consecuencias del siniestro*, cit., pág. 91. Por su parte, OLAVARRÍA IGLESIA, J., «Artículo 17» cit., pág. 263, nos aclara que este límite no señala que ese será el valor de la indemnización debida, sino que, el asegurador deberá cumplir con el pago de ésta y también asumir los gastos de salvamento, solo que estos últimos solo deberán alcanzar a esta otra suma.

La necesidad de que se utilicen los medios adecuados para aminorar las consecuencias del siniestro supone la única posibilidad de realizar una cobertura racional de los daños ocasionados por el siniestro en beneficio del funcionamiento de la empresa de seguro y en beneficio de todos los asegurados, representados por el asegurador, cuestión que exige un comportamiento razonable en relación con los daños que se producen; comportamiento que sólo puede exigirse al tomador/asegurado porque es el único que está en condiciones de realizarlo.

CAPÍTULO IV: La regulación de la transparencia institucional del mercado asegurador y su incidencia en la contratación del seguro

CAPÍTULO IV

LA REGULACIÓN DE LA TRANSPARENCIA INSTITUCIONAL DEL MERCADO ASEGURADOR Y SU INCIDENCIA EN LA CONTRATACIÓN DEL SEGURO

En los capítulos precedentes, nos hemos centrado en destacar la configuración que el legislador ha diseñado como medios de control del sistema contractual de transparencia en los seguros privados. Este sistema general engloba, además, la labor de *supervisión* a entidades de seguros y sus intermediarios —colaboradores en la comercialización del seguro— tanto en relación con la elaboración y publicidad de las condiciones generales que, en el momento de la contratación vienen a constituir parte de la póliza[570], como en cuanto a los requisitos de estabilidad, previsibilidad y solvencia —en particular del asegurador, pero también de los distribuidores— como elementos esenciales de funcionamiento del mercado asegurador y que cumplen la función de generar, en sus usuarios, la confianza necesaria para operar en él.

Así pues, hemos creído necesario incluir en este trabajo, un análisis de esta regulación y su configuración jurídico-pública debido a la relevancia que el desempeño de la actividad de *transparencia ex-ante* tiene para el asegurado, quien, si bien no tendrá legitimidad directa para instar el cumplimiento de la *responsabilidad administrativa* del distribuidor y/o asegurador, se verá directamente afectado por la conducta profesional de éstos. Cuestión que creemos legitima nuestro incurso en el ámbito de la supervisión del cumplimento de los elementos de transparencia regulatoria. Un elemento adicional que creemos también sirve de justificación para incluir este excurso en el ámbito de la supervisión administrativa de la actividad aseguradora es, de acuerdo con nuestra exposición de los capítulos precedente, la relevancia capital de los *productores* y *distribuidores* de seguros en la consecución de la auténtica «transparencia contractual» que aquí se propugna y cuyo marco jurídico completo, intentamos exponer. En este sentido, en este apartado nos centraremos en los elementos regulatorios de configuración y *gobernanza* del producto de seguros, según el marco europeo y estatal, señalando los puntos clave del sistema de transparencia.

---

570. En la contratación clásica —en formato papel— era muy sencillo distinguir la parte predispuesta por el asegurador: condiciones generales, un texto extenso y exhaustivo, acompañado de otro mucho más breve y redactado ad hoc —condiciones particulares— con los datos concretos, pactados por las partes, habitualmente especificando horquillas de indemnizaciones, fecha de inicio de cobertura, etc.

I. ADECUACIÓN DEL MARCO REGULATORIO DEL EMPRESARIO ASEGURADOR A LA NORMATIVA EUROPEA EN MATERIA DE INFORMACIÓN EN LA CONTRATACIÓN

Como sabemos, tanto el legislador español como europeo, en materia de sistemas financieros, se han preocupado activamente de diseñar elementos de control preventivo de la actividad aseguradora —con la consecuente obligación de publicidad legal del cumplimiento de los requisitos de solidez económica— además de otros, más concretos, en materia de obligaciones de comunicación al supervisor del contenido de las condiciones generales de contratación que formarán parte de sus contratos, estadísticas de conflictividad con contratantes[571], adicionalmente, también ha otorgado competencias de vigilancia al supervisor en relación con las prácticas —en materia de contratación general, pero también especialmente con consumidores— en las diferentes ramas de actividad.

La exposición aquí realizada, tendrá como objetivo analizar si estos elementos normativos son suficientes, a la vista de los objetivos generales de protección del *cliente de seguros privados*, la disrupción tecnológica en algunos ámbitos y su necesaria convivencia con las formas tradicionales de contratación, para garantizar un cumplimiento efectivo del deber de transparencia en el mercado de los operadores de seguros y ofrecer alternativas, señalando en qué ámbitos es necesaria una actuación más directa o distinta.

1. SUPERVISIÓN DEL MERCADO DE SEGUROS PRIVADOS

1.1. Estructura general

Tal y como hemos podido apreciar a lo largo de esta obra, el estudio de la normativa de supervisión de las entidades aseguradoras, en tanto que *productoras* de seguros privados, se basa en la necesidad de poner de relieve no solo la cada vez mayor interdependencia de los mercados financieros[572] —y por tanto, la necesidad intrínseca de garantizar elementos normativos que permitan al cliente entender la naturaleza y composición del producto contratado— sino que, en la contratación de seguros privados —en particular en el seguro de vida— los elementos de ordenación de este sector económico están llamados a proteger los intereses del contratante al crear *deberes jurídicos* de distinto orden y naturaleza, a los que deberán dar cumplimiento las entidades aseguradoras —y

571. Expresión de la voluntad legislativa de valorizar la transparencia como factor relevante tanto en la gestión del tejido empresarial en su conjunto, como en el de la protección de la buena reputación de cada operador, también en este sentido, ORDUÑA MORENO, F. J.; SÁNCHEZ MARTÍN, C.; GUILLÉN CATALÁN, R., *La transparencia como valor del cambio social…* cit., pág. 87.

572. Entendidos como aquéllos que integran el mercado del crédito, mercado de valores, el mercado de los sistemas de pago y el mercado de seguros, según propuesta de clasificación de MARTÍ MIRAVALLS, J., «Retos jurídicos del *FinTech*», en, MARIMÓN DURÁ, R., MARTÍ MIRAVALLS, J., (dirs.), *Problemas actuales y recurrentes en los mercados financieros*, Aranzadi, 2018, Cizur Menor, pág. 155.

sus colaboradores dependientes e independientes— y cuyo fin último no es otro que cumplir con el principio de *transparencia* en la contratación en este sector concreto del sistema financiero.

Como sabemos, la *transparencia informativa* en los otros sectores del sistema financiero también juega un papel esencial dentro del régimen jurídico de protección del contratante, tanto en el mercado de valores[573] como en el de crédito[574], mercados en los que, al igual que ocurre en el ámbito de los seguros privados, se ha intentado articular un sistema de protección no solo contractual[575], sino también a través de diversas exigencias de *disclosure* precontractual por parte de los intermediarios de servicios de inversión[576] —en el caso del mercado de valores— y de la entidad crediticia —en el mercado del crédito— que descansan en el cumplimiento, por estas entidades, de normas reguladoras de órdenes y ejecución de operaciones, emitidas por los correspondientes órganos supervisores[577], y que hasta hace menos de un par de décadas mantenían una estructura

573. En su momento se expresaban en este sentido entre otros, BERCOVITZ RODRÍGUEZ-CANO, A., «La protección jurídica del inversor en valores mobiliarios» en BERCOVITZ RODRÍGUEZ-CANO, A.; BERCOVITZ RODRÍGUEZ-CANO, R. (dirs.) *Estudios jurídicos sobre protección de los consumidores*, Tecnos, Madrid, 1987, pág. 308; FARRANDO MIGUEL, I., «El concepto de valor negociable y la aplicación en España de la cultura de la transparencia» en IGLESIAS PRADA, J. L., (coord.) *Estudios jurídicos en homenaje al profesor Aurelio Menéndez*, Tomo I, Civitas, Madrid, 1996, pág. 1206, GARCÍA-PITA Y LASTRES, J. L., «La difusión de información por las sociedades bancarias cotizadas», *RDBB* n.º 58, 1995, pág. 305, mucho más recientemente, ROJO ÁLVAREZ-MANZANEDA, C., «Mecanismos jurídicos de protección del cliente inversor frente a las entidades prestadoras de servicios de inversión», *RDBB* n.º 114, 2009, pág. 62, TAPIA HERMIDA, A. J., «La adaptación de la regulación española del mercado de valores a la normativa europea. Aspectos generales», *RDMV* n.º 23, 2018, pág. 3.

574. *Vid.* GIMÉNEZ VILLANUEVA, T., «Normas de transparencia en la contratación bancaria» en NIETO CAROL, U., (coord.), *Crédito al consumo y transparencia bancaria*, Civitas, Madrid, 1998, pág. 65, FERRANDO VILLALBA, L. M., «El deber general de informar de las entidades de crédito» en ORDUÑA MORENO, F. J., (dir.), *Contratación y servicios financieros*, Tirant lo Blanch, Valencia, 2000, pág. 200; en relación con el mercado *digital* del crédito, MARIMÓN DURÁ, R., «Big tech y actividad financiera» en BELANDO GARÍN, B., MARIMÓN DURÁ, R., *Retos del mercado financiero digital*, Thomson Aranzadi, Cizur Menor, 2021, pág. 257.

575. En materia de contratación en el mercado de valores, BLANCO SÁNCHEZ, M. J., *El deber de información en la contratación de instrumentos financieros*, Aranzadi, Cizur Menor, 2021, *versión electrónica*.

576. Así por ejemplo la Sección 2da. (*Requisitos de transparencia*) del Capítulo II, (Organización interna y funcionamiento), del Título V (Sistemas, procedimientos y mecanismos de gestión) del Real Decreto 813/2023, de 8 de noviembre, sobre el régimen jurídico de las empresas de servicios de inversión y de las demás entidades que prestan servicios de inversión.

577. En detalle, PÉREZ CARRILLO, E. F., «Deberes de información y transparencia en las operaciones con derivados en la Unión Europea. Panorama regulatorio con MIFID2 ("Markets in

clásica de separación de los diferentes actores en cada uno de estos mercados pero que, precisamente por el proceso de *integración*[578] en el que actualmente nos encontramos[579], cobran una mayor relevancia como marco normativo adicional al sistema ya previsto en la norma material contenida en la LCS.

La estructura actual del mercado financiero, en la que se integra la actividad aseguradora, busca la interoperatividad de infraestructuras, productos y servicios en un único mercado en el que los tres subsectores del mercado operen de manera directa o indirecta ofreciendo sus productos y servicios no solo a profesionales, sino también a consumidores/inversores particulares. Este objetivo pone de relieve la paulatina e inexorable integración antes señalada y, por tanto, la necesidad de crear infraestructuras de supervisión subsectorial y *sistémicas*[580].

Financial Instruments Directive"), MIFIR ("Markets in Financial Instruments Regulation") y EMIR ("European Market Infrastructure Regulation")», en RODRÍGUEZ ARTIGAS, F. *et al.* (dirs.), *Sociedades cotizadas y transparencia en los mercados*, T. II, Aranzadi, Cizur Menor, 2019, pág. 625.

578. A resultas de la crisis financiera global ocasionada por las *subprime*, el legislador europeo decidió tomar medidas destinadas a implementar de manera más efectiva los principios generales de transparencia en las transacciones de los tres subsistemas, COMANA, M.; PREVITALI, D.; BELLARDINI, L.; *The MiFID II Framework. How the new standards are reshaping the investment insdustry*, Springer, Cham, 2019, *pág.* 19; con una interpretación más crítica, PÉREZ —SERRABONA GONZÁLEZ, F. J., «Tutela jurídica del consumidor en la *banca-seguros*: el defensor del asegurado» en PÉREZ-SERRABONA GONZÁLEZ, J. L. (dir.), *Derecho de seguros. Nuevas realidades y nuevos retos*, Marcial Pons, Madrid, 2021, pág. 158; más recientemente, en relación con la reacción del legislador europeo al sistema de emisión y circulación de *derivados*, O'FLYNN BRIGHT, A. J., *Mortgage securitisation: origin, evolution, crisis and european regulation*, Aranzadi, Cizur Menor, 2023, pág. 330.

579. Muestra clara de esta es, a nuestro entender opciones legislativas de la regulación europea del mercado de valores que han establecido (art. 27, Reglamento (UE) 600/2014 del Parlamento Europeo u del Consejo, de 15 de mayo de 2014 relativo a los mercados de instrumentos financieros y por el que se modifica el Reglamento (UE) no 648/2012 [MiFIR] y art. 4 del Reglamento (UE) 596/2014 del Parlamento Europeo u del Consejo, de 16 de abril de 2014 sobre el abuso de mercado y por el que se derogan la Directiva 2003/6/CE del Parlamento Europeo y del Consejo, y las Directivas 2003/124/CE, 2003/125/CE y 2004/72/CE de la Comisión) la creación del *Financial Instruments Reference Data System* [disponible en https://registers.esma.europa.eu/publication/searchRegister?core=esma_registers_firds] que debe permitir el acceso a todos los contratos de intermediación financiera utilizados en los centros de negociación europeos.

580. ARAGÓN TARDÓN, S., «El sistema europeo de supervisión financiera: revisión y propuestas de futuro», en ALONSO LEDESMA, C. (dir.), *Hacia un sistema financiero de nuevo cuño. Reformas pendientes y andantes*, Tirant lo Blanch, Valencia, 2016, pág. 251, VALPUESTA GASTAMINZA, E., «Cambio de paradigma en la protección del «cliente de productos financieros» [Reglamento (UE) PRIIPS y OM 2316/2015]: sujeto protegido y técnica de protección» *Revista de Derecho Bancario y Bursátil*, núm. 154, 2019, pág. RR-1.6 (versión electrónica).

A pesar de ello, creemos que es necesario poner de relieve la necesidad de mantener una estructura de supervisión que sea capaz de reconocer las características propias del seguro. Tal y como hemos podido exponer en capítulos precedentes, los elementos personales y las obligaciones que derivan del contrato de seguro —en daños, prestaciones o indemnizaciones— ameritan el mantenimiento de una estructura de supervisión bastante más especializada que en los otros sectores del sistema financiero[581].

En este sentido, es necesario tener presente que la normativa pública ordenadora del seguro en el ámbito estatal está compuesta en la actualidad por dos normas básicas y principales: LOSSEAR y ROSSEAR[582]. Éstas, han establecido un régimen uniforme de las normas reguladoras de ordenación, supervisión y solvencia del mercado asegurador y reasegurador; fijan las condiciones de acceso y ejercicio de la actividad aseguradora y reaseguradoras que suele dar inicio con la autorización administrativa previa de la autoridad competente para cada ramo de la actividad, exigen el cumplimiento de requisitos de capital obligatorio, provisiones técnicas, que garanticen la solvencia de las entidades aseguradoras; y reconocen —a la DGSFP— facultades de inspección y adopción de medidas de control especial, incluso sancionadoras. Dichas normas se encuentran inspiradas en el sistema de solvencia basado esencialmente en una gestión sana, idónea y prudencial de riesgos[583] que aspira a mantener un equilibrio adecuado entre la celeridad necesaria para una eficaz operativa de mercado, pero con procesos de contratación y producción marcados que buscan paliar la asimetría informativa característica de este mercado.

Esta visión general no puede estar completa sin una brevísima referencia a la esfera supranacional, tanto de los operadores —aseguradoras— en su ámbito de organizaciones de negocio[584] como en la esfera de los reguladores europeos de la actividad del empresario asegurador[585], aunque en este ámbito, a diferencia de los reguladores

581. Cuestión que, parece olvidarse con facilidad cuando se regula —y las más recientes normas de supervisión estatal y europea así lo demuestran— pensando en un producto concreto (los PRIIPs) que se adscribe a una tipología de seguros de personas muy específica y que no puede usarse como categoría general para inspirar las normas de supervisión de la actividad aseguradora general.

582. RUIZ ECHAURI, J y FERNÁNDEZ MANZANO, L.A., (Coord.)., Comentarios a la LOSSEAR.

583. Recientemente, en detalle desde la perspectiva mercantil, VERCHER MOLL, J., *Las condiciones de acceso al mercado de las entidades aseguradoras*, Marcial Pons, Madrid, 2016.

584. Sin duda, persisten en nuestro entorno empresas de seguros de ámbito estatal o regional, sin embargo, de acuerdo con los datos de la DGSFP, la mayor parte de estos operadores pertenece a grandes grupos de empresas del sector financiero global *Vid.* «Informe del sector, 2022, pág. 85, disponible en https://dgsfp.mineco.gob.es/es/Publicaciones/DocumentosPublicaciones/Informe%20del%20sector%202022.pdf, accedida el 25 de enero, 2024.

585. Como sabemos, la Unión Europea, desde sus inicios como organización ha centrado su regulación en la supervisión: Directiva 64/225/CEE del Consejo, de 25 de febrero de 1964, relativa a la supresión, en materia de reaseguro y de retrocesión, de las restricciones a la

europeos del mercado del crédito y del mercado de valores, el regulador europeo de seguros está llamado a ser un órgano de coordinación de las autoridades nacionales del mercado interior europeo[586], cuestión que, desde el punto de vista de implementación de la regulación europea de transparencia en la contratación de seguros, tendrá relevancia en cuanto a los productos de seguros comercializados en España en régimen de libertad de establecimiento o libre prestación de servicios, dado que, en estos casos una parte de la tarea de vigilancia del cumplimiento normativo recaerá en la autoridad de supervisión del asegurador en su Estado de origen[587].

1.2. Las obligaciones de información al mercado

Como sabemos, la configuración del modelo general de regulación financiera ya desde el marco legal vigente anterior ha basado sus objetivos de protección en la gestión de riesgos permitidos generados por la actividad humana[588] que alcanzará, no solo a los riesgos de suscripción y operacionales[589], sino también al abuso de

---

libertad de establecimiento y a la libre prestación de servicios; Primera Directiva 73/239/CEE del Consejo, de 24 de julio de 1973, sobre coordinación de las disposiciones legales, reglamentarias y administrativas relativas al acceso a la actividad del seguro directo distinto del seguro de vida, y a su ejercicio; Directiva 78/473/CEE del Consejo, de 30 de mayo de 1978, sobre coordinación de las disposiciones legales, reglamentarias y administrativas en materia de coaseguro comunitario; Directiva 87/344/CEE del Consejo, de 22 de junio de 1987, sobre coordinación de las disposiciones legales, reglamentarias y administrativas relativas al seguro de defensa jurídica; Segunda Directiva 88/357/CEE del Consejo, de 22 de junio de 1988, sobre coordinación de las disposiciones legales, reglamentarias y administrativas relativas al seguro directo, distinto del seguro de vida, por la que se establecen las disposiciones destinadas a facilitar el ejercicio efectivo de la libre prestación de servicios; Directiva 92/49/CEE del Consejo, de 18 de junio de 1992, sobre coordinación de las disposiciones legales, reglamentarias y administrativas relativas al seguro directo distinto del seguro de vida (tercera Directiva de seguros distintos del seguro de vida); Directiva 98/78/CE del Parlamento Europeo y del Consejo, de 27 de octubre de 1998, relativa a la supervisión adicional de las empresas de seguros que formen parte de un grupo de seguros; Directiva 2001/17/CE del Parlamento Europeo y del Consejo, de 19 de marzo de 2001, relativa al saneamiento y a la liquidación de las compañías de seguros; Directiva 2002/83/CE del Parlamento Europeo y del Consejo, de 5 de noviembre de 2002, sobre el seguro de vida; Directiva 2005/68/CE del Parlamento Europeo y del Consejo, de 16 de noviembre de 2005, sobre el reaseguro.

586. LAGUNA DE PAZ, J. C., «Supervisión administrativa de entidades aseguradoras privadas» cit., pág. 907.

587. Sobre el control por el Estado de origen, DE FRUTOS GÓMEZ, J. M.; «El establecimiento del mercado interior del seguro» *NUE* n.º 256, 2006, pág. 57.

588. BELANDO GARÍN, B., «La protección pública del consumidor de servicios financieros (banca, bolsa y seguros. Una perspectiva transversal» en BATALLER GRAU, J., VEIGA COPO, A., (dirs.) *La protección del cliente en el mercado asegurador*, Civitas, Madrid, 2014, pág. 273.

589. Directamente relacionado con la solvencia del asegurador, el sistema previo basado en la regulación dimanante de la Primera Directiva 73/239/CEE, sobre el seguro directo distinto

mercado[590], presentación inadecuada de la información[591], etc. Sobre todos ellos, si bien es cierto que la regulación en esta materia en los otros dos submercados[592] impuso deberes de *clasificación de la clientela* en relación con su nivel de conocimientos financiero[593] de manera que entre el cliente profesional y el minorista

---

del seguro de vida y la Primera Directiva 79/267/CEE sobre seguro directo sobre la vida, determinaba, respectivamente, que las compañías de seguros dispusieran «además de reservas técnicas suficientes para hacer frente a los compromisos contraídos, de una reserva complementaria, denominada margen de solvencia, representada por el patrimonio libre, para hacer frente a los riesgos de explotación», y que, en el caso de los seguros directos, estas entidades de seguros debían disponer además de reservas técnicas —incluidas las reservas matemáticas— suficientes para hacer frente a las obligaciones contraídas, de una reserva complementaria (margen de solvencia) proporcional al conjunto de obligaciones contractuales de la empresa y a la naturaleza y gravedad de los riesgos que presentan las diversas actividades que entran en su ámbito de aplicación.

590. El art. 60 del RDL 6/2004 por el que se aprobaba el texto refundido de la Ley de Ordenación y Supervisión de los Seguros Privados, imponía al asegurador la obligación de informar al tomador sobre la legislación aplicable al contrato, sobre las disposiciones relativas a las reclamaciones que puedan formularse y, en el caso de los seguros de vida en que el tomador asume el riesgo de la inversión, información clara y precisa acerca de que el importe a percibir dependía de fluctuaciones en los mercados financieros, ajenos al control del asegurador y cuyos resultados históricos no son indicadores de resultados futuros. A ello añadía la obligación de poner a disposición del tomador, toda la información contractual en un soporte duradero accesible al tomador con antelación suficiente al momento en que este asuma cualquier obligación derivada del contrato de seguro.

591. Así, el art. 9.1 del Reglamento (UE) n o 1094/2010 del Parlamento Europeo y del Consejo, de 24 de noviembre de 2010, por el que se crea una Autoridad Europea de Supervisión [DO L 331 de 15.12.2010, pág. 48/83], señalaba entre sus funciones las de «*promover la transparencia, la sencillez y la equidad en el mercado respecto de productos o servicios financieros destinados a los consumidores en todo el mercado interior, en particular:* recopilando y analizando datos e informando sobre las tendencias de los consumidores; revisando y coordinando los conocimientos en materia financiera y las iniciativas de formación a cargo de las autoridades competentes; desarrollando normas de formación para el sector industrial, y contribuyendo al desarrollo de normas comunes de divulgación».

592. *Vid.* art. 70 bis de la ya derogada LMV, artículo que, en su día incorporaba a nuestro ordenamiento jurídico la Directiva 2004/39/CE *MiFID*.

593. En el caso de las entidades de crédito el art. 29.1 de la Ley 2/2011, de 4 de marzo, de Economía Sostenible imponía a éstas el deber de evaluar la solvencia del potencial prestatario, sobre la base de una información suficiente, antes de que se celebre el contrato de crédito o préstamo. Dicha información podía incluir la facilitada por el solicitante, así como la resultante de la consulta de ficheros automatizados de datos, de acuerdo con la legislación vigente, especialmente en materia de protección de datos de carácter personal. En este caso, al igual que en el sistema previsto para el mercado de valores, la evaluación previa estaba llama a instrumentar una protección *indirecta* al denegar el acceso a la contratación de ciertos productos y servicios, tal cual nos recuerda BELANDO GARÍN, B., «La protección pública del consumidor de servicios financieros...» cit., pág. 289.

podían encontrarse barreras formales de acceso a determinados tipos de productos, en el mercado de seguros el art. 42.5 de la Ley 26/2006 de mediación de seguros y reaseguros privados —tal y como tendremos ocasión de comentar en mayor detalle más adelante— descansaba en la labor pedagógica del *mediador* de seguros, mientras que la compañía aseguradora seguía vinculada a un laxo cumplimiento del art. 60 LOSSP[594]. Por último, será necesario tener en cuenta que, durante la vigencia de la LOSSP, empieza a hacerse patente la diferenciación entre el nivel de información —transparencia— que debía recibir el contratante de seguros de vida, de aquélla al alcance de contratantes de otros tipos de seguros[595].

2. LA DIRECTIVA SOLVENCIA II[596] Y LOS EFECTOS DE SU INCORPORACIÓN AL DERECHO NACIONAL

2.1. El marco regulatorio previo

La situación así descrita ha encontrado en *Solvencia II* una oportunidad para generar una nueva oleada de modificaciones legales destinadas a reforzar la resiliencia del sistema financiero e introducir mecanismos más eficaces de protección del inversor[597] Tomando como punto de partida la Directiva 73/239/CEE[598], la Directiva *Solvencia II*, en vigor desde el 1 de enero de 2016, introdujo importantes cambios para garantizar la solvencia de las

594. Ya criticaba esta configuración del mercado asegurador, BATALLER GRAU, J., «La incesante reforma del derecho del seguro: ¿último acto?» en CUÑAT EDO, V., BATALLER GRAU, J., *Comentarios a la Ley de Mediación de Seguros y Reaseguros Privados*, Civitas, Pamplona, 2007, pág. 81, por su parte, BELANDO GARÍN, B., «La protección pública del consumidor de servicios financieros…» cit., pág. 297, resaltaba —en relación con la supervisión sujeta a la LOSSP— la ausencia de control administrativo real en materia de publicidad engañosa del asegurador o sus mediadores, de manera que los escasos casos conocidos fueron resueltos a instancias del consumidor en aplicación del art. 4 LGP [STS de 25 de abril, 2006; RJ 2006, 2201].

595. PEÑAS MOYANO, M. J., «La protección del asegurado en la LOSSP» en BATALLER GRAU, J., VEIGA COPO, A., (dirs.) *La protección del cliente en el mercado asegurador*, Civitas, Madrid, 2014, pág. 316 y sig., realiza una interesante comparación entre el contenido del art. 105 ROSSP, aplicable a los seguros de vida, de aquélla preceptiva para todos los otros ramos de seguros, regulada en el art. 104 ROSSP.

596. Directiva 2009/138/CE del Parlamento Europeo y del Consejo, de 25 de noviembre de 2009, sobre el seguro de vida, el acceso a la actividad de seguro y de reaseguro y su ejercicio (*Solvencia II*), OJ L 335, 17.12.2009, págs. 1-155.

597. SÁNCHEZ-CALERO GUILARTE, J.; «Comercialización de productos financieros por entidades de crédito y MiFID II» en MARIMÓN DURÁ, R., MARTÍ MIRAVALLS, J., (dirs.) *Problemas actuales y recurrentes en los mercados financieros (financiación alternativa, gestión de la información y protección del cliente)* Thomson Aranzadi, Cizur Menor, 2018, pág. 440.

598. Por el camino, las directivas *de tercera generación* [Directiva 92/49/CEE para seguros distintos a los de vida, y Directiva 92/96 para seguros de vida] introducen el deber del

entidades aseguradores imponiéndoles condiciones destinadas a incentivar el alcance de la sostenibilidad de sus operaciones, así como reforzar los elementos de transparencia y protección de la clientela. En este sentido, sus premisas se encuentran destinadas a la prudencia en la gestión de riesgos asumidos, fomento de la competencia y mejora de la calidad del producto. De acuerdo con su Considerando 14, la modificación del marco regulatorio de las provisiones técnicas, que desde su implementación debían reflejar las obligaciones asumidas por razón de los seguros concertados, pago de siniestros ya ocurridos, coste de los siniestros previsibles durante el periodo de vigencia del contrato, prestaciones a largo plazo en los seguros de vida, etc., obedece a su papel como garantía del cumplimiento de los compromisos contraídos con sus asegurados y beneficiarios.

Consecuencia directa de la incerteza del valor de estas obligaciones de gobernanza y organización interna de la empresa aseguradora es su valoración como pasivo, a partir de *Solvencia II*. En este sentido la adecuación de los márgenes de solvencia de estas entidades a partir de la adopción de las reformas comentadas se ha basado en estimaciones estadísticas sin márgenes prudenciales[599] sustentándose en tres pilares: la solvencia basada en el riesgo[600], el sistema de supervisión prudencial, que busca el fortalecimiento de la sana gestión interna de las entidades aseguradoras y reaseguradoras[601] y, por último, el tercer pilar de disciplina de mercado, cuya vocación es la de constituir un sistema de transparencia institucional entre supervisor[602] y entidades supervisadas con el fin de asegurar el desarrollo ordenado del mercado de seguros, la libertad de elección y, en general, la protección de tomadores, asegurados y beneficiarios: exigencias de pólizas y primas, deber de información, normas sobre publicidad, etc.[603]

asegurador de informar sobre ciertos aspectos del seguro a contratar con carácter previo a la contratación.

599. Por este motivo la formación del *precio* del seguro es una cuestión de aplicación de la técnica actuarial en los que la selección de riesgos juega un papel central, en mayor detalle, MORILLAS JARILLO, M. J.;» Fundamentos de la ordenación del mercado de seguros privados y derechos fundamentales» en CUÑAT EDO, V.; BATALLER GRAU, J.; (dirs.) *Supervisión en seguros privados*, Tirant lo Blanch, Valencia, 2013, pág. 48.

600. La normativa de transposición, art. 117.1 LOSSP, ha establecido reglas sobre requerimientos de capital en función de los riesgos asumidos por la empresa aseguradora.

601. En detalle sobre las nuevas directrices en materia de gobierno corporativo de estas entidades, TAPIA HERMIDA, A. J.; «Sistema de gobierno de las entidades aseguradoras y reaseguradoras» en CUÑAT EDO, V.; BATALLER GRAU, J.; (dirs.) *Supervisión en seguros privados*, Tirant lo Blanch, Valencia, 2013, pág. 290.

602. En nuestro caso, la DGSFP contaba con potestades de supervisión de la actividad directa de las entidades aseguradoras (art. 113.1 LOSSP): (i) información; (ii) inspección; (iii) medidas preventivas y correctoras; (iv) medidas de control especial, en situaciones de grave deterioro financiero; (v) medidas encaminadas al cese de la actividad (revocación de la autorización, disolución y liquidación de la entidad); (vi) y medidas sancionadoras; de las actividades externalizadas (art. 113.2 LOSSP) y también de grupos de entidades aseguradoras (Título V LOSSP).

603. Art. 118 LOSSP.

En relación con la aplicación del principio de transparencia, el texto reglamentario vino a exigir que la información a disposición de las autoridades administrativas sea accesible al público (art. 158 ROSSP), salvaguardando la debida protección de los derechos personales o patrimoniales implicados, reconociendo a la DGSFP la potestad de requerir información relativa a los contratos celebrados con terceros, así como solicitar información a auditores de cuentas, actuarios y otros expertos externos de las entidades[604], además de un amplio elenco de potestades de inspección[605].

2.2. Adaptación al marco normativo más reciente[606]

El sistema previsto en la Ley 20/2015 de ordenación, supervisión y solvencia de las entidades aseguradoras y reaseguradoras, en particular los arts. 65 y 66, ha implementado la creación de cuatro áreas en el sistema de gobierno de las entidades aseguradoras y reaseguradoras, con el fin de integrarlos en la estructura organizativa y el proceso de toma de decisiones de la entidad[607] con un adecuado sistema de control

604. Entre otras, la autoridad administrativa tenía competencia para dirigir requerimientos específicos de información a efectos de supervisión, estadísticos y contables (arts. 113.1.a y 114.2 LOSSP). Podía citar y tomar declaración a las personas que podían aportar información relevante (art. 113.1.c LOSSP), acceder y copiar cualquier documento (art. 113.1.b LOSSP), así como solicitar los registros telefónicos y de tráfico de datos (art. 113.1.e LOSSP), siendo obligación de la entidad aseguradora disponer de sistemas y estructuras apropiados para cumplir con sus deberes de información (art. 114.4 LOSSP). Por último, la autoridad administrativa también tenía potestad para exigir a los supervisados la aportación de informes de expertos independientes, auditores de sus órganos de control interno o de verificación del cumplimiento normativo (art. 113.1.f LOSSP).

605. Sujeta a un *procedimiento administrativo* (art. 126 LOSSP) que debía dar inicio por acuerdo de la DGSFP, con notificación al interesado (art. 168.1 ROSSP), en el que se determinaban los aspectos objeto de inspección. Sin embargo, la inspección de prácticas de mercado podía iniciarse sin previa notificación ni identificación de los funcionarios actuantes, asumiendo éstos la condición de meros usuarios o interesados en los productos o servicios ofrecidos, con la finalidad de conocer así lo más fielmente posible las condiciones reales de dichas prácticas (art. 124.4 LOSSP). Una vez acordado el inicio del procedimiento este era de obligado cumplimiento para las empresas además de imponérseles el *deber de colaborar* (arts. 169-170 ROSS).

606. Tal y como se ha comentado ampliamente en la doctrina, (*vid.* en relación con la distribución de seguros, MADRID PARRA, A,; «La urgente y tardía regulación de la distribución de seguros…» cit., pág. 132), Solvencia II, la DDS y MiFID II han sufrido importantes retrasos en su adaptación a nuestro ordenamiento jurídico, cuestión que ha provocado un importante grado de incertidumbre y descoordinación en los operadores del mercado de seguros en cuanto a la adaptación de sus procesos de contratación de acuerdo con la regulación europea vigente.

607. De acuerdo con este sistema, la evaluación interna de riesgos y solvencia formará parte integrante de la estrategia de negocio del asegurador y deberá tenerse en cuenta, de manera continuada, en las decisiones estratégicas de la entidad. Además, las entidades aseguradoras

interno[608] que permita aprovechar la ventaja competitiva que significa su aplicación frente a otros operadores del mercado, cuya estructura de gobierno o de gestión sea más deficiente, razón por la que las decisiones de la compañía deben de tomarse con anterioridad a haber calculado el capital económico requerido para implementar tal decisión.

Consecuencia de ello, EIOPA ha considerado que estas entidades deben disponer como mínimo de la política de evaluación interna prospectiva de sus riesgos[609], el registro de cada evaluación interna prospectiva de sus riesgos, un informe interno de cada evaluación interna prospectiva de sus riesgos y, finalmente, un informe de supervisión de la evaluación interna prospectiva de sus riesgos[610]. Desde el punto de vista del asegurador como organización empresarial, la efectiva implantación de un sistema de verificación de cumplimiento de estas obligaciones devino obligatoria a través del art. 66 LOSSEAR[611] que debe completarse con la normativa de rango europeo[612].

En relación con el sistema de información a mercado previsto por MiFID II y que ha sido objeto de transposición a través del RDL 3/2020, además de la imposición de deberes de comunicación al supervisor del sistema de producción y gobernanza del producto[613], MiFID II ha enfatizado su labor de control en la comunicación de esta configuración *hacia mercado*, es decir, hacia sus potenciales clientes/usuarios.

---

y reaseguradoras deberán comunicar a la DGSFP los resultados de cada evaluación interna de riesgos y solvencia, en los términos previstos por el ROSSEAR.

608. El cual debería mantener, en todo momento un sistema interno de control, adecuado a la organización y que cuente, al menos, con un procedimiento administrativo y contable adecuado a la estructura organizativa y complejidad de las actividades realizadas en todos los niveles de la entidad. Por último, este sistema debe proporcionar un mecanismo de verificación del cumplimiento.

609. Con anterioridad EIOPA había publicado unas directrices destinadas a ser aplicadas progresivamente en conjunción con la entrada en vigor de Solvencia II, «Directrices sobre el sistema de gobernanza». *EIOPA*. CP 13/08 ES. (https://www.eiopa.europa.eu/system/files/2022-10/eiopa_2013_00200000_es_tra.pdf, accedido el 25 de enero, 2024).

610. EIOPA-BoS-14/259 ES, *Directrices sobre la evaluación interna de los riesgos y de la solvencia*, disponible en https://dgsfp.mineco.gob.es/es/Entidades/Solvencia/Directrices%20EIOPA/27.—%20Directrices%20sobre%20la%20evaluaci%C3%B3n%20interna%20de%20los%20riesgos%20y%20de%20la%20solvencia.pdf, última visita, 09 de octubre, 2023.

611. DOPAZO FRAGUÍO, P., «Hacia un nuevo modelo jurídico de supervisión del sector asegurador: aportaciones y desafíos» en CUÑAT EDO, V., BATALLER GRAU, J. (dirs.) *Supervisión en seguros privados*, Tirant lo Blanch, 2013, pág. 233, en relación con el PLSSP.

612. Del artículo 46 Control interno. Directiva 2009/138/CE, al artículo 266 Sistema de control interno, este contrasta con la prolijidad del artículo 270 Función de verificación del cumplimiento, ambos del Reglamento Delegado (UE) 2015/35 de la Comisión de 10 de octubre de 2014 por el que se completa la Directiva 2009/138/CE del Parlamento Europeo y del Consejo sobre el acceso a la actividad de seguro y de reaseguro y su ejercicio (Solvencia II). *DOUE* L 12 de 17 de enero de 2015, pág.167.

613. Vid. infra II.

Sin embargo, tal y como puede inferirse de todo lo expuesto hasta ahora, estos deberes de información pre-contractual del asegurador, ya estaban vigentes con la regulación prevista en la LOSSP (vía art. 60 y su desarrollo reglamentario en el ROSSP), aunque no estaban sujetos directamente a la *función de verificación del cumplimiento* al que ha sido sometido, con la aprobación de MiFID II y su Reglamento delegado[614], al proceso de verificación de cumplimiento sometido a supervisión y que, en la normativa vigente encuentra regulación en estos cuerpos normativos europeos[615].

Entre otras, la función que aquí nos interesa destacar es la relativa a la gestión de reclamaciones incluida en el Reglamento Delegado (UE) 2017/565. Con independencia del valor de su implantación para la mejora de la cultura empresarial del cumplimiento de normas[616], queda demostrado que una correcta implementación de este plan de verificación del cumplimiento está diseñado para formar parte de la organización empresarial aseguradora en la que no está previsto que el incumplimiento en materia de reclamaciones de sus clientes (el tomador/asegurado) genere mayores consecuencias jurídicas para el asegurador incumplidor que la obligación de explicar —en el informe anual correspondiente[617]— cuáles serán los procedimientos *internos* que buscarán mejorar estos procedimientos de reclamaciones, pues queda en la esfera organizativa interna[618] o, como mucho, en el ámbito de la supervisión competencia de la DGSFP de las obligaciones específicas del gobierno corporativo de las sociedades anónimas aseguradoras, sin que hayamos podido constatar que este órgano haya impuesto sanciones a los supervisados por incumplimiento a sus mecanismos internos de control[619].

614. Reglamento delegado (UE) 2017/565 de la Comisión, de 25 de abril de 2016, por el que se completa la Directiva 2014/65/UE del Parlamento Europeo y del Consejo en lo relativo a los requisitos organizativos y as condiciones de funcionamiento de las empresas de servicios de inversión y términos definidos a efectos de dicha Directiva. DOUE, de 31 de marzo de 2017, L 87 pág. 31.

615. *Vid.* art. 26 (Tramitación de las reclamaciones), Reglamento delegado (UE) 2017/565.

616. Un análisis de los prospectivos cambios que esta norma busca propugnar en la *cultura empresarial* del sector, en LECINA LÓPEZ, S., «La función de verificación del cumplimiento como herramienta de crecimiento ético y estratégico de las empresas de seguros» *La Ley Mercantil* n.º 96, 2022, pág. 6.

617. En el sistema sujeto a la LOSSP, TAPIA HERMIDA, A. J.; «Sistema de gobierno de las entidades aseguradoras y reaseguradoras», cit., pág. 296, clasificaba este deber dentro de aquéllos comprendidos en la responsabilidad general de la aseguradora.

618. Con un diagnóstico similar, LECINA LÓPEZ, S., «La función de verificación del cumplimiento como herramienta de crecimiento ético...» cit., pág. 7, quien propone su calificación como deber ético integrado en el concepto amplio de *interés social* de la empresa aseguradora.

619. Respecto a esta conclusión, sin duda es necesario traer a colación la interpretación que del contenido del art. 39 LOSSEAR y su relación con el art. 40 de *Solvencia II* realiza PORTELLANO DÍEZ, («Alcance y significación de la «Responsabilidad del cumplimiento» del órgano de administración de las aseguradoras» *RES* n.º 185-186, 2021, pág. 65), quien ofrece una cuidada interpretación material del contenido del art. 39 LOSSEAR, con el fin

II. TRANSPARENCIA OPERATIVA EN EL FUNCIONAMIENTO DEL SISTEMA DE SEGUROS

En una esfera mucho más amplia a la que hemos tratado en el punto anterior, en relación con el funcionamiento general del sistema financiero, creemos pertinente traer a colación, una brevísima referencia al contenido general de los deberes de acceso a la información que los operadores del mercado financiero están llamados a cumplir. Ello nos permitirá comprender el alcance de su adaptabilidad al mercado asegurador y también, poner en evidencia algunas de sus potenciales disfuncionalidades, las cuales creemos pueden surgir —en relación con el mercado asegurador— fruto de su compleja adaptación a los conflictos entre tomador/asegurado y asegurador que pueden surgir en el transcurso de la vigencia de todas las modalidades de seguro[620].

1. LA SUPERVISIÓN DE PRODUCTOS DE SEGURO. EN PARTICULAR DE PRODUCTOS DE INVERSIÓN MINORISTA ENVASADOS BASADOS EN SEGUROS (PACKAGED RETAIL AND INSURANCE-BASED INVESTMENT PRODUCTS PRIIPS)

Como hemos comentado ya en este trabajo, la protección del inversor minorista es el tercer pilar de la reforma del sistema financiero intraeuropeo[621], la planificación

---

de dotar de un contenido específico al deber de diligencia del órgano de administración de las entidades aseguradoras, de manera que el incumplimiento de las funciones críticas de la entidad, podrían ser imputados a éstos por inactividad o falta de celo *in vigilando*, *in instruendo* o *in eligendo*; a pesar de ello, a nuestro entender, el autor concluye que, incluso con esta esclarecedora propuesta, el contenido concreto de las obligaciones del órgano de administración —no solamente actividad sino *proactividad*— no ha sido determinado aún, razón por la cual incluso en sede de obligaciones societarias de la entidad aseguradora, la efectividad protectora al asegurado es, francamente, muy limitada.

620. Como sabemos, en el sistema anterior, el art. 61 LOSSP establecía un listado de opciones con los distintos mecanismos de solución de conflictos adicionales a la vía judicial, como ser el arbitraje de consumo y el arbitraje común. A estos mecanismos, será necesario añadir, la protección administrativa prevista en el art. 62.2 y que, en la actualidad nos remitiría a la prospectiva *Autoridad independiente de defensa del cliente de servicios financieros*, en ausencia de esta regulación, corresponde tener en cuenta el contenido de la ya citada Orden ECO/724/2004 sobre los departamentos y servicios de atención al cliente y el defensor del cliente de las entidades financieras.

621. FUENTES NAHARRO, M., «MIFID II hacia un reforzamiento de la protección del inversor» cit., pág. 947, por su parte, FONTICIELLA HERNÁNDEZ, B., *La protección del inversor minorista...*» cit., pág. 62, destaca este aspecto de la reciente regulación europea, poniendo hincapié en la necesidad de encontrar fórmulas que permitan, a los inversores minoristas, superar las asimetrías informativas intrínsecas al mercado de valores. En el terreno institucional, EIOPA ha hecho públicas, una serie de estrategias destinadas a reconfigurar la estrategia de supervisión, en particular: EIOPA's strategy towards a comprehensive risk-based and preventive framework for conduct of business supervision, EIOPA-16/015,

regulatoria de su reforma ha sido vertebrada sobre dos ejes: la «educación financiera al consumidor» y la «gobernanza del producto financiero». Ambos objetivos combinan, a su vez, sus respectivos objetivos con otro común llamado a impulsar y facilitar al cliente minorista o *no profesional* el conocimiento y la comprensión de los productos y servicios ofrecidos en los tres mercados financieros —banca, valores, seguros— para incentivar la contratación en estos tres ámbitos.

En el primer caso, técnicamente, la «educación financiera al consumidor» ha de alcanzar su fin pedagógico principalmente a través de la difusión de guías y tutoriales, elaborados por las autoridades de supervisión, en orden a elevar la cultura del cliente no profesional —consumidor o no— respecto de los productos y servicios financieros. El segundo eje de la protección del inversor, representado por la «gobernanza del producto financiero» se ha construido mediante deberes y normas de conductas impuestas a las entidades financieras en el proceso de comercialización y venta de sus productos o prestación de servicios financieros[622], que presenta particularidades en relación con el cliente no profesional.

A efectos del estudio aquí realizado, destacamos las normas dispuestas en la Directiva MiFID con el fin de poner de manifiesto la complejidad operativa de este sistema de intermediación que, a nuestro juicio, establece unos requisitos comprensibilidad de estructuras de inversión que el consumidor contratante de seguros de vida encontrará no solamente enrevesado sino, desde su perspectiva, poco funcional o efectivo en sus resultados de protección. Sin olvidar que, el mercado de seguros no lo es solamente para seguros de vida vinculados a productos de inversión, ni tan siquiera solo para seguros de personas, sino que los instrumentos de protección del cliente de seguros también incluyen los seguros de daños —tanto de patrimonio personal como empresarial— así como otros riesgos vinculados a la actividad diaria muy alejados de las características de los productos estructurados del mercado de inversión minorista.

11 January 2016. [disponible en https://www.eiopa.europa.eu/system/files/2019-03/eiopa-16-015_eiopa_strategy_on_conduct_supervision_framework.pdf; accedido el 25 de enero, 2024].

622. Es necesario hacer notar que solamente cuando las tres autoridades de supervisión europea fueron establecidas en 2011, al hilo del *Global survey on consumer protection and financial literacy: Oversight frameworks and practices in 114 economies*, [MYLENKO,N. *Global survey on consumer protection and financial literacy: Oversight frameworks and practices in 114 economies —full report.* Washington, D.C.: World Bank Group. http://documents.worldbank.org/curated/en/775401468171251449/Oversight-frameworks-and-practices-in-114-economies-full-report, accedido el 25 de enero, 2024], el resto de instituciones europeas empezó a incorporar en sus diversas estrategias y políticas a búsqueda de soluciones a la desprotección del consumidor minorista de productos financieros, *vid.*, Reglamento (UE) n o 1094/2010 del Parlamento Europeo y del Consejo, de 24 de noviembre de 2010, por el que se crea una Autoridad Europea de Supervisión (Autoridad Europea de Seguros y Pensiones de Jubilación), se modifica la Decisión n.º 716/2009/CE y se deroga la Decisión 2009/79/CE de la Comisión, *DO L* 331 de 15.12.2010, pág. 48/83.

Desde una perspectiva de la apariencia del producto, y esto ya ha llegado a discutirse en el mercado bancario con el uso de los términos «depósito estructurado»[623]; en nuestro ámbito y, a pesar de los esfuerzos del legislador europeo en imponer normas de transparencia —según hemos venido reseñando en esta obra— en la fase precontractual de la contratación de este producto, podría interpretarse de insidioso el uso del término «seguro» de vida/supervivencia, en cuanto a que la expectativa habitual, casi podríamos decir *clásica* de esta estructura contractual es —ha sido habitualmente— la de generar en el contratante un alto grado de *expectativa* de previsibilidad de la suma, única o periódica, que se recibirá por el asegurado/beneficiario, cuestión que, como sabemos, en el caso de los seguros de vida *unit linked* no necesariamente será así.

1.1. Antecedentes normativos

Los antecedentes de la elaboración del Documento de Datos Fundamentales y del propio Reglamento PRIIPs se asocian a las prácticas inadecuadas llevadas a cabo en las dos últimas décadas en la comercialización de los productos empaquetados por parte de entidades financieras en el mercado de inversión minorista[624]. Estas intermediarias de productos de inversión no proporcionaban información suficiente, al cliente minorista, sobre la naturaleza fluctuante del producto adquirido, o en los casos en los que sí se transmitía información esta actividad se realizaba sin fundamento, utilizando en la comercialización vocablos que evocaban conceptos jurídicos que no correspondían, jurídicamente a los términos empleados[625]. A consecuencia de ello, muchas de estas prácticas frustraron las expectativas ofrecidas dando lugar a pérdidas sufridas por los adquirentes de los productos que habían basado la decisión de adquirirlos confiando en la información proporcionada por la entidad comercializadora, sin haber entendido las características del producto así adquirido.

Tal como hemos venido exponiendo, el Reglamento PRIIPs[626] y su posterior norma de desarrollo técnica, el Reglamento Delegado PRIIPs[627] a pesar de su finalidad aparen-

---

623. FLORES DOÑA, M. S., «Productos empaquetados o basados en seguros...» cit., pág. 914.
624. De acuerdo con la exposición de los antecedentes jurisprudenciales pre-IDD, el TS aplicó, en un primer momento, el ámbito de protección previsto por MiFID para productos estructurados a los seguros *unit-linled* al considerar que éstos incluyen derivados implícitos, sin embargo, la sentencia del TJUE de 31 de mayo de 2018 (asunto C 542/16, ECLI:EU:C:2018:369), aclaró que a la comercialización de *unit-linked* se le debía aplicar la normativa de distribución de seguros y no MiFID II, aunque utilice esa Directiva como criterio de interpretación, ZUNZUNEGUI, F., «Remedios contractuales a la mala conducta bancaria» cit., pág. 73.
625. VALPUESTA GASTAMINZA, E., «Cambio de paradigma en la protección del «cliente de productos financieros», cit., pág. 25.
626. Reglamento (UE) 1286/2014 del Parlamento Europeo y del Consejo, de 26 de noviembre de 2014, sobre los documentos de datos fundamentales relativos a los productos de inversión minorista empaquetados y los productos de inversión basados en seguros, (DO L 352 de 9.12.2014, pág. 1).
627. Reglamento Delegado (UE) 2017/653 de la Comisión, de 8 de marzo de 2017, por el que se completa el Reglamento (UE) n.° 1286/2014 del Parlamento Europeo y del Consejo, sobre

temente instrumental para el mercado minorista de productos de inversión, en realidad son un claro exponente de la vocación europea de convergencia de los instrumentos del sistema financiero[628] en tanto que establecen, sin distinción, los mismos requisitos de cumplimento a dos tipos de productos pertenecientes, según la ordenación clásica, a dos mercados financieros muy diferentes: la inversión *minorista* a través de derivados[629] en los que el riesgo de pérdida de la inversión será mayor o menor en función de los términos preestablecidos por el creador del fondo, de manera que el rendimiento final del minorista dependerá de esta fluctuación en los productos financieros adquiridos por el fondo pero que no serán nunca titularidad del inversor minorista y los productos de inversión basados en seguros de vida[630].

Esta dicotomía conlleva, desde el punto de vista de la regulación de la actividad de comercialización de estos productos, que en todo caso quien ponga a disposición del contratante minorista, estos productos, *siempre* será, jurídicamente, un intermediario de un profesional inversor, pero que —a efectos de la regulación de la *distribución* de seguros— deberá adaptar el producto a las necesidades transmitidas por el tomador/ inversor, por lo tanto, a nuestro entender, de acuerdo con el RDL 3/2020, ostentará la categoría de *diseñador* del producto de inversión.

1.2. Contenido de la información *previa* a la comercialización

De acuerdo con el régimen establecido en el Reglamento PRIIPs, con carácter general, el distribuidor deberá entregar al solicitante:

---

los documentos de datos fundamentales relativos a los productos de inversión minorista empaquetados y los productos de inversión basados en seguros, mediante el establecimiento de normas técnicas de regulación respecto a la presentación, el contenido, el examen y la revisión de los documentos de datos fundamentales y las condiciones para cumplir el requisito de suministro de dichos documentos (Texto pertinente a efectos del EEE.), C/2017/1473, DO L 100 de 12.4.2017, pág. 1/52.

628. VALPUESTA GASTAMINZA, E., «Cambio de paradigma en la protección del «cliente de productos financieros», cit., pág. 25.

629. El «producto de inversión minorista» será un producto financiero derivado en el que, con independencia de la forma jurídica que utilice, el importe reembolsable al inversor minorista está sujeto a fluctuaciones debido a la naturaleza fluctuante de los valores de referencia utilizados para medir su valor económico en un momento determinado, o a la evolución en la valoración de uno o varios activos no adquiridos directamente por el inversor pero que afectan directamente al importe final que recibe el inversor en este tipo de productos. Habitualmente esos productos se comercializan con denominaciones tales como *bonos estructurados*, *depósitos estructurados* o también las *participaciones en fondos de inversión*.

630. En mayor detalle sobre estos productos FLORES DOÑA, M. S., «Productos empaquetados o basados en seguros: el documento de datos fundamentales» en ALONSO LEDESMA, C., (dir.) *Hacia un sistema financiero de nuevo cuño. Reformas pendientes y andantes*, Tirant lo Blanch, 2016, pág. 911.

- Información clara y suficiente para que el cliente «pueda tomar una decisión con conocimiento de causa», deberá explicársele las características del producto que vende;
- La información debe ser elaborada por la entidad de seguros —a nuestro entender, diseñadora del producto— previéndose que en aquellos Estados Miembros en los que el intermediario de seguros diseñe el producto, esta labor también sea competencia del intermediario;
- El intermediario deberá contar con el personal especializado en explicar los documentos informativos en el tiempo adecuado, con anterioridad a la contratación efectiva del PRIIP;
- En los productos de seguro distintos del seguro de vida, se deberá facilitar información normalizada a través del IPID[631];
- Toda la información precontractual debe ser accesible de forma gratuita y durante el tiempo suficiente para asegurar que el cliente/contratante puede ejercer los derechos que de ella se derivan.

Se afirma el derecho del cliente a pedir la información en soporte papel, pero se prevé la posibilidad de utilizar otros formatos, así como comunicaciones electrónicas.

En los seguros de grupo, el representante del grupo, si no cabe adhesión individual deberá facilitar a cada miembro los documentos de información sobre el producto y la información sobre normas de conducta del distribuidor.

1.3. Contenido regulatorio de la *gobernanza del producto*

De acuerdo con el contenido normativo y preámbulo de la IDD, el Gobierno y supervisión de productos de seguro constituye un conjunto de obligaciones que afectan a las entidades aseguradoras —en cuanto diseñadoras— y a sus distribuidores —en cuanto tales y en caso que desarrollen el papel de diseñador del producto que comercializan. Estas obligaciones no han sido establecidas para un cumplimiento puntual— en cada operación de venta o comercialización —sino que exige una serie de medidas *organizativas* sin las cuales no se entenderán cumplidos los requerimientos legales en este campo.

El precedente más claro en la materia, es *Solvencia* II, que tuvo el mérito de instituir —para productos financieros— una política definida como *orientada al riesgo*, en cuanto fija la obligación para las entidades aseguradoras y reaseguradoras de identificar, monitorizar, cuantificar y gestionar sus riesgos con vistas a la definición del capital

631. En detalle: información relativa a ley aplicable al contrato de seguro de acuerdo con la Directiva 2009/138/CE, no solo en relación con el domicilio del asegurador —si este ha comercializado el producto en régimen de establecimiento, o de prestación de servicios— sino también en relación con los sistemas de reclamación de acuerdo con la legislación del Estado del asegurador.

regulatorio que permitirá a la entidad garantizar una estabilidad financiera suficiente en el plazo del ejercicio económico y anticipar, a través de instrumentos como el denominado ORSA, la influencia que nuevos riesgos o el desarrollo de los ya identificados puedan suponer para el desarrollo de su negocio en un futuro más alejado[632].

En el caso de los PRIIPs, debemos acudir al legislador comunitario para conocer la fuente normativa que obliga a establecer bases de organización, a las entidades sujetas, que deben garantizar los fines de estabilidad que se persiguen. En este caso será necesario instituir un sistema dinámico por la propia naturaleza cambiante de los riesgos. En este sentido, el cumplimiento normativo de las reglas de POG buscan establecer un proceso de continua adaptación a las necesidades del mercado general y de los clientes/tomadores/inversores, en particular[633].

Quizás esta descripción general no permita transmitir, a primera vista, la complejidad de las fuentes normativas de estas *nuevas* exigencias, sin embargo, es necesario tener en cuenta que, al contenido del art. 185 RDL 3/2020, que deriva directamente al Reglamento Delegado (UE) 2017/2358 debemos sumar, no solo el contenido supletorio de la LOSSEAR y su reglamento, sino también tener en cuenta que, en el marco del funcionamiento y consolidación del mercado interior europeo, en los casos en los que un diseñador o distribuidor actúe en régimen de establecimiento, la DGSFP podría asumir competencias de supervisión ante estos operadores[634].

En conclusión, el fabricante del producto de seguros asume en todo caso la responsabilidad del cumplimiento de los requisitos en materia de Gobierno de Producto, sin que la externalización del diseño a un tercero (distribuidor) pueda argumentarse como elemento traslativo de la responsabilidad atribuida por la Directiva IDD[635]. Esta interpretación esta basa en el contenido del artículo 3 del Reglamento Delegado de Gobierno de Producto:

> « [...] se considerará que los intermediarios de seguros son productores cuando, de un análisis general de su actividad, se desprenda que tienen un papel decisorio en el diseño y desarrollo de un producto de seguro para

632. Una exposición de la influencia que el Manual sobre responsabilidades de proveedores y distribuidores para un trato justo a los clientes, de la Autoridad de Servicios Financieros británica (Financial Services Authority, FSA) ha tenido en la adopción, por parte del legislador europeo, MARANO, P., «The product oversight and governance: standards and liabilities» en MARANO, P., ROKAS, I., Distribution of Insurance-based investment products, Springer, Cham, 2019, pág. 63.

633. De acuerdo con REQUEIJO PASCUA, A.; REQUEIJO TORCAL, A.; *Ley de distribución de seguro*..., cit., pág. 349, de esta manera, el comercializador deberá adaptar sus productos al cliente adecuado y no buscar la comercialización generalizada del producto así diseñado.

634. En este sentido, MARTÍNEZ-GIJÓN MACHUCA, P., «Diseño, aprobación, control y distribución de productos de seguro», *RES* n.º 185-186, 2021, pág. 222.

635. MARANO, P., «The product oversight and governance...» cit., pág. 69.

> el mercado [...] Se presumirá que tienen un papel decisorio, en particular; cuando los intermediarios de seguros determinen autónomamente las características esenciales y los elementos principales de un producto de seguro, entre ellos la cobertura, el precio, los costes, los riesgos, el mercado destinatario y los derechos de indemnización o de garantía, y estos no sean modificados sustancialmente por la empresa de seguros que ofrece la cobertura por ese producto de seguro».

A pesar de la aparente meticulosidad de la descripción aquí transcrita, el papel decisorio en el diseño y desarrollo del producto comprende tantos elementos como características específicas tenga la inversión a realizar, razón por la cual no es posible detectar un ámbito objetivo claro[636]. Indirectamente, implicará también la responsabilidad de elaboración del IPID[637]. En cualquier caso, si ambos son productores, deberán firmar un acuerdo de colaboración que delimite las responsabilidades, tal y como establece el artículo 3.4 del Reglamento Delegado de Gobierno de Producto[638]. Quedarán fuera de las obligaciones de gobierno de producto, de acuerdo con el artículo 3.3 del Reglamento Delegado de Gobierno de Producto las personalizaciones y adaptaciones de productos de seguro existentes para clientes individuales, así como el diseño de contratos a medida a solicitud de un único cliente no se considerará actividad de elaboración.

A mayor abundamiento, el Reglamento Delegado impone una serie de *fases* a seguir por las diseñadoras del producto[639] en las que prevé un proceso abreviado para revisiones ordinarias y modificaciones no sustanciales de productos ya existentes y un proceso más meticuloso para productos de nueva implantación o que introduzcan modificaciones sustanciales a otros ya existentes[640]. Los datos relevantes de este proceso deberán estar a disposición tanto del personal relevante del asegurador/diseñador[641] como de los distribuidores de manera que éstos puedan *entender* el producto y proceder a una correcta identificación del mercado destinatario del mismo y realizar así una correcta valoración de la idoneidad o conveniencia de ofertar el producto a un solicitante de seguro concreto[642].

636. MARTÍNEZ-GIJÓN MACHUCA, P., «Diseño, aprobación, control y distribución...» cit., pág. 224.
637. MARANO, P., «The product oversight and governance...» cit., pág. 71.
638. El Reglamento Delegado en este punto ha previsto —en aplicación del principio de reciprocidad— aplicar a aseguradores y distribuidores provenientes de terceros Estados, las mismas reglas de POG que a los operadores nacionales.
639. Detección de oportunidades; diseño y desarrollo del producto; lanzamiento y comunicación del producto; seguimiento del producto.
640. REQUEIJO PASCUA, A.; REQUEIJO TORCAL, A.; *Ley de distribución de seguro...*, cit., pág. 357.
641. MARANO, P., «The product oversight and governance...» cit., pág. 76, quien subraya la falta de definición de este concepto.
642. También en este sentido, MARTÍNEZ-GIJÓN MACHUCA, P., «Diseño, aprobación, control y distribución...» cit., pág. 229.

Con el fin de propugnar la adopción de medidas efectivas de identificación de este mercado destinatario, la normativa prevé que este proceso de aprobación y vigilancia del mercado destinatario del producto *antes* de su comercialización sea sometido a pruebas cualitativas[643] según su naturaleza y riesgo de perjuicio a los potenciales clientes[644], de manera que, de encontrarse con un escenario adverso a la introducción del producto, éste no podría ser comercializado[645].

Otro punto importante del POG diseñado por el asegurador será la necesidad de prever un procedimiento claro para la continua gestión de los potenciales conflictos de interés, tanto internos —asegurador/distribuidor— como hacia el contratante final —distribuidor/cliente y asegurador/cliente— en particular en el caso de contratación de PRIIPs[646].

Por último, aunque no por ello menos importante, el artículo 7 del Reglamento Delegado (UE) 2017/2358, en coordinación con el contenido del art. 25.4 de la IDD señala las características de los procedimientos a desarrollar por el asegurador/distribuidor para una correcta monitorización y revisión periódica de los productos comercializados. Esta norma busca respetar los objetivos generales para los que fuera diseñado el producto, teniendo en cuenta que en su presentación comercial este punto habrá sido relevante para sus destinatarios finales[647]. Esta norma pretende evitar el *mis-selling* ya antes mencionado[648], objetivo que permea la mayor parte de las directrices que en los últimos tiempos ha adoptado y publicado el regulador europeo. Sobre este punto, a nuestro entender, la estructura normativa aquí descrita solamente podría cumplir su objetivo de inmediatez en la capacidad de reacción del asegurador (y sus distribuidores) si el tomador del seguro adopta una actitud proactiva en la monitorización de

643. Sin que el legislador europeo se haya pronunciado respecto de los métodos específicos a emplear para llevar a cabo estas pruebas, MARANO, P., «The product oversight and governance…» cit., pág. 78, aunque sí exista un informe elaborado por EIOPA que permite vislumbrar el tipo de escenario que deberá contemplar el diseñador: grances fluctuaciones de los precios de los valores de referencia, etc.

644. REQUEIJO PASCUA, A.; REQUEIJO TORCAL, A.; *Ley de distribución de seguro…*, cit., pág. 369, proponen una serie de pruebas basadas, en su mayor parte, en la retroalimentación recibida por la aseguradora de productos ya comercializados de características similares.

645. *Vid.* art. 6 Reglamento Delegado (UE) 2017/2358.

646. *Vid. infra*, Capítulo V en relación con la regulación de este punto en relación con los deberes de profesionalidad del distribuidor.

647. Sin olvidar, como apunta MARTÍNEZ-GIJÓN MACHUCA, P., «Diseño, aprobación, control y distribución…» cit., pág. 235, que estas exigencias de permanente actualización y control de productos será aún más exigente en los productos de seguros de base tecnológica.

648. Así lo expresa el más reciente informe de EIOPA sobre tendencias de consumo: *Consumer Trends REport 2022* pág. 34; disponible en https://www.eiopa.europa.eu/document/download/b8e20202-b1f6-41a9-9df8-f3cf8a9e96f9_en?filename=Consumer%20trends%20report%202022.pdf (accedido el 01.02.2024).

la evolución de los productos financieros objeto de inversión[649] cuestión que resulta poco plausible dada la generalizada y persistente percepción —por parte del tomador/asegurado— de que la información recibida sobre coberturas es imparcial y adecuada a las necesidades del tomador[650].

1.4. Posibles disfunciones en la implantación del POG

Tal y como hemos podido expresar en las líneas precedentes, la regulación contenida en el Reglamento PRIIPs ha venido a ampliar el ámbito subjetivo de los *productores* de seguros, en tanto que no solo lo serán las entidades aseguradoras que configuren el producto financiero, sino también aquellos distribuidores que tengan un poder decisorio sobre aspectos *indeterminados* del producto, con relevancia suficiente como para influir en la decisión de contratar del destinatario final. Sobre este punto no hemos encontrado ningún texto normativo que se ocupe directamente del tema[651] y nos permita ofrecer un contenido más exacto del criterio a seguir para determinar cuándo un distribuidor califique como *productor*[652].

649. Como han resaltado ya, MARTÍNEZ-GIJÓN MACHUCA, P., «Diseño, aprobación, control y distribución...» cit., pág. 234; el Reglamento Delegado no establece *plazos* concretos de monitorización o métodos para determinar cuándo o cada cuanto tiempo deberá el diseñador del PRIIP realizar la revisión periódica de adecuación del producto.
650. Es lamentablemente destacable, sobre este punto en concreto, que el eurobarómetro de 30/06/2022, haya puesto de manifiesto esta percepción. En concreto esta tendencia es especialmente acusada entre los consumidores españoles que concuerdan, en un 74%, con la afirmación «Es difícil obtener asesoramiento imparcial sobre la cobertura que se adapta a sus necesidades» (22% concuerdan fuertemente; 52% tienden a concordar); en el otro extremo, quienes «mejor» valoran a sus asesores de seguros son los consumidores daneses, entre los cuales este total solo alcanza el 47% (11% concuerda fuertemente y un 36% tiene a concordar). Estudio *Eurobarometer EU27 full results — consumers* disponible en: https://www.eiopa.europa.eu/document/download/18b12e5c-043f-4108-835d-3179ed2c9de9_en?filename=Eurobarometer%20EU27%20full%20results%20-%20consumers.pdf accedido el 25/01/2024.
651. Sin duda es necesario, en este punto, tomar en cuenta el documento publicado por EIOPA en 2020 y actualizado en 2023, (*EIOPA's approach to the supervisión of product oversight and governance,* disponible en https://www.eiopa.europa.eu/document/download/f0f9beca-ea08-4bf6-9452-57438b8ef0bc_en?filename=EIOPA%27s%20approach%20to%20the%20supervision%20of%20product%20oversight%20and%20governance.pdf&prefLang=es) como guía del supervisor europeo tanto a aseguradores como distribuidores en la tarea de elaborar un POG adecuado, correcto, que traiga resultados positivos para los consumidores, a pesar de ello, la misma institución advierte que su contenido tiene solo *finalidad informativa* de manera que no puede considerarse vinculante para la DGSFP (en nuestro caso).
652. La DGSFP hizo suyas las *Directrices preparatorias relativas a los procedimientos de gobernanza y vigilancia de productos para las empresas de seguros*, publicadas por EIOPA en 2016 (EIUOPA-BoS-16/071 ES, disponible en https://www.eiopa.europa.eu/document/download/bdaaafa7-9cd2-454c-b48a-6575d6edf01e_es?filename=Preparatory%20Guidelines%20on%20product%20oversight%20and%20governance%20arrangements%20by%20insurance%20undertakings%20and%20insurance%20distributors, accedido el 25.01.2024) que

Otro punto importante de la regulación de gobernanza del producto de seguros será el relativo a la elección que del distribuidor realice el productor. De acuerdo con las nuevas normas, éste debe elegir los canales de distribución más idóneos para el mercado destinatario según la determinación de *mercado objetivo* que hubiera elegido en la fase de diseño[653]. Al igual que con el problema anterior, en este caso, productor y distribuidor compartirán —ante el contratante final— responsabilidad por poner a su disposición un producto adaptado a sus necesidades.

Tal y como se ha señalado[654]la estrategia de comercialización final seguida por el distribuidor no podrá ser contraria a la que hubiera definido el productor, estando estos obligados a implementar mecanismos de verificación de que el producto se distribuye según estas directrices[655]. A nuestro entender este punto se encuentra claramente vinculado con el contenido de la obligación del fabricante/diseñador de establecer ese mercado destinatario. Sin embargo, el contenido del art. 7.3 del Reglamento Delegado (UE) 2017/2358[656] no deja claro si las «medidas correctoras» del producto de seguros que pueda afectar negativamente al cliente incluyen o, a mayores, autorizan al asegurador a introducir modificaciones *contractuales* a las pólizas ya vigentes[657] o si simplemente se espera del asegurador que retire el producto de comercialización para evitar contrataciones futuras[658].

1.5. Otras debilidades del sistema de transparencia

En cuando a dificultades más generalizadas que dificultan la transparencia regulatoria, en particular en la comercialización de PRIIPs, sin duda, debemos resaltar la cuestión de la calificación legal de estos contratos como *contratos de seguros* y no como *contratos de inversión.* Como sabemos, vigente el RD 629/1993, de 3 de mayo[659], los

contienen una descripción, en la Directriz 6, sobre las cualificaciones y conocimientos y competencias del personal encargado del diseño de productos, que afectaría al distribuidor que sea, a su vez, diseñador, mientras que la Directriz 11, Contratación externa del diseño de productos, atribuye responsabilidad por el correcto cumplimiento del POG al fabricante que encargue a un tercero el diseño de productos en su nombre; cuestiones, ambas que no ayudan a establecer el criterio clasificatorio para distribuidores-diseñadores.

653. Art. 4.5 Reglamento Delegado.
654. PEÑAS MOYANO, M. J., «De la información al cliente a la gobernanza del producto: una evolución necesaria en el sector asegurador» *RDMV* n.º 26, 2020, pág. 6.
655. Art. 10.4 Reglamento Delegado (UE) 2017/2358.
656. Los productores que, durante el ciclo de vida de un producto de seguro, constaten cualquier circunstancia relacionada con dicho producto que pueda afectar negativamente al cliente que lo haya adquirido adoptarán las medidas adecuadas para paliar la situación y evitar que el hecho perjudicial se repita. Los productores informarán sin demora a los distribuidores de seguros y los clientes afectados sobre las medidas correctoras adoptadas.
657. Teniendo en cuenta lo dispuesto por el art. 21.2 LCS.
658. También en este sentido, MARANO, P., «The product oversight and governance: standards and liabilities» cit., pág. 81.
659. Real Decreto 629/1993, de 3 de mayo, sobre normas de actuación en los mercados de valores y registros, RD que transponía a nuestro ordenamiento jurídico parte de la regulación

seguros *unit-linked* habían generado una serie de dudas en torno a la determinación de la normativa relativa a las obligaciones de información que debía cumplirse en su proceso de comercialización, particularmente en relación con los planes de pensiones y los seguros de vida con la finalidad de ahorro. Ello desemboco en una calificación legal, por parte del Tribunal Supremo, como productos de inversión, no como contratos de seguro: al efecto la STS de 8 de septiembre de 2014[660] hacía hincapié en la obligación de buena fe contractual en el *contrato de gestión asesorada de carteras de inversión*[661] señalando que «la necesidad de protección se acentúa porque las entidades financieras al comercializar estos productos, debido a su complejidad y a la reseñada asimetría informativa, no se limitan a su distribución sino que prestan al cliente un servicio que va más allá de la mera y aséptica información sobre instrumentos financieros, en la medida en que ayudan al cliente a interpretar esta información y a tomar la decisión de contratar un determinado producto», en párrafos posteriores, se vinculaba el desempeño del asesor a la buena fe contractual del art. 7 CC [662].

Sin embargo, ha sido la normativa[663] y jurisprudencia[664] europea la que, sin ofrecer un concepto legal claro, ha sido consistente en calificarlos de contratos *de seguro* con obligaciones de protección del tomador que, al menos en el caso de los seguros unit linked, pretende alcanzar niveles similares a los previstos para los inversores minoristas[665], sin que, de momento, parezca plausible que —a pesar de todas las normas aquí comentadas— quede, al tomador, mayor solución que las ya previstas *antes* de la entrada en vigor del RDL 3/2020[666].

Por último[667], creemos necesario traer a colación un aspecto instrumental en la contratación, no solo de PRIIPs, sino también de otros productos del mercado asegurador,

---

europea contenida en *MIFID I*.

660. ROJ 2014/4339.

661. Al respecto en detalle sobre esta sentencia MERCADAL VIDAL, F., «Los deberes precontractuales de información en la contratación de servicios de inversión (Reflexiones en torno a las sentencias del Pleno de la Sala Primera del Tribunal Supremo de 8 y 10 de septiembre de 2014), *RDM* 295, 2015, BIB 2015/896.

662. ALONSO SOTO, R., «La comercialización de productos financieros en forma de seguros» en PÉREZ-SERRABONA GONZÁLEZ, J. L., (dir.) *Derecho de seguros. Nuevas realidades y nuevos retos*, Marcial Pons, Madrid, 2021, pág. 30.

663. Abundantemente referida y analizada en este trabajo.

664. *Vid,* Asunto C-355/18 y C-479/8 de 19 de diciembre, 2019; Barbara Rust-Hackner y otros, ECLI:EU:C:2019:1123; Asunto C-208/21, Towarzystwo Ubezpieczen Z SA, ECLI:EU:C:2023:64.

665. Muy crítica con la configuración normativa de la protección del inversor minorista, FONTICIELLA HERNÁNDEZ, B., *La protección del inversor minorista tras la completa* ... cit., pág. 187.

666. Una conclusión similar, ROJO ÁLVAREZ-MANZANEDA, C., «La inobservancia por las entidades aseguradoras de las obligaciones de información ...» cit., pág. RR-4.5.

667. Desarrollaremos este punto en mayor detalle en el capítulo V *infra*.

como es su completa desmaterialización o electronificación[668] incluso en los casos de contratación personalizada. La estructura de intercambios de información pre-contractual aquí descrita y los elementos de protección del contratante minorista parecen continuar utilizando —para una auténtica efectividad del sistema de protección por incumplimiento de los deberes de transparencia del operador/emisor— una estructura de contratación documentada en papel, además de basar las posibles reclamaciones a través de procedimientos desarrollados *on-site* —es el caso del deber del distribuidor de informar o asesorar al potencial contratante— con el añadido, en el caso de los PRIIPS, de que estos por su intrínseca naturaleza de producto de inversión dependen —como todos los productos financieros— de una estructura inmaterial para su negociación, negociación que requiere una toma de decisiones por parte del suscriptor/detentor/titular instantánea. Así pues, nos planteamos la capacidad de protección que tendrán las normas de ordenación y supervisión aquí descrita si éstas parten *ab initio* de una mermada capacidad de reacción y por tanto, de protección de los intereses del contratante/asegurado. A nuestro entender el único resultado que el cumplimiento defectuoso o pleno incumplimiento que estas normas puede traer para el emisor/fabricante/asegurador es la de certificar una ausencia de datos suficientes para una correcta formación de la voluntad de obligarse —rescisión del contrato subyacente— con el consiguiente perjuicio para la credibilidad del mercado y la solidez económica del operador.

2. CAPACIDAD TUITIVA DE LOS REGULADORES EUROPEOS EN MATERIA DE INCUMPLIMIENTOS DE LOS OPERADORES

Como sabemos, en el ámbito de la supervisión del mercado financiero, la Unión Europea ha diseñado un sistema compuesto por tres autoridades supervisoras europeas (ESAs)[669] y un consejo[670] para monitorizar los riesgos sistémicos. El objetivo general de esta estructura[671] es el fortalecimiento del sistema financiero[672] así como una integración

668. Posibilidad adelantada ya en su día por ILLESCAS ORTIZ, R., «Cumplimiento de los requisitos documentales del contrato de seguro celebrado por medios electrónicos», en MADRID PARRA, A., (dir.) *Derecho del sistema financiero y tecnología*, Marcial Pons, Madrid, 2010, pág. 395.

669. Autoridad Bancaria Europea (EBA) [Reglamento (UE) 1093/2010 del Parlamento Europeo y del Consejo, de 24 de noviembre de 2010, por el que se crea una Autoridad Europea de Supervisión (Autoridad Bancaria Europea), se modifica la Decisión 716/2009/CE y se deroga la Decisión 2009/78/CE de la Comisión, *DO L 331 de 15.12.2010, pág. 12/47*], la Autoridad Europea de Valores y Mercados (ESMA) []Reglamento (UE) 1094/2010 del Parlamento Europeo y del Consejo, de 24 de noviembre de 2010, por el que se crea una Autoridad Europea de Supervisión (Autoridad Europea de Seguros y Pensiones de Jubilación), se modifica la Decisión 716/2009/CE y se deroga la Decisión 2009/79/CE de la Comisión, *DO L 331 de 15.12.2010, pág. 48/83*], y la Autoridad Europea de Seguros y Pensiones de Jubilación (EIOPA) [Reglamento (UE) 1095/2010 del Parlamento Europeo y del Consejo, de 24 de noviembre de 2010, por el que se crea una Autoridad Europea de Supervisión (Autoridad Europea de Valores y Mercados), se modifica la Decisión 716/2009/CE y se deroga la Decisión 2009/77/CE de la Comisión, *DO L 331 de 15.12.2010, pág. 84/119*].

de la supervisión prudencial. Más recientemente, el legislador europeo ha integrado otros factores de orden público económico en la labor de supervisión de las ESAs[673], además de continuar en su labor de revisar el marco vigente en busca de una correcta implementación de los pilares básicos de funcionamiento del sistema financiero europeo.

Tal y como ya hemos señalado en otros puntos de este trabajo, el tercero de estos objetivos busca la protección el consumidor a través ya no solamente de la adopción de medidas destinadas a asegurar la transparencia *precontractual*, sino también —y esta es la razón por la que incluimos este apartado en nuestro trabajo— a través de la imposición, a los fabricantes y distribuidores de productos financieros, de deberes de control y gobernanza del producto (POG) comercializado, no solo en la fase de diseño e intermediación inicial, sino también *durante* la vigencia del contrato que ha generado el producto financiero.

Expuestas ya las líneas generales de estos deberes, corresponde, en este apartado, abordar el análisis de la estructura institucional llamada a velar por el cumplimiento de estos nuevos deberes de monitorización. Con esta finalidad, en primer lugar, estudiaremos las competencias supervisoras otorgadas a EIOPA y a las otras dos ESAs, centrando nuestro análisis en la capacidad de cada una de ellas —en particular de EIOPA— de controlar o, de alguna manera influir directamente en el control que la DGSFP (en su papel de autoridad nacional competente) pueda ejercer tanto sobre una correcta implementación de las directrices incluidas en el POG de cada fabricante de productos financieros como en su retirada del mercado. Lógicamente, este primer apartado, corresponde unirlo, en segundo término, a un análisis de las competencias, reconocidas por el legislador europeo y español, a la DGSFP en caso de incumplimiento de estos nuevos deberes. Por último, creemos necesario incluir en nuestro análisis la normativa proyectada en materia de defensa del cliente de servicios financieros que en su papel de institución centralizadora de las reclamaciones que los contratantes puedan hacer al

---

670. Junta Europea de Riesgo Sistémico (ESRB) [Reglamento (UE) 1092/2010 del Parlamento Europeo y del Consejo, de 24 de noviembre de 2010, relativo a la supervisión macroprudencial del sistema financiero en la Unión Europea y por el que se crea una Junta Europea de Riesgo Sistémico, *DO L 331 de 15.12.2010, pág. 1/11*].

671. Reglamento (UE) 1096/2010 del Consejo, de 17 de noviembre de 2010, por el que se encomienda al Banco Central Europeo una serie de tareas específicas relacionadas con el funcionamiento de la Junta Europea de Riesgo Sistémico, *DO L 331 de 15.12.2010, pág. 162/164.*

672. El *informe Larosière*, encargado de identificar elementos regulatorios para fortalecer el sistema de supervisión, fue publicado en 2009. (https://www.esrb.europa.eu/shared/pdf/de_larosiere_report_en.pdf?351e1b35ec1ca5e855d2e465383a311f accedido el 25/01/2024).

673. El 12 de septiembre de 2018, el presidente de la Comisión publicó una Comunicación sobre el refuerzo del marco de la Unión para la supervisión prudencial y contra el blanqueo de capitales que presentaba, a su vez, una propuesta de modificación de directivas y reglamentos con el fin de concentrar la aplicación de esta nueva política en la Autoridad Bancaria Europea. *Vid.*, https://eur-lex.europa.eu/legal-content/ES/TXT/PDF/?uri=CELEX:52020XC0513(03)&from=ES.

supervisor nacional sobre cumplimiento, por parte de las entidades supervisadas, de sus obligaciones y su encaje en el sistema de supervisión hasta ahora vigente.

2.1. Competencias de la Autoridad Europea de Seguros y Pensiones de jubilación (EIOPA) en relación con incumplimientos de la regulación del POG

Dentro de sus funciones relativas al control y gobernanza de los productos sujetos a la DDS, EIOPA tiene competencias para emitir y actualizar el contenido del IPID[674]. Por su parte el Reglamento PRIIPs[675] le reconoce potestad para realizar seguimientos de mercado en toda la Unión, atribuyéndole también la posibilidad de prohibir o restringir en la Unión, con carácter temporal: la comercialización, distribución o venta de determinados productos de inversión basados en seguros o de productos de inversión basados en seguros que presenten determinadas características específicas, o un tipo de actividad o práctica financiera de una empresa de seguros o reaseguros que generen la necesidad de proteger al inversor o una amenaza para la integridad y el funcionamiento ordenado de los mercados financieros o para la estabilidad de la totalidad o de parte del sistema financiero de la Unión[676].

Esta prohibición o restricción podrá aplicarse en determinadas circunstancias[677] o estar sujeta a excepciones que especifique EIOPA. Sujeto al cumplimiento de los requisitos legales determinados para el caso anterior, también será posible la prohibición o restricción preventiva. Como elementos limitadores a estas facultades de intervención, el Reglamento PRIIPs señala que la supervisora deberá adoptar medidas que no tengan un efecto perjudicial para la eficiencia de los mercados financieros o para los inversores que resulte desproporcionado con respecto a sus beneficios, o no creen un riesgo de arbitraje regulatorio. Debiendo, revisar la efectividad de los resultados de la prohibición o restricción, como mínimo a intervalos de 3 meses, quedando ésta derogada si no se renueva al cabo de ese período de tres meses.

---

674. Art. 20 (8) DDS.
675. Reglamento UE 1286/2014.
676. Entre esos criterios y factores figurarán: a) el grado de complejidad del producto de inversión basado en seguros y la relación con el tipo de inversor para el que se comercializa y vende; b) el tamaño o el valor nocional del producto de inversión basado en seguros; c) el grado de innovación del producto de inversión basado en seguros, de una actividad o de una práctica, y d) el apalancamiento que proporciona un producto o una práctica.
677. De acuerdo con el art. 16.2 del Reglamento PRIIPs: a) que las medidas propuestas respondan a una seria preocupación por la protección del inversor o a una amenaza para la integridad y el funcionamiento ordenado de los mercados financieros o para la estabilidad de la totalidad o de parte del sistema financiero de la Unión; b) que los requisitos reglamentarios aplicables con arreglo al Derecho de la Unión al producto de inversión basado en seguros o a la actividad de que se trate no den respuesta a la amenaza; c) que una o varias autoridades competentes no hayan tomado medidas para dar respuesta a la amenaza o que las medidas adoptadas no constituyan una respuesta adecuada frente a la misma.

Cuando una o varias autoridades competentes hayan tomado una medida de supervisión de ámbito nacional, EIOPA podrá adoptar cualquiera de las medidas de control sin emitir el dictamen previo, prevaleciendo las medidas del regulador europeo, en todo caso, sobre cualquier medida adoptada previamente por una autoridad competente.

En todo caso, se impone al regulador europeo la obligación de notificar a las autoridades competentes de ámbito nacional, las medidas de intervención que se proponga adoptar, además de estar obligada a publicar, en su sitio web, un aviso sobre cualquier decisión de adopción de medidas de prohibición o restricción. Este aviso deberá especificar pormenorizadamente la prohibición o restricción y la fecha posterior a la publicación del aviso a partir de la cual las medidas surtirán efecto. La prohibición o restricción solo se aplicará a los actos posteriores a la fecha a partir de la cual las medidas surtan efecto.

2.2. Reguladores europeos de los *otros* productos financieros[678] (ESMA/EBA)

Tal y como hemos puesto de manifiesto en este trabajo, la inexorable convergencia de subsistemas del sistema financiero europeo se pone especialmente de manifiesto si tomamos en cuenta las competencias de intervención de productos de los otros dos reguladores: ESMA[679] y EBA[680].

En efecto, como sabemos, el Reglamento MiFIR ha reconocido, a estas otras supervisoras, la potestad no solo de seguimiento sino, en términos idénticos a los ya reseñados a favor de EIOPA, de intervención temporal a favor de una[681] y otra[682], a tiempo de reconocer —al igual que el Reglamento PRIIPs en favor de la DGSFP como *autoridad competente* de ámbito nacional— a sus contrapartes nacionales, las mismas potestades de intervención y obligaciones de coordinación en la actuación conjunta en caso de que cualquiera de los reguladores, ya sean europeos o autoridades nacionales, hubieran hecho uso de sus potestades de intervención de productos[683].

Esta descripción, sin embargo, no puede estar exenta de una valoración general, desde el punto de vista de la aplicación del principio de transparencia, de las diferencias entre

678. Téngase en cuenta que no todos los valores negociados están sujetos a estas obligaciones, sino solamente aquellos emitidos por entidades financieras sujetas a MiFIR, esta exclusión alcanza, por ejemplo, a empresas de inversión colectiva en valores mobiliarios (UCITS), o gestores de fondos de inversión alternativos (AIFMs), ambos con regulación propia [Directiva 2009/65/CE del Parlamento Europeo y del Consejo, de 13 de julio de 2009, por la que se coordinan las disposiciones legales, reglamentarias y administrativas sobre determinados organismos de inversión colectiva en valores mobiliarios, y Directiva 2011/61/UE del Parlamento Europeo y del Consejo, de 8 de junio de 2011, relativa a los gestores de fondos de inversión alternativos, respectivamente].
679. European Securities and Markets Authority, Reglamento (UE) 1095/2010.
680. *European Banking Authority*, Reglamento (UE) 1093/2010.
681. Art. 40 MiFIR.
682. Art. 41 MiFIR.
683. Art. 43 MiFIR.

subsistemas entre sí, pero particularmente, de ESMA y EBA con respecto a EIOPA. Tal y como hemos resaltado en puntos anteriores de este trabajo, en el caso de los productos financieros regulados por MiFID II, tanto EBA como ESMA no solo han tenido, históricamente, mayores competencias de supervisión en sus respectivos mercados, sino que, tomando como punto de referencia las competencias supervisoras de EIOPA en los PRIIPs, la base de las inversiones que darán lugar al capital indemnizatorio del contrato de seguro de vida subyacente dependerá de estructuras (productos) de inversión negociados en el mercado financiero pero no bajo la supervisión de ESMA sino de EIOPA que deberá reaccionar o mejor, *prevenir* la aparición de los mismos problemas que ESMA ha venido haciendo con mayor o menor fortuna[684] *además* de monitorizar todos los otros productos de seguros no relacionados con el mercado de valores. Si recordamos que una de las obligaciones de las ESAs al tomar medidas de intervención de producto es evitar el arbitraje regulatorio nos encontraremos con que EIOPA, en el caso de PRIIPs o unit-linked, tendrá que replicar —previamente coordinar— las medidas tomadas por ESMA[685], siendo su labor más bien reactiva que preventiva, con el consiguiente detrimento de los inversores minoristas que, a diferencia de quienes estarán supervisados por ESMA, pueden ver aumentada su exposición a productos inadecuados un tiempo mayor, con el consiguiente perjuicio para sus intereses[686].

2.3. Comité Mixto y Cámara de apelaciones de las ESA's

De acuerdo con la regulación correspondiente a cada autoridad supervisora, representantes de cada una de ellas integrarán dos órganos comunes: el Comité Mixto y su Sala de Recursos. En el primer caso, en lo ateniente a la regulación de productos de seguros, las funciones del comité tendrán relevancia de fuente secundaria en tanto que solamente fijarán posiciones conjuntas a ser aplicadas por las correspondientes autoridades nacionales[687] respecto a conglomerados financieros, servicios de contabilidad

684. *Vid.* O'FLYNN BRIGHT, A. J., *Mortgage securitisation: origin, evolution, crisis and European regulation*, cit., pág. 315.
685. Así por ejemplo el caso de la intervención de ESMA prohibiendo la comercialización, distribución o venta de opciones binarias y venta de contratos por diferencias (*CFDs*) a inversores minoristas [ESMA, «Notice of ESMA's Product Intervention Decisions in relation to contracts for differences and binary options» (ESMA35-43-1135) y ESMA, «Questions and Answers on ESMA's temporary product intervention measures on the marketing, distribution or sale of CFDs and binary options to retail clients» (ESMA35-36-1262)] publicadas en mayo de 2018 y que fueron seguidas por una publicación similar por parte de EIOPA en junio del mismo año (EIOPA, «Statement on consumer detriment resulting from policyholder exposure to contracts for differences and binary options», EIOPA-18/251, 1 junio 2018).
686. Esta preocupación ha sido tomada en cuenta por EIOPA, según expresa en el *Supervisory Convergence plan for 2024*, pág. 9 [disponible en https://www.eiopa.europa.eu/document/download/4f3d1a83-59e0-49bd-a4e6-10f9b6827c44_en?filename=Supervisory%20Convergence%20Plan%20for%202024.pdf, accedido el 20 de marzo, 2024], aunque centra su atención en este tipo de problemas si representan o exacerban riesgos sistémicos.
687. Art. 56 Reglamento UE 1095/2010.

y auditoría, análisis microprudenciales de las evoluciones, riesgos y puntos vulnerables para la estabilidad financiera, productos de inversión minorista, medidas contra el blanqueo de capitales, intercambio de informaciones con la ESRB y el desarrollo de las relaciones entre esta y las ESAs.

A diferencia de este Comité Mixto, la Sala de Recursos sí podría potencialmente, trascender en su alcance práctico al ámbito de supervisión de la autoridad competente, *ergo* afectar directamente el proceder de un operador del mercado de seguros. Ello es así en tanto que el art. 60.1 Reglamento (UE) 1095/2010 reconoce —en el caso de las actividades bajo supervisión de EIOPA— legitimación a las autoridades nacionales de supervisión para recurrir las decisiones de la respectiva ESA antes este organismo. Revisadas las competencias de intervención y prohibiciones de EIOPA[688], es mucho más previsible que una autoridad nacional recurra una actuación de EIOPA en la cual la autoridad europea imponga alguna restricción o prohibición, al operador o distribuidor de seguros, antes o adicional a las que pudiera haber impuesto esta autoridad nacional[689].

3. LA DIRECCIÓN GENERAL DE SEGUROS Y FONDOS DE PENSIONES (DGSFP), SU LABOR COMO GARANTE DEL CUMPLIMIENTO DE LAS OBLIGACIONES IMPUESTAS POR LA NORMATIVA DE TRANSPARENCIA ADMINISTRATIVA A ASEGURADORES Y DISTRIBUIDORES

Tomando como punto de partida la defensa del cliente del mercado asegurador, el regulador estatal (DGSFP) cumple esta función tanto a través de actos que afectan directamente a los supervisados —control de acceso a la actividad de seguros, inspecciones, control de la honorabilidad, etc.— como de aquéllos que conciernen a los potenciales contratantes —advertencias sobre entidades no autorizadas, control de la publicidad— todo ello con la finalidad de mantener un adecuado grado de protección del consumidor de servicios financieros.

Estos elementos, llamados a crear y mantener la confianza del consumidor/inversor/asegurado, se instrumentan a través de diversas técnicas públicas generales y otras más específicas. En nuestro caso, incidiremos en este apartado, en las competencias de supervisión del control y gobernanza del producto de seguros, en el entendido que, en un apartado posterior, podremos expresar las funciones, competencia del regulador nacional, que afectan a los intermediarios[690]. Por último, concluiremos este apartado, centrando nuestro análisis en la configuración actual y prospectiva de la función de *defensa administrativa* del tomador asegurado como concreción del sistema de protección de los derechos de los ciudadanos.

---

688. Sin duda será necesario tener en cuenta los objetivos que EIOPA ha establecido para sí misma en materia de control y gobernanza de productos *Vid. EIOPA's approach to the supervision of product oversight and governance*, 2020, pág. 8

689. Así también lo interpreta, COALERT, V., «The MiFIR and PRIIPs Product Intervention Regime...» cit., pág. 114.

690. *Vid.* infra, capítulo V.

3.1. Funciones orientadoras de la supervisión

A diferencia de la regulación anterior, el art. 17 LOSSEAR, ha establecido un vínculo directo con la autoridad supervisora europea, de manera que sea indiscutible la potestad del regulador europeo de fijar recomendaciones y directrices que no puedan ser obviadas por el regulador nacional[691]. Con esta base normativa, las funciones orientadoras a implementar, por parte de la DGSFP, en sus actividades, comprenden:

— Desarrollo de canales de información y formación de los intermediarios y consumidores sobre productos y servicios: en el caso de los primeros, ello afecta a los requisitos de conocimientos profesionales para acceder a la actividad, mientras que, en el segundo caso, nos referimos no solamente a las acciones de *educación financiera* del público en general sino, sobre todo a las advertencias y controles de publicidad de productos;

— Llevar a cabo las acciones ya detalladas tomando en cuenta las orientaciones y directrices de las autoridades europeas en lo que atañe a advertencias sobre amenazas graves para los objetivos que persiguen tanto el supervisor directo, como los otros supervisores europeos;

— Funciones represivas en tanto que estará autorizada para prohibir o restringir temporalmente determinadas actividades financieras que amenacen el funcionamiento correcto y la integridad del mercado;

— Funciones registrales tanto de entidades como de intermediarios, tanto nacionales como aquéllos que puedan beneficiarse del ejercicio de actividades en régimen de libertad de establecimiento, prestación de servicios o, no siendo así, que provengan de terceros Estados.

3.2. Competencias de supervisión de producto

Lo expuesto hasta ahora en relación con las normas europeas reguladoras de productos financieros en general, y productos de seguros en particular, podrían hacer pensar en esta normativa como un elemento novedoso en nuestro sistema normativo, sin embargo, en el ámbito de la regulación del mercado asegurador, la regulación institucional del mismo ya había establecido —como norma jurídico-pública— un importante grado de protección *teórica* al asegurado, incluso mayor al actualmente vigente.

En efecto la LOSSP[692] regulaba ya en su art. 43.6º g, como infracción «muy grave» la reiteración del incumplimiento, por parte del asegurador, del deber de información al tomador del seguro, mientras que la misma norma en su redacción original[693] calificaba,

691. RUIZ ECHAURI, J., FERNÁNDEZ DEL MANZANO, L. A., «Comentarios a la LOSSEAR» *RES* n.º 165-166, 2016, pág. 26.

692. Ley 30/1995, de 8 de noviembre, de Ordenación y Supervisión de los Seguros Privados, «BOE» núm. 268, de 9 de noviembre de 1995, págs. 32480 a 32567.

693. Ley 33/1984, de 2 de agosto, sobre ordenación del seguro privado, «BOE» núm. 186, de 4 de agosto de 1984, págs. 22736 a 22747.

en su art. 40. 4º, h, estos incumplimientos como infracciones graves[694]. Es por este motivo que hemos centrado el análisis y diagnóstico aquí propuesto en el estudio de aquellos elementos que sí representan un cambio por adición a las competencias de supervisión o por su reconfiguración como expresión del sistema integrado de supervisión europea, en este caso, en los aspectos que afectan la actividad de la DGSFP. También hemos señalado ya que, a nuestro entender el elemento que representa un mayor reto es, sin duda el cumplimiento de estas nuevas competencias respecto al POG. En este sentido, expuestas ya las potestades de intervención del supervisor supraestatal, corresponde centrar nuestro análisis en la regulación vigente dimanante tanto de la LOSSEAR como del RDL 3/2020.

En este punto, corresponde señalar que, a las facultades ya reconocidas en relación con el control potestativo del contenido de las pólizas, tarifas y documentación técnica, la DGSFP podrá solicitar a la entidad aseguradora de turno, que adecue sus pólizas y tarifas de primas a las directrices generales marcadas por EIOPA y, si las hubiera, a las suyas propias[695], ello en caso de que haya una desviación respecto a lo provisto. También podrá prohibir la utilización de pólizas y tarifas de primas que no cumplan con lo dispuesto en el RDL 3/2020 y particularmente en el Reglamento PRIIPs. En este caso, deberá instruir el correspondiente procedimiento administrativo en el que podrá acordarse como medida provisional la suspensión de su utilización, otorgándose un plazo de seis meses para que la entidad adecue sus pólizas o las tarifas a lo establecido por la normativa vigente. Si la entidad supervisada incumpliera este plazo incurriría en una infracción muy grave[696] que dará lugar, en este caso, al inicio del procedimiento sancionador regulado en la LOSSEAR[697]. Señalar, por último, que se sigue manteniendo el deber de las entidades aseguradoras de conservar toda la documentación a la que se ha hecho referencia, pólizas, tarifas y documentación técnica de la actividad y tenerla a disposición de la DGSFP en su domicilio social (art. 95.2 LOSSEAR).

694. De hecho, la norma era mucho más concreta en su descripción del ilícito, en cuanto a que se hacía descripción expresa de los artículos de la LCS que debían haber sido incumplidos (3, 5, 8, 10, 12, 15, 18, 19, 20, 22, 76, 88, 94, 95, 96, 97 y 99), además del tiempo mínimo de repetición (más de 2 años) de la conducta, así como el número mínimo de requerimientos por el supervisor (diez o más).

695. Esta capacidad normativa viene a equiparar a este órgano con sus homólogos de los otros mercados financieros —CNMV, BdE— será cuestión de tiempo verificar si es empleada para adaptar el funcionamiento del mercado de seguros hacia los objetivos de mejor transparencia y protección del cliente de seguros o si prefiere mantener el perfil técnico y reactivo que hasta ahora ha caracterizado a este regulador. También en este sentido MAYORGA TOLEDANO, M. C., «Transparencia en el mercado de seguros: hacia la unificación de la protección de la clientela en el mercado financiero» en AAVV, *De iuroe mercatus Libro homenaje al prof. Dr. Dr.h.c. Alberto Bercovitz Rodríguez-Cano*, Tirant Lo Blanch, Valencia, 2023, pág. 3343.

696. Art. 194 LOSSEAR.

697. Art. 210 LOSSEAR.

Por su parte, el Reglamento PRIIPs, reconoce a las autoridades nacionales la potestad de prohibir o restringir en o desde su Estado miembro[698]: a) la comercialización, distribución o venta de determinados productos de inversión basados en seguros o de productos de inversión basados en seguros que presenten determinadas características específicas, o b) un tipo de actividad o práctica financiera de una empresa de seguros o reaseguros, reconociéndole la potestad de imponer estas prohibiciones o restricciones con carácter preventivo si se cumplen las condiciones generales de aplicación de las prohibiciones[699].

En relación con la supervisión del cumplimiento de los deberes de los operadores atenientes a la información precontractual, al igual que hacía su predecesora[700], la nueva norma sobre distribución de seguros establece una serie de sanciones administrativas cuya cuantía viene determinada por el artículo 194 RD-L 3/2020, en función de si la

698. De acuerdo con este texto legal los supuestos de aplicación de estas prohibiciones o restricciones serán aplicables cuando la DGSFP considere que existen motivos razonables de que: a) un producto de inversión basado en seguros o una actividad o práctica suscitan una seria preocupación por la protección del inversor o suponen una amenaza para el funcionamiento ordenado y la integridad de los mercados financieros o para la estabilidad de la totalidad o de parte del sistema financiero en al menos un Estado miembro;
b) los requisitos reglamentarios aplicables con arreglo al Derecho de la Unión al producto de inversión basado en seguros o a la actividad o práctica no constituyen una respuesta suficiente a los riesgos mencionados en la letra a) y el problema no se resolvería mejor mediante una mayor supervisión o una aplicación más estricta de los requisitos vigentes;
c) las medidas son proporcionadas habida cuenta de la naturaleza de los riesgos observados, del nivel de sofisticación de los inversores o participantes en el mercado afectados y del efecto probable de las medidas en los inversores y los participantes en el mercado que puedan ser titulares, usuarios o beneficiarios del producto de inversión basado en seguros o de la actividad o práctica;
d) la autoridad competente ha consultado adecuadamente a las autoridades competentes de otros Estados miembros que puedan verse afectados de forma significativa por las medidas, y
e) las medidas no tienen un efecto discriminatorio sobre los servicios o actividades de otro Estado miembro.

699. Con carácter previo a llevar a cabo la prohibición o restricción, la DGSFP deberá haberlas comunicado por escrito, o por cualquier otro medio acordado previamente, a todas las autoridades competentes correspondientes y a EIOPA, los datos del producto de inversión basado en seguros o a la actividad o práctica a que se refiere la medida propuesta; la naturaleza precisa de la prohibición o restricción propuesta y la fecha en que se prevé que surta efecto, y las pruebas en que haya basado su decisión y que acreditan que se cumple cada una de las condiciones previas. En caso de necesidad urgente de intervención, el Reglamento PRIIPS autoriza a la autoridad competente a tomar medidas de carácter provisional —previa notificación de, al menos 24 horas, a las otras autoridades nacionales concernidas y a EIOPA— cumplidos los criterios generales, si queda establecido claramente que el plazo de notificación previa de un mes no permitiría responder adecuadamente a la preocupación o amenaza concreta de que se trate. Estas medidas provisionales, no podrán surtir efecto por un período superior a tres meses.

700. *Vid.* art. 60 LOSSP.

infracción cometida se califica de muy grave, grave o leve. Concretamente, con respecto al incumplimiento de los deberes de información y asesoramiento, el articulo 192.2 RD-L 3/2020 señala, en su letra j), que tendrán la consideración de infracciones muy graves «la imposición directa o indirecta de la celebración de un contrato de seguro o de reaseguro, así como la información inexacta o inadecuada a los tomadores de seguro, a los asegurados, a los beneficiarios de las pólizas de seguro o, en su caso, a las entidades aseguradoras, siempre que por el número de afectados o por la importancia de la información tal incumplimiento pueda estimarse especialmente relevante». También se ha calificado como *muy grave* el incumplimiento de los deberes de información «cuando por la importancia de la información tal incumplimiento pueda estimarse especialmente relevante»[701]. Otro tanto ocurriría, en el caso de los corredores de seguros, si éstos incumplen de forma reiterada el deber de realizar un asesoramiento basado en un análisis objetivo y personalizado[702]. Si el incumplimiento del distribuidor no se considera *especialmente relevante*[703], o si el incumplimiento por parte de los corredores de su deber de asesorar de forma objetiva no es reiterado, el incumplimiento será calificado de grave[704].

4. EL SERVICIO DE RECLAMACIONES DE LA DGSFP

Al margen de los mecanismos de naturaleza privada de solución de conflictos entre tomadores de seguro, asegurados, beneficiarios, terceros perjudicados o derechohabientes de cualesquiera de ellos con entidades aseguradoras, que deberán solucionarse acudiendo a los órganos jurisdiccionales[705] —o extrajudiciales[706] si su naturaleza así lo permite[707]—, señalados en el art. 97 LOSSEAR, no cabe duda que, a la luz de las nuevas competencias de supervisión aquí reseñadas, es previsible que la supervisión del cumplimiento de éstas como *conductas de mercado* cobre mayor protagonismo.

Por este motivo, creemos necesario realizar un análisis de la estructura vigente, sus competencias y alcance práctico —desde el punto de vista de los tomadores, asegurados, beneficiarios, terceros perjudicados o derechohabientes de cualesquiera de ellos— para, por último referirnos a una figura de prospectiva adopción, la Autoridad Administrativa Independiente de Defensa del Cliente Financiero como mecanismo llamado a —en palabras del legislador— «completar» el mandato establecido en la Disposición Adicional 1º de la Ley 7/2017 de 2 de noviembre.

701. Art. 192.2 k, RDL 3/2020.
702. Art. 192.2 m, RDL 3/2020.
703. Art. 192.3 f, RD-L 3/2020.
704. Art 192.3 d, RD-L 3/2020.
705. Incluida la vía arbitral general, (Ley 60/2003, de 23 de diciembre, de arbitraje) como aquélla específica del *consumidor* tomador/asegurado (art. 57 y 58 LGDCU).
706. Ley 5/2012, de 6 de julio, de mediación en asuntos civiles y mercantiles.
707. BATALLER GRAU, J.; «Las reclamaciones en el mercado asegurador: bases para su reconfiguración», en BATALLER GRAU, J.; CUÑAT EDO, V. (dirs.); *Supervisión en seguros privados*, Tirant lo Blanch, Valencia, 2013, pág. 629.

4.1. Estructura vigente

Sin necesidad de retrotraernos al desarrollo de la figura en la normativa anterior[708], creemos suficiente resaltar la relevancia de la Ley 2/2011, de 4 de marzo, de economía sostenible, como precedente —aún vigente la LOSSP— inmediato del sistema vigente en la actualidad. Esta norma, con rango de Ley, estableció el sistema de los Servicios de Reclamaciones de los reguladores del sistema financiero, además de introducir —en cumplimiento del principio de transparencia en las administraciones públicas y su funcionamiento— la obligación de elaborar y publicar un informe anual de funcionamiento del servicio[709] —en este caso a cargo de la DGSFP— que debía servir de base para proponer cambios normativos y actuaciones de supervisión futuras[710].

Para entender el alcance subjetivo del sistema es necesario hacer nuevamente referencia al vigente art. 97 LOSSEAR (mecanismos de resolución de conflictos), en este, además de detallarse los sistemas externos de resolución de conflictos entre tomadores de seguro, asegurados, beneficiarios, terceros perjudicados o derechohabientes con las entidades, también se incluye la referencia a la resolución *interna* del conflicto, a través de Servicio de Atención al Cliente de cada entidad debiendo contar para ello de un departamento o servicio de atención al cliente sujeta a la estructura general de funcionamiento prevista por la Orden ECO/734/2004[711]. Este servicio deberá contar con un Reglamento[712] que deberá contener la regulación necesaria para la resolución de las quejas y reclamaciones allí presentadas. Solo una vez resuelta —en contra— la reclamación *interna*[713], podrá el interesado acudir al servicio de reclamaciones de la DGSFP.

708. Un análisis de los antecedentes administrativos de este servicio vigente la LOSSP en, LÓPEZ-BREA LÓPEZ DE RODAS, J., «La competencia en la supervisión de los seguros privados», *Diario La Ley* n.º 8103, 2013, pág. 4.
709. Además de obligar a la entidad sancionada a inscribir la sanción en el Registro de entidades, *vid.* art. 20 ROSSEAR en desarrollo del art. 40 LOSSEAR.
710. CASAR FURIÓ, M. E., «Protección administrativa del asegurado: el servicio de reclamaciones de la Dirección General de Seguros y Fondos de Pensiones» en BATALLER GRAU, J., VEIGA COPO, A., (dirs.) *La protección del cliente en el mercado asegurador*, Civitas, Madrid, 2014, pág. 1042.
711. Orden ECO/734/2004, de 11 de marzo, sobre los departamentos y servicios de atención al cliente y el defensor del cliente de las entidades financieras. BOE núm. 72, de 24/03/2004.
712. Aprobado por el Consejo de Administración u órgano equivalente de cada entidad, o por la dirección general de la sucursal, pudiendo ser, de acuerdo con lo que prevean los estatutos de cada entidad, posteriormente ratificado por la Junta o Asamblea general u órgano equivalente, correspondiendo, en nuestro caso, a la DGSFP verificar, dentro de los tres meses siguientes a la presentación de la solicitud, que el Reglamento contiene la regulación necesaria y que se ajusta a lo dispuesto en la normativa aplicable.
713. Recientemente, en relación con el *defensor del asegurado* con arreglo a la Ley 7/2017, PÉREZ-SERRABONA GONZÁLEZ, F. J., «Tutela jurídica del consumidor en la *banca-seguros*: el defensor del asegurado» cit., pág.172.

Este procedimiento de «protección administrativa» deberá versar exclusivamente de asuntos relacionados con los intereses y derechos legalmente reconocidos —a tomadores, beneficiarios, terceros perjudicados y asociaciones— y que deriven de presuntos incumplimientos, por las entidades reclamadas, de la normativa de transparencia y protección de la clientela o de las buenas prácticas en el mercado de seguros. La Dirección General de Seguros y Fondos de Pensiones deberá resolver las quejas y reclamaciones presentadas[714] mediante informes motivados, que no tendrán en ningún caso carácter de acto administrativo recurrible, pero que, desoída la resolución notificada a la entidad objeto de la queja/reclamación, puede dar lugar a una supervisión por inspección, aunque solamente en caso de reiteración de la conducta[715].

Desde el punto de vista del cliente/asegurado/reclamante esta falta de efectividad práctica en la resolución del conflicto ante ella presentado, ha sido, a nuestro entender, una de las razones por las cuales este elemento de protección ha tenido, históricamente, escasa relevancia[716] como elemento de resolución de conflictos entre los operadores y sus clientes.

4.2. Estructura unificada de reclamaciones: la defensa del cliente de servicios financieros

Con estos antecedentes, corresponde analizar el ámbito de actuación del recientemente republicado[717] Anteproyecto de Ley de la Autoridad independiente de defensa del cliente de servicios financieros (ALAIDCF). Como sabemos, el sistema de protección

714. Acreditado, por el reclamante, el transcurso de 2 meses desde la fecha de presentación de la reclamación o queja ante el departamento o servicio de atención al cliente/defensor del cliente o partícipe, sin que haya sido resuelto, o que hubiera sido denegada la admisión, o desestimada total o parcialmente la petición, el Servicio de Reclamaciones de la DGSFP procederá a la apertura de expediente, pudiendo requerir, al reclamante, para completar la información, que la complete, en el plazo de 10 días hábiles a contar desde la fecha en que éste reciba la notificación; el SR deberá identificar cuál es la información a completar con apercibimiento de que, si no se completase, se tendrá por desistida. Completada la información y sustanciado el procedimiento, se emitirá el informe que dará fin al procedimiento. Con carácter general, el plazo máximo de resolución del expediente es de 4 meses desde la fecha de presentación del escrito de reclamación.
715. Art. 119.5 LOSSEAR.
716. Así también lo expresaba, CASAR FURIÓ, M. E., «Protección administrativa del asegurado: el servicio de reclamaciones...» cit., pág. 1046.
717. El texto aquí comentado ha sido presentado por la Secretaría General del Tesoro y Financiación internacional, dependiente del Ministerio para la Transformación digital y de la Función Pública a la espera de su trámite parlamentario que, como sabemos, había iniciado en la XIV Legislatura con el Proyecto de Ley por la que se crea la Autoridad Administrativa Independiente de Defensa del Cliente Financiero para la resolución extrajudicial de conflictos entre las entidades financieras y sus clientes. (121/000134), que resulto caducado en razón del adelanto electoral de 2023.

administrativa anteriormente reseñado conoce figuras similares en los otros dos subsectores del mercado financiero, sin embargo, desde la aprobación de la Ley 7/2017, de 2 de noviembre, por la que se incorpora al ordenamiento jurídico español la Directiva 2013/11/UE, de 21 de mayo, está prevista la creación por ley de una única entidad con competencias para la resolución, de litigios de consumo en el sector financiero[718].

4.2.1. Encaje institucional y contenido normativo y procedimental

Esta nueva autoridad está llamada a integrar los actuales servicios de reclamaciones de los organismos supervisores[719] que, en la mayoría de los casos, dejarán de realizar estas funciones[720]. La Autoridad nace con la finalidad de resolver reclamaciones contra incumplimientos de las normas de conducta, buenas prácticas y usos financieros o sobre el carácter abusivo de cláusulas contractuales así declaradas por la jurisprudencia del Tribunal Supremo, cuando tal carácter resulte de una sentencia del Tribunal de Justicia de la Unión Europea o cuando haya una cláusula que haya sido declarada como tal en sentencia firme inscrita en el Registro de Condiciones Generales de la Contratación[721],

---

718. La citada norma obligará a todas las entidades financieras a participar en los procedimientos ante dicha entidad de resolución alternativa de litigios, así como a comunicar a la Comisión Europea los resultados de su aplicación.

719. El texto define como clientes financieros a todas las personas físicas o jurídicas y las entidades sin personalidad jurídica, españolas o extranjeras que estén debidamente identificadas y que sean usuarias de los servicios financieros prestados por entidades financieras, que les sea de aplicación la normativa reguladora de estas. Sin que tengan consideración de cliente, las grandes empresas, entendidas como tales aquellas que no se consideren microempresas o pequeñas y medianas empresas conforme al Anexo I del Reglamento (UE) n.º 651/2014 de la Comisión, de 17 de junio de 2014, por el que se declaran determinadas categorías de ayudas compatibles con el mercado interior en aplicación de los artículos 107 y 108 del Tratado.
También se extiende la atribución de legitimación activa a los clientes potenciales, entendiendo como tales a quienes hayan tenido un contacto directo con la entidad para obtener la prestación de un servicio financiero a iniciativa de cualquiera de las partes.
La clasificación así propuesta no parece tener en cuenta la categoría de *cliente profesional* dimanante del art. 194 LMVSI, cuestión también criticada por CUÑAT EDO, V.; MARIMÓN DURÁ, R., «Análisis crítico de la proyectada regulación de la Autoridad Administrativa Independiente de Defensa del Cliente Financiero» en AAVV, *De iure mercatus Libro homenaje al prof. Dr. Dr.h.c. Alberto Bercovitz Rodríguez-Cano*, Tirant lo Blanch, Valencia, 2023, pág. 2936.

720. Disposición transitoria primera del Anteproyecto de Ley disponible en https://portal.mineco.gob.es/RecursosArticulo/mineco/ministerio/participacion_publica/audiencia/ficheros/ECO_Tes_20231226_AP_APL_ADCF.pdf.

721. En relación con este sistema de delimitación, será necesario prestar atención a la distinción entre incumplimiento (abusividad) por control de contenido o por control de transparencia, con todas las implicaciones que ello conlleva y que hacen dudosa, a nuestro entender, la desjudicialización de este tipo de reclamaciones, tal como apuntan, CUÑAT EDO, V.;

siendo las resoluciones vinculantes de la Autoridad recurribles ante los tribunales de la jurisdicción civil.

Este nuevo procedimiento será voluntario para los clientes —pero obligatorio para las entidades— quienes deberán elegir entre este sistema o el acceso a la jurisdicción civil o a cualquier otro medio alternativo de resolución de conflictos. Cuando la resolución sea vinculante, podrá ser recurrida ante la jurisdicción civil[722]. En caso de resolución no vinculante, tanto el cliente como la entidad podrán plantear el litigio ante la autoridad jurisdiccional adquiriendo, la resolución del Autoridad, calidad de informe pericial[723]

Respecto de éstas, la norma hace distinción en razón de la cuantía de la reclamación, de manera que sólo serán vinculantes las resoluciones que versen sobre problemas suscitados en contratos de reclamaciones inferiores a 20.000€ o de cuantía indeterminada, mientras que las de cuantía igual o superior, o que versen sobre incumplimientos de normas de conducta, buenas prácticas y usos financieros, serán no vinculantes.

En relación con el procedimiento previsto, éste se dividirá en dos fases: instrucción, cuya competencia se atribuye a los titulares de las Vocalías, en la que se realizará la tramitación del expediente y la elevación del expediente y de la propuesta de resolución al órgano competente para resolver. La segunda fase, resolución, corresponderá a las Secciones, órgano colegiado competente para resolver las reclamaciones y que estará dividido según sectores.

El contenido de la resolución podrá acordar la devolución de las cantidades indebidamente cobradas por la entidad financiera más los intereses legales o, en el caso de que la reclamación no tenga un contenido económico, podrá establecer una compensación equitativa y proporcionada al incumplimiento denunciado por el cliente en caso de estimación de la reclamación.

Las compensaciones así establecidas se equiparán, a todos los efectos, a las previsiones indemnizatorias derivadas específicamente de la operativa de las entidades financieras, sin que tengan, en ningún caso, carácter sancionador sino carácter resarcitorio. A pesar de ello, en caso de incumplimiento, por parte de la entidad, de las resoluciones vinculantes dictadas por la Autoridad, este constituirá una infracción administrativa, que podrá ser calificada como infracción leve o grave, atendiendo al número de afectados, la reiteración de la conducta o los efectos sobre la confianza de la clientela y la estabilidad del sistema financiero, en función de si los incumplimientos pueden considerarse o no especialmente relevantes.

MARIMÓN DURÁ, R., «Análisis crítico de la proyectada regulación de la Autoridad Administrativa Independiente de Defensa del Cliente Financiero» cit., pág. 2921.

722. Esta posibilidad constituye una novedad de la nueva versión del ALAIDCF pues había sido intensamente criticada la elección de la jurisdicción contencioso-administrativa en la anterior versión del texto.

723. Art. 43.3 ALAIDCF.

4.2.2. Ámbito subjetivo en materia de seguros

En el caso concreto del mercado de seguros, el art. 3.2 ALAIDCF excluye el acceso a las reclamaciones o quejas de contratos de grandes riesgos[724], que tengan por fundamento una controversia que requiera, para su resolución, la peritación en materias técnicas distintas a las normas de transparencia o a las buenas prácticas y usos financieros, o que versen sobre seguros colectivos o planes de pensiones que instrumenten compromisos por pensiones de las empresas, sus trabajadores o beneficiarios, que no se refieran a la condición de cliente de servicios financieros de las entidades aseguradoras o de entidades gestoras de fondos de pensiones.

En este sentido, si bien es cierto que la mayor parte de estas exclusiones de aplicación ya están previstas —y vigentes— en el sistema actual[725], también lo es que, a nuestro entender, la figura podría dejar desprotegidos a los tomadores/asegurados de la mayor parte de seguros de daños pues, como sabemos, es en estas reclamaciones en las que la peritación —como medida de determinación del alcance del daño económico sufrido— suele ser contestada por el asegurado[726] y, potencialmente, dar lugar a reclamaciones que, de no mediar esta figura, deberán continuar la costosa vía de la reclamación judicial.

---

724. Según definición del art. 11 Ley 20/2015.

725. Art. 10.2.c Orden Ministerial 16/11/2012.

726. *Vid.* supra nuestro comentario a la tramitación del siniestro y la incidencia del art. 38 LCS.

CAPÍTULO V: Contenido de los deberes informativos del distribuidor de seguros

CAPÍTULO V

CONTENIDO DE LOS DEBERES INFORMATIVOS DEL DISTRIBUIDOR DE SEGUROS

Tal y como hemos podido manifestar en el capítulo inicial de este trabajo, la distribución de seguros, en su reciente reconfiguración profesional está llamada a cumplir una importantísima tarea en el marco de la formación de la voluntad de obligarse del solicitante de seguros —ya sea este profesional o consumidor— por este motivo, creemos que la estructura clásica de análisis de su régimen jurídico, dividido en la esfera de regulación pública (supervisión) y la esfera privada (puramente contractual, sujeta a la LCS) no puede limitarnos, pues ello equivaldría a presentar un análisis incompleto de la estructura y configuración de los elementos de transparencia que afectan a las relaciones contractuales que surgen del contrato de seguro.

Por este motivo, en esta última parte de la obra, analizaremos los elementos de ordenación de la distribución de seguros que afectan más directamente a la consecución de una auténtica transparencia contractual del contrato de seguro. Para ello, en primer término, consideramos necesario exponer el ámbito regulatorio europeo debido, no solo a su vocación ordenadora de la actividad general del sistema financiero, sino porque, al igual que en otros ámbitos de la actividad económica, las principales reformas legislativas de derecho nacional han estado motivadas por la necesidad de cumplir con la transposición de normativa europea de distinto rango legal[727].

Tal es el caso de la lenta pero inexorable convergencia de reguladores de los subsistemas del mercado financiero, en los que el mercado del riesgo es solo uno de los actores. Si bien es cierto que esta normativa hasta ahora ha centrado su acción reguladora en el ámbito de la supervisión del mercado con normas dirigidas a los emisores de pólizas, el correcto cumplimiento de las normas de distribución de seguros ha devenido esencial para el control de transparencia *ex ante* en el contrato de seguro. Ello nos lleva a poner el énfasis en esos *deberes de transparencia* del distribuidor. Su configuración jurídica nos permitirá exponer los objetivos del legislador, así como también poner de manifiesto las que consideramos sus mayores debilidades.

Nuestro análisis estará centrado, en primer término, en reseñar los elementos que, a pesar de su no tan reciente incorporación al proceso de contratación de seguros, aún padecen de una implantación dispar entre los operadores, además de estar insertos en el

727. Así se ha expuesto y criticado por la doctrina, sin ánimo de exhaustividad, MADRID PARRA, A., «La urgente y tardía regulación de la distribución de seguros mediante el RD-ley 3/2020, de 4 de febrero» *RES* n.º 185-186, 2021, pág. 133.

ámbito sujeto a supervisión administrativa, cuestión que la alejará de efectividad directa a favor del contratante de seguros. Una vez analizado este contexto, incidiremos en la norma que ha recepcionado en nuestro ordenamiento jurídico, las directrices europeas de regulación de los operadores de la distribución de seguros (IDD). En este punto, será importante establecer el contexto de los criterios de acceso a y ejercicio de la distribución de seguros, con el fin de resaltar los elementos que afectarán a la formación de la voluntad de obligarse, por parte del tomador del seguro, en este sentido, nuestro análisis se centrará en los elementos regulatorios del deber de información precontractual que ha diseñado el reciente RD-L 3/2020 y las consecuencias de su incumplimiento, enfatizando aquéllos aspectos que, a nuestro entender resultan de complicada implementación en el plano practico inmediato: la formación necesaria de los distribuidores para poder comercializar PRIIPs requerirá un grado de conocimiento de la operativa del mercado de valores comparable con la exigible a las ESIs[728] pero que, deberá, a su vez insertarse dentro de los programas de formación específicos aplicables a los distribuidores de seguros.

Por último, como colofón a este repaso por las obligaciones profesionales del distribuidor, realizaremos un breve examen del ámbito autorregulatorio de estos profesionales, vista la falta de concreción normativa en relación con las consecuencias por la falta de cumplimiento de estos deberes de ética profesional, es necesario, creemos, exponer siquiera brevemente, el ámbito de la responsabilidad *profesional* de los mismos.

I. EL DISTRIBUIDOR DE SEGUROS PARA EL LEGISLADOR EUROPEO

Dentro del sistema regulatorio de la actividad financiera, la actividad aseguradora es, tradicionalmente, objeto de un especial tratamiento jurídico por parte del regulador público. Ello es así por *mor* de su importancia económica —como sector regulado de la economía— pero también por tratarse de un ámbito en el que la protección del contratante, muchas veces consumidor, ya sea tomador o asegurado, reviste de contenido específico en distintas fases de la relación contractual, además de exigir un grado ineludible de comunicación entre tomador/asegurado y aseguradora una vez se ha producido el hecho objeto de cobertura.

Esta complejidad adicional de los productos asociados al seguro privado, además del carácter técnico que reviste la configuración de los parámetros y obligaciones económicas que rigen la relación contractual, evidencian la necesidad de una constante intervención, por parte del intermediario/comercializador de seguros, en cuando a la identificación de riesgos y la posibilidad de ser objeto de cobertura aseguradora. Por

728. Como sabemos la LMVSI 2023 y el más reciente Real Decreto 813/2023, de 8 de noviembre, sobre el régimen jurídico de las empresas de servicios de inversión y de las demás entidades que prestan servicios de inversión describe de manera somera la obligación de conocimientos, competencia y experiencia suficientes de los miembros del consejo de administración de las empresas de servicios de inversión que presten servicios de asesoramiento, entre otros, a clientes minoristas.

último, desde el punto de vista de la empresa aseguradora, el intermediario, juega un importante rol en su estructura empresarial dado el ahorro en costes operativos que la comercialización de seguros privados a través de estos colaboradores del empresario asegurador permite, además de poder delegar, en estos intermediarios, tareas de representación cuando ha ocurrido el hecho objeto de cobertura.

1. LA DIRECTIVA (UE) 2016/97 DE DISTRIBUCIÓN DE SEGUROS

1.1. Antecedentes

Como sabemos, la Directiva 2002/92/CE, de 9 de diciembre, sobre mediación de seguros, vino a dar un mayor impulso al *asesoramiento* del potencial tomador del seguro como técnica de protección del cliente de manera que, en conjunto con los deberes impuestos al asegurador en materia de información precontractual, conformen un marco de defensa de los intereses del cliente de productos de seguro. En concreto, como precedente directo puede citarse el art. 12 de la citada Directiva que impuso a los corredores de seguros la obligatoriedad de realizar un análisis *objetivo* en el procedimiento de asesoramiento a sus clientes como medida de garantía de su independencia[729]. Esta configuración fue plasmada en el texto de la Ley 26/2006[730] que señalaba como alcance de esta obligación el recurso, por parte del corredor, al análisis de un *número suficiente* de contratos de seguros —el texto legal hace expresa referencia a por lo menos tres entidades aseguradoras[731]— que permita al profesional aconsejar al cliente sobre el producto que mejor se adapte a sus necesidades particulares.

Con todo, es necesario destacar, a los efectos del estudio aquí realizado, que estos deberes, fueron impuestos solamente a los corredores, mientras que el resto de media-

729. Así también lo destacaba en su momento, MUÑOZ PAREDES, J. M, *Los corredores de seguros*, Thomson-Civitas, Cizur Menor, 2008, pág. 221; más recientemente, y ya en comentario de la normativa vigente, PEÑAS MOYANO, M. J., «Los mediadores y sus colaboradores. Las relaciones con la clientela y la entidad aseguradora», *RES* n.º 185/186, 2021, pág. 169.
730. Ley 26/2006, de 17 de julio, de mediación de seguros y reaseguros privados, «BOE» núm. 170, de 18/07/2006. Una exposición general de la norma en, TEJERO ORTEGO, T., «La nueva regulación de la mediación de seguros y reaseguros privados en España» *NUE* n.º 256, 2006, pág. 127; CUÑAT EDO, V., «Las líneas rectoras de la reforma» cit., pág. 107.
731. En su redacción inicial el apartado 4 del art. 42 LMSRP señalaba que «En todo caso, se presumirá que ha existido análisis objetivo de un número suficiente de contratos de seguro en cualquiera de los siguientes casos: a) Cuando se hayan analizado por el corredor de seguros de modo generalizado contratos de seguro ofrecidos por al menos tres entidades aseguradoras que operen en el mercado en los riesgos objeto de cobertura; b) Cuando se haya diseñado específicamente el seguro por el corredor de seguros y negociado su contratación con, al menos, tres entidades aseguradoras que operen en el mercado en los riesgos objeto de cobertura para ofrecerlo en exclusiva a su cliente en función de las características o necesidades generales de éste, fundado en el criterio profesional del corredor de seguros». Esta presunción fue eliminada por la LOSSEAR.

dores debían cumplir otros deberes, más relacionados con aspectos económicos de sus servicios[732], pero no en relación con asesoramiento en los términos señalados para corredores. Ello, unido al recurrente empleo de técnicas de ventas cruzadas, vinculadas o directamente mal direccionadas[733] por parte de aseguradores y sus distribuidores propicios, como veremos a continuación, la adopción de medidas que buscan consolidar el deber de transparencia precontractual, incidiendo en primer lugar en la introducción de deberes de *profesionalidad* del mediador, además de ampliar el espectro de aplicación del asesoramiento prestado al contratante de seguros.

1.2. Contexto económico del mercado financiero

Con estos antecedentes y mediando tanto la crisis de 2008 como de 2011 que propiciaron —tal cual hemos aludido ya en este trabajo— la adopción por parte del legislador europeo, de nuevas medidas a favor de mecanismos más efectivos de transparencia contractual y precontractual en la comercialización de productos financieros nos encontramos con la actualización de las normas de supervisión en 2015[734], a las que debían seguir la normativa relativa a la comercialización de productos de seguros privados,

732. Según la modalidad de mediación en seguros y con anterioridad a la celebración del contrato de seguro, el art. 42.2 LMSRP señalaba que: «a) Los agentes de seguros exclusivos deberán informar al cliente de que están contractualmente obligados a realizar actividades de mediación en seguros exclusivamente con una entidad aseguradora o, en el caso de estar debidamente autorizados, con otra entidad aseguradora. En ese caso, a petición del tomador, deberán informar del nombre de dicha entidad aseguradora. Los agentes de seguros vinculados deberán informar al cliente de que no están contractualmente obligados a realizar actividades de mediación en seguros exclusivamente con una o varias entidades aseguradoras y de que no facilitan asesoramiento con arreglo a la obligación de llevar a cabo un análisis objetivo que se impone a los corredores de seguros. En ese caso, a petición de la clientela, deberán informar de los nombres de las entidades aseguradoras con las que puedan realizar o, de hecho, realicen la actividad de mediación en el producto de seguro ofertado. Para que el cliente pueda ejercer el derecho de información sobre las entidades aseguradoras para las que median, los agentes de seguros deberán notificarle el derecho que le asiste a solicitar tal información. b) Los operadores de banca-seguros, además de lo previsto en la letra anterior, deberán comunicar a su clientela que el asesoramiento prestado se facilita con la finalidad de contratar un seguro y no cualquier otro producto que pudiera comercializar la entidad de crédito».

733. Utilizando la terminología anglosajona al uso, *cross-selling*, *tyed-selling* y *mis-selling* de productos de seguros, CHRISTOFILOU, A., «Cross selling practices in insurance products and the IMD2 Proposal» *European Insurance Law Review* n.º 4, 2014, pág. 68 y los ejemplos allí citados.

734. Se ha incidido repetidamente desde la doctrina la falta de acierto del legislador español en la regulación de la distribución de seguros, cuestión que, sin duda, incide directamente en la percepción negativa que tiene este mercado en el consumidor medio, *vid.*, ILLESCAS ORTIZ, R., «La permanencia de la Ley del contrato de seguro frente a la permanente inestabilidad de sus normas de comercialización» cit., pág. 129; MADRID PARRA, A., «La urgente y tardía regulación de la distribución de seguros… cit., pág. 133; REQUEIJO

en este caso merced a la modificación de la Directiva 2002/92/CE[735] sobre mediación de seguros por la más reciente Directiva (UE) 2016/97 sobre distribución de seguros (*Insurance Distribution Directive, IDD*).

El cambio de nomenclatura —mediación/distribución— viene a demostrar la voluntad legislativa de enfocar la regulación de la actividad no tan solo en los profesionales *clásicos* de la intermediación de este tipo de productos[736], sino ampliar su alcance a quienes intervengan en la promoción del negocio jurídico para garantizar que en las nuevas formas de intermediación, exista un respeto básico al principio de igualdad de trato entre mediadores[737], además de imponer, a todos los operadores[738], mayores obligaciones de transparencia con el fin de proteger de mejor manera a consumidores y usuarios[739].

Con esta finalidad, la Directiva (UE) 2016/97, estableció una recategorización de la actividad comercializadora[740], de manera que se establecieron criterios de aplicación subjetiva llamados a extender su ámbito hasta sobrepasar el perímetro anterior, todo ello en aras a establecer una serie de obligaciones tanto de acceso a la categoría profesional pertinente[741] como de cumplimiento e información previa a la hora de intervenir en la

PASCUA, A.; REQUEIJO TORCAL, A.; *Ley de distribución de seguros y reaseguros privados*, cit., pág. 32.

735. DOUE L 009 de 15.1.2003, pág. 3.
736. Léase corredores y agentes (vinculados o independientes).
737. Esta es la justificación de la modificación de los requisitos de formación expresados en el art. 10 de la Directiva UE 2016/97.
738. En relación con los objetivos que se pretendía alcanzar con esta normativa, tal como puso de relieve QUINTANS EIRÁS, M. R., «Ampliación y reformulación del ámbito de aplicación en el proyecto de Ley de distribución de seguros» en BATALLER GRAU, J., QUINTANS EIRAS, M. R.,(dirs.) *La distribución de seguros privados*, Marcial Pons, Madrid, 2019, pág. 36, a pesar del esfuerzo regulatorio del legislador comunitario, el subsiguiente proceso de incorporación a los derechos nacionales mantuvo un alto grado de disparidad legislativa en materia de contenidos esenciales de la relación contractual subyacente, además de diferentes grados en la obligación de transparencia contractual.
739. PEÑAS MOYANO, M. J., «Transparencia informativa y seguro. La importancia de la información en el sector asegurador» en BATALLER, GRAU, J., QUINTANS EIRÁS, M. R., VEIGA COPO, A., (dirs.) *La reforma del derecho del seguro*, Cizur Menor, Aranzadi, 2015, pág. 275, VEIGA COPO, A., «Clases de distribuidores de seguros» en BATALLER GRAU, J., QUINTANS EIRAS, M. R.,(dirs.) *La distribución de seguros privados*, Marcial Pons, Madrid, 2019, pág. 110.
740. La norma ha reorganizado el marco regulatorio de la distribución en tres grandes categorías: la distribución directa (el asegurador y sus empleados dependientes), la indirecta (a través de agentes —vinculados o no— corredores y operadores de banca-seguros) y la realizada por *otros participantes en el mercado* que vendan productos de seguro con carácter auxiliar, a menos que reúnan las condiciones para ser objeto de exención, *vid.* Considerando 8, IDD.
741. E incluso, de organización interna de la actividad profesional del distribuidor: *vid.* TIRADO SUÁREZ, F. J., «La incorporación de la Directiva 2016/97 de 20 de enero…" cit., pág. 91.

comercialización de seguros[742] tanto por las vías habituales como a través del uso de tecnología electrónica de comunicación instantánea o automatizada[743].

En todo caso, es necesario señalar que, desde el punto de vista de la distribución, el legislador europeo ha consolidado los deberes de cumplimiento en tres ámbitos generales: la información que el intermediario debe suministrar al consumidor; el contenido del comportamiento esperado del profesional durante la finalización del contrato, y ya en un nivel de organización interna de la empresa de intermediación, la forma de organizarla en cuanto a la distribución de productos.

2. LA INFORMACIÓN PREVIA A LA CONTRATACIÓN DEL SEGURO

En el caso de la regulación prevista en la IDD para asegurar un flujo de información correcta y suficiente al solicitante de cobertura, la reforma del contenido de los deberes de información de los distribuidores se prevé como mecanismo esencial para conseguir una adecuada protección de los asegurados/tomadores, la erradicación de los posibles conflictos de intereses, así como el control de nuevos productos diseñados por aseguradoras o por mediadores y de los requisitos en materia de gobernanza No son, por tanto, obligaciones instrumentales, más al contrario, este conjunto de medidas son elementos esenciales —según la configuración del legislador comunitario— en la contratación de cualquier producto asegurador y particularmente en aquellos que tengan un componente de inversión.

Este deber de información, configurado con marcado carácter precontractual, debe ser cumplido no solo por los mediadores, sino por cualquier distribuidor, debiendo éstos actuar con honestidad, equidad y profesionalidad en beneficio de los intereses de sus clientes[744]. A ello hay que añadir el deber de *calidad* de la información trasmitida por el distribuidor[745].

---

742. En este punto hay que señalar la influencia positiva que ha tenido en la actualización del marco regulatorio aquí comentado, el desarrollo y actualización de la normativa relativa a productos financieros, no solamente la Directiva 2009/138/CE, de 25 de noviembre sobre seguro de vida, el acceso a la actividad de seguro y reaseguro y su ejercicio (Solvencia II) —que vino a establecer un marco regulatorio mínimo de publicación de información previa a la contratación de este tipo de seguros— sino toda la normativa posterior que integra el *Pilar III* al que se han visto sometidas las aseguradoras y que, en nuestro ámbito, de manera indirecta, ha afectado a la forma de comercialización de seguros de personas. Como ya ha sido comentado, (PEÑAS MOYANO, M. J., «Transparencia informativa y seguro..., cit., pág. 278) la imposición de deberes de comunicación de su actividad, tanto al supervisor como al mercado, se ha configurado como un elemento esencial de la concurrencia competitiva de todos los operadores del mercado europeo de seguros.

743. Se ha comentado ampliamente por la doctrina, el caso de la regulación —y adscripción— de los *comparadores* de seguros dentro del concepto actual de «distribuidor», en estos casos, dada la heterogeneidad de los servicios ofrecidos por esta vía, tal como señalaba en su día LÓPEZ BUSTABAD, I. J., «Los comparadores de seguros...», cit., pág. 728.

744. Art. 17.1 IDD.

745. «precisa, clara y no engañosa» art. 17.2 IDD.

Con el fin de evitar cualquier conflicto de intereses, el art. 28 IDD establecen deberes adicionales de información al cliente en caso de que las disposiciones organizativas o administrativas adoptadas por el intermediario de seguros o la aseguradora no fueran suficientes para garantizar un grado razonable de seguridad que evite la lesión de los intereses del cliente.

En relación con el comportamiento del intermediario durante el proceso de contratación, la IDD regula tanto la información que deberá proporcionar el intermediario al potencial cliente, como la que éste debe proporcionar al distribuidor.

2.1. Obligaciones generales aplicables a todos los productos de seguros

2.1.1. Calificación de las ventas

La IDD asume la existencia de un gran número de productos de seguro que presentan rasgos muy diferentes con diversos grados de complejidad, por lo que procede en todo momento acudir al principio de proporcionalidad como norma de conducta del distribuidor. Fruto de esta estrategia, en el caso de las ventas sin asesoramiento el artículo 20 obliga al distribuidor a facilitar información objetiva de forma comprensible a fin de que pueda tomar una decisión con conocimiento de causa, si bien dicha información se modulará con arreglo a la complejidad del producto y al tipo de cliente, en una manifestación de esa proporcionalidad tácitamente exigida.

En cuanto a las ventas con asesoramiento, al implicar un conocimiento mayor del cliente, basado en un análisis objetivo y personal, la norma exige un mayor grado de detalle en las informaciones solicitadas al cliente, además de un mayor grado de diligencia en la actuación del distribuidor. Ello se refleja en la obligación de manejar un mayor número de opciones que ofrecer al cliente con vistas a someterle una determinada recomendación personal.

2.1.2. El documento de información normalizado

En este punto es necesario hacer referencia al esfuerzo del legislador europeo por *normalizar* la información que ha de recibir el contratante[746] al hilo de otras normas comunitarias se establece la obligatoriedad de preparación y presentación —al solicitante de cobertura— del «documento de información normalizado» (*Insurance Product Information Document,* IPID)[747], cuya estructura básica deberá estar caracterizado por su brevedad —no es un documento contractual— con una presentación y estructura de la información clara, fácil y legible, utilizando la lengua del EM donde se distribuya el producto[748].

---

746. Una expresión más de la «mifidización» de la distribución de seguros, de acuerdo con MARANO, P., «La *mifidización*: el atardecer de los seguros de vida en la normativa europea sobre seguros?» *RES* n.º 171-172, 2017, pág. 425.

747. Art. 20.6 IDD.

748. *Vid.* Reglamento de Ejecución (UE) 2017/1469 de la Comisión, de 11 de agosto de 2017, por el que se establece un formato de presentación normalizado para el documento de información sobre productos de seguro, C/2017/5544, *OJ L 209, 12.8.2017, págs. 19-23.*

Con todo, la misma IDD reconoce el carácter incompleto de la información facilitada en el IPID, cuestión que obliga a los Estados Miembros a legislar expresamente su incardinación en la fase precontractual del seguro distinto del de vida. Con esta finalidad en el último párrafo del artículo 20.7 IDD se prevé la posibilidad de que los Estados Miembros integren el IPID en el conjunto de información que debe facilitarse en cumplimiento de otras disposiciones comunitarias y nacionales. En este sentido, el legislador comunitario admite un mínimo de armonización en cuanto a la exigencia del IPID, pero renuncia a una plena armonización de todos los documentos de información precontractual a facilitar, ni siquiera a nivel de la normativa comunitaria. Así, este documento puede calificarse como un «esquema de referencia» que facilite la comparabilidad de productos en el mercado minorista de productos de seguros a nivel comunitario.

De todo lo expuesto creemos que, lamentablemente, esta falta de concreción en el contenido de estos aspectos de la información contenida en el IPID puede resultar, una vez más, en una falta de comparabilidad auténtica, ya no entre productos de seguros de distintos EM, sino incluso, en un mismo territorio, en tanto que cada asegurador/distribuidor podrá elaborar el contenido material del mismo haciendo, por tanto, énfasis en aquellos aspectos más atractivos de su producto, y dejando de lado otros aspectos —delimitación/limitación del riesgo asegurado— que pueden tener tanta más relevancia para el solicitante/tomador. En efecto, si este documento no es un documento contractual, de acuerdo con la literalidad de la IDD, no deja de ser un texto *publicitario* que, en nuestro ordenamiento jurídico puede adquirir relevancia contractual.

Otro aspecto criticable de esta opción legislativa corresponde, y fortalece la crítica anteriormente enunciada, a la inclusión, en el IPID de las exclusiones de cobertura —*resumen de cobertura del seguro*, IDD— que, muchas veces pueden ser motivación suficiente para el contratante para decidirse por la formalización del contrato. Si la descripción somera en el IPID conoce limitaciones o acotaciones en el texto de la póliza, pero el contratante, en el entendido de haber adquirido un producto con las características presentadas en el IPID ve, con posterioridad, frustradas sus razonables expectativas de cobertura, será complejo demostrar que la motivación en la contratación fue generada por la expectativa presentada en el documento IPID y no en la póliza.

2.1.3. La obligación de informar sobre los posibles conflictos de interés

De acuerdo con la regulación contenida en el art. 19 IDD, todos los intermediarios de seguros deberán proporcionar a sus prospectivos clientes información relativa a los vínculos entre intermediario y asegurador, y viceversa[749], así como el tipo de vínculos

749. a) si poseen una participación directa o indirecta del 10 % o superior de los derechos de voto o del capital en una empresa de seguros determinada; b) si una empresa de seguros determinada o una empresa matriz de dicha empresa posee una participación directa o indirecta del 10 % o superior de los derechos de voto o del capital del intermediario de seguros.

contractuales que le unan al asegurador[750], además del tipo de remuneraciones que recibe o recibirá a consecuencia del contrato[751].

2.2. Obligaciones específicas para los PRIIPs

Con carácter general la información a estos clientes deberá ser tal que este pueda tomar una decisión con conocimiento de causa. Ésta deberá ser elaborada por la entidad de seguros, previéndose que «en aquellos Estados Miembros en los que el intermediario de seguros diseñe el producto, dicho intermediario deberá contar con el personal especializado para explicar los documentos informativos en el tiempo adecuado». Toda la información precontractual debe ser accesible de forma gratuita, además de poder ser reclamada por el cliente en soporte papel, pero se prevé la posibilidad de utilizar otros formatos, así como comunicaciones electrónicas.

En el caso de los seguros de grupo, el representante del grupo, si no cabe adhesión individual deberá facilitar a cada miembro los documentos de información sobre el producto y la información sobre normas de conducta del distribuidor.

De acuerdo con su normativa específica, en el caso de la comercialización de estos productos *empaquetados*[752], el diseñador (asegurador o intermediario) deberá elaborar el documento de datos fundamentales (*Key Information Document, KID*), que, al igual que el IPID, establece un contenido mínimo de identificación del producto, costes,

750. Si están contractualmente obligados a realizar actividades de distribución de seguros exclusivamente con una o varias empresas de seguros, en cuyo caso deberán informar de los nombres de dichas empresas de seguros, o bien, no están contractualmente obligados a realizar actividades de distribución de seguros exclusivamente con una o varias empresas de seguros y no facilitan asesoramiento basándose en un análisis objetivo y personal, en cuyo caso deberán informar de los nombres de las empresas de seguros con las que puedan realizar, o de hecho realicen, actividades de seguros.

751. Si, en relación con el contrato de seguro, trabajan: i) a cambio de un honorario, esto es, la remuneración la abona directamente el cliente, ii) a cambio de una comisión de algún tipo, esto es, la remuneración está incluida en la prima de seguro, iii) a cambio de cualquier otro tipo de remuneración, incluida cualquier posible ventaja económica ofrecida u otorgada en relación con el contrato de seguro, o iv) sobre la base de una combinación de cualquiera de los tipos de remuneración especificados en los incisos i), ii) y iii).

752. De acuerdo con el Considerando 6 Reglamento PRIIPs, entre las características de estos productos esta la falta de inversión directa a través de la adquisición o tenencia de los activos. La vinculación de varios activos en el marco de un proceso de mediación entre el inversor minorista y el intermediario que tiene por objeto crear exposiciones diferentes, dar a los productos rasgos diferentes o lograr estructuras de costes diferentes en comparación con la tenencia directa. De esta manera se crean, para el inversor minorista, estrategias de inversión de otra manera inviables o inaccesibles al mismo. En relación con el proceso de «empaquetado», éste tiene como primera consecuencia que se va a requerir una información adicional y específica que le permita comprender y comparar las modalidades diferentes que se le ofrecen.

rendimientos históricos, niveles de riesgo, etc.[753], en particular, el documento deberá incluir información relativa a los riesgos que afectan al producto, escenarios de rentabilidad a considerar, que deberán recoger las características propias de cada producto, en función de los flujos de pagos que generan o del período de inversión recomendado, los costes que recaen sobre el producto, a través de un indicador resumido de dichos costes, en los que se deberá exponer los diferentes tipos que los forman (de una sola vez, de entrada, periódicos, incidentales y cómo pueden afectar en las distintas hipótesis de mantenimiento de la inversión o no durante el período recomendado.

Muestra de la relevancia que la armonización del contenido aquí descrito sea mucho más uniforme que en otros productos de seguros es, sin duda, que el legislador haya elegido como instrumento normativo el Reglamento y no la Directiva pues, a diferencia del IPID, el KID mantendrá una estructura reconociblemente similar en toda la Unión.

3. CONCEPTOS Y PRINCIPIOS BÁSICOS PROPUGNADOS POR LA IDD

Nos detendremos en resumir los elementos que forman el sistema con vistas a desarrollarlos en virtud de la normativa delegada que los desarrollará, fijando de forma más concreta las obligaciones que conllevan.

Situado en primer lugar está sin lugar a dudas el principio de *proporcionalidad*, su excepcional importancia es fruto de la necesaria adaptabilidad que las normas propugnadas por la IDD deben otorgar a los operadores para que la actividad de distribución cumpla los parámetros de protección sin resultar tan gravosas que impidan el funcionamiento del mercado. Las obligaciones que impone la Directiva en este apartado pueden resultar muy gravosas para las entidades, por lo que el artículo 25 se preocupa en resaltarlo para que el producto se adecúe a la naturaleza del producto asegurador. Así, en la definición de producto —elegido en fase de diseño— deberá también definirse la estrategia de distribución y las obligaciones de los distribuidores de acuerdo con las normas de la Directiva. En todo caso, una visión en torno al valor añadido que el sistema POG aporta para los fundamentos de la Directiva, esto es, la defensa de los intereses del cliente debe estar en la forma de aplicación de las normas. Redundando en lo dicho, el principio de proporcionalidad se predica en la forma de cumplir las obligaciones y en las acciones de supervisión sobre su cumplimiento[754].

En el caso del mercado destinatario definido *(«target market»)* la IDD reitera la idea de concreción que exige este punto. Se trata de una adecuación general a un segmento de mercado para el que el producto puede cubrir sus necesidades y definir cómo debe ser distribuido. Notablemente influenciada por la normativa MIFID, la Directiva menciona

753. Vid. Reglamento (UE) no 1286/2014 del Parlamento Europeo y del Consejo de 26 de noviembre de 2014 sobre los documentos de datos fundamentales relativos a los productos de inversión minorista vinculados y los productos de inversión basados en seguros, OJ L 352, 9.12.2014, pág. 1-23.

754. Considerando 72 IDD.

la necesidad de valorar *«todos los relevantes riesgos pertinentes para el mercado en cuestión»*. No está claro si se refiere a los riesgos que el producto debe cubrir, lo cual constituye la naturaleza de los productos de seguro, o al riesgo que el propio producto pueda suponer para el mercado identificado como objetivo del producto[755]. Esta terminología se reproduce en el proceso de revisión que se define en el párrafo del artículo 25, y parece una referencia a productos con un componente de inversión, que llevan riesgos implícitos, y no a la necesaria cobertura de riesgos propia de un producto asegurador.

Por otra parte, el texto señala de manera reiterada la necesidad de comprensión y revisión del producto, cuestión poco comprensible, pues al igual que en el caso anterior dado que la cobertura de riesgos es el objeto de cualquier entidad aseguradora cabe preguntarse si es admisible que ésta no conozca los riesgos que cubre. En todo caso, sin duda el texto genera la obligación de la entidad diseñadora de que toda su organización y personal dedicado a la distribución conozca las peculiaridades de cada producto y pueda adoptar las decisiones de venta más adecuadas a los intereses del cliente.

Este punto se condice con la obligación de realizar revisiones periódicas sobre la adecuación genérica del producto al mercado destinatario que emana del Reglamento Delegado (UE) 2017/2358[756]. De nuevo la Directiva menciona la necesidad de que se tenga en cuenta *«cualquier hecho que pudiera afectar sustancialmente al riesgo potencial para el mercado destinatario definido», como* base de cualquier acción modificativa de las decisiones sobre tal mercado y sobre la distribución adecuada.

La norma también genera, respecto de los diseñadores/aseguradores la obligación de poner a disposición del distribuidor, la información relevante del producto. En concreto se habla de la relativa al proceso de aprobación del producto, en particular, deberá informarse al distribuidor de las características del mercado destinatario definido en el POG[757].

En el caso de los distribuidores no diseñadores, la IDD señala que éstos deberán implementar lo acordado por el diseñador durante en el proceso de aprobación del producto, dado que sin imponerle deberes con respecto al mismo la finalidad del proceso (evitar ventas inadecuadas) no se conseguiría. Este punto concreto, obliga al distribuidor a mantener una posición activa en este proceso para obrar coordinada y coherentemente con lo definido en el proceso de aprobación, incluyendo la comprensión del producto y de su mercado destinatario.

---

755. Esta última interpretación parece ser la más preponderante según BOZEK, D. R., «Redefinig producto management: IDD's perspective», en MARANO, P., NOUSSIA, K., (eds.) *Insurance Distribution Directive. A legal analysis*, Springer, Cham, 2021, pág. 372.

756. Reglamento Delegado (UE) 2017/2358 de la Comisión, de 21 de septiembre de 2017, por el que se completa la Directiva (UE) 2016/97 del Parlamento Europeo y del Consejo en lo que respecta a los requisitos de control y gobernanza de los productos aplicables a las empresas de seguros y los distribuidores de seguros. C/2017/6218 *DO L 341 de 20.12.2017, pág. 1/7.*

757. Art. 25 IDD.

4. REGULACIÓN DE LOS INCUMPLIMIENTOS EN LA IDD

De acuerdo con el texto de la norma, sin perjuicio de las facultades de supervisión de las autoridades competentes y del derecho de los EM a establecer e imponer sanciones penales, los Estados deberán garantizar que sus autoridades competentes puedan imponer sanciones administrativas y otras medidas, aplicables a toda infracción de las disposiciones nacionales de aplicación de la IDD, además de tomar todas las medidas necesarias para garantizar su aplicación.

Las facultades de supervisión reconocidas a la autoridad nacional —en nuestro caso DGSFP— deberán ser ejercidas directamente, en colaboración con otras autoridades o mediante solicitud a los órganos jurisdiccionales competentes.

Por otra parte, cuando se impongan obligaciones a los distribuidores de seguros o reaseguros, en caso de infracción de tales obligaciones, los EM deberán establecer la aplicación de sanciones administrativas, y otras medidas, a los miembros del órgano de dirección o supervisión y a las demás personas físicas o jurídicas responsables de la infracción con arreglo al Derecho nacional. Estas sanciones administrativas y todas las medidas necesarias para la realización del procedimiento sancionador deberán ser recurribles.

Por último, la norma exige que las autoridades nacionales con competencias sancionadoras tengan potestades suficientes para garantizar que esas sanciones y medidas produzcan los resultados deseados, añadiendo la obligatoriedad de coordinación de su actuación en los casos de ámbito transfronterizo.

II. RECEPCIÓN EN EL ORDENAMIENTO JURÍDICO ESPAÑOL

El importante retraso en la incorporación de la Directiva (UE) 2016/97 a nuestro ordenamiento jurídico —producto de la situación política de aquella etapa— deterioró notablemente las posibilidades de que este proceso se realizara de manera ordenada y predecible[758]. A ello vino a sumarse, con carácter adicional la obligación de adecuación de

758. Una vez publicado el primer borrador de Ley de distribución de seguros por la DGSFP el 19 de enero de 2017, rápidamente se dio paso al Borrador de Anteproyecto de Ley de Distribución de Seguros, emitido el 27 de febrero del mismo año, texto elevado a la Junta Consultiva de Seguros y Fondos de Pensiones, la cual un mes después analiza el texto mientras la DGSFP mantiene reuniones con representantes de las principales asociaciones de la mediación de seguros y con UNESPA, de manera que el texto presentado como Borrador de Proyecto de Ley de Seguros y Reaseguros Privados contenía ya un texto consensuado con el sector. Presentado el Borrador al Congreso y en un avanzado estado de tramitación parlamentaria los movimientos políticos —moción de censura al gobierno— impidieron la culminación del procedimiento de aprobación parlamentaria. Realizado el cambio de gobierno y terminada la legislatura, se ha recurrido al formula del Real Decreto-Ley para, finalmente, transponer, no solo la normativa europea en materia de distribución de seguros, sino también directivas en materia de contratación pública, seguros privados, planes y fondos

las normas vigentes sobre productos de inversión fruto de los nuevos requerimientos, en materia de información precontractual, para productos empaquetados de inversión minorista y productos empaquetados basados en seguros a través del Reglamento PRIIPs[759]. A mayor abundamiento, en el caso de la regulación del KID, el artículo 32 del Reglamento PRIIPs preveía la exención del cumplimiento de los requisitos del KID para los fondos de inversión armonizados europeos[760] mientras que el artículo 14.2 del Reglamento Delegado PRIIPs establecía que los «productores» de PRIIPs *multiopción* —el caso de los seguros unit linked— que invirtiesen al menos en un subyacente con la consideración de fondo UCITS, podían seguir utilizando —hasta el 31 de diciembre de 2019— los documentos de datos fundamentales para el inversor de los fondos UCITS[761]. Ello trajo como consecuencia que los PRIIPs multiopción se puedan comercializar con un KID genérico del producto que sigue la normativa PRIIPs; y unos KIID por cada fondo subyacente, que siguen la normativa UCITS en metodología de cálculo de costes, rentabilidades, etc.

Este panorama de descoordinación en la actualización normativa es quizás muestra suficiente de la falta de efectividad práctica de la regulación sectorial, pues el contratante, aunque no sea consciente de ello, en el interim de vigencia de una y otra norma, recibirá información aparente especializada que, sin embargo, no estará adaptada a los principios rectores antes detallados que inspiran la IDD y que, de acuerdo con lo ya analizado en este trabajo, viene a colocarse como elemento esencial para alcanzar esa transparencia (pre) contractual en la contratación de un producto de seguro.

A pesar de ello, no es este el único riesgo que nos interesa exponer en relación con la regulación vigente para la distribución de seguros, sino que, creemos necesario señalar, a la luz del nuevo texto normativo de la distribución de seguros privados, el contenido del deber de asesorar e informar en contraposición a las ventas en ejecución, ello nos permitirá exponer uno de los elementos de arbitraje regulatorio de los que, a nuestro entender, adolece la regulación de distribución.

También consideramos oportuno hacer hincapié en la regulación de los requisitos de *formación* para el acceso a la actividad de distribución: en el marco de la configura-

de pensiones, etc. El periplo de tramitación parlamentaria no concluyo allí, con posterioridad (20 de febrero de 2020) se publicó la Resolución del Congreso de los Diputados, por la que se ordenaba la publicación del Acuerdo de convalidación del Real Decreto-ley 3/2020. No obstante, el Gobierno también solicitó que el Real Decreto-ley se tramitase como Proyecto de Ley por el procedimiento de urgencia, a pesar de ello, finalmente no se ha incluido mayor modificación al texto incluido en el RDL 3/2020.

759. Este cuerpo normativo se vio modificado por el Reglamento (UE) 2016/2340 del Parlamento Europeo y del Consejo de 14 de diciembre de 2016 en lo que respecta a su fecha de aplicación, que daba una nueva redacción a su artículo 34 y que estableció que el Reglamento PRIIPs fuese aplicable a partir de del 1 de enero de 2018, confirmando así el retraso de un año respecto del plazo previsto inicialmente.

760. Fondos UCITS.

761. KIID de UCITS.

ción de supervisión activa de los productos de seguros, este aspecto, ya anteriormente regulado en la LMSSP cobrará, a nuestro entender, especial relevancia, no solo en el caso de la comercialización de PRIIPs, sino también en todos los otros productos de seguros en los que solo un conocimiento, por parte del distribuidor de los elementos que puede poner en marcha el diseñador del producto permitirá mantener el nivel de control de mercado que los objetivos del regulador europeo se ha fijado.

Por último, también creemos oportuno abordar el problema de la regulación del sistema previsto para los incumplimientos a las normas aquí señaladas. A nuestro entender, si la ejecución de la normativa es clave para la efectividad del sistema normativo —en este caso nacional y europeo— sin duda parte esencial del régimen previsto es la adecuación y eficacia del sistema de control de las infracciones al incumplimiento por los operadores llamados a cumplirlo. En este entendido, nuestro repaso por los elementos al alcance del cliente de seguros en caso de incumplimiento, por el distribuidor, de sus vastos deberes de información y/o asesoramiento cumple la función de destacar el amplio margen de mejora que la normativa aquí comentada ha dejado.

1. EL LIBRO SEGUNDO DEL REAL DECRETO-LEY 3/2020, DE MEDIDAS PARA LA ADAPTACIÓN DEL DERECHO ESPAÑOL A LA NORMATIVA DE LA UNIÓN EUROPEA EN MATERIA DE SEGUROS PRIVADOS Y PLANES Y FONDOS DE PENSIONES

1.1. Regulación anterior

Tanto la Directiva Comunitaria 2002/92/CE[762], como la LMSP[763] armonizaron los requisitos profesionales y de registro de las personas que acceden y ejercen la mediación de seguros, así como la publicidad que deben realizar los mediadores. El contenido de ambas normas perseguía el triple objetivo de contribuir así a la realización del mercado único de los servicios financieros, adaptar dicha actividad a la realidad del mercado y, por último, de ofrecer una mayor transparencia en la información y elevar el nivel de protección del contratante consumidor.

En el caso del contenido de estos deberes en la LMSRP, ésta recogía, dentro de las obligaciones generales de todo mediador, contenidas en el art. 6, la de que: «*en toda la publicidad y documentación mercantil de mediación de seguros privados, ya sea en papel ya utilizando cualquier técnica de comunicación a distancia o contrato a distancia, deben destacar las expresiones y menciones que se establecen en esta ley para cada clase de mediador de seguros, y en todo caso se deberá hacer constar el número de inscripción en el registro a que se refiere el artículo* 52». De esta manera, el media-

762. Directiva 2002/92/CEE del Parlamento Europeo y del Consejo, de 9 de diciembre de 2002, sobre la mediación en los seguros, DO L 9 de 15 de enero 2003, pág. 3.
763. Ley 9/1992, de 30 de abril, de Mediación en Seguros Privados, «BOE» núm. 106, de 2 de mayo de 1992, págs. 14929 a 14937.

dor debía hacer patente a través de su publicidad y de cualquier tipo de documentación que utilice encaminada a la comercialización de seguros, de la clase de relación que le vinculaba al asegurador, además de las características de mediación a la que se adscribía.

Asimismo, antes de celebrar el contrato de seguro, el mediador debía comunicar, de forma individual, al cliente tanto su identidad y domicilio, el registro en el que estuviera inscrito, como los medios para poder comprobar dicha inscripción, la naturaleza de los vínculos —contractuales y/o societarios— que le unan al asegurador, y también los procedimientos previstos para que los consumidores y otras partes interesadas pudieran presentar quejas sobre su intermediación y, en su caso, sobre los procedimientos extrajudiciales de resolución de éstas[764].

1.2. El contexto y disfuncionalidades de la transposición de la IDD

Como sabemos, el 19 de enero de 2017, se dio a conocer un primer borrador de la proyectada Ley de Distribución de Seguros y Reaseguros Privados, que dio paso a un texto elaborado por la Dirección General de Seguros y Fondos de Pensiones (Anteproyecto de la Ley de Distribución de Seguros y Reaseguros Privados) que, pasado el periodo de audiencia pública y ya en mayo de 2018 fue publicado en el Diario Oficial de las Cortes Generales como Proyecto de Ley de Mediación de Seguros y Reaseguros Privados.

Tal y como ya hemos dado cuenta en este trabajo, el largo período de tiempo entre la aprobación de la IDD y su transposición a nuestro ordenamiento jurídico dio lugar a muchísimas dudas en cuanto a su aplicación y alcance pues, sabido el texto de ésta, las diferentes versiones de los proyectos de ley y las vicisitudes del procedimiento parlamentario de la época hicieron que todo el sector tuviera que trabajar sobre elementos que no eran directamente aplicables —el texto de la IDD— y que a pesar de su exhaustividad no permitían una aplicación indubitada, tuvo como consecuencia una adaptación parcial y desprovista de criterios uniformes[765].

2. ELEMENTOS ESENCIALES DEL DEBER —*PROFESIONAL*— DE INFORMAR

Tal y como hemos reseñado ya, merced al contenido de la IDD, el RDL 3/2020 ha venido a ampliar, tanto el ámbito objetivo, como subjetivo de la *distribución* de seguros y reaseguros. En el primer caso al delimitar el ámbito objetivo de aplicación, el RDL transcribe en su artículo 129[766], de forma cuasi literal, lo dispuesto en las definiciones

764. En mayor detalle, HILL PRADOS, C., «La mediación de seguros tras la Ley 26/2006: esa gran desconocida», *RJC* n.º 1-2010, pág. 79, TEJERO ORTEGO, T., «La nueva regulación de la mediación de seguros y reaseguros privados en España» cit., pág. 139.

765. Además de los autores ya reseñados, ha destacado esta azarosa incorporación, GARCÍA ESCOBAR, G., «Obligaciones de información y límites para los operadores del mercado de seguros...» cit., pág. 187.

766. «Se entenderá por distribución de seguros toda actividad de asesoramiento, propuesta o realización de trabajo previo a la celebración de un contrato de seguro, de celebración de

sobre distribución del artículo 2.7 y 2.2 IDD, mientras que al delimitar el ámbito subjetivo en su artículo 130, reproduce lo dispuesto en el artículo 1 IDD.

Como consecuencia de esta definición se produce una notable ampliación subjetiva, siendo aplicable el texto de la norma no solo a los mediadores de seguros *stricto sensu* —agentes y corredores de seguros— sino también a las ventas realizadas por entidades aseguradoras y reaseguradoras sin la intervención de un intermediario y a las realizadas por los llamados mediadores complementarios[767]. A los efectos de la finalidad de la norma, el legislador divide la información a presentar en dos variedades distintas: la relativa al distribuidor y éste y su relación con el asegurador, y la información que el distribuidor deberá proporcionar al solicitante de cobertura respecto del producto de seguros.

2.1. Información relativa al distribuidor

Tal y como se había previsto en la norma anteriormente vigente, la identificación del distribuidor incluye una serie de datos que deberá constar tanto en la publicidad del distribuidor, como en su documentación mercantil[768]. Esta información persigue que el consumidor identifique claramente al distribuidor y más concretamente al tipo de mediador que ofrece el servicio[769].

En cuanto a las vinculaciones de éste con la entidad aseguradora que ofrece el producto intermediado, de acuerdo con la redacción general contenida en la IDD, se ha considerado esencial que el tomador de seguros o asegurado conozca el grado de

---

estos contratos, o de asistencia en la gestión y ejecución de dichos contratos, incluyendo la asistencia en casos de siniestro. También se entenderán incluidas la aportación de información relativa a uno o varios contratos de seguro de acuerdo con los criterios elegidos por los dientes a través de un sitio web o de otros medios, y la elaboración de una clasificación de productos de seguro, incluidos precios y comparaciones de productos, o un descuento sobre el precio de un contrato de seguro, cuando el cliente pueda celebrar un contrato de seguro directa o indirectamente utilizando un sitio web u otros medios».

767. *Vid*, entre otros, MADRID PARRA, A., «La urgente y tardía regulación de la distribución de seguros…» cit., pág. 140.

768. El art. 173.1 RDL 3/2020, señala entre éstos: su identidad y dirección, así como su condición de mediador de seguros; si ofrece asesoramiento en relación con los productos de seguro comercializados; los procedimientos contemplados en la sección 4.ª del capítulo III, que permitan a los clientes y a otras partes interesadas presentar quejas sobre los mediadores de seguros y sobre los procedimientos de resolución extrajudicial de conflictos; el tratamiento de sus datos de carácter personal, de conformidad con lo establecido en el artículo 5.1 de la Ley Orgánica 3/2018, de 5 de diciembre, de Protección de Datos Personales y garantía de los derechos digitales; el registro en el que esté inscrito y los medios para comprobar dicha inscripción.

769. Téngase en cuenta que, según el tipo de intermediario a la información de carácter general del empresario distribuidor de seguros, deberá añadirse: las entidades aseguradoras con las que el agente de seguros exclusivo, agente de seguros vinculado u OBS haya celebrado un contrato de agencia de seguros (art. 144.2 y art. 153.2 RDL 3/2020); o los datos de participaciones significativas de los corredores persona jurídica en empresas aseguradoras (art. 158.2 RDL 3/2020).

dependencia o independencia del mediador con relación a la entidad aseguradora[770] —en particular en cuanta a la remuneración que pueda recibir de ésta— lo cual busca ayudar al usuario a seleccionar primero al mediador[771] que ha de gestionar sus intereses y segundo, a valorar la información que este le proporcione. Esta distinción está llamada a suscitar en el solicitante, la ponderación de la información proporcionada de manera que pueda distinguir entre aquélla proporcionada por el agente de una entidad aseguradora que a la que debe suministrar un corredor[772].

2.2. Información relativa al *producto* de seguros

En relación con los datos que el intermediario distribuidor deberá comunicar al solicitante de cobertura en relación al negocio jurídico subyacente, el legislador europeo —y de ello se ha hecho eco el español— ha decidido dejar en manos del distribuidor la tarea no solo de transmitir al futuro asegurado/tomador los datos de identificación del emisor de la póliza sino que también ha previsto que sea este profesional el que deba cerciorarse de que el solicitante de cobertura *comprende* el funcionamiento del producto a contratar —esto es mucho más patente en el caso de contratación de PRIIPs— imponiéndole, a este mismo profesional, el deber de ejercer esta función de acuerdo con las *exigencias y necesidades* del cliente respecto de los contratos de seguros de vida que conformen un conjunto con características similares. En este sentido, en el caso de los seguros con un componente de inversión, recae en el distribuidor la tarea de cumplimentar cualquier deber adicional contenido en la normativa específica del producto al que habrá que sumar los que emanan de la norma de distribución de seguros, de supervisión, además de aquéllos que ya hemos analizado en sede contractual, en otro caso, se produciría una situación de paradójica desprotección del contratante[773].

2.2.1. Las ventas asesoradas

De acuerdo con el contenido de los deberes de informar de cada subcategoría de distribuidor, el paradigma de la objetividad y equidistancia será el servicio que preste el corredor de seguros, pues toda la información que proporcione no solo ha de ser

770. Así, el mediador deberá proporcionar información claro sobre si actúa en representación del cliente o actúa en nombre y por cuenta de la entidad aseguradora; si posee una participación directa o indirecta del 10 por ciento o superior de los derechos de voto o del capital en una entidad aseguradora determinada, o si una entidad aseguradora determinada o una empresa matriz de dicha entidad posee una participación directa o indirecta del 10 por ciento o superior de los derechos de voto o del capital del mediador de seguros.

771. PEÑAS MOYANO, M. J., «Los mediadores y sus colaboradores...» cit., pág. 173.

772. GARCÍA ESCOBAR, G., «Obligaciones de información y límites para los operadores del mercado de seguros...» cit., pág. 190, QUINTÁNS EIRÁS, M. R., «La información como motor de la protección del asegurado...» cit. pág. 387.

773. TIRADO SUÁREZ, F. J., «La incorporación de la Directiva 2016/97 de 20 de enero, sobre la Distribución de seguros...» cit., pág. 92.

motivada, sino que ha de ser fruto de un análisis objetivo que dé lugar a una recomendación personalizada[774]. Así pues, se entenderá cumplido este requisito siempre que el corredor de seguros base su actuación profesional en un análisis de un número suficiente de contratos de seguros ofrecidos en el mercado para los riesgos objeto de cobertura.

Con el fin de facilitar la clasificación y alcance de las necesidades del cliente, el texto prevé que el corredor deba recabar información del solicitante que le permita realizar la recomendación personalizada. La extensión y detalle de los datos a comunicar al solicitante, en relación con el producto recomendado serán proporcionales a la complejidad del producto y las características personales del cliente[775]. La información que presentar a éste deberá cumplir la normativa de presentación normalizada prevista en el Reglamento de Ejecución (UE) 2017/1469 (IPID)[776].

Si el producto en comercialización es un PRIIP, con el fin de cumplir este deber de asesoramiento personalizado[777], el corredor deberá recabar la información relativa a las necesidades del cliente a través de un *test* de idoneidad y adecuación que permitirá al profesional conocer el grado de conocimiento y experiencia del potencial cliente en el ámbito de la inversión propio de la clase de producto; saber la situación financiera y capacidad del cliente de soportar pérdidas, además de conocer los objetivos de inversión y tolerancia al riesgo de éste[778].

En particular, en relación con los indicadores del riesgo del producto, el KID a presentar al solicitante deberá elaborarse y presentarse clasificando los productos en 6 clases en función de las calificaciones emitidas por las agencias de calificación externas registradas y certificadas[779], además de una *alerta de liquidez* sobre los

---

774. CUÑAT EDO, V.; MARIMÓN DURÁ, R., «La convergencia en el régimen jurídico del asesoramiento…» cit., pág. 40.
775. Art. 175.2 RDL 3/2020.
776. PEÑAS MOYANO, M. J., «Los mediadores y sus colaboradores…» cit., pág. 175, quien destaca que en estos casos, el IPID será una descripción general no personalizada que, nos recuerda, no debe sobrepasar las dos páginas A4 de extensión.
777. Destaca TAPIA HERMIDA, F. J., «Ventas informadas y ventas asesoradas de seguros», *RES* n.º 185-186, pág. 162 el contenido que a este concepto ha dado la Sentencia del TJUE de 31 de mayo de 2018, Asunto C 542/16.
778. Art. 181.1 RDL 3/2020.
779. De acuerdo con el art. 5 de la Orden ECC/2316/2015, de 4 de noviembre, relativa a las obligaciones de información y clasificación de productos financieros esta clasificación deberá incluir:
Clase 1. 1.º Los depósitos bancarios en euros ofertados por entidades de crédito a los que se refiere el artículo 2.1.b); 2.º Los productos de seguros con finalidad de ahorro, incluidos los planes de previsión asegurados.
Clase 2. En esta clase se incluirán todos aquellos instrumentos financieros de carácter no subordinado denominados en euros que dispongan al menos de un compromiso de devolución del 100 por ciento del principal invertido con un plazo residual igual o inferior a 3 años. El instrumento financiero, o en su defecto, la entidad originadora, emisora o garante

riesgos de venta anticipada del producto financiero[780], y otra sobre la *complejidad* del mismo[781].

---

de estos compromisos, deberá disponer de una calificación crediticia de nivel 1, según se define en el apartado 2, del artículo 6.
Clase 3. En esta clase se incluirán todos aquellos instrumentos financieros de carácter no subordinado denominados en euros y que dispongan al menos de un compromiso de devolución del 100 por ciento del principal invertido con un plazo residual superior a 3 e igual o inferior a 5 años. El instrumento financiero, o en su defecto, la entidad originadora, emisora o garante de estos compromisos deberá disponer de una calificación crediticia de nivel 2 según se define en el apartado 2, del artículo 6.
Clase 4. En esta clase se incluirán todos aquellos instrumentos financieros de carácter no subordinado denominados en euros que dispongan al menos de un compromiso de devolución del 100 por ciento del principal invertido con un plazo residual superior a 5 años e igual o inferior a 10 años. El instrumento financiero, o en su defecto, la entidad originadora, emisora o garante de este compromiso deberá disponer de una calificación crediticia de nivel 2 según se define en el apartado 2, del artículo 6.
Clase 5. 1.º Instrumentos financieros de carácter no subordinado denominados en euros y que dispongan de un compromiso de devolución del 100 por ciento del principal invertido con un plazo residual superior a 10 años. El instrumento financiero, o en su defecto, la entidad originadora, emisora o garante de este compromiso deberá disponer de una calificación crediticia de nivel 2 según se define en el apartado 2, del artículo 6; 2.º Instrumentos financieros de carácter no subordinado denominados en euros que dispongan de un compromiso de devolución de al menos el 90 por ciento del principal invertido con un plazo residual igual o inferior a 3 años. El instrumento financiero, o en su defecto, la entidad originadora, emisora o garante de este compromiso deberá disponer de una calificación crediticia de nivel 2 según se define en el apartado 2.
Clase 6. En esta clase se incluirán el resto de los productos financieros definidos en el artículo 2 y no contemplados en ninguna otra clase.

780. Estas deberán incluir datos sobre la existencia de un compromiso de devolución de una parte o de todo el principal invertido o depositado a vencimiento; que el producto financiero no se negocie en un mercado regulado, en sistemas multilaterales de negociación o en sistemas organizados de contratación; que no exista un procedimiento alternativo de liquidez para el producto financiero ofrecido por el originador, emisor o un tercero; la existencia de comisiones o penalizaciones por la devolución anticipada de una parte o de todo el principal invertido o depositado o por el rescate del producto de seguro de vida con finalidad de ahorro; la existencia de plazos de preaviso mínimos para solicitar la devolución anticipada del principal o el rescate del producto de seguro de vida con finalidad de ahorro; el carácter no reembolsable del derecho consolidado hasta el acaecimiento de alguna de las contingencias o, en su caso, en los supuestos excepcionales de liquidez o disposición anticipada, conforme a la normativa de planes y fondos de pensiones; en el caso de seguros de vida con finalidad de ahorro, la vinculación del derecho de rescate al valor de mercado de los activos asignados; en el caso de planes de pensiones individuales y asociados, la valoración de los derechos de movilización, de las prestaciones y de los supuestos excepcionales de liquidez a valor de mercado de los activos del fondo de pensiones.

781. De acuerdo con el art. 9 de la Orden ECC/2316/2015, tendrán la consideración de productos complejos: a) Los instrumentos financieros considerados complejos en virtud de lo dispuesto en el artículo 217 del texto refundido de la Ley del Mercado de Valores, aprobado por el Real Decreto Legislativo 4/2015, de 23 de octubre; b) Aquellos otros que, tras un análisis específico,

Adicionalmente, el corredor también deberá comunicar a su cliente las medidas administrativas y organizativas razonables que haya adoptado, destinadas a detectar e impedir conflictos de intereses, así como sobre los costes y gastos asociados al PRIIP. Dicha información incluirá, como mínimo: Una evaluación periódica de la idoneidad del producto de inversión basado en seguros recomendado a dicho cliente; las oportunas orientaciones y advertencias sobre los riesgos conexos a los productos de inversión basados en seguros o a determinadas estrategias de inversión propuestas; información sobre todos los costes y gastos asociados, incluidos el coste de asesoramiento, el coste del producto recomendado o comercializado y la forma en que el cliente podrá pagarlo, así como cualesquiera pagos relacionados con terceros.

En cuanto a la información sobre todos los costes y gastos, deberá incluirse aquella relacionada con la distribución del producto de inversión basado en seguros, que no sean causados por la existencia de un riesgo de mercado subyacente, estará agregada de forma que el cliente pueda comprender el coste total, así como el efecto acumulativo sobre el rendimiento de la inversión, facilitándose, a solicitud del cliente, un desglose de los costes y gastos por conceptos. Esta información se facilitará al cliente de manera periódica, y como mínimo una vez al año, durante el ciclo de vida de la inversión y se comunicará de forma comprensible de tal modo que los clientes o clientes potenciales puedan comprender razonablemente la naturaleza y los riesgos del producto ofrecido y, por tanto, adoptar decisiones de inversión con conocimiento de causa.

2.2.2. Ventas informadas

Hemos comentado ya sobre este otro nivel de distribución del seguro[782], que las ventas *informadas* corresponden a las que podrá realizar habitualmente el agente de seguros[783]. En este caso, el profesional deberá solicitar al prospectivo cliente la información necesaria para, a su vez —cuando tenga datos de las exigencias y necesidades de éste— presentarle información objetiva y comprensible de aquellos productos de seguros que puedan satisfacer sus intereses. La diferencia con la venta asesorada radicará en la profundidad del análisis *del producto* que realizará el profesional de la intermediación y en que, por la configuración de *dependencia* del agente, éste no parece que pueda realizar un asesoramiento objetivo como exige la normativa de distribución y la IDD[784].

---

determine el Banco de España, la Comisión Nacional del Mercado de Valores o la Dirección General de Seguros y Fondos de Pensiones en sus respectivos ámbitos de competencias. Las entidades referidas en el artículo 3.1 y 2 dispondrán de un plazo máximo de 10 días desde la publicación de tal decisión para incorporar la correspondiente advertencia.

782. Regulado en el art. 175.4 RDL 3/2020.

783. QUINTÁNS EIRÁS, M. R., «La información como motor de la protección del asegurado...» cit. pág. 394; GILABERT GASCÓN, A. «Los deberes precontractuales de información y asesoramiento...» cit., pág. 734.

784. También con esta interpretación, TAPIA HERMIDA, F. J., «Ventas informadas y ventas asesoradas de seguros», cit., pág. 161, PEÑAS MOYANO, M. J., «De la información al

Al igual que en el caso de las ventas asesoradas, en caso de que el solicitante de cobertura no proporcione los datos suficientes al distribuidor, este profesional deberá advertir al prospectivo cliente que este hecho no le permite hacer una recomendación adecuada; o, en el caso de que incluso si el cliente ha proporcionado los datos pero el distribuidor agente no ha encontrado un producto de seguros que se adapte a las exigencias y necesidades del cliente, también deberá advertirle este hecho.

2.2.3. Las ventas en ejecución

Dentro de las opciones de comercialización de productos de seguros el legislador europeo y español, han incluido —art. 181.3 RDL 3/2020— las ventas en las que «no se ofrezca asesoramiento» siempre que:

a) Las actividades se refieren a algunos de los siguientes productos de inversión basados en seguros: 1.º Contratos que solo ofrecen una exposición de inversión a instrumentos financieros considerados no complejos en virtud del Real Decreto Legislativo 4/2015, de 23 de octubre, por el que se aprueba el Texto Refundido de la Ley del Mercado de valores y que no incorporan una estructura que dificulte al cliente la comprensión del riesgo implicado, o 2.º otras inversiones no complejas basadas en seguros para los fines del presente apartado.

b) La actividad de distribución de seguros se lleva a cabo a iniciativa del cliente o cliente potencial.

c) El cliente ha sido claramente informado de que para la prestación de la actividad de distribución de seguros no es necesario que el mediador de seguros o la entidad aseguradora evalúen la idoneidad del producto de inversión basado en seguros o la actividad de distribución de seguros prestada u ofrecida y de que el cliente no goza de la correspondiente protección de las normas de conducta pertinentes. Dicha advertencia podrá facilitarse en un formato normalizado.

d) El mediador de seguros o la entidad aseguradora cumple con sus obligaciones en materia de gestión y prevención de conflictos de interés, previstas en el artículo 179.

En estos casos, el mediador podrá documentar la declaración de su cliente, de la categoría de venta realizada.

Por último, entre otros supuestos de comercialización de seguros, la norma también se ha ocupado de las ventas cruzadas y combinadas en las que la coordinación de toda la disciplina financiera cobra, a nuestro entender, una especial relevancia[785], sobre todo

cliente a la gobernanza del producto...» cit., pág. 10.

785. TIRADO SUÁREZ, F. J., «La incorporación de la Directiva 2016/97 de 20 de enero, sobre la distribución de seguros...» cit., pág. 92.

en aras a proteger al inversor minorista —lo sea del mercado de valores o de seguros— pero también con el fin de mantener la confianza general en el sistema. Al margen de las precisiones terminológicas entre el texto de la IDD y la norma española[786], en el caso de las ventas cruzadas[787], la inclusión de un PRIIP en un *paquete* adicional[788] que no permita a este conocer la naturaleza auténtica de la prestación daría al traste con todo el sistema de protección previa la contratación que aquí se ha ido analizando[789].

A modo de conclusión de este apartado, y si tomamos en cuenta las propuestas de datos a comunicar al solicitante tomador[790] concluimos que la exhaustividad de los datos a comunicar, tanto en relación con el régimen y naturaleza del distribuidor, como en cuanto al tipo de información y/o asesoramiento a proporcionar relativos al contrato de seguro objeto de la intermediación, son inversamente proporcionales al grado de interés que habitualmente tendrá el solicitante de cobertura. Así pues, se deja en manos del distribuidor realizar la tarea pedagógica de comunicar con efectividad al cliente el contenido de uno y otro set de información.

3. DE LOS CANALES DE COMERCIALIZACIÓN

Una vez analizado el contenido material de los deberes de información del distribuidor, corresponde prestar atención a la modalidad de transmisión de ésta. Nuestro ordenamiento jurídico, al igual que muchos otros, ha regulado la necesidad de documentar por escrito el contrato de seguro —art. 5 LCS— como mecanismo adicional de protección del tomador, cuestión que ha determinado comportamientos de mercado habituados a este tipo de contratación. Así pues, no es de extrañar que la regulación de mediación de seguros, española y europea, también se haya hecho eco de esta práctica, expresada a través del art. 182.1.a RDL 3/2020 en la que se regula la modalidad de transmisión de la información previa a la contratación.

A ello debemos añadir —tal como hemos expresado ya a lo largo de este trabajo— que el largo flujo de intercambios de información aquí reseñado, entre distribuidor y solicitante, añadido a la fase «contractual» de declaración del riesgo, entre solicitante y asegurador, mantiene una estructura más favorable a la contratación presencial. Si a ello añadimos el componente subjetivo de la contratación empresarial del seguro, creemos

786. Un análisis exhaustivo en LA CASA GARCÍA, R., «Ventas combinadas y vinculadas en el ámbito de la distribución de seguros» *RES* n.º. 185-186, 2021, pág. 190.

787. Art. 184 RDL 3/2020.

788. QUINTÁNS EIRÁS, M. R., «La información como motor de la protección del asegurado…» cit., pág. 407.

789. También destaca la posibilidad de usar esta técnica para confundir al contratante, PEÑAS MOYANO, M. J., «De la información al cliente a la gobernanza del producto…» cit., pág. 11. En mayor detalle sobre esta mala práctica, LA CASA GARCÍA, R., «Ventas combinadas y vinculadas en el ámbito de la distribución de seguros» cit., pág. 199.

790. Un ejemplo ilustrativo muy cercano a la realidad en REQUEIJO PASCUA, A.; REQUEIJO TORCAL, A.; *Ley de distribución de seguros y reaseguros privados*, cit., págs. 213-220.

acertar al señalar que, en estos casos, el contratante empresario —no necesariamente de un seguro de grandes riesgos— tendrá los incentivos suficientes como para realizar todos los pasos previos a la contratación —información y asesoramiento del distribuidor, declaración precontractual del riesgo, etc.— con el fin de obtener la cobertura más ajustada a sus necesidades.

Sin embargo, es indudable que en la contratación de particulares —pues recordemos que el empresario antes señalado, también puede ser *consumidor*— éstos tendrán todos los incentivos para, en particular en los seguros complementarios que cubren daños, buscar canales más expeditos de acceso a los productos de seguros a través de la contratación electrónica o telefónica. Consciente de esta realidad, nuestros legisladores han incluido reglas llamadas a garantizar que, incluso en estos *nuevos* medios de comercialización, los objetivos de protección a través de la información previa a la contratación, también se han cumplido.

En concreto, nuestra norma de distribución establece expresamente la posibilidad de realizar los flujos informativos a través de páginas web[791] con la salvaguarda, a favor del contratante, de que exista prueba de que éste tiene acceso regular a internet, considerándose como tal el hecho de que éste tenga un correo electrónico[792]. En el caso de los productos de inversión, como sabemos, al tratarse de elementos completamente electronificados, sin duda, la precisión aquí señalada será, cada vez más aplicable, incluso tomando en cuenta no solo la complejidad de estos productos, sino también el deber —del distribuidor— de poder probar que ha respetado el mandato legal de, en la contratación de PRIIPs, realizar el *test* de idoneidad y adecuación, además de proporcionar la información/asesoramiento a través de intercambios de información electrónica.

A nuestro entender, la contratación online de productos de seguros tiene, en los seguros de daños de productos de consumo, su nicho particular en el que, el asegurador —y los comparadores de seguros— tienen un amplio margen de actuación, siendo este, el mercado más adecuado para esta contratación[793].

---

791. Señala el art. 182.5 RDL 3/2020 que la información deberá dirigirse personalmente al cliente o que facilitar esa información a través de un sitio web resulte adecuado en el contexto de las operaciones que tengan lugar entre el distribuidor de seguros y el cliente; que el cliente haya aceptado que esa información se facilite a través de un sitio web; que se haya notificado al cliente electrónicamente la dirección del sitio web y el lugar del sitio web en el que puede consultarse esa información; que se garantice que esa información seguirá figurando en el sitio web durante el tiempo que razonablemente necesite el cliente para consultarla.

792. A este respecto, la IDD sin duda ha sido influenciada por la STJUE de 16 de octubre, 2008 *Verbraucherzentrale Bundesverband* (Asunto C-298/07) y la Directiva 2011/83/UE.

793. Así también, ROKAS, I. «European and international online distribution of insurance products» en MARANO, P., ROKAS, I; KOCHENBURGER, P., (eds.) *The «dematerialized» insurance*, Springer, Cham, 2016, pág. 18.

4. DE AQUELLOS LLAMADOS A INFORMAR

Tal como se ha comentado, la actualización de la regulación en materia de mediación de seguros ha introducido, entre sus modificaciones más importantes, una ampliación del ámbito subjetivo de aplicación[794]. En efecto, si la Ley 26/2006, de 17 de julio, de mediación de seguros y reaseguros privados (LMSRP) delimitaba tanto de forma positiva como negativa a qué sujetos se debía aplicar[795], el RDL 3/2020 ha incrementado este ámbito de aplicación a cualquier persona física o jurídica que realizare actividades de distribución de seguros y reaseguros según descritas por la IDD[796].

Al margen de la idoneidad que la multiplicación de operadores pueda significar desde el punto de vista del contratante de seguros[797], es necesario traer a colación las posibles actuaciones de los *colaboradores* del empresario asegurador, su clasificación según el momento en el que se implica en la generación del vínculo contractual entre asegurador y tomador de seguro deviene relevante en cuanto conforma los elementos que regulan el vínculo entre asegurador y colaborador.

De acuerdo con la normativa anterior, las actividades correspondientes a la presentación, propuesta o realización de trabajos previos para la celebración de un contrato de seguro siempre han sobrepasado el ámbito normativo de la mediación civil o mercantil generalmente considerada, dado que la labor realizada por el colaborador del empresario asegurador en la de la aproximación de contratantes previo a la celebración del contrato de seguro, pero sin prestar especial relevancia normativa al elemento de asistencia previa necesaria para la celebración del negocio[798]. Una vez aceptada la solicitud de seguro, la actuación del mediador podía calificarse dentro del marco

794. QUINTANS EIRAS, M. R., «Ampliación y reformulación del ámbito de aplicación ..., cit., pág. 67, TIRADO SUÁREZ, F. J., «La incorporación de la Directiva 2016/97 de 20 de enero, sobre la distribución de seguros y su aplicación en el derecho español», en PÉREZ-SERRABONA GONZÁLEZ, J. L. (dir.), *Derecho de seguros. Nuevas realidades y nuevos retos*, Marcial Pons, Madrid, 2021, pág. 96.

795. No solo en cuanto a distinción entre personas físicas o jurídicas sino también en relación con la distribución de seguros a través de redes propias de las aseguradoras.

796. Debemos recordar que la Directiva ha calificado como posibles distribuidores a personas o entidades tales como agentes, corredores, operadores de banca-seguros, empresas de seguros, agencias de viajes, empresas de alquiler de automóviles, etc., según describe el texto de esta en el Considerando 5, DDS, añadiendo como justificación a esta ampliación la necesidad de asegurar la igualdad de trato entre los operadores y la protección del cliente.

797. Una valoración crítica oportuna y clara a este respecto, ILLESCAS ORTIZ, R., «La permanencia de la Ley del contrato de seguro...» cit., pág. 128.

798. DÍAZ DE LA ROSA, A., «Los colaboradores de los distribuidores de seguros en el proyecto de ley de distribución de seguros privados», en BATALLER GRAU, J., QUINTANS EIRAS, M. R,(dirs.) *La distribución de seguros privados*, Marcial Pons, Madrid, 2019, pág. 150.

de una relación de comisión o agencia al ser actos orientados a la participación en el otorgamiento del negocio jurídico inicial y en su posterior gestión de ejecución en caso de siniestro[799].

Sin embargo, en la nueva configuración de la actividad de mediación, la participación en la gestión del negocio ajeno parte de la implicación del distribuidor de seguros en el «asesoramiento» o «información» preparatorio para la celebración del contrato[800], y de la facilitación de todos los problemas relativos a su ejecución. En este sentido es bueno recordar que este concepto de *distribución* aplica una perspectiva funcional que abarca todos los elementos necesarios para que el bien o servicio llegue al consumidor final y sirva al propósito para el que éste ha aceptado la relación contractual.

4.1. Distribución directa por el asegurador

Expresión de esta opción legislativa es el uso de este término para regular la promoción que los empleados de las aseguradoras pueden realizar a favor de éstas. Al respecto, el legislador, fiel al mandato europeo, ha introducido normas específicas que permitan establecer un marco común aplicable a todos los distribuidores.

En el caso de los empleados de las aseguradoras, no solo deberán cumplir con los requisitos de honorabilidad comercial y profesional del art. 128 RDL 3/2020, sino que se impone a éstos, sus responsables o la mitad de las personas que formen parte del órgano de dirección responsable de la actividad de distribución, el cumplimiento de los deberes de formación profesional, no solamente *ab initio* sino también la acreditación —por parte del asegurador— de que estos empleados tienen acceso a una formación continuada adaptada a los productos distribuidos. Estableciéndose también la obligación de registro, del empleado responsable, en el Registro administrativo de mediadores a cargo de la DGSFP.

4.2. La actividad de los corredores de seguros

Al margen de los requisitos de publicidad organizativa ya comentados tanto en el caso de éstos como de los agentes, la nueva norma impone la necesidad de comunicar al contratante que se dispone de un seguro de responsabilidad civil profesional o cualquier otra garantía financiera que pueda cubrir las negligencias

799. GARCÍA-PITA Y LASTRES, J. L., *Derecho mercantil de obligaciones*, Andavira Ed., Santiago de Compostela, 2011, pág. 241.

800. Tal como ha puesto de manifiesto VEIGA COPO, A., «Clases de distribuidores de seguros», *cit.*, pág. 111, el distribuidor, amén de ser un empresario mercantil independiente, ejerce una actividad profesional cuyo cometido es brindar asesoramiento especializado con la finalidad de canalizar e instar a la perfección de una relación jurídica y, en su caso, a la ejecución de las obligaciones post-contractuales si llegara a acaecer el siniestro, cuestión que motiva y justifica, de acuerdo con el diseño legislativo, el control de acceso a esta esta actividad, además del cumplimiento de requisitos de formación académica específicos.

profesionales[801]. Sobre éstas, es lamentable que, a diferencia de la situación de los agentes, el legislador no haya incluido una adecuada regulación de sus supuestos de incumplimiento de la responsabilidad civil profesional[802].

Como hemos reseñado ya, de acuerdo con las normas previstas sobre gobernanza del producto de seguros (POG) el corredor será —entre todos los potenciales distribuidores de seguros— uno de los profesionales autorizados para precalificar al cliente de seguros. En particular, en el caso de seguros de vida ahorro, el corredor, en el caso de ventas asesoradas podrá determinar —de acuerdo con las instrucciones que debería recibir del productor— si ofrece este producto al solicitante según sus características, finalidades y conocimientos financieros.

En este sentido, la estrategia de distribución seguida por el corredor no puede ser, en ningún caso, contraria a la que hubiera definido el productor, ni al mercado destinatario que este hubiera definido[803]. A mayor abundamiento, el RDL 3/2020 impone al distribuidor/corredor la obligación de contar con los mecanismos adecuados para obtener la información que se precisa sobre los productores y sobre el proceso de aprobación del producto, incluyendo el mercado destinatario definido en el mismo, comprender las características de dicho mercado, además de tener la capacidad de delimitar el grupo de clientes para quienes el producto no se ajusta a sus intereses o necesidades. También se espera que obtenga toda la información necesaria sobre los productos de seguro que se proponen ofrecer a sus clientes; haber comprendido plenamente su funcionamiento y estructura, teniendo en cuenta el grado de complejidad y los riesgos conexos a los mismos, así como la naturaleza, escala y complejidad de la pertinente actividad a desarrollar por el distribuidor.

4.3. Los agentes de seguros y los operadores de banca-seguros

Tal y como ya ocurría en la normativa anteriormente vigente, éstos y los corredores mantienen un régimen incompatible de actividades. En el caso concreto de la relación agente-asegurador, el RDL 3/2020 ha venido a establecer unas normas mínimas que regulen esta relación contractual —art. 141 contrato de agencia de seguros— mientras que se mantiene los requisitos de publicad y documentación mercantil en cuanto a su identificación, de forma destacada como «agente de seguros exclusivos», «agente de seguros vinculado», «agencia de seguros exclusiva» o «agencia de seguros vinculada»,

801. Una comparativa entre versiones de la norma finalmente aprobada, en REQUEIJO PASCUA, A.; REQUEIJO TORCAL, A.; *Ley de distribución de seguros y reaseguros privados*, cit., pág. 89.

802. Así también se expresa, MARTÍNEZ-GIJÓN MACHUCA, P., «Obligaciones del corredor de seguros y supuestos de responsabilidad civil profesional» en AAVV, *De iure mercatus Libro homenaje al prof. Dr. Dr.h.c. Alberto Bercovitz Rodríguez-Cano*, Tirant Lo Blanch, Valencia, 2023, pág. 3286.

803. PEÑAS MOYANO, M. J., «De la información al cliente a la gobernanza del producto…» cit., pág. 6.

seguida de la denominación social de la entidad aseguradora para la que realicen la distribución de seguros[804], así como el régimen general previsto ya por la norma anteriormente vigente[805].

Como novedad añadida al marco de profesionalidad del agente, se incluye la prohibición de promover el cambio de entidad aseguradora en todo o en parte, de la cadena de contratos por ellos distribuidos, ni realizar —sin consentimiento de la entidad aseguradora— actos de disposición sobre su posición mediadora en dicha cartera.

También es necesario señalar, en relación con la actividad de los agentes exclusivos, la autorización legal a las entidades aseguradoras para celebrar contratos consistentes en la prestación de servicios para la distribución, bajo su responsabilidad civil y administrativa, de sus pólizas de seguro, por medio de las redes de los agentes de seguros exclusivos de otras entidades aseguradoras. En este caso dichas entidades deberán garantizar que estas otras redes poseen los conocimientos necesarios para el ejercicio de su actividad en función de los seguros que distribuyan.

En el caso de los operadores de banca seguros[806], además de requisitos de publicidad general y mercantil en los que deberá incluirse los términos «operador de banca-seguro» si se actúa como tal, seguida de la denominación social de la entidad aseguradora para la que esté realizando la operación de distribución de que se trate, en virtud del contrato de agencia celebrado, el legislador español ha previsto la eliminación de las restricciones contempladas por el art. 25.1 LMSRP en lo referente a la puesta a disposición de las redes de las entidades de crédito y establecimientos financieros de crédito en favor de estos operadores de banca-seguros con limitación a un único operador, eliminada la referencia, entendemos que los OBS podrán utilizar estas otras redes adicionalmente a la suya[807].

En definitiva, el hincapié de la regulación de estos mediadores está en el conocimiento que pueda tener el contratante de la naturaleza de los servicios prestados por este agente. Además, debe quedar constancia de la inscripción de estos mediadores recogiendo en la publicidad el número de inscripción en el registro administrativo y, en su caso, el hecho de tener concertado un seguro de RC u otra garantía financiera.

4.4. Los mediadores de seguros complementarios

Expresión directa del ánimo expansivo de la Directiva UE 2016/97, fue la configuración de la distribución y mediación de seguros en el PLMSRP finalmente contenida en

804. Art. 144 RDL 3/2020.
805. VALENZUELA GARACH, J., «Principales notas del nuevo régimen legal de la distribución…» cit., pág. 97.
806. Art. 150 RDL 3/2020.
807. REQUEIJO PASCUA, A.; REQUEIJO TORCAL, A.; *Ley de distribución de seguros y reaseguros privados*, cit., pág. 98; VALENZUELA GARACH, J., «Principales notas del nuevo régimen legal de la distribución...» cit., pág. 98.

el Libro 2º (arts. 127 a 213) del RDL 3/2020. Este texto clasifica la labor de distribución de productos o servicios según sea realizada por los mediadores de seguros, mediadores de seguros complementarios o directamente por la aseguradora. La relevancia de la calificación en una u otra categoría radica en los deberes legales del mediador hacia el tomador/asegurado, pero también hacia el supervisor, además de imponer deberes generales de transparencia en la contratación[808].

Como sabemos, el objetivo último de la nueva regulación es implementar un sistema más eficaz en la comunicación de información relevante al tomador/asegurado con anterioridad a la efectiva contratación del producto de seguros. En este sentido el RDL 3/2020 no establece de manera clara a cuál de éstos —aseguradora o mediadores de seguros complementarios (MSC)— le corresponde verificar que el cliente, con anterioridad a la contratación, tenga acceso a información relativa a la identidad de la aseguradora, su domicilio, y el procedimiento de reclamación.

En cuanto a su ámbito subjetivo, la norma señala que la actividad profesional desarrollada sea distinta a la distribución de seguros, por lo tanto, el mediador de seguros complementarios tendrá que realizar una actividad comercial o de producción *distinta* a la distribución de seguros pero que, por la naturaleza de esta actividad comercial, de producción o de servicios, pueda vincular estos elementos a un contrato de seguro[809]. Además de éste, la norma impone como requisitos adicionales un control de los ramos en los que pueda operar el MSC, pues le prohíbe mediar en la distribución de seguros de vida o responsabilidad civil, salvo que dicha cobertura sea complementaria al bien o servicio suministrado en su actividad principal. Por último, estos mediadores tampoco podrían realizar ningún tipo de comercialización de productos de seguros que puedan clasificarse como venta asesorada, dado el nivel de conocimientos técnicos necesarios para acceder a este tipo de comercialización.

5. LA CUESTIÓN DEL CUMPLIMIENTO DE LA IDONEIDAD PROFESIONAL[810]

5.1. Los requisitos de formación

Del acceso de estos nuevos operadores de intermediación de seguros a la condición de tales surge, lógicamente, la necesidad de regular el grado de formación que deberán

808. DÍAZ DE LA ROSA, A., «Los colaboradores de los distribuidores de seguros…», cit., pág. 153, destacaba el cariz *administrativo* del término «distribución» empleado por el legislador, alejado, por tanto, del contenido legal que habitualmente se asocia con los contratos de distribución.

809. REQUEIJO PASCUA, A.; REQUEIJO TORCAL, A.; *Ley de distribución de seguros y reaseguros privados*, cit., pág. 102, citan a modo ilustrativo el caso de las agencias de viajes o las empresas de alquiler de vehículos.

810. En este apartado, prestamos atención exclusiva a los deberes de formación profesional del distribuidor sin referirnos, por tanto, a los requisitos de organización del empresario distribuidor por entender que estos ya han sido tratados al explicar el contenido normativo

acreditar para acceder al registro de distribuidores a cargo de la DGSFP. Tal y como hemos destacado ya, este deber de actualización permanente de los conocimientos profesionales será aplicable no solo a los mediadores y a los colaboradores externos, sino también a los empleados de las entidades aseguradoras que participen directamente en las actividades de distribución de seguros, además de las personas que formen parte del órgano de dirección responsable de la distribución.

El contenido de la formación recibida deberá permitir al profesional cumplir con la obligación de información clara que debe transmitir al contratante de seguros. Con esta finalidad el Real Decreto 287/2021, de 20 de abril, sobre formación y remisión de la información estadístico-contable de los distribuidores de seguros y reaseguros, ha establecido los requisitos formativos específicos —iniciales y continuos— de estos intermediarios de seguros, así como las aptitudes exigibles a ellos y su personal relevante, implementando un sistema de categorías organizado en tres niveles de exigencia, llamados a garantizar un mayor grado de profundidad de conocimientos técnicos de seguros según se esté más cerca o más lejos de la cúspide de la cadena de distribución de seguros[811]. No obstante, con base en el principio de proporcionalidad, teniendo en cuenta la naturaleza y complejidad del servicio a prestar y de los productos de seguros sobre los que se asesora, se podrá establecer motivadamente por el distribuidor de seguros o de reaseguros la asignación de un número de horas de formación inferior.

---

del POG. En cuanto a la *honorabilidad* del distribuidor, bástenos señalar que el texto de la norma señala que este requisito considera tal la ausencia de inhabilitaciones para el ejercicio de cargos públicos, administración concursal o de administración y dirección de entidades financieras. En mayor detalle, MADRID PARRA, A., «La urgente y tardía regulación de la distribución de seguros…» cit., pág. 148.

811. Así, en el Nivel 1: Se exigirá un curso de formación, con un número mínimo de trescientas horas lectivas, a:
1.º La persona responsable de la actividad de distribución o, en su caso, al menos a la mitad de las personas que formen parte del órgano de dirección responsable de la actividad de distribución de las entidades aseguradoras y reaseguradoras.
2.º Los corredores de seguros y de reaseguros que revistan la forma de personas físicas; la persona responsable de la actividad de distribución, o, en su caso, al menos a la mitad de las personas que formen parte del órgano de dirección responsable de la actividad de distribución de los corredores de seguros y reaseguros que revistan la forma de personas jurídicas.
3.º La persona responsable de la actividad de distribución, o, en su caso, al menos a la mitad de las personas que formen parte del órgano de dirección responsable de la actividad de distribución de los operadores de banca-seguros.
En el Nivel 2: Se exigirá un curso de formación, con un número de doscientas horas lectivas, a:
1.º Los agentes de seguros que sean personas físicas que presten asesoramiento sobre productos de seguros; la persona responsable de la actividad de distribución, o, en su caso, al menos a la mitad de las personas que formen parte del órgano de dirección responsable

5.2. La incorporación y actualización de los registros de mediadores

Al igual que en otros aspectos relativos a la idoneidad profesional, en el caso del registro administrativo de distribuidores, el texto a estudio —art. 133 RDL 3/2020— señala expresamente la obligatoriedad de inscripción de los mediadores, mediadores de seguros complementarios, y corredores de reaseguros residentes en España[812]. A estos

---

de la actividad de distribución de los agentes de seguros que revistan la forma de personas jurídicas, que presten asesoramiento sobre productos de seguros.
2.º Los empleados de las entidades aseguradoras y reaseguradoras que presten asesoramiento sobre productos de seguros o de reaseguros.
3.º Los empleados de los mediadores de seguros y de reaseguros que presten asesoramiento sobre productos de seguros o de reaseguros.
4.º Las personas que integran las redes de distribución de los operadores de banca-seguros, en los casos en que presten asesoramiento sobre productos de seguros.
5.º Los colaboradores externos que sean personas físicas que presten asesoramiento sobre productos de seguros; la persona responsable de la actividad de colaboración con la distribución de seguros, o, en su caso, al menos a la mitad de las personas que formen parte del órgano de dirección responsable de la actividad de colaboración con la distribución de seguros de los colaboradores externos que revistan a forma de personas jurídicas, así como a sus empleados, en el caso de que presten asesoramiento sobre productos de seguros.
Nivel 3: Se exigirá un curso de formación, con un número de ciento cincuenta horas lectivas, a:
1.º Los agentes de seguros que sean personas físicas en los casos en que proporcionen información sobre productos de seguros, no realizando labor de asesoramiento; la persona responsable de la actividad de distribución, o, en su caso, al menos a la mitad de las personas que formen parte del órgano de dirección responsable de la actividad de distribución de los agentes de seguros que revistan la forma de personas jurídicas, que proporcionen información sobre productos de seguros, no realizando labor de asesoramiento.
2.º Los empleados de las entidades aseguradoras y reaseguradoras que proporcionen información sobre productos de seguros o de reaseguros, no realizando labor de asesoramiento.
3.º Los empleados de los mediadores de seguros y de reaseguros que proporcionen información sobre productos de seguros o de reaseguros, no realizando labor de asesoramiento.
4.º Las personas que integran las redes de distribución de los operadores de banca-seguros, en los casos en que proporcionen información sobre productos de seguros, no realizando labor de asesoramiento.
5.º Los colaboradores externos que sean personas físicas en los casos en que proporcionen información sobre productos de seguros, no realizando labor de asesoramiento; la persona responsable de la actividad de colaboración con la distribución de seguros, o, en su caso, al menos a la mitad de las personas que formen parte del órgano de dirección responsable de la actividad de colaboración con la distribución de seguros de los colaboradores externos que revistan la forma de personas jurídicas, así como a sus empleados, en los casos en que proporcionen información sobre productos de seguros, no realizando labor de asesoramiento. [vid. art. 7, RD 287/2021].

812. Señala la norma que, si cualquiera de ellos fueran personas jurídicas, se inscribirá, además de a los cargos de administración, a la persona responsable de la actividad de distribución,

habrá que añadir, como hemos señalado anteriormente, a los empleados del asegurador que realicen la actividad de distribución.

Entre las situaciones particulares que regula el RDL 3/202 es necesario señalar el caso de los agentes exclusivos, éstos figurarán en dos registros: el que lleva con carácter general la DGSFP y el interno que están obligadas a llevar las aseguradoras. Éstas deberán rechazar los servicios de distribución de seguros y reaseguros proporcionados por mediadores que no estén inscritos en el correspondiente registro de un Estado miembro, además de llevar un registro de sus colaboradores externos con sus datos identificativos.

La relevancia que el legislador ha otorgado al cumplimiento de estos deberes puede comprobarse en la regulación del régimen sancionador, el cual tipifica como *muy grave* la falta de registro del distribuidor[813], además de haber motivado una modificación de la Disposición Adicional 8º del ROSSEAR.

III. ELEMENTOS DE RESPONSABILIDAD POR INCUMPLIMIENTOS

1. LA PROTECCIÓN ADMINISTRATIVA AL CONTRATANTE DE SEGUROS

De manera homóloga a la protección administrativa reconocida al contratante de seguros con respecto al asegurador, el RDL 3/2020 ha reconocido a este la potestad de presentar quejas y reclamaciones, relacionadas con sus intereses y derechos legalmente reconocidos, ante el órgano administrativo competente y conforme al procedimiento establecido en la normativa sobre protección del cliente de los servicios financieros y, en su caso, a la normativa en materia de consumo. El criterio de legitimación subjetiva para acceder al mismo —al igual que en el caso de las quejas y reclamaciones concernientes a aseguradores— señala la obligatoriedad de acreditar haber acudido previamente al departamento o servicio de atención al cliente.

El control administrativo de los distribuidores se atribuye a la DGSFP quien recibirá del distribuidor/asegurador, mediador o mediador de seguros complementarios, la información relativa al registro de datos organizativos y de cumplimiento de los deberes de formación, además de contar con la potestad de solicitar información concreta individualizada. En este punto, es necesario tener en cuenta que, cualquiera sea el mecanismo utilizado para acceder a la información, el regulador nacional está autorizado por la norma[814] para intercambiar información relativa a los distribuidores con otras autoridades de supervisión[815].

---

en su caso, o, las personas que formen parte del órgano de dirección responsable de las actividades de distribución.

813. Art. 192.2.a RDL 3/2020.

814. Art. 189 RDL 3/2020.

815. En particular, la norma incluye la posibilidad de compartir, en el proceso de registro, y de manera periódica, la información relativa a la honorabilidad y aptitud de los distribuidores

2. LA RESPONSABILIDAD ADMINISTRATIVA DEL DISTRIBUIDOR

En cuanto a la responsabilidad administrativa de los distribuidores, el RDL 3/2020, ha previsto un procedimiento sancionador que permite ejercer la función de control administrativo de los distribuidores. En este sentido, a pesar de lo que pueda parecer, la norma no ha establecido un elenco completo de disposiciones relativas a este sino que ha construido un sistema de supervisión con identificación de los sujetos obligados a esta, el contenido de las infracciones y sanciones y determinación de competencias de instrucción y resolución, sin embargo, la parquedad del art. 199.4 RDL 3/2020 motivará, a nuestro entender, más de un procedimiento potencialmente infructuoso dados los estrictos principios de seguridad jurídica que deben emanar del ejercicio de la potestad sancionadora de las administraciones públicas[816].

---

de seguros y reaseguros; las sanciones u otras medidas de carácter administrativo que conlleven la exclusión del registro administrativo; la relación de mediadores de seguros y reaseguros que hayan notificado su intención de desarrollar la actividad transfronteriza en otro Estado miembro; o las posibles irregularidades en la comercialización de productos o servicios financieros que sean objeto de práctica de venta combinada o vinculada junto con productos de seguros.

816. En términos similares, REQUEIJO PASCUA, A.; REQUEIJO TORCAL, A.; *Ley de distribución de seguros y reaseguros privados*, …cit., pág. 396.

BIBLIOGRAFÍA

BIBLIOGRAFÍA

ABRAHAM, K., *Insurance Law and regulation*, 4ta. Ed. Thomson West, Nueva York, 2006.

ABRAHAM, K., «Four conceptions of Insurance» *UPenLRev*, vol. 161, n. º 3, 2013, págs. 653-698.

ABRAHAM, K.; SCHWARCZ, D.; «Courting disaster: the underappreciated risk of a cyber insurance catastrophe» *Conn. Ins. L. J.* vol. 27, 2021, págs. 407-473.

ALBIEZ DOHRMANN, K. J., «Las condiciones generales de la contratación: una lectura de los diferentes modelos de control» en SÁNCHEZ LORENZO, S., *Derecho contractual comparado*, Tomo I, 3ra. Ed., Thomson Reuters Civitas, Cizur Menor, 2016, págs. 753-866.

ALCAÑIZ ZANÓN, M.; AYUSO GUTIÉRREZ, M.; PÉREZ MARÍN, A. M.; *El seguro basado en el uso (usage based insurance)*, Fundación Mapfre, Madrid, 2014.

ALFARO AGUILA-REAL, J., *Las condiciones generales de la contratación*, Civitas, Madrid, 1991.

ALMARCHA JAIME, J, «La cláusula que aplica un baremo indemnizatorio para el caso de invalidez es limitativa y el asegurado debe aceptarla expresamente también en los seguros colectivos» *CCJC* n.º 104, 2017, BIB 2017/12559.

ALMARCHA JAIME, J., «La naturaleza jurídica del seguro de vida *unit linked* como garantía en operaciones de financiación» *RES* n.º 196, 2023, págs. 559-592.

ALONSO SOTO, R., *El seguro de la culpa*, Ed. Montecorvo, Madrid, 1977.

ALONSO SOTO, R., «La nueva regulación de los mediadores de seguros» *RCFDCEE* n.º 71, 2007, págs. 35-57.

ALONSO SOTO, R., «La comercialización de productos financieros en forma de seguros» en PÉREZ-SERRABONA GONZÁLEZ, J. L. (dir.) *Derecho de seguros. Nuevas realidades y nuevos retos*, Marcial Pons, Madrid, 2021 págs. 27-54.

ARAGÓN TARDÓN, S., «El sistema europeo de supervisión financiera: revisión y propuestas de futuro», en ALONSO LEDESMA, C. (dir.), *Hacia un sistema financiero de nuevo cuño. Reformas pendientes y andantes*, Tirant lo Blanch, Valencia, 2016, págs. 249-277.

ATIENZA NAVARRO, M. L., EVANGELIO LLORCA, R. «Art. 73» en BATALLER GRAU, J., BOQUERA MATARREDONA, J., OLAVARRÍA IGLESIA, J. *Comentarios a la Ley del Contrato de seguro*. Valencia (2002): Tirant lo Blanch, págs. 817-863.

AUDIGIER, I., «Insurance Distribution Directive and Cross-border activities by insurance intermediaries in the EU» en MARANO, P., NOUSSIA, K. (eds.) *Insurance Distribution Directive*, Springer, Cham, 2021, págs. 3-30.

BADILLO ARIAS, J. A.; *Ley de contrato de seguro: jurisprudencia comentada*, 3ra. Ed. Thomson Reuters Aranzadi, Cizur Menor, 2017.

BADILLO ARIAS, J. A., «La Responsabilidad Civil y el seguro de los sistemas de Inteligencia Artificial» *RRCCS* n.º 6, 2022, pág. 3.

BATALLER GRAU, J., *El deber de declaración del riesgo en el contrato de seguro*, Tecnos, Madrid, 1997.

BATALLER GRAU, J., «La incesante reforma del derecho del seguro: ¿último acto?» en CUÑAT EDO, V., BATALLER GRAU, J., *Comentarios a la Ley de Mediación de Seguros y Reaseguros Privados*, Civitas, Pamplona, 2007, págs. 69-83.

BATALLER GRAU, J., «El principio de divisibilidad de la prima en el contrato de seguro» en GONZÁLEZ CASTILLA, F., MARIMÓN DURÁ, R., RUIZ PERIS, J. I. (coords.) *Estudios de Derecho del Mercado Financiero. Homenaje al prof. Vicente Cuñat Edo*, Universidad de Valencia, Valencia, 2010, págs. 305-323.

BATALLER GRAU, J.; «Las reclamaciones en el mercado asegurador: bases para su reconfiguración», en BATALLER GRAU, J.; CUÑAT EDO, V. (dirs.); *Supervisión en seguros privados*, Tirant lo Blanch, Valencia, 2013, págs. 621-642.

BATALLER GRAU, J., «La obligación del asegurador de cumplir la prestación comprometida» en BATALLER GRAU, J., VEIGA COPO, A. (dirs.) *La protección del cliente en el mercado asegurador*, Civitas, Madrid, 2014, págs. 817-838.

BATALLER GRAU, J., «Una mejor protección del asegurado es posible» en GIRGADO PERANDONES, P., *El contrato de seguro y su distribución en la encrucijada,* Thomson Reuters Aranzadi, Cizur Menor, 2018, págs. 347-375.

BATALLER GRAU, J., «La responsabilidad civil del agente de seguros» *RDSFin* n.º 0, 2020, págs. 13-44.

BELADÍEZ ROJO, M, La eficacia de los derechos fundamentales entre particulares, *AFDUAM* n.º 21, 2017, págs. 75-97.

BELANDO GARÍN, B., «La protección pública del consumidor de servicios financieros (banca, bolsa y seguros. Una perspectiva transversal» en BATALLER GRAU, J., VEIGA COPO, A. (dirs.) *La protección del cliente en el mercado asegurador*, Civitas, Madrid, 2014, págs. 269-305.

BENAVIDES, E., FUENTES, W., SÁNCHEZ, S.; «Caracterización de los ataques de phishing y técnicas para mitigarlos» *Revista Ciencia y tecnología* vol. 13 n.º 1, 2020, págs. 97-104.

BENDIEK, A., STUERZER, I, «The Brussels effect, European regulatory power and political capital: evidence for mutually reinforcing internal and external dimensions of the Brussels effect from the European digital Policy Debate» *DISO* n. º 5, 2, 2023, págs. 1-25.

BENITO OSMA, F., «El contrato de seguro ante los avances en medicina y tecnología sanitaria» *RES* n.º 163-164, 2015, págs. 539-542.

BENITO OSMA, F., *La transparencia en el mercado de seguros*, Comares, Granada, 2020.

BEN-SHAHAR, O; SCHNEIDER, C., *More than you wanted to know: the failure of mandated disclosure*, Princeton University Press, Princeton, 2014.

BERCOVITZ RODRÍGUEZ-CANO, A., «La protección jurídica del inversor en valores mobiliarios» en BERCOVITZ RODRÍGUEZ-CANO, A. (dir.) *Estudios jurídicos sobre protección de los consumidores*, Tecnos, Madrid, 1987.

BLANCO SÁNCHEZ, M. J., *El deber de información en la contratación de instrumentos financieros*, Aranzadi, Cizur Menos, 2021.

BOLÍVAR OROÑO, M.V., «La discriminación por características genéticas en la Proposición de Ley Integral para la Igualdad de Trato y la No Discriminación: Especial referencia a los seguros», *RDGH* núm. 55, 2021, págs. 57-78.

BOZEK, D. R., «Redefinig product management: IDD's perspective», en MARANO, P., NOUSSIA, K. (eds.) *Insurance Distribution Directive. A legal analysis*, Springer, Cham, 2021, págs. 371-393.

BRENES CORTES, J., «Régimen jurídico de la solicitud y la proposición en el contrato de seguro. La formación del contrato de seguro» *RDP* n.º 12, 2004, págs. 49-94.

BRENES CORTÉS, J., «Principios de gobernanza para una inteligencia artificial ética y digna de confianza en el sector asegurador europeo», en VEIGA COPO, A. (dir.) *Seguro de personas e inteligencia artificial*, Thomson Reuters Civitas, Madrid. 2022, págs. 517-555.

CABALLERO TRENADO, L., «Créditos, seguros y derecho al olvido oncológico: avances normativos» *RDBB* n.º 170, 2023, págs. RR-13.1.

CALZADA CONDE, M. A., «La protección del asegurado en la Ley del contrato de seguro» en BATALLER GRAU, J., VEIGA COPO, A. (dirs.) *La protección del cliente en el mercado asegurador*, Civitas, Madrid, 2014, págs. 107-151.

CÁMARA LAPUENTE, S., *El control de las cláusulas abusivas sobre elementos esenciales del contrato*, Aranzadi, Pamplona, 2006.

CARBAJO CASCÓN, F., *La responsabilidad civil del asegurado de asistencia sanitaria*, Fundación Mapfre, Madrid, 2012.

CARBAJO CASCÓN, F., «La protección del cliente en el seguro de accidentes» en BATALLER GRAU, J., VEIGA COPO, A., *La protección del cliente en el mercado asegurador*, Civitas, Madrid, 2014, págs. 1355-1418.

CARBAJO CASCÓN, F., «La problemática jurídica de los seguros de vida e invalidez vinculados a préstamos hipotecarios» *RDSFin* n.º 1, 2021, págs. 13-62.

CARBAJO CASCÓN F., «La responsabilidad civil del asegurador de asistencia sanitaria por negligencias médico-hospitalarias de su cuadro asistencial» *Rev. Ibero-latinoamericana de Seguros* n.º 55, 2021, págs. 143-180.

CARBAJO CASCÓN, F., «La posición del asegurador de asistencia sanitaria ante las negligencias de los profesionales de su cuadro asistencial: una propuesta de revisión de la jurisprudencia» en VEIGA COPO, A.(dir.) *Seguro de personas e inteligencia artificial*, Thomson Reuters Civitas, Madrid. 2022, págs. 683-720.

CARRASCO PERERA, *Derecho de contratos*, Aranzadi, Cizur Menor, 2010.

CARRASCO PERERA, A., LYCZKOWSKA, K., *Guía de obligaciones de información al inversor en el marco de la directiva MiFID*, Centro de Estudios de Consumo, 2013.

CARRASCO PERERA, Á, «Sentencia europea intransparente sobre una transacción transparente de una cláusula suelo supuestamente intransparente. La "jerga" de la STJUE 9 julio 2020», *Revista CESCO* 2020.

CASAR FURIÓ, M. E., «Protección administrativa del asegurado: el servicio de reclamaciones de la Dirección General de Seguros y Fondos de Pensiones» en BATALLER GRAU, J., VEIGA COPO, A. (dirs.) *La protección del cliente en el mercado asegurador*, Civitas, Madrid, 2014, págs. 1049-1062.

CEBULSKY, M. et al., «The digital insurance — Facing customer expectation in a rapidly changing world» en LINNHOFF-POPIEN, C., et al. (eds.); *Digital Marketplaces Unleashed*, Springer, Cham, 2018, págs. 359-370.

CHRISTOFILOU, A., «Cross selling practices in insurance products and the IMD2 Proposal» *European Insurance Law Review* n. º 4, 2014, págs. 66-68.

CHRISTOFILOU, A.; CHATZARA, V.; «The internet of things and Insurance» en MARANO, P., NOUSSIA, K. (eds.); *InsurTech: a legal and regulatory view,* Springer, Cham, 2020, págs. 48-81.

CLARKE, M., *The Law of Insurance Contracts*, 6ta. Ed., Informa, Londres, 2009.

COALERT, V., «The MiFIR and PRIIPs Product Intervention Regime: in need of intervention? » *ECFR* 1, 2020, págs. 99-124.

COMANA, M., PREVITALI, D., BELLARDINI, L., *The MiFID II framework. How the new standards are reshaping the Investment Industry,* Springer, Chamn, 2019.

CÓRDOBA MOCHALES, I., »Deber de declaración del riesgo: comentario a la reciente jurisprudencia del Tribunal Supremo» *RDSFin* n.º 2, 2021, págs. 429-442.

COSTI, R., «Informazione e mercato financiario» en POLO DÍEZ, A (coord.) *Estudios de Derecho bancario y bursátil: homenaje a Evelio Verdera y Tuells*, vol. 1, Wolters Kluwer, Madrid, 1994, págs. 589-604.

COUILBAULT, F., COUILBAULT-DI TOMASO, S., HUBERTY, V., *Le grands principes de l'assurance*, 13º. Ed., L'arguss de l'assurance, Anthony, 2017.

COTINO HUESO, L. «El derecho fundamental de acceso a la información, la transparencia de los poderes públicos y el gobierno abierto. Retos y oportunidades» en VALERO TORRIJOS, J.; FERNÁNDEZ SALMERÓN, M. (coords.), *Régimen jurídico de la transparencia del sector público: del Derecho de acceso a la reutilización de la información,* Aranzadi, 2014, Pamplona, págs. 37-71.

CROOTOF R., «The internet of torts: expanding civili liability standardas to address corporate remote interference» *Duke L. J.* vol. 69, 2019, págs. 583-667.

CUÑAT EDO, V., «Las líneas rectoras de la reforma» en CUÑAT EDO, V., BATALLER GRAU, J., *Comentarios a la Ley de Mediación de Seguros y Reaseguros Privados*, Civitas, Pamplona, 2007, págs. 85-110.

CUÑAT EDO, V.; MARIMÓN DURÁ, R., «La convergencia en el régimen jurídico del asesoramiento en los mercados de crédito, de valores y de seguros», *RDSFin* n.º 2, 2021, págs. 13-92.

CUÑAT EDO, V.; MARIMÓN DURÁ, R., «Análisis crítico de la proyectada regulación de la Autoridad Administrativa Independiente de Defensa del Cliente Financiero» en AAVV, *De iure mercatus Libro homenaje al prof. Dr. Dr.h.c. Alberto Bercovitz Rodríguez-Cano*, Tirant lo Blanch, Valencia, 2023, págs. 2905-2944.

DE CASTRO, F., *Las condiciones generales de los contratos y la eficacia de las leyes*, Cuadernos Civitas, Madrid, 1985.

DE FRUTOS GÓMEZ, J. M.; «El establecimiento del mercado interior del seguro» *NUE* n.º 256, 2006, págs. 41-70.

DE SOLA LLERA, C., «Privacidad y datos genéticos: situaciones de conflicto» *RDGH* n.º 1, 1994, págs. 179 y sig.

DELFOS-ROY, Y., «The PEICL and the duty of disclosure» *ERPL* n. º 2011, págs. 71-86.

DÍAZ DE LA ROSA, A., «Los colaboradores de los distribuidores de seguros en el proyecto de ley de distribución de seguros privados», en BATALLER GRAU, J., QUINTANS EIRAS, M. R,(dirs.) *La distribución de seguros privados*, Marcial Pons, Madrid, 2019, págs. 149-185.

DÍEZ-PICAZO GIMÉNEZ, L. M., «Sobre la eficacia entre particulares de los derechos fundamentales» en GARCÍA DE ENTERRÍA, E. (coord.); *Administración y justicia: un análisis jurisprudencial: liber amicorum Tomás-Ramón Fernández*, Vol.1, Civitas, Madrid, 2012, págs. 141-154.

DÍEZ-PICAZO, L. M. «El contenido de la relación obligatoria» *ADC* vol. 17, n.º 2, 1964, págs. 349-366.

DÍEZ-PICAZO, L. M., *Fundamentos de Derecho Civil Patrimonial,* T. I, 5ta. Ed., Civitas, Madrid, 1996.

DÍEZ-PICAZO, L. M., *Fundamentos de Derecho Civil Patrimonial,* T. II, 6ta. Ed., Civitas, Madrid, 2007.

DOMINGUEZ MARTÍNEZ, P., Comentario a la Sentencia de STS, Sala 1ª, 4 diciembre 2014, *Cuadernos Civitas de jurisprudencia Civil* n.º 99, 2015, págs. 239-266.

DONATI, A., *Trattato del Diritto delle Assicurazioni private*, Vol. II, Milán, 1954.

DOPAZO FRAGUÍO, P., «Hacia un nuevo modelo jurídico de supervisión del sector asegurador: aportaciones y desafíos» en CUÑAT EDO, V., BATALLER GRAU, J. (dirs.) *Supervisión en seguros privados*, Tirant lo Blanch, 2013, págs. 215-238.

ELGUERO MERINO, J. M.; *El seguro de accidentes*, Civitas, Madrid, 2013.

ELGUERO MERINO, J. M., «Artículo 3» en BADILLO ARIAS, J. A. (coord.), *Ley de contrato de seguro: jurisprudencia comentada*, 3ra. Ed. Thomson Reuters Aranzadi, Cizur Menor, 2017, p. RL-1.2.

EMBID IRUJO, J. M. «Aspectos institucionales y contractuales de la tutela del asegurado en el Derecho español», *Revista Española de Seguros* núm. 91, 1999, págs. 19.

FARRANDO MIGUEL, I., «El concepto de valor negociable y la aplicación en España de la cultura de la transparencia» en IGLESIAS PRADA, J. L. (coord.) *Estudios jurídicos en homenaje al profesor Aurelio Menéndez*, Tomo I, Civitas, Madrid, 1996, págs. 1197-1236.

FENOY PICÓN, N., «El dolo en el período precontractual: vicio del consentimiento e imputación de responsabilidad en los derechos francés y belga», *ADC* vol. 74, n.º 4, 2020, págs. 1331-1499.

FERNÁNDEZ DE AROZ GÓMEZ-ACEBO, A., «El "private enforcement" en la protección del inversor minorista: de la aplicación de la doctrina del error-vicio en la contratación de productos financieros a una acción de daños específica» *RDM* n.º 315, 2020.

FLORES DOÑA, M. S., «Productos empaquetados o basados en seguros: el documento de datos fundamentales» en ALONSO LEDESMA, C. (dir.) *Hacia un sistema financiero de nuevo cuño. Reformas pendientes y andantes*, Tirant lo Blanch, 2016, págs. 911-944.

FLÜCKIGER, I; CARBONE, M; «From risk transfer to risk prevention», *Geneva Association Research Reports*, 2021 págs. 1-31.

FONTICIELLA HERNÁNDEZ, B., *La protección del inversor minorista tras la completa transposición de la Directiva MiFID II*, Dykinson, Madrid, 2021.

FUENTES NAHARRO, M., «MIFID II hacia un reforzamiento de la protección del inversor» en ALONSO LEDESMA, C. (dir.) *Hacia un sistema financiero de nuevo cuño. Reformas pendientes y andantes*, Tirant lo Blanch, Valencia 2016, págs. 945-960.

GALLEGO SÁNCHEZ, E., *Contratación mercantil*, Tomo III, Tirant lo Blanch, Valencia, 2003.

GARCÍA ESCOBAR, G., «Obligaciones de información y límites para los operadores del mercado de seguros tras la transposición "no definitiva" de la IDD» en PÉREZ-SERRABONA GONZÁLEZ, J. L. (dir.), *Derecho de seguros. Nuevas realidades y nuevos retos*, Marcial Pons, Madrid, 2021, págs. 181-201.

GARCÍA-PITA Y LASTRES, J. L., «La difusión de información por las sociedades bancarias cotizadas», *RDBB* n.º 58, 1995, págs. 299-392.

GARCÍA-PITA Y LASTRES, J. L., *Derecho mercantil de obligaciones*, Andavira Ed., Santiago de Compostela, 2011.

GARCÍA VILLAVERDE, R.; «Contenido de la notificación de las alteraciones del riesgo en los seguros de vida» en VERDERA Y TUELLS, E. (Dir.) *Comentarios a la Ley del contrato de seguro*, vol. I, CUNEF, Madrid, 1982, págs. 1013-1023.

GARRIGUES, J, *Contrato de seguro terrestre*, 2da. Ed., Madrid, 1973.

GILABERT GASCÓN, A. «Los deberes precontractuales de información y asesoramiento en la distribución de seguros» en GONZÁLEZ CASTILLA, F.; NIETO CAROL, U., *Retos de la contratación mercantil moderna*, Tirant Lo Blanch, Valencia, 2022, págs. 723-741.

GIMÉNEZ VILLANUEVA, T., «Normas de transparencia en la contratación bancaria» en NIETO CAROL, U. (coord.), *Crédito al consumo y transparencia bancaria*, Civitas, Madrid, 1998, págs. 651-702.

GIRÓN TENA, J. M., «Seguros de personas. Disposiciones comunes y seguro sobre la vida (Arts. 80 a 99)» en VERDERA Y TUELLS, E. (Dir.) *Comentarios a la Ley del contrato de seguro*, vol. I, CUNEF, Madrid, 1982, págs. 977-998.

GÓMEZ LIGÜERRE, C., «Conocimiento cualificado y declaración del riesgo asegurado. De nuevo sobre los límites del artículo 10 de la Ley de Contrato de Seguro. Comentario a la STS de 30 mayo 2018», *Cuadernos Civitas de jurisprudencia Civil* n.º 109, 2019, págs. 201-227.

GÓMEZ SEGADE, J. A. «La declaración del siniestro y la información complementaria», en Verdera y Tuells, E. (dir.) *Comentarios a la Ley de Contrato de seguro*, CUNEF, Madrid, 1982, págs. 435.

GONZÁLEZ CASTILLA, F., «El agente de seguros y el operador de banca-seguros» en CUÑAT EDO, V., BATALLER GRAU, J., *Comentarios a la Ley de Mediación de Seguros y Reaseguros Privados*, Civitas, Pamplona, 2007, págs. 135-194.

GÓNZALEZ CASTILLA, F.; «Los requisitos de transparencia de las cláusulas limitativas de los derechos del asegurado y la intervención del mediador en la celebración del contrato de seguro» en AA.VV, *De iure mercatus. Libro homenaje al Prof. Dr. Dr. H. c. Alberto Bercovitz Rodríguez-Cano*, Tirant lo Blanch, Valencia, 2023, págs. 3003-3028.

HILL PRADOS, C., «La mediación de seguros tras la Ley 26/2006: esa gran desconocida», *RJC* n.º 1-2010, págs. 63-94.

ILLESCAS ORTIZ, R. «El lenguaje de las pólizas de seguro», en VERDERA Y TUELLS, E. (Dir.) *Comentarios a la Ley del contrato de seguro*, vol. I, CUNEF, Madrid, 1982, págs. 355-366.

ILLESCAS ORTIZ, R., «Cumplimiento de los requisitos documentales del contrato de seguro celebrado por medios electrónicos», en MADRID PARRA, A. (dir.) *Derecho del sistema financiero y tecnología*, Marcial Pons, Madrid, 2010, págs. 387-395.

ILLESCAS ORTÍZ, R., «El contrato de seguro en el futuro Código Mercantil» en BATALLER, J, QUINTÁNS, R y VEIGA, A (Dir.)., *La reforma del Derecho del Seguro,* Aranzadi, 2015.

ILLESCAS ORTIZ, R. «La superación de la tinta, el papel y… ¿los cuestionarios?» *RES* n.º 173, 2018, págs. 27-41.

ILLESCAS ORTIZ, R., *Derecho de la contratación electrónica*, 3ra. Ed. Civitas, Cizur Menor, 2019.

ILLESCAS ORTIZ, R., «La permanencia de la Ley del contrato de seguro frente a la permanente inestabilidad de sus normas de comercialización» *RES* n.º 185-186, 2021, págs. 125-130.

JAVIER CORTÉS, l., *Póliza flotante y seguro en abono*, Real Colegio de España, Bolonia, 1984.

KOLDING-KROGER, C., et al.; «The reality of the promised increase in customer protection under the Insurance Distribution Directive» en MARANO, P., NOUSSIA, K. (eds.) *Insurance Distribution Directive. A legal análisis*, Springer, Cham, 2021, págs. 395-438.

LA CASA GARCÍA, R., «La cobertura retroactiva del seguro» *RDM* n.º 298, 2015, págs. 51-98.

LA CASA GARCÍA, R., «Ventas combinadas y vinculadas en el ámbito de la distribución de seguros» *RES* n.º. 185-186, 2021, págs. 183-216.

LACASA GARCÍA. R., «Aproximación al estudio de las cláusulas lesivas, las cláusulas limitativas y las cláusulas delimitadoras del riesgo en el contrato de seguro al hilo de la jurisprudencia del Tribunal Supremo» *RES* n.º 188, 2021, págs. 623-648.

LAGUNA DE PAZ, J. C., «Supervisión administrativa de entidades aseguradoras privadas» en BATALLER GRAU, J., PEÑAS MOYANO, M. J.; *Un derecho del seguro más social y transparente*, Thomson Civitas, Cizur Menor, 2017, págs. 903-932.

LAMBERT-FAIVRE, Y.; LEVENEUR, L.; *Droit des assurances*, 13º ed., Paris, 2011.

LANGLE, E., *Manual de Derecho Mercantil Español*, T. III, Barcelona, 1959.

LASARTE ÁLVAREZ, C., «Sobre la integración del contrato: la buena fe en la contratación», *Revista de Derecho Privado*, n.º 64, 1980, págs. 50-78.

LATORRE CHINER, N., *La agravación del riesgo*, Comares, Granada, 2000.

LATORRE CHINER, N. «Art. 10» en BATALLER GRAU, J., BOQUERA MATARREDONA, J., OLAVARRÍA IGLESIA, J. *Comentarios a la Ley del Contrato de seguro*, Tirant lo Blanch, Valencia, 2002, págs. 164.

LECINA LÓPEZ, S., «La función de verificación del cumplimiento como herramienta de crecimiento ético y estratégico de las empresas de seguros» *La Ley Mercantil* n.º 96, 2022, págs.1-28.

LIMA REGO, M.; CAMPOS CARVALHO, J., «Insurance in Today's sharing economy: new challenges ahead or a return to the origins of insurance?» en MARANO, P., NOUSSIA, K. (eds.); *InsurTech: a legal and regulatory view,* Springer, Cham, 2020, págs. 27-47.

LOGUE, K.; SHNIDERMAN, A.; «The case for banning (and mandating) ransomware insurance» *Conn. Ins. L. J.* vol. 28, 2021, págs. 247-316.

LÓPEZ-BREA LÓPEZ DE RODAS, J., «La competencia en la supervisión de los seguros privados», *Diario La Ley* n.º 8103, 2013, págs. 1-30.

LÓPEZ Y GARCÍA DE LA SERRANA, J., «La agravación del riesgo y la regla de equidad en el seguro de daños» *RRCS* n.º 78, 2021, págs. 5-10.

LOWRY, J., «Pre-contractual information duties: the insured's pre-contractual duty of disclosure — convergence across the jurisdiccional divide» en BURLING, J.; LAZARUS, K.; *Research Handbook on International Insurance Law and Regulation*, Elgar, Cheltenham, 2012, págs. 55-119.

MADRID PARRA, A., «La urgente y tardía regulación de la distribución de seguros mediante el RD-ley 3/2020, de 4 de febrero» *RES* n.º 185-186, 2021, págs. 131-155.

MALEK, A., «Internet of things (IoT): considerations for life insurers» en BORDA, M; GRIMA, S.; KWIECIEN, I; *Life insurance in Europe*, Springer, Cham, 2020 págs. 177-202.

MARCO ALCALÁ, L. A., *Seguros de personas*, Aranzadi, Cizur Menor, 2006.

MARANO, P., «La *mifidización*: el atardecer de los seguros de vida en la normativa europea sobre seguros?» *RES* n. º 171-172, 2017, págs. 415-432.

MARANO, P., «The product oversight and governance: standards and liabilities» en MARANO, P., ROKAS, I., *Distribution of Insurance-based investment products*, Springer, Cham, 2019, págs. 59-96.

MARIMÓN DURÁ, R., Documentos del consejo de estabilidad financiera sobre la incursión de las bigtech en la actividad financiera: «Bigtech in finance. Market developments and potential financial stability implications», de diciembre de 2019 y «Bigtech in finance in emerging markets and developing economies», de 12 de octubre de 2020 *RDSFin* n.º 1, 2021, págs. 457-464.

MARIMÓN DURÁ, R.; «*Big tech* y actividad financiera» en BELANDO GARÍN, B., MARIMÓN DURÁ, R. (dirs.), *Retos del mercado financiero digital*, Thomson Aranzadi, Cizur Menor, 2021, págs. 239-268.

MARÍN LÓPEZ, M, «El concepto de consumidor vulnerable en el Texto Refundido de la Ley General para la Defensa de los Consumidores y Usuarios», *RCESCO*, n.º 37, 2021, págs. 111-120.

MAROÑO GARGALLO, M., «Los deberes de comunicación e información del siniestro y el deber de salvamento» en BATALLER GRAU, J., VEIGA COPO, A. (dirs.) *La protección del cliente en el mercado asegurador*, Civitas, Madrid, 2014, págs. 771-813.

MARTÍ MIRAVALLS, J., «Retos jurídicos del *FinTech*», en MARIMÓN DURÁ, R., MARTÍ MIRAVALLS, J. (dirs.), *Problemas actuales y recurrentes en los mercados financieros*, Aranzadi, 2018, Cizur Menor, págs. 151-169.

MARTÍ SANCHEZ, J. N., «La Protección del Asegurador en la Ley del Contrato de Seguro, de 8 de octubre de 1980», en VERDERA Y TUELLS, E., *Comentarios a la Ley de Contrato de Seguro*, Madrid, 1982, vol. I, págs. 461-498.

MARTÍN OSANTE, J. M., *El seguro de responsabilidad civil empresarial*, Marcial Pons, Madrid, 2018.

MARTÍN OSANTE, J. M.; «Seguro de responsabilidad civil por productos defectuosos, inteligencia artificial y robots», en VEIGA COPO, A. (dir.) *Seguro de personas e inteligencia artificial*, Thomson Reuters Civitas, Madrid. 2022, págs. 913-934.

MARTÍNEZ CAÑELLAS, A., *El procedimiento pericial de determinación del daño en los seguros: (tras la regulación del procedimiento de nombramiento de tercer perito en la Ley de jurisdicción voluntaria)*, Dykinson, Madrid, 2019.

MARTÍNEZ-GIJÓN MACHUCA, P., *El seguro privado de asistencia sanitaria*, Fundación MAPFRE, Madrid, 2002.

MARTÍNEZ-GIJÓN MACHUCA, P., «Diseño, aprobación, control y distribución de productos de seguro», *RES* n.º 185-186, 2021, págs. 217-238.

MARTÍNEZ-GIJÓN MACHUCA, P., «Obligaciones del corredor de seguros y supuestos de responsabilidad civil profesional» en AAVV, *De iure mercatus Libro homenaje al prof. Dr. Dr.h.c. Alberto Bercovitz Rodríguez-Cano*, Tirant Lo Blanch, Valencia, 2023, págs. 3283-3312.

MARTÍNEZ LÓPEZ-SÁEZ, M.; «A vueltas con la ponderación de derechos en materia de videovigilancia» *RDC* vol. IX n.º 4, 2022, págs. 351-375.

MARTORELL ZULUETA, P., «La protección del asegurado desde la perspectiva jurisprudencial» en CUÑAT EDO, V., BATALLER GRAU, J. (dirs.) *Supervisión en seguros privados*, Tirant lo Blanch, 2013, págs. 643-668.

MAYORGA TOLEDANO, M. C., «Transparencia en el mercado de seguros: hacia la unificación de la protección de la clientela en el mercado financiero» en AAVV, *De iuroe mercatus Libro homenaje al prof. Dr. Dr.h.c. Alberto Bercovitz Rodríguez-Cano*, Tirant Lo Blanch, Valencia, 2023, págs. 3313-3345.

MENÉNDEZ, A., «El genoma humano y el contrato de seguro», *El Derecho ante el proyecto del genoma humano*, Vol. III, Bilbao, 1994, pág. 43.

MERCADAL VIDAL, F., «Los deberes precontractuales de información en la contratación de servicios de inversión (Reflexiones en torno a las sentencias del Pleno de la Sala Primera del Tribunal Supremo de 8 y 10 de septiembre de 2014) », *RDM* 295, 2015, BIB 2015/896.

MILLAS, Y., «Claves de la digitalización en la gestión de prevención de riesgos laborales» *AENOR Revista de la normalización y la certificación* n.º 347, 2019, págs. 24-29.

MIRANDA ANGUITA, A., «El principio de la integración publicitaria del contrato y la letra pequeña de la publicidad», *La Ley Mercantil* n.º 83, 2021, págs. 1-21.

MIRANDA ANGUITA, A., «Remedios del regulador frente a la ilegibilidad de las cláusulas predispuestas en los contratos bancarios y financieros» *RDSFin* n.º 3, 2022.

MIRANDA SERRANO, L. M, «Control de transparencia de las condiciones del contrato de seguro (más allá de los clásicos requisitos de inclusión)», en BATALLER GRAU, J., PEÑAS MOYANO, M. J.; *Un derecho del seguro más social y transparente*, Thomson Civitas, Cizur Menor, 2017, págs. 45-92.

MIRANDA SERRANO, L. M.; «Cláusulas limitativas y sorprendentes en contratos de seguro: protección de las expectativas y el consentimiento de los asegurados», *RCDI* n.º 761, 2017, págs. 1151-1196.

MIRANDA SERRANO, L.M., «Reformando la parte general de la Ley de contrato de seguro: condiciones generales y particulares» en GIRGADO PERANDONES, P. (dir.) *El contrato de seguro y su distribución en la encrucijada*, Thomson Aranzadi, Cizur Menor, 2018, págs. 377-416.

MIRANDA SERRANO, LM., «Consecuencias de la falta de transparencia material de las cláusulas no negociadas individualmente: a propósito de algunas experiencias en el sector financiero» RDSFin n.º 4, 2022, págs. 111-156.

MIRANDA SERRANO, L. M.; SERRANO CAÑAS, J. M.; «Relevancia negocial de la publicidad en los contratos entre empresarios o profesionales», *La Ley Mercantil* n.º 27, 2016, págs. 1-24.

MORALES MORENO, A., «Concreción jurisprudencial de la regla general de integración del contrato mediante la publicidad, fundad en el principio de buena fe» *ADC* Tomo LXXIII, 2020, págs. 983-1065.

MORALES MORENO, A., GREGORACI FERNÁNDEZ, B., «La incorporación de la publicidad al contrato: evolución y criterios jurisprudenciales de aplicación», en MORALES MORENO, A. M.; *Estudios de Derecho de Contratos* AEBOE, Madrid, 2022, págs. 767-787.

MORILLAS JARILLO, M. J.; «Fundamentos de la ordenación del mercado de seguros privados y derechos fundamentales» en CUÑAT EDO, V.; BATALLER GRAU, J.; (dirs.) *Supervisión en seguros privados*, Tirant lo Blanch, Valencia, 2013, págs. 33-88.

MORRILLAS JARILLO, M. J.; *La información previa en la contratación de los seguros de personas: transparencia, cuestionarios y modelos predictivos*, Marcial Pons, Madrid, 2016.

MUÑOZ GUTIERREZ, F. J., «La naturaleza jurídica del *unit linked*, perspectivas del Tribunal Supremo y del Tribunal de Justicia de la Unión Euroepa, sentencia de 24 de febrero de 2022 (C-143/20)» *RES* n.º 191, 2022, págs. 529-567.

MUÑOZ PAREDES, J. M, *Los corredores de seguros*, Thomson-Civitas, Cizur Menor, 2008.

MUÑOZ PAREDES, J. M., «La reforma de la ley del contrato de seguro: oportunidad y alcance» en PÉREZ-SERRABONA GONZÁLEZ, J. L. (dir.), *Derecho de seguros. Nuevas realidades y nuevos retos*, Marcial Pons, Madrid, 2021, págs. 141-149.

MUÑOZ PAREDES, M. L. «El contrato de seguro en la Propuesta de Código Mercantil», *RES* n.º 155, 2013, págs. 337-382.

MUÑOZ PAREDES, M. L., *El deber precontractual de declaración del riesgo*, Thomson Aranzadi, Cizur Menor, 2018.

MUÑOZ PAREDES, M. L., «Seguros usage-based: luces y sombras» en VEIGA COPO, A.(dir.) *Seguro de personas e inteligencia artificial*, Thomson Reuters Civitas, Madrid. 2022, págs. 243-273.

MYLENKO, N. *Global survey on consumer protection and financial literacy: Oversight frameworks and practices in 114 economies —full report (English).* Washington, D.C.:

World Bank Group. http://documents.worldbank.org/curated/en/775401468171251449/Oversight-frameworks-and-practices-in-114-economies-full-report.

NAROD, S., IQBQL, J; MILLER, A, «Why have breast cancer mortality rates declined?» *JCP* vol. 5, 2015, págs. 8-17.

NIETO CAROL, U., «El control de incorporación y transparencia en los contratos bancarios» en GONZÁLEZ CASTILLA, F.; NIETO CAROL, U., *Retos de la contratación mercantil moderna*, Tirant Lo Blanch, Valencia, 2022, págs. 267-307.

O'FLYNN BRIGHT, A. J., *Mortgage securitisation: origin, evolution, crisis and European regulation*, Aranzadi, Cizur Menor, 2023.

OLAVARRÍA IGLESIA, J., «Artículo 16» en Bataller Grau, J., Boquera Matarredona, J., Olavarría Iglesia, J. *Comentarios a la Ley del Contrato de seguro*, Tirant lo Blanch, Valencia, 2002, págs. 227-257.

OLAVARRÍA IGLESIA, J., «Artículo 17» en Bataller Grau, J., Boquera Matarredona, J., Olavarría Iglesia, J. *Comentarios a la Ley del Contrato de seguro*, Tirant lo Blanch, Valencia, 2002, págs. 259-263.

ORDUÑA MORENO, F. J., SÁNCHEZ MARTÍN, C.; *La transparencia como valor del cambio social: su alcance constitucional y normativo*, Thomson Reuters Aranzadi, Cizur Menor, 2018.

OSTROWSKA, M., «Information duties stemming from the Insurance Distribution Directive as an example of faulty application of the Principle of Proportionality» en MARANO P., NOUSSIA, K., *Insurance Distribution Directive A legal analysis*, Springer, Cham, 2021, págs. 31-54.

PAGADOR LÓPEZ, J., *Condiciones generales y cláusulas contractuales predispuestas: la Ley de condiciones generales de la contratación de 1998*, Marcial Pons, Madrid, 1999.

PAGADOR LÓPEZ, J., *La Directiva comunitaria sobre cláusulas contractuales abusivas*, Marcial Pons, Madrid, 1998.

PAGADOR LÓPEZ, J.; «La protección del asegurado en la Ley del contrato de seguro: el art. 3 LCS cuarenta años después» *RES* n.º 189-190, 2022, págs. 229-249.

PAZOS CASTRO, R., *El control de las cláusulas abusivas en los contratos con consumidores*, Thomson Aranzadi, Cizur Menor, 2017.

PEÑAS MOYANO, B., «Libertad de establecimiento y libre prestación de servicios en la LOSSEAR: especial consideración a la actividad de las entidades aseguradoras y reaseguradoras españolas en la Unión Europea» en BATALLER GRAU, J., PEÑAS MOYANO, M. J.; *Un derecho del seguro más social y transparente*, Thomson Civitas, Cizur Menor, 2017, págs. 855-901.

PEÑAS MOYANO, M. J., «La protección del asegurado en la LOSSP» en BATALLER GRAU, J., VEIGA COPO, A. (dirs.) *La protección del cliente en el mercado asegurador*, Civitas, Madrid, 2014, págs. 309-349.

PEÑAS MOYANO, M. J., «*Las obligaciones del asegurador en el nuevo Código Mercantil», Estudios sobre el futuro Código Mercantil: libro homenaje al profesor Rafael Illescas Ortíz*, Universidad Carlos III de Madrid, Getafe, 2015, págs. 1633-1650.

PEÑAS MOYANO, M. J., «Transparencia informativa y seguro. La importancia de la información en el sector asegurador» en BATALLER GRAU, J., QUINTANS, EIRÁS, M. R., VEIGA COPO, A., *La reforma del Derecho del Seguro,* Cizur Menor, Thomson Reuters Aranzadi, 2015, págs. 277-287.

PEÑAS MOYANO, M. J., «El deber general de información de los aseguradores a los tomadores, asegurados y beneficiarios» *RES* 171-172, 2017, págs. 321-340.

PEÑAS MOYANO, M. J., «De la información al cliente a la gobernanza del producto: una evolución necesaria en el sector asegurador» *RDMV* n.º 26, 2020, págs. 1-18.

PEÑAS MOYANO, M. J., «Desafíos del legislador en la reforma del régimen del contrato de seguro» en SERRANO CAÑAS, J. M., CASADO NAVARRO, A., GONZÁLEZ JIMÉNEZ, P. M. (coords.) *Desafíos del regulador mercantil en materia de contratación y competencia empresarial*, Marcial Pons, Madrid, 2021, págs. 135-153.

PEÑAS MOYANO, M. J., «Los mediadores y sus colaboradores. Las relaciones con la clientela y la entidad aseguradora», *RES* n.º 185/186, 2021, págs.165-181.

PERALES VISCASILLAS, P., «La formación del contrato en el siglo XXI: ¿Una nueva era en la revolución digital?» en GONZÁLEZ CASTILLA, F.; NIETO CAROL, U., *Retos de la contratación mercantil moderna*, Tirant Lo Blanch, Valencia, 2022, págs. 139-212.

PÉREZ CARRILLO, E. F., «Deberes de información y transparencia en las operaciones con derivados en la Unión Europea. Panorama regulatorio con MIFID2 ("Markets in Financial Instruments Directive"), MIFIR ("Markets in Financial Instruments Regulation") y EMIR ("European Market Infrastructures Regulation")», en RODRÍGUEZ ARTIGAS, F. *et al.* (dirs.), *Sociedades cotizadas y transparencia en los mercados*, T. II, Aranzadi, Cizur Menor, 2019, págs. 623-668.

PÉREZ SERRABONA GONZÁLEZ, J.L., *La póliza y la documentación del contrato de seguros*, Comares, Granada, 2003.

PÉREZ —SERRABONA GONZÁLEZ, F. J., «Tutela jurídica del consumidor en la *banca-seguros*: el defensor del asegurado» en PÉREZ-SERRABONA GONZÁLEZ, J. L. (dir.), *Derecho de seguros. Nuevas realidades y nuevos retos*, Marcial Pons, Madrid, 2021, págs. 151-180.

PETIT LAVALL, M. V., «El control de las condiciones generales de la contratación entre empresarios» en GONZÁLEZ CASTILLA, F.; NIETO CAROL, U., *Retos de la contratación mercantil moderna*, Tirant Lo Blanch, Valencia, 2022, págs. 247.

PICARD, M. BESSON, A., *Les assurances terrestres en Droit Français*, 2da. Ed., Paris, 1964.

PICOT, J., «Droit à l'oubli pour les malades de cancers: un risque relatif pour les assurances» *Assurances et gestion des risques / Insurance and Risk Management* vol. 83, n.º 3-4, págs. 153-163.

PORTELLANO DÍEZ, P., «Alcance y significación de la «Responsabilidad del cumplimiento» del órgano de administración de las aseguradoras» *RES* n.º 185-186, 2021, págs.43-72.

QUADRA-SALCEDO Y FERNÁNDEZ DEL CASTILLO, T., *El recurso de amparo y los derechos fundamentales en las relaciones entre particulares*, Cuadernos Civitas, Madrid, 1981.

QUINTANS EIRÁS, M.R., «El contrato de seguro en el Proyecto de armonización del Derecho Contractual Europeo», *RDM* n.º 290, 2015, págs. 293-326.

QUINTÁNS EIRÁS, M. R., «La información como motor de la protección del asegurado en la comercialización de seguros» *RES* n.º 175, 2018, págs. 373-419.

QUINTANS EIRÁS, M. R., «Ampliación y reformulación del ámbito de aplicación en el proyecto de Ley de distribución de seguros» en BATALLER GRAU, J., QUINTANS EIRAS, M. R.,(dirs.) *La distribución de seguros privados*, Marcial Pons, Madrid, 2019, págs. 35-72.

REQUEIJO PASCUA, A.; REQUEIJO TORCAL, A.; *Ley de distribución de seguros y reaseguros privados*, Thomson Reuters Aranzadi, Cizur Menor, 2020.

RODAS PAREDES, P., «La información genética como riesgo en el contrato de seguro» *RES* n.º 171-172, 2017, págs. 433-444.

RODAS PAREDES, P., «El cyberseguro empresarial por tratamiento de datos personales» en BATALLER GRAU, J.; PEÑAS MOYANO, M. J.; *Un derecho del seguro más social y transparente*, Civitas, Cizur Menor, 2017, págs. 329-342.

RODAS PAREDES, P., «El *olvido oncológico* en la regulación de seguros privados: oportunidades y retos», *Diario La Ley* n.º 10364, 9 de octubre, 2023.

RODRÍGUEZ GONZÁLEZ, A., *El deber de aminorar las consecuencias del siniestro*, Dykinson, Madrid, 2009.

RODRÍGUEZ-PARDO DEL CASTILLO, J. M.; «Aspectos ético-actuariales de la predictibilidad genética en el seguro de vida» *RES* n.º. 161, 2015, págs. 83-107.

ROJO ÁLVAREZ-MANZANEDA, C., «Mecanismos jurídicos de protección del cliente inversor frente a las entidades prestadoras de servicios de inversión», *RDBB* nº114, 2009, págs. 59-117.

ROJO ÁLVAREZ-MANZANEDA, C., « Parámetros de protección de los clientes de servicios de inversión distintos de los establecidos desde el mercado de valores» *RDBB* n.º 155, 2019, págs. 37-98.

ROJO ÁLVAREZ-MANZANEDA, C., «La inobservancia por las entidades aseguradoras de las obligaciones de información y conducta en la distribución de productos de inversión basados en seguros» *RDBB* n.º 169, 2023, p. RR-4.1/RR-4.10.

ROKAS, I. «European and international online distribution of insurance products» en MARANO, P., ROKAS, I; KOCHENBURGER, P. (eds.) *The «dematerialized» insurance*, Springer, Cham, 2016, págs. 3-38.

RUBIO VICENTE, P. J. *El deber precontractual de declaración del riesgo en el contrato de seguro*, Fundación Mapfre, Madrid, 2003.

RUIZ MUÑOZ, M. «Deber de declaración del riesgo del tomador en el contrato de seguro y facultad rescisoria del asegurador» *Revista Española de Seguros* (1991) núm. 65, págs. 13 y sigs.

RUIZ PERIS, J. I., «La nueva Digital Market Act, una respuesta híbrida de la Unión Europea a los "gatekeepers" GAFA», *RADNT* n.º 57, 2021, versión *electrónica.*

SÁNCHEZ CALERO, F., *Ley del Contrato de Seguro. Comentarios a la Ley 50/1980, de 8 de octubre y a sus modificaciones,* 4ta. Ed., Cizur Menor, 2010.

SÁNCHEZ-CALERO GUILARTE, J.; «Comercialización de productos financieros por entidades de crédito y MiFID II» en MARIMÓN DURÁ, R., MARTÍ MIRAVALLS, J. (dirs.) *Problemas actuales y recurrentes en los mercados financieros (financiación alternativa, gestión de la información y protección del cliente)* Thomson Aranzadi, Cizur Menor, 2018, págs. 433-443.

SÁNCHEZ-CALERO GUILARTE, J., «Contratación mercantil en el siglo XXI: entre la transparencia y la emergencia», en GONZÁLEZ CASTILLA, F.; NIETO CAROL, U., *Retos de la contratación mercantil moderna*, Tirant Lo Blanch, Valencia, 2022, págs. 21-46.

SÁNCHEZ FÉRRIZ, R., «La transparencia como derecho-deber y sus relaciones con el derecho fundamental a ser informado. De nuevo, discrepando» *TRC*, n.º 51, 2023, págs. 159-186.

SANCHO LÓPEZ, M., «Los "big data" genéticos y sus límites legales. Especial mención a la investigación con datos genéticos y la crisis del covid-19» *RADNT* n.º 57, 2021, BIB 2021/5360.

SARAZÁ JIMENA, R., *La protección jurisdiccional de los derechos fundamentales en las relaciones entre particulares*, Tirant lo Blanch, Valencia, 2011.

SCHANZ, K-U. et al., «The value of insurance in a changing risk landscape» *Geneva Association,* nov., 2023.

SCOCCA, G; MEUNIER, F., «A right to be forgotten for cancer survivors: A legal development expected to reflect the medical progress in the fight against cancer» *JCP* n. º 25, 2020, pág. 100246.

SEGOVIA DE ARANA, J. M., «Medicina preventiva y predictiva» en SEGOVIA DE ARANA, J. M., MORA TERUEL, F. (coords.), *Ochoa y la medicina clínica*, Madrid, 2004, p. 8.

SERRANO CAÑAS, J. M., «Big data y contrato de seguro. Alegato por la desaparición del cuestionario» *RES* n.º 189-190, 2021, págs. 145-162.

SIERRA NOGUERO, E. «Colisión recíproca entre vehículos sin prueba de la contribución de cada conductor a la causación de los daños personales y materiales» *RAEAERCS* n.º 83, 2022, págs. 57-72.

SOYER, B. «Cyber risks in the Maritime Sector: Growing Pains and Legal Problems» en MUKHERJEE, P.K., MEJIA, M.Q., XU, J. (eds) *Maritime Law in Motion* Springer, Cham, 2020, págs. 627-642.

STARCK, C., «Derechos fundamentales y Derecho Privado», *REDC* n.º 66, 2002, págs. 65-89.

STIGLITZ, R., *Derecho de seguros* vol. 1 y vol. 2, 3ra. Ed., Abeledo-Perrot, Buenos Aires, 1998.

TAPIA HERMIDA, A. J.; «Sistema de gobierno de las entidades aseguradoras y reaseguradoras» en CUÑAT EDO, V.; BATALLER GRAU, J.; (dirs.) *Supervisión en seguros privados*, Tirant lo Blanch, Valencia, 2013, págs. 279-301.

TAPIA HERMIDA, A., «Los contratos de seguro y de mediación de seguros en la propuesta de Código Mercantil», *RDM,* n.º 292, 2014, pág. 23.

TAPIA HERMIDA, A. J., «La adaptación de la regulación española del mercado de valores a la normativa europea. Aspectos generales», *RDMV* n.º 23, 2018, pág. 4.

TAPIA HERMIDA, F. J., «Ventas informadas y ventas asesoradas de seguros», *RES* n.º 185-186, págs. 157-164.

TEJERO ORTEGO, T., «La nueva regulación de la mediación de seguros y reaseguros privados en España» *NUE* n.º 256, 2006, págs. 127-140.

TERENSZKIEWICZ, P., «Digitalization of Insurance Contract Law: Preliminary thoughts with special regard to Insurer's duty to advise» en MARANO, P., NOUSSIA, K., *InsurTech: A legal and Regulatory View*, Springer, Cham, 2020, págs. 127-146.

TIRADO SUÁREZ, F. J., «Anotaciones al deber de declaración del riesgo» *RES* n.º 61, 1990, págs. 129-140.

TIRADO SUÁREZ, F. J. *Los seguros de personas*, Marcial Pons, Madrid, 2006.

TIRADO SUÁREZ, F. J., «Seguros de prestación de servicios» en JIMÉNEZ SÁNCHEZ, G., DÍAZ MORENO, A. (coords.) *Derecho Mercantil. Los contratos de seguro*, vol. 9, Marcial Pons, 2013, págs. 275-316.

TIRADO SUÁREZ, F. J., «La aplicación de la Ley General de Protección de Consumidores y Usuarios al contrato de seguro» en BATALLER GRAU, J., VEIGA COPO, A., *La protección del cliente en el mercado asegurador*, Civitas, Madrid, 2014, págs. 187-233.

TIRADO SUÁREZ, F. J., «La incorporación de la Directiva 2016/97 de 20 de enero, sobre la distribución de seguros y su aplicación en el derecho español», en PÉREZ-SERRABONA GONZÁLEZ, J. L. (dir.), *Derecho de seguros. Nuevas realidades y nuevos retos*, Marcial Pons, Madrid, 2021, págs. 81-92.

URÍA, R.; MENÉNDEZ, A.; ALONSO SOTO, R.; «El contrato de seguro y la actividad aseguradora» en Uría, R., Menéndez, A. *Curso de Derecho Mercantil* 2da. Ed., Civitas, Madrid, 2006.

VALENZUELA GARACH, J., «Principales notas del nuevo régimen legal de la distribución de los seguros y reaseguros privados» en PÉREZ-SERRABONA GONZÁLEZ, J.

L. (dir.) *Derecho de seguros. Nuevas realidades y nuevos retos*, Marcial Pons, Madrid, 2021, págs. 91-113.

VALPUESTA GASTAMINZA, E., «Cambio de paradigma en la protección del "cliente de productos financieros" [Reglamento (UE) PRIIPS y OM 2316/2015_]: sujeto protegido y técnica de protección» *Revista de Derecho Bancario y Bursátil*, núm. 154, 2019.

VAN DEN BOOM, F.; «Regulating Telematics Insurance» en MARANO, P.; NOUSSIA, K.; (eds.) *Insurance Distribution Directive. A legal analysis*, Springer, Cham, 2021, págs. 293-325.

VAN DER HEIDE, I., et al., *Access to financial products for persons with a history of cancer in EU Member States*, European Health and Digital Executive Agency, Bruselas, 2022.

VAQUER ALOY, A.; «El control de transparencia» en MORALES MORENO, A. M. (dir.); *Estudios de Derecho de Contratos* AEBOE, Madrid, 2022.

VÁZQUEZ CUETO, J. C., *La obligación de pago de la prima en la Ley del contrato de seguro*, Tirant Lo Blanch, Valencia, 2007.

VÁZQUEZ CUETO, J. C., «El pago de la prima» en BATALLER GRAU, J., VEIGA COPO, A., *La protección del cliente en el mercado asegurador*, Civitas, Madrid, 2014, págs. 725-770.

VEIGA COPO, A., *Tratado del contrato de seguro*, 6ta. Ed., Civitas, Madrid, 2019.

VEIGA COPO, A.; «*Insurtech*, un cambio de paradigma que no es tal» en MARTÍNEZ MUÑOZ, M. (coord.); *Retos y desafíos del contrato de seguro: del necesario aggionarmiento a la metamorfosis del contrato*, Civitas, Cizur Menor, 2020, págs. 1015-1072.

VEIGA COPO, A., *Seguros de pérdida de beneficios por interrupción del negocio,* Thomson Civitas, Cizur Menor, 2020.

VEIGA COPO, A., *Comentarios prácticos a la Ley de Contrato de Seguro [A los cuarenta años de su promulgación 1980-2020],* Thomson Aranzadi, Cizur Menor, 2020.

VERCHER MOLL, J., *Las condiciones de acceso al mercado de las entidades aseguradoras*, Marcial Pons, Madrid, 2016.

VERCHER MOLL, F. J., «La transcendencia jurídica de la gestión de riesgos en las entidades de crédito» *RDBB* n.º 150, 2018, págs. 143-162.

VERCHER MOLL, F. J., «La reforma del sistema de gobierno de las entidades de seguros tras la directiva (UE) 23016/97 del parlamento europeo y del consejo de 20 de enero de 2016 sobra la distribución de seguros» en MARTÍNEZ MUÑOZ, M., VEIGA COPO, A. (dirs.) *Retos y desafíos del contrato de seguro: del necesario aggionarmiento a la metamorfosis del contrato*, Thomson Aranzadi, Cizur Menor, 2020, págs. 351-362.

VERGÉZ SÁNCHEZ, M., «Los seguros de accidentes de enfermedad y asistencia sanitaria (Arts. 100 a 106)» en VERDERA Y TUELLS, E. (Dir.) *Comentarios a la Ley del contrato de seguro*, vol. I, CUNEF, Madrid, 1982, págs. 1045-1070.

VIDAL GALLARDO, M., «Riesgo genético y discriminación», *RDGH* n.º 33, 2010, págs. 127 y sigs.

VILLAVERDE MENÉNDEZ, I.; *Estado democrático e información: el derecho a ser informado y la Constitución española de 1978*, Junta General del Principado de Asturias, Oviedo, 1994.

VILLAVERDE MENÉNDEZ, I.; Los derechos del público: la revisión de los modelos clásicos de «proceso de comunicación pública» *REDC* n.º 68, 2003, págs. 121-150.

WEBER, A. *et al.,* «Remember to forget — Insuring Cancer survivors and the Right to be Forgotten» *Underwriting focus*, diciembre, 2022, págs. 2-14.

WRONSKI, S, «Defining cancer survivor and cancer survivorship: the who, what and when» *Psicooncología* Vol. 12, n. º 1, 2015, págs. 7-18.

YANES, P., «Seguros de personas e información genética (I)» *RDGH* n.º 1, 1994, págs. 191 y sigs.

ZEIER RÖSCHMANN, A.; ERNY, M.; WAGNER, J.; On the (future) role of on-demand insurance: market landscape, business model and customer perception «*The Geneva Papers on Risk and Insurance-Issues and Practice*» 2022, págs. 603-642.

ZUNZUNEGUI, F., «Remedios contractuales a la mala conducta bancaria» *RDSFin* n.º 1, 2021, págs. 63-114.